台湾国学丛书

刘东　主编

抑郁与超越

司马迁与汉武帝时代

逯耀东 —— 著

九州出版社
JIUZHOUPRESS | 全国百佳图书出版单位

图书在版编目（CIP）数据

抑郁与超越：司马迁与汉武帝时代 / 逯耀东著. --
北京：九州出版社，2022.1
（台湾国学丛书 / 刘东主编）
ISBN 978-7-5225-0659-3

Ⅰ．①抑… Ⅱ．①逯… Ⅲ．①司马迁（约前145或前
135-?）－人物研究②《史记》－研究 Ⅳ．①K825.81
②K204.2

中国版本图书馆CIP数据核字(2021)第231975号

著作权合同登记号：图字01-2021-5030

抑郁与超越——司马迁与汉武帝时代

作　者	逯耀东 著 刘东 主编	
责任编辑	邹 婧	
出版发行	九州出版社	
地　址	北京市西城区阜外大街甲 35 号（100037）	
发行电话	(010)68992190/3/5/6	
网　址	www.jiuzhoupress.com	
印　刷	三河市兴博印务有限公司	
开　本	710 毫米 ×1000 毫米 16 开	
印　张	26.25	
字　数	300 千字	
版　次	2022 年 3 月第 1 版	
印　次	2022 年 3 月第 1 次印刷	
书　号	ISBN 978-7-5225-0659-3	
定　价	98.00 元	

《台湾国学丛书》总序

在我看来，不管多变的时局到底怎么演变，以及两岸历史的舞台场景如何转换，都不会妨碍海峡对岸的国学研究，总要构成中国的"传统学术文化"的有机组成部分。

事实上，无论是就其时间上的起源而言，还是就其空间上的分布而言，这个幅员如此辽阔的文明，都既曾呈现出"满天星斗"似的散落，也曾表现出"多元一体"式的聚集，这既表征着发展步调与观念传播上的落差，也表征着从地理到政治、从风俗到方言上的区隔。也正因为这样，越是到了晚近这段时间，无论从国际还是国内学界来看，也都越发重视起儒学乃至国学的地域性问题。

可无论如何，既然"国学"正如我给出的定义那样，乃属于中国"传统学术文化"的总称，那么在这样的总称之下，任何地域性的儒学流派乃至国学分支，毕竟都并非只属于某种"地方性文化"。也就是说，一旦换从另一方面来看，尤其是，换从全球性的宏观对比来看，那么，无论是何种地域的国学流派，都显然在共享着同一批来自先秦的典籍，乃至负载着这些典籍的同一书写系统，以及隐含在这些典籍中的同一价值系统。

更不要说，受这种价值系统的点化与浸润，无论你来到哪个特殊的地域，都不难从更深层的意义上发现，那里在共享着同一个"生活世界"。甚至可以这么说，这些林林总总、五光十色的地域文化，反而提供了非常难得的生活实验室，来落实那种价值的各种可能性。正因为这样，无论来到中华世界的哪一方水土，也无论是从它的田间还是市井，你都可能发出"似曾相识"的感慨。——这种感慨，当然也能概括我对台北街市的感受，正因为那表现形态是独具特色的，它对我本人才显得有点"出乎意料"，可说到底它毕竟还是中国式的，于是在细思之下又仍不出"情理之中"。

在这个意义上，当然所有的"多样性"都是可贵的。而进一步说，至少在我这个嗜书如命的人看来，台湾那边的国学研究就尤其可贵，尤其是从 1949 年到 1978 年间，由那些桴海迁移的前辈们所做出的研究。无可讳言，那正是大陆越来越走向紧张与禁闭，终至去全方位地"破除四旧"的岁月。

正是因此，我才更加感佩那些前辈的薪火相传。虽说余生也晚，无缘向其中的大多数人当面请益，然而我从他们留下的那些书页中，还是不仅能读出他们潜在的情思，更油然感受到自己肩上的责任，正如自己曾就此动情而写的："这些前辈终究会表现为'最后的玫瑰'么？他们当年的学术努力，终究会被斩断为无本之木么？——读着这些几乎是'一生磨一剑'的学术成果，虽然余生也晚，而跟这些前辈学人缘悭一面，仍然情不自禁地怀想到，他们当年这般花果飘零，虽然这般奋笔疾书，以图思绪能有所寄托，但在其内心世界里，还是有说不出的凄苦犹疑。"

终于，趁着大陆这边的国学振兴，我们可以更成规模地引进那些老先生的相关著作了。由此便不在话下，这种更加系统的、按部就班的引进，首先就出于一种亲切的"传承意识"。实际上，即使我们现在所获得的进展，乃至由此而催生出的国学高涨，也并非没有台湾国学的影响在。早在改革开放、边门乍开的初期，那些从海峡对岸得到的繁体著作，就跟从大洋彼岸得到的英文著作一样，都使得我们从中获得过兴奋的"解放感"。正因此，如果任何一种学术史的内在线索，都必然表现为承前启后的"接着讲"，那么也完全可以说，我们也正是在接着台湾国学的线索来讲的。

与此同时，现在借着这种集成式的编辑，而对于台湾国学的总体回顾，当然也包含了另一种活跃的"对话意识"。学术研究，作为一种有机增长的话语，其生命力从来都在于不断的创新，而如此不断创新的内生动力，又从来都来自"后生"向着"前贤"的反复切磋。也是惟其如此，这些如今静躺在台湾图书馆中的著作——它们眼下基本上已不再被对岸再版了——才不会只表现为某种历史的遗迹，而得以加入到整个国学复兴的"大合唱"中；此外，同样不在话下的是，我们还希望这次集中的重印，又不失为一种相应的和及时的提醒，那就是在这种"多元一体"的"大合唱"中，仍需仔细聆听来自宝岛的那个特殊声部。

最后要说的是，在一方面，我们既已不再相信任何形式的"历史目的论"，那么自然也就可以理解，今后的进程也总会开放向任何"偶然性"，无法再去想象黑格尔式的、必然的螺旋上升；可在另一方面，又正如我在新近完成的著作中所讲的："尽管我们的确属于'有限的、会死亡的、偶然存在的'人类，他们也的确属于'有限的、会死亡的、偶然存在的'人类，可话说回来，构成了彼此'主观间性'的那种'人心所向'，却并不是同样有限和偶然的，相反倒是递相授受、薪火相传、永世长存的，由此也便显出了不可抹煞的'必然性'。"在这个意义上，我们就总还有理由去畅想：由作为中国"传统学术文化"总称的国学——当然也包括台湾国学——所造成的"人心所向"和"主观间性"，也总还不失为一种历史的推动力量吧？

刘东

2020 年 6 月 24 日于浙江大学中西书院

东大图书公司出版说明

《抑郁与超越——司马迁与汉武帝时代》是逯耀东先生的遗著，共有正文八篇、附录三篇，为其毕生研治《史记》的心血结晶。

本书自二〇〇四年一月起，即已陆续交稿排校，书名几经斟酌、改动，方才定案。其后，先生更耗费一年半时间，仔细校阅书稿的行文、论据及引文出处，务求尽善尽美。稿样校毕，先生即着手撰写书序，题名"残灯"。岂料属稿未定，竟遽归道山，留给后人莫大的遗憾与怀念。

先生要在"残灯"中表述的深意，今已无缘得见，为了弥缝这个缺憾，故敦请先生两位弟子李广健、陈识仁为本书撰写"导言"。由于恐怕仍有遗漏，遂请先生另一弟子黄清连襄助，校阅一过。三位先生追随逯先生有年，情同父子，而且学术上各有专精，最为知晓先生思想学问。透过"导言"可使读者明了全书要旨及体系，而"残灯"手稿，则如实呈现于后，以传达太史公撰史暨先生著书"抑郁与超越"之心境。

本局刘董事长与逯先生论交半世纪，时相与把酒谈笑，叙旧遣怀。本书之面世，亦可聊偿故人心愿矣。

东大图书公司编辑部　谨识

残灯

"残灯"手稿

目 录

导言：抑郁与超越

汉武帝时代是一个空前变动的时代。

汉武帝自建元元年（前一四〇）至后元二年（前八七），在位共五十四年。自建元元年（前一四〇）至元封元年（前一一〇），司马谈任太史前后恰三十年。司马谈卒后，司马迁继任太史，至征和二年（前九一）《报任安书》说："得待罪辇毂之下二十余年矣。"武帝崩于后元二年，司马迁或也在此时前后不久弃世。

司马氏父子相继为太史，侍从武帝左右，或从巡幸天下，或侍议中廷，前后经历了整个汉武帝时代。司马氏父子因为职务的关系，久处于政治权力结构中心之内，他们虽然不是决策者，却亲历每一个重大的历史事件。对这些重大历史变动，感受更深。而且记录与著述也是太史工作之一，因此他们感到有责任将这些亲历的历史变动记录下来。所以，司马谈临终对这个愿望仍念念不忘，嘱托司马迁他所欲论载的，亦即其个人所经历的汉武帝时代。其后司马迁继承其遗志，"悉论先人所次旧闻"，开始撰写《史记》，其与上大夫壶遂讨论其所欲撰写者，也集中在他所生存的汉武帝时代。

司马迁在撰写《史记》过程中，因遭遇"李陵之祸"，内心郁结，反映在他的著作之中，让后人认为司马迁在《史记》里对现实政治

1

"微文刺讥",因而视《史记》为"谤书"。当然,司马迁在写作过程中,将其个人际遇的郁结,有意或无意融于《史记》中,也是非常可能的。至于"微文刺讥",诽谤今上,即使他想这样做,在当时现实的政治环境下,却是不可能的。不过,《史记》虽非专为司马迁个人郁结而发,但司马迁撰写《史记》时,遭受现实政治的压抑,并且身受其摧残。如何超越现实的桎梏,在不触犯时讳的情况下,保留当代历史的记录,是司马迁颇费思量的问题,值得深入讨论。

司马迁所创造的纪传体,成为后世历史写作遵循的形式之一。《史记》是由一百六七十个主要人物编织而成,那里有帝王将相之辈,也有鸡鸣狗盗之徒,有慷慨悲歌的义士,也有穷途末路的英雄。这种历史写作形式让后人产生一种错觉,认为中国纪传体是以人为主。事实上,中国的纪传体本以叙事为主,和编年体一样,同样叙述历史事件发展的过程,以及演变的因果关系,所不同的,编年体是以年系事,纪传体则以人系事而已。司马迁以孔子的《春秋》为蓝图,创造中国史学的新形式。《史记》的结构分为本纪、表、书、世家、列传,形成一个不可分割的整体,即《太史公自序》所谓"二十八宿环北辰,三十辐共一毂,运行无穷"。本纪为历史发展演变的中心若北辰,年表以时间纵向贯穿,八书以时间横向相联形成一个轴心,世家、列传辐辏,形成一个向前运行的历史巨轮。从表面上看各部分自成体系,互不相关,但事实上各篇间却有无形的逻辑关联性。司马迁融合中国古史写作的形式,铸造成中国史学新的版型,并一直影响着中国两千年史学写作的形式。

一

司马迁在《太史公自序》和《报任安书》两次提到"成一家之言"，虽然这两处地方追求的目标一致，但表现的意义却不相同，进行的程序也有先后之别。前者是对孔子删《诗》《书》、定礼乐以来的学术发展与演变，作一次系统的整理。后者是将整理过的材料，纳入时间框限之中。二者综合起来，就是司马迁撰写《史记》的意旨，也是他对中国学术与史学的贡献所在。

汉武帝时开始的图书校整，规模较成帝时大。刘歆《七略》谓"孝武皇帝敕丞相公孙弘广开献书之路，百年之间，书积如山"。汉武帝时有计划大规模搜集轶书，并建立典藏制度，设置太史令管理与整理图书。图书典藏和整理是一体两面的工作，担任校书工作的就是司马氏父子。司马谈为太史，整理石室金匮的图书，负责保管国家的文献与档案，就必须对相关资料进行整理校雠。章学诚根据《汉书·艺文志·诗赋略》收载"上所自造赋"，认为班固以刘向、歆校雠秘阁的工作成果为蓝本。而刘氏父子的工作成果则其来有自，源于汉武帝时所编的目录。这部目录很可能就是司马迁校书时的记录，但没有成书，后来司马迁撰《史记》时分散于书中各篇。其底稿或仍有流传，或藏于秘府，刘向、歆将这份底稿纳入己书，至班固时因循而成《汉书·艺文志》。

司马迁在《报任安书》自嘲"文史星历近乎卜祝之间"，"文史"所指就是文字处理，以及保管和整理图书档案工作。《太史公自序》记载司马谈"愍学者之不达其意而师悖，乃论六家之要指"，正是太史掌管图书工作具体的表现。司马谈在工作过程中，选择黄老作为主导思想，并提出《论六家要指》[1]，是中国传统目录学最早的序录。司马谈壮志未酬身先死，司马迁继其遗志，接续校整图书，其目的就是为了研读和了解古籍。司马迁遂以公孙弘"明天人分际，通古今之义"为基础，向"欲以究天人之际，通古今之变"过渡，虽仅"义"与"变"一字之易，却创立了中国的传统史学。

战国以来，百家争鸣各显其说，学者不务综其终始，欲一观诸要难。另一方面，先秦书籍经秦火焚销散乱，不仅引起司马氏父子的感叹，也为他们的工作带来实际困难。所以，司马谈在奉命整理图书时，似乎就立下心愿，对孔子校整《诗》《书》《礼》《乐》以来的学术发展与演变，作一次系统的整理。孔子是保存先秦文献的第一人，孔子删定先秦典籍，对上古学术发展作了第一次的集结[2]，自此之后中国文献始有可稽。至汉武帝时校书秘阁，司马氏父子对孔子以来的学术思想演变作系统的整理，是为第二次的集结校整。

汉初至汉武帝百余年间，在不同阶段因不同的政治需要，曾对不同类别的图籍作过初步整理，这些图籍最后都集中在司马氏父子处。他们就利用这个基础，完整而系统地整理这些图籍。所以，司马氏父子不仅是刘氏父子的先行者，并且为以后中国目录学开辟了新的道路。

就目录学的发展而论，《吕氏春秋·不二》对战国以来的"天下之豪士"，作扼要定调，目录学始见端倪，但对其学术流派却未作具体的划分。到《韩非子·显学》，才初见学术流派的传承。及至《淮南子·要略》提出纵横、刑名和法等学术流派的名称及其承继，仍

---

[1] 编者注:《论六家要指》通行本作《论六家要旨》。
[2] 编者注:此句原为"先秦典籍经孔子删定，对上古学术发展作了第一次的集结后"。

然没有对战国时期学术流派的发展与流变，作整体的分析与讨论。淮南王刘安与司马谈同时，目录学发展至此，辨章学术流派的雏形已出现。中国学术思想经孔子第一次清理后，演变到这时已历五百年，迫切需要再一次的清理。于是，司马谈利用校整图书的机会，对国初以来驳杂的学术发展与流变，作一次彻底而系统化的整理。更在儒、墨之外，提出黄老之学。

司马氏父子首先提出对汉初政治发生重大影响的"黄老"，是当时学术的主流。曹参在汉初援黄老入政治，后来又继萧何为丞相，仍用黄老术。司马迁对曹参以黄老治国，予以很高的评价。《史记》对秦楚之际的黄老以迄盖公、曹参的承传关系，作了详细的叙述。司马氏父子认为，黄老之言出自齐之稷下。慎到、接子、田骈、环渊、尹文、宋钘同为司马迁所谓的稷下之士，他们的著作，在《汉书·艺文志》中分别置于《诸子略》的道家、法家、名家、小说家等类中。虽然类别不同，但却同样是"其言黄老意"。司马迁将老子与韩非合传，并附申子，皆因其学皆源道德之意，亦即黄老之学。这些稷下学士，是战国诸子学说形成前，流行一时的学术思想流派。他们对后世包括道、法、名、阴阳等家思想都发生影响。所以，司马谈才会以黄老概括与统率阴阳、名、法、道德诸家的形成与发展。并在此基础上提出《论六家要指》，对战国以来的学术发展与流变，作系统化的整理与总结。并对经过系统化整理的学术流派，予以固定的分类名称，划清不同学术流派间的范围。这种分类后来为刘向、歆所继承，《汉书·艺文志》的《诸子略》即以此为蓝本形成。不仅班固《汉书·艺文志》的《六艺》与《诸子》由此而出，司马氏父子的工作更进一步支配了以后簿录之学的"经部"和"子部"的内容。这两个范畴划定后，史部之学随之逐渐萌芽。

　　司马谈任太史令近三十年，负责校整图书，并以在校整过程中搜集到的材料，准备撰写《史记》。司马谈卒后三年，司马迁接任太史令，继续司马谈未竟之业。太初三年，司马迁开始撰写《史记》，而司马氏父子校整图书的资料，则分散于书中有关章节中。刘向、歆未叙《七略》由来，但在此以前必有传授。若溯其来由，则诸子十家，可观者九流，实渊源于《论六家要指》，诸叙录则承司马迁著书诸人的列传而来。《史记》对著书诸人著述由来、承传所自、著述要旨，彼此之间的学术关系均有交代。后来，刘向、歆校书的叙录，一准于此。把这些资料汇集起来，就是《汉书·艺文志》中《诸子略》《诗赋略》《数术略》的资料来源与渊源所自。

　　司马氏父子生存的时代环境各异，司马谈生当黄老作为政治和学术思想主流的时代，所以确有"先黄老而后六经"的倾向。而司马迁除了继承其家学外，又曾问学于孔安国、董仲舒，加上汉武帝时，政治与学术发生空前的转变。为了迁就现实，司马迁的学术思想也作出调整，把孔子从儒家中分出，超越诸家之上，提升到"至圣"的地位。

　　孔子继承了周代六艺之教的传统，为着教学需要，对上古以来的文献作了一次系统的整理、校整编次。礼、乐、射、御、书、数六艺，是周代王子贵胄文武合一的基础教育。春秋战国之际，战争形式由车战转变为短兵相接，文武合一开始分途。专于武事的射、御退出六艺之教，技术性的书、数也排除在外。另一方面，却添补了知识性的《诗》《书》。文武合一的六艺，遂转化成知识文化层次的《诗》《书》《礼》《乐》四教。孔子不仅深刻体认六艺的师儒传统，而且掌握了六艺转变为四教的趋势，再纳入《易》与《春秋》，和以往六艺之教全然不同。至《史记》始将孔子教学内容谓之六艺的名称固定下来，并在《儒林列传》把孔子系统整理六艺文献资料的背景与过程，作清晰的说明。这是中国学术发展重要的转变，使原来王廷独尊的知识，转变为社会普及的文化。这传统到汉武帝时代发生了变化，孔子六艺与儒家合而为一，依附于政治，超越诸家之上。于是，六艺又由社会回归到政治，沦为为政治服务的工具。

司马氏父子对周秦以来文献资料的整理，不仅对战国以来新兴的学术思想予以归类，并将孔子所成的六艺，超越诸家之上，铸定以后中国学术思想发展的版型。司马迁将孔子的六艺传统，独立并超越现实政治之外，自成体系。又把儒生经典化的六经，退处九流，这就是《儒林列传》创立的原因。司马迁似有意以公孙弘贯穿整个《儒林列传》，详述诸经师传经的情形，并具列受经的诸弟子，然而却不言弟子传经以广师说，仅言某至某官，秩若干。所言并非记叙六艺学术的承传，而是论六经依附政治为经典后，成为利禄之途庸俗化的过程。所以，孔子六艺，与罢黜百家后的六经，有学术思想与政治现实的不同，有古今之变的"古"与"今"的差异。

所以，《史记》内外，有两个"成一家之言"。前者是对上古的学术作一个系统的整理。后者则是为中国史学拓创了新的途径。唯有从这方面探索，才能发掘司马迁《史记》对中国学术与中国史学所作的承先启后的贡献。

司马迁所谓"通古今之变"的"今"，即其所撰《今上本纪》的"今"，也就是司马迁个人所生存的汉武帝时代。汉武帝时代不仅是汉代，也是中国历史重要的转变时代。汉武帝选择儒家思想作为政治指导的最高原则，并以此塑造以后中国君主的专制统治体系。这种统治制度，司马迁释之为"一人有庆，万民赖之"。换言之，就是君主绝对权威的树立。

后来，司马迁因为替李陵游说而"诬上"，卒遭吏议，"与法吏为伍，深幽囹圄"，更于天汉二年被处宫刑。他对君主的绝对权威，以及其统治工具酷吏的暴虐，有切身体验，感受深刻。因此，进一步探索汉武帝"一人有庆"的由来，可能是他撰《今上本纪》，或发愤著《史记》的潜在原因。

虽然，社会经济的发展与繁荣，以及七国之乱后，地方王国势力不削自弱，功勋旧臣凋零殆尽，为汉武帝"德归京师"，也就是权力集于中央的大一统的局面，提供了有利的客观条件，但是，司马迁却选择了田蚡，作为汉武帝由"德归京师"过渡到"一人有庆，万民赖之"的开端。田蚡是汉武帝的舅氏，汉武帝即位后挤进权力核心，当时汉武帝所有"计策"，皆出于田蚡。田蚡就利用儒术为政治斗争的工具，挑战掌握宫廷三世权力，而且崇尚黄老的窦太后。最后，田蚡虽然失败，但仍隐藏于幕后弄权。直到窦太后病逝，田蚡复出为丞相。田蚡在掌握政治权力后，一方面继续清除窦氏的残余势力，另一方面恢复因窦氏干预而停滞的各种设施。

当是时，汉武帝已从初即位十六七岁的少年，在不断的政治斗争中，成长为年轻有为之君，并且掌握了实际的权力。原来强调尊卑有序的儒家思想，如董仲舒对策所言，可以为大一统的帝国，提供一个有效的建国蓝图。但田蚡本非儒者，传称其学《槃盂》诸书，并好鬼神之事。[1] 将黄帝纳入方士系统的李少君，或由田蚡荐于汉武帝，影响汉武帝一生向道羡仙。所以，田蚡不过顺应当时的趋势，利用儒家作为政治斗争的工具而已。而且，由田蚡引荐进入新官僚体系的公孙弘、张汤，也非纯儒。司马迁说公孙弘"学《春秋》杂

---

[1] 编者注：此处标点原为逗号。

说"，"习文法吏事，而又缘饰儒术"，张汤则"决大狱，傅以古义"。他们皆曲学阿世，非"务正学以言"者，因而使儒术沦为汉武帝绝对君权的统治工具。这也是汲黯对汉武帝一朝政治所作的总结性的批评："陛下内多欲而外施仁义，奈何欲效唐虞之治乎！"所谓"内多欲而外施仁义"，也就是以儒术为名，行法家之治。汲黯认为公孙弘的"怀诈饰智以阿人主取容"，张汤的"刀笔故专深文巧诋，陷人于罪"，是促使这种现象出现的根本原因，汲黯特别谴责公孙弘、张汤的原因也在此。

司马迁的《史记》以《魏其武安侯列传》，为汉武帝时代诸列传之始，而以《汲郑列传》作为诸列传之终，原始察终，叙述汉武帝"一人有庆"绝对君权形成的过程。并于《汲郑列传》之后，辅以公孙弘为主的《儒林列传》与张汤为首的《酷吏列传》，探索其形成的原因。并以此作为《今上本纪》"内修法度"的开端，也就是"今"之开端，然后以此为基点，向过去寻求其演变与发展的因果关系。此即为司马迁史学思想的"通古今之变"。

不过，如果要彻底了解司马迁的这个命题，就得以"今"作为开端进行探索。因为这是司马迁个人生存的时代。过去，讨论这个问题都集中在司马迁因遭李陵之祸，微文刺讥的层面，作为一个中国史学肇始者的司马迁，除了宣泄个人郁怨之外，似乎应该有更辽阔的胸襟。关于这个问题，从司马迁婉转迂回地讨论汉武帝"一人有庆"绝对君主权威的树立，可以得到了解，作为一个史学家如何超脱现实政治的压制，真实地叙述其生存时代的历史。这种叙述的方法，即其《自序》所谓"夫《诗》《书》隐约者，欲遂其志之思也"。

这种方法，司马迁也用在叙述司马谈之死一事上。汉武帝自建元元年即位，到元封元年登泰山，完成封禅的心愿。这三十年间，司马谈侍从汉武帝巡狩四方，参与议论封禅典仪。最后，却在汉武帝登泰山举行封禅大典前，被留滞周南 [1]，"发愤且卒"。司马迁记载他父亲的死，先用"留滞"，后用"发愤且卒"，笔法非常耐人寻味。

汉武帝即位后马上颁布诏书，似乎有意突破汉初以来的黄老之治，并超越秦始皇"法后王"的法家之治，上继五帝三王之道。不过，这份诏书以五帝三王之道开始，中间说到受命之符，灾异之故，王者寿夭，终始之变，最后以阴阳甚至神仙家为结。其实，汉武帝好儒，却志不在治，根本是援之以文饰其鬼神之词。

汉武帝登基后的连串改革，因窦太后阻挠而失败。由田蚡举荐的王臧、赵绾，成为政争中的牺牲者。田蚡虽好儒术，却更喜黄老鬼神之事。而他所喜的黄老，又与窦太后所喜的有别，前者"迂诞依托"，多出汉武帝时方士之手；后者起于六国时，与老子近似。窦太后反对改革，既是为了保有其政治特权，也可能是恐田蚡假儒家之名，将年轻的汉武帝引入行鬼神之事的歧途。当窦太后死后，田蚡为丞相，先前窦太后反对的种种措施，纷纷恢复。汉武帝颁贤良诏、幸雍、祠五畤，并订定元年祭天、二年祭地、三年祭五畤的祠祀制度，同时在上林置神君。后来，田蚡因过于嚣张而见斥，但汉武帝好鬼神之祠，亦已积习难返。

元狩五年，朝廷开始讨论封禅，由于孔子和儒家典籍都没有论及封禅，汉武帝借儒家文饰封禅的愿望就无法实现。于是，退而结合司马相如的主张，将黄帝登仙与封禅联系起来，把方士仙道修炼的系统大为简化。元鼎元年，得黄帝宝鼎于汾阴，迎至甘泉，汉武

---

[1]　编者注：此句原为"竟被留滞周南"。

10

帝亲自荐祠，回到长安，受到群臣赞颂，此举增强了汉武帝封禅的信心和决心。元鼎五年十月，郊雍，至陇西，西登崆峒，[1] 幸甘泉，令祠官具太一祠坛。十一月，始郊太一。元封元年十月，汉武帝勒兵十余万，北巡朔方，还祭黄帝冢于桥山，至甘泉，为用事泰山，先祠太一。翌年春正月，东幸缑氏，亲登嵩高，东巡海上。夏四月，还，登泰山封禅。这一系列行动，目的都是为了封禅泰山，然后学黄帝登仙而去。所以，汉武帝一方面在外巡狩与祠祀，而另一方面，由于得黄帝宝鼎，尤其在公孙卿叙述黄帝乘龙登仙的事之后，汉武帝与公卿诸生及方士更积极讨论封禅典仪之事。然而封禅用希，儒生莫知其礼，因此援用儒家典籍来进行讨论。事实上，汉武帝理想的封禅仪礼，只不过援引儒术以作文饰。所以，在诸儒草封禅仪习其礼时，汉武帝却示以方士所制的封禅祠器。但是，拘于古诗文不知变通的儒生，竟认为"不与古同"，遂致汉武帝"尽罢诸儒不用"，也就是完全放弃儒术的文饰，直接采用方士之言。

汉武帝从开始就没有纯用儒术的意愿，招贤良方正董仲舒、公孙弘对策，两人都受到阴阳五行灾异之变的感染，而这正是汉武帝所喜爱的。所以，后来积极筹办封禅时，汉武帝完全依信方士，对于诸儒据儒学典籍提出的议论，更是反感，甚至一怒之下，尽罢诸儒不用。其中更可能包括司马谈，遂致滞留周南，不得参加封禅。司马谈于建元元封间任太史，正是汉武帝由好鬼神之祠，进而封禅泰山的日子，司马谈无役不与。而且，从他的《论六家要指》来看，显然不属儒家，而最后竟遭尽罢诸儒的牵连，不得封禅，司马迁书以"发愤且卒"，应是当时实际的情况。

---

[1]　编者注：此处逗号为编者所加。

司马迁记载父亲临终嘱咐"无忘吾所欲论著",司马谈除了欲论著所废的天下文史之外,可能还有他三十年间扈从汉武帝从事封禅的记录。司马迁撰写《封禅书》的目的,也就是叙述事实的真相,并讨论事实真相发生的原因。司马氏父子前后经历了这个历史事件的发生、进展、结果,以及后来演变的全部过程。对个人参与的历史事件,以及对事件的观察与叙述,很难避免个人主观的因素。尤其他父亲兢兢业业,委曲求全地参与这件工作,竟被株连不得从事司马谈个人认为的伟大历史工作,最后因此含恨以终,为人子者不可能完全没有感应。所以司马迁对他父亲的死,书以非常情绪化的"愤"。

司马迁认为元狩、元鼎、元封直到太初改定新历,是一个完整的时代,其间经历获麟、得宝鼎、封禅、改正朔、易服色、受命于清穆之言,这个时代以得宝鼎为受命的关键,封泰山禅梁父是受命的高峰,改正朔易服色是受命的终极。古代国之大事在祀与戎,司马迁把兵戎之事载入《律书》,关于国家大祀的典仪,则记入《封禅书》中。

《封禅书》将这个在当时与以后都发生重大影响的历史事件,客观地记录下来,翔实地保存这批重要的史料,这是《史记》常用的方法。《封禅书》的材料来源 [1],包括一批司马谈三十年来扈从汉武帝巡祠天地与封禅,以及相关资料即所谓的"旧闻",还有司马迁个人每次巡祭与封禅的记录。此外,当时方士的记录也是《封禅书》材料的另一来源。《汉书·艺文志》著录了一批涉及封禅的著作。汉武帝封禅和求神仙长生不老,是一体的两面,这些小说兴于汉武帝之

---

[1] 编者注:此句原为"关于《封禅书》的材料来源"。

时，皆出于方士之手。这些小说的作者皆称"臣"或"待诏臣"，可能都是各怀秘书秘术，随侍汉武帝的方士。他们的秘书秘术后来编辑成册，称为小说，内容都是迂怪妄诞的。然而，这些材料却又非常丰富，成为司马迁撰写《封禅书》的另一重要来源。

不论是司马谈所遗留的"旧闻"，还是司马迁扈从汉武帝巡行天地，退而论次的材料，这些都是他们亲身经历或亲眼所见，而又是曾经发生，真实存在的历史事实。但是，这些无可否认的历史事实，却是缙绅先生难言，又无法考证的材料。至于方士之言，更是充满神仙家的虚无缥缈，迂诞妄怪，不是现实世界应有的现象，益发难以考证。如何处理这些无法考证的材料，是司马迁撰写《封禅书》首要解决的问题。"每用虚字诞语翻弄"，是司马迁处理无法肯定又无法证实的材料，"疑则传疑，盖其慎也"的方法。《封禅书》就是用这方法处理有关的材料。累累万余言的《封禅书》，就用"盖""若""焉"及"云云"结构而成，用这些无法考证的材料，支持了汉武帝的封禅与求神仙。在《封禅书》里"云云"特别多，也就是人云亦云，司马迁将这些人云亦云而无法考证的材料，保持原来的形式叙述出来，有姑妄言之、姑妄听之的意思，至于真伪是非，就只好留待后之君子自己判断了。汉武帝求神仙坚持"冀遇其真"的态度 [1]，司马迁便以"冀遇其真"，结合了"盖""焉""若"及"云云"的材料，记载汉武帝封禅的过程。

汉武帝求神仙，终无有验，[2] 但却意外创造了另一个神仙，那就是黄帝。李少君将方士之术与黄帝扯在一起，于是黄帝进入了神仙系统。自得宝鼎后，黄帝又和封禅结合，公孙卿则编制出黄帝乘龙

---

[1] 编者注：此句原为"汉武帝求神仙所坚持'冀遇其真'的态度"。

[2] 编者注：此处标点原为句号。

的神话，黄帝既封禅又登仙，深合汉武帝的心意。因此，黄帝在方士的粉饰渲染下，变成了神仙家的箭垛式人物。依托古人以自显，是先秦诸子思想形成时常见的现象。战国时期诸子学说，是将当时社会流行的殊俗新知相互杂糅，然后援用古往今来已存的理论，加以系统整理，成为一家之言。战国兴起的传说中的黄帝，经邹衍将其纳入历史系统之后，成为人世真实的黄帝，再进一步成为华夏民族的共祖。司马迁写《史记》始于《五帝本纪》，其中又由黄帝开始，就是受到了这种影响。不过，这个民族共祖却在汉武帝时，腾升为神仙的黄帝，其过程就是《史记·封禅书》撰写的原因。由战国时期的传说凝聚而成的黄帝，流传到汉代，尤其汉武帝时，已有许多不同的面貌。大致来说，《汉书·艺文志》存在着起于"六国时，与老子相似"，[1] 以及"迂诞依托"两大类的黄帝著作。

不过，神话和传说是有区别的，神话是想象的产物，虽然怪诞荒唐非理性，但言者和听者却信以为真，绝不认为是虚妄。至于传说，必须有某种事实为依据，虽然这些事实往往因穿凿附会流于不经，但传说所叙述的是一个民族英雄，不是超越现实世界的神仙。司马迁将包括黄帝在内的许多神话材料，采取保留的态度，每每借方士之口道出，却不加任何论断，将这一份材料保存在《封禅书》中。然后，再进一步从传说中提炼可信的材料，塑造另一个历史的黄帝。所以，司马迁的《史记》中有两个黄帝：一个在《封禅书》，另一个在《五帝本纪》。前者是神仙的黄帝，后者是历史的黄帝。司马迁将神仙的黄帝固定在《封禅书》中，然后再考论包括传说在内的其他材料，撰写《五帝本纪》之首的另一个中国历史开端的黄帝。

---

[1]　编者注：此处标点原为分号。

所以，《史记》中有两个黄帝，一为历史的黄帝，一为汉武帝时的神仙黄帝，前者为古，后者为今。

二

汉武帝时代作为《史记》中"古今之变"的"今"的范围，"内修法度"与"外攘夷狄"是当时两大重要历史事件。前者即由王国郡县的地方分权，转变为中央集权，最后形成君主绝对权威的树立。后者虽然包括匈奴、南越、东瓯、朝鲜，但对匈奴的征伐才是主要的对象。赵翼批评《史记》把朝臣与外夷并列，认为是因列传随得随编，"皆无意义"可言。其实，司马迁在处理汉武帝时代讨伐匈奴这问题时，受到来自两方面的限制，即汉匈冲突和现实政治相关的历史问题，以及司马迁个人被卷入匈奴问题的是非之中。司马迁如何突破这种政治与个人的双重限制，是一个值得探讨的问题。

《史记》本纪仅记历史事件的大端；列传则对这些历史事件作进一步的叙述与分析。本纪列传之间的关系，一如经典的传注用以阐释经义。所以，《史记》列传貌似各自独立，实际上彼此间存在一种内在的逻辑关联性。

《史记》自《魏其武安侯列传》第四十九至《太史公自序》第七十，虽然各自独立成传，若以《建元已来王子侯者年表》及《建元以来侯者年表》贯穿，则《今上本纪》的"内修法度"与"外攘夷狄"两大问题，皆在其中，形成一个"今上"的独立单元。在这单元中，对匈奴的征讨，则自《韩长孺列传》始，至《平津侯主父列传》终，更以《建元以来侯者年表》贯穿，则成为"今上"单元中的一个小环节。

　　《史记·匈奴列传》叙述汉匈关系，始于"今帝即位"，迄于太初四年的诏书，在此以后的记载，是因为巫蛊之祸起，司马迁删削甫定稿的《史记》时所增补。所以，太初四年诏书是《匈奴列传》的总结。在这份诏书中，透露出汉武帝北伐匈奴的真正的原因，实因"高皇帝遗朕平城之忧"，为的是雪耻复仇。平城之围，高祖如何脱出，"世莫得闻"。但汉匈间的关系，最后以缔结和亲纳币、约为兄弟的方式维持和平，断续维持到汉武帝元光二年的马邑之战才完全断绝。这种不平等的关系[1]，对汉帝国朝野上下而言，是忍隐不言的奇耻大辱。如何突破，是继任统治者内心强烈的意愿。所以，《匈奴列传》以这份诏书作结，是要突显汉武帝劳师动众讨伐匈奴的原因。

　　窦太后崩，朝廷的政治事务与人事任用，大多由田蚡负责，但对匈奴的政策却完全由汉武帝主导。马邑之战是汉武帝时代对匈奴政策重要的转变，韩安国不仅经历这个转变，而且亲预其事，更是马邑之战前后重要的关键人物。《韩长孺列传》可分为前后两个部分：前一部分为景帝时，事梁孝王并力谏梁孝王改善与中央的关系。后一部分是汉武帝即位之初，由地方转入中央，正是新旧权力交替之际，韩安国参与对匈奴和战问题的廷议，作政策论辩，并于马邑之战中扮演重要的角色。

　　元光元年第一次廷议论辩，对匈奴的和战问题，王恢主战，韩安国主和，群臣多附韩安国。韩安国的意见，实际上代表田蚡的主张。不过，汉武帝讨伐匈奴的决心却相当坚定，次年又下诏重议，于是开始第二次汉匈和战问题的廷议。最后，汉武帝抉择主战，遂有马邑之战。这次战斗的部署完全依王恢之议，更有谓此役汉武帝

---

[1]　编者注：此句原为"这种不平等的国际关系"。

亲自将兵前往，因未竟全功而讳之。韩安国在此次战役中任护军将军，协调诸军事宜，其位仅次于主帅。廷议上韩安国坚持和亲，却在马邑之战中转而担负重任，真可谓"智足以当世取合"。马邑之战的后果，影响广及政治、军事、经济与社会各层面，确是当世一大巨变。而在马邑之战前，或此战役中，韩安国都扮演重要的角色。因此，司马迁借列传以人系事的体例，将这个重要战役的缘起、经过以及战后的处理，详载于《韩长孺列传》中。

司马迁撰《史记》列传，非仅叙单独的个人，乃是以人系事。《匈奴列传》叙汉匈和战关系大事，至于事件发展缘起以及过程之背景，则载于其他列传之中。《韩长孺列传》叙汉武帝对匈奴政策转变开端的马邑之战，即是一个明显的例子。然后，以此与《李将军列传》《匈奴列传》《卫将军骠骑列传》《平津侯主父列传》并读，将会发现彼此关联，再以《建元以来侯者年表》来加以贯穿，形成一个汉武帝处理匈奴问题的单元。

马邑之战后，韩安国的生涯都和对匈奴的征战有关。但韩安国"后稍斥疏"，与"新幸壮将军卫青等有功，益贵"，司马迁将《韩长孺列传》与《卫将军骠骑列传》联系起来，韩安国的"斥疏"与卫青等的"益贵"，象征着汉武帝对匈奴的讨伐，进入另一新阶段。韩安国卒于元朔二年，这一年也是汉武帝匈奴政策的重要转变阶段。当时由卫青率军讨伐匈奴，经此役后，韩安国不数月即呕血死，卫青则封长平侯。于是，韩安国既殁，卫青、霍去病出焉。

汉武帝为雪平城之耻，就有必要建立一支精锐并绝对忠诚的部队，故在内宠嬖臣与外戚中拔擢统帅。此后，讨伐匈奴的将帅皆出于外戚之家，前有卫青、霍去病，后有李广利。汉武帝在守戍京师的南北军外，培养了一批精锐的禁卫军，作为出击匈奴的骨干。于是有羽林、期门两支禁卫军，并收容从军战死者的子孙，教以五兵，储备战斗力量。羽林、期门是善于骑射的骑兵，专为讨伐匈奴而置，其成员多来自"陇西北地良家子能骑射者"。天水、陇西、安定、北地、上郡、西河六郡一带，地处长城沿边，与塞外胡羌为邻，是草原与农业文化的过渡地区。这地区由于地理环境与历史背景，自古以来名将辈出，入汉之后大批将领出于此地，其中更有现实意义。因为中原农业地区的步兵，无法适应边郡的战争环境，一方面天气酷寒，另一方面无法与匈奴机动性的骑兵抗衡，最严重的还是部队的补给问题。为解决这问题，首先要在边郡养马，并训练一支适应草原作战的骑射部队。这些骑士籍隶六郡、家世清白，属于良民或良口，善骑射，或征或募充为边郡良骑。由他们为基础组成的羽林、期门骑，同时也是卫青、霍去病麾下的重要部属，是汉武帝讨伐匈奴的主力。而且，卫青、霍去病所有的功绩，都是由六郡良家子冲锋陷阵的血泪取得的。司马迁似乎要说明，如果没有这些六郡良家子，《卫将军骠骑列传》是无法形成的。将《李将军列传》与《卫将军骠骑列传》联系起来，就是要表达此意。

李广不仅是六郡良家子从军典型的代表，而且形成一个军人世家。其子李椒、李敢，孙李陵皆参与讨伐匈奴的征战，又与外戚出身的最高统帅卫青、霍去病、李广利有恩怨的纠缠。故《李将军列传》与《卫将军骠骑列传》应该并读，始知司马迁处理匈奴问题的微意所在。

后世对李广终老不封而自刭，多所感叹。但若将这问题置于历史或史学领域，则另有一层意义。李广以六郡良家子从军击胡，不仅善射而且精于射术，骑术亦复出众，又熟练匈奴作战技术。李广从军之日，正是文帝欲大举讨伐匈奴之时。文帝十四年欲亲征匈奴，就是长期处在屈辱心理下的行动，最终却因太后拦阻而未果。及汉武帝即位，马邑之战虽未竟功，但却转变了平城之战以来的"倒悬"关系，积极展开对匈奴的进攻。此后，李广便投入对匈奴的大小战争中。然而，李广不封，非关于命而与汉武帝、卫青有关。司马迁似有意以李广一生的际遇，说明以六郡良家子从军形成的军人，虽然在讨伐匈奴的战斗中，曾作出许多不可磨灭的贡献，但却没有获得应有的尊敬。相反地，由恩幸出身的卫青、霍去病，他们所有的功绩，都是由这批六郡良家子血泪凝成。但汉武帝对他们宠爱有加，封赐超常，其出征所将皆精兵良骑。所以，汉武帝虽有讨伐匈奴雪耻复仇的决心，然其择将帅，专凭一己之偏，擢自恩幸柔媚之中，是故"建功不深"。司马迁于《匈奴列传》之终，遂有"唯在择任将相"的慨叹，若以此与冯唐《论将帅》并读，即知司马迁将《李将军列传》与《卫将军骠骑列传》分置于《匈奴列传》前后的用意了。

至于《平津侯主父列传》，司马迁于传中特引主父偃上书九事中的"谏伐匈奴"，和韩安国与王恢廷议的论辩，前后呼应。《韩长孺列传》用匈奴和战的廷议，作为讨论匈奴问题之始，[1] 而以主父偃"谏伐匈奴"作为讨论汉匈和战问题的终结，则可见其终始。由此不仅可见司马迁个人对匈奴问题的看法，亦可了解此一系列传记彼此之间的关联性。公孙弘与主父偃合传，是由于二人曾辩论朔方郡设置的问题。因为朔方置郡不仅是军事的需要，更具有政治意义。朔方置郡，计出主父偃，而此意实来自汉武帝，主父偃乃揣摩上意而发此策。司马迁以收河南，置朔方，作为卫青之首功。卫青既取河南地，乃命苏建筑朔方城，并提报汉武帝。河南地旧为匈奴牧地，

---

[1]　编者注：此处标点原为分号。

始皇三十二年蒙恬攻略河南地后，一方面城河上以为塞，并筑亭障以逐胡，防止匈奴再进此地牧马。另一方面，修建自九原至云阳的驰道，直通边疆，然后迁徙农业人口，充实这个地区。这一系列的设施，显示秦帝国有意将此地区，永远纳入秦国版图。但楚汉之际，这地区再落入匈奴手中，并直接威胁京师安危。所以，卫青攻取失去百年的河南地，捷报传来，汉武帝喜不自禁，立即开置朔方郡。朔方置郡与内地徙民同时进行，汉武帝为雪高祖平城之耻而伐匈奴，收取河南地，不仅可以建立一个稳定的边疆，并且也是深入匈奴的前进基地。

司马迁以《韩长孺列传》的马邑之战始，以《平津侯主父列传》的公孙弘与主父偃议朔方置郡为终，叙述汉武帝为复仇雪耻而讨伐匈奴的过程，因为不论马邑之战或朔方置郡，皆取决于汉武帝个人的独断。以前后几次廷议与上书作终始，有其深意在焉。由此可见，《史记》各个列传与列传之间，存在着一种逻辑的关联。从《韩长孺列传》到《平津侯主父列传》，不是为单独的个人写传，而是以人系事，因此这些列传不是分离和孤立的。

自高祖至武帝百年间的汉匈关系，朝野视为国耻，隐忍不谈，却是司马迁叙述《匈奴列传》时无法回避的主轴。[1] 当他处理这个问题的材料时，就会因避免触及现实政治的忌讳，受到一定程度的限制，《史记》中不录单于与吕后的两书，就是有意回避。此外，他在搜集匈奴问题材料时，因直接或间接与参加匈奴征战的人物接触，或对汉匈战争遗迹实际的考察，又因李陵事件而卷入历史问题的旋涡，难免出现史家个人主观意识，对其所叙述的历史问题产生限制，

---

[1]　编者注：此处标点原为逗号。

这是司马迁处理匈奴问题时，遇到的另一困境。

如何突破这种困境，是司马迁要解决的问题。几经思量，终于找到解决方法，就是以"《诗》《书》隐约者，欲遂其志之思也"，惟有在"隐略"的前提下，才能避免现实政治的限制，委婉地"述故事，整齐世传"。遭受腐刑后的司马迁，格外谨慎，在处理其他当代的问题时，都用这种方法。

三

司马迁用纪传体形式撰写《史记》，自《隋书·经籍志》以后，就被认为是中国传统正史典型的写作方式。本纪、列传以及其中的"太史公曰"，是司马迁架构《史记》的重要元素。他如何利用这些要素，来达到《诗》《书》隐约者，欲遂其志之思也"，是一个值得探索的课题。

刘知幾将编年与纪传并称"二体"，是中国古代史学写作的两种主要形式。司马迁所创包括纪、传、表、志的纪传体，则铸成中国传统正史写作的版型。

《史记》中的列传有几种不同的形式，如以个人为主的独立个传，有二人的合传及以类相从的类传。如果单从列传叙人的角度来看，若干合传、类传在分合之际，不仅年月相去甚远，事迹也不相类。何以有如此问题，值得探讨。首先，要讨论的是司马迁最初立传的本意为何。[1]

司马迁在列传中叙人物事迹时，常以"传曰"开始，说明取材

---

[1] 编者注：此处标点原为问号。

自他书。这里所说的传，是汉代学者对六艺以外的史传杂说、古人之言或时下流行的俗说谚语，统称之为传。因此，东方朔、褚少孙好观的"外家之语""外家传语"，与司马迁的"六经异传"，是相同的事。

司马谈死后，司马迁"紬史记石室金匮之书"，继续其父校整图书的工作，接着应用这批经过系统整理的文献资料，"及先人所次旧闻"，写作其父"所欲论著"的《史记》。其中，有关战国至秦汉著书诸人的列传，或即应用司马谈既审定编次，又讨论其生平的叙录，连缀成篇。所以，这部分著书诸人的列传，与校整图书的叙录，可为一体的两面。读其书，当知其人，在书为叙录，在人为列传，《史记》这一系列著书诸人的列传，不仅在材料方面，即使著作的形式也都取自校整图书的叙录。这些著书诸人的列传，多以合传或类传的形式出现，但其中《鲁仲连邹阳列传》《屈原贾生列传》，不仅年月相去甚远，行事也不相类，最受后人议论。其实，如果从簿录之叙录方面考察，则司马迁将屈原、贾生或鲁仲连、邹阳合传的微意，即可立现。

《屈原贾生列传》始述屈原，其中缀以宋玉、唐勒、景差等，"皆祖屈原之从容辞令"，最后终于屈原后百余年的贾谊，说明了楚辞与汉赋的承传关系。至于《鲁仲连邹阳列传》，两人虽皆齐人，但无承传关系，所处时代环境也不同。战国时诸侯纷争，游说之士蜂起，鲁仲连以一介布衣，"为人排患释难解纷乱而无取"，功成后飘然而去，隐于海上，游说之士发展至此也达巅峰。至于邹阳，虽在汉初为诸侯王所招，但七国乱后，地方分权向中央集中，游说之士已无活动余地，邹阳象征了战国形成的游士没落的一代。司马迁"原始察终，见盛观衰"，透过他们的著作，叙说游士之兴废，也许是他写

《鲁仲连邹阳列传》的微意之所在。

将著作的叙录寓于行事之中，也是《史记》列传的一种写作形式。事实上，叙录已包括个人的行事在内，而且也是著述诸人主要的行事部分。所以，论其行事的事，是《史记》列传形成的主要基础。创于司马迁的纪传体，其列传并非专为叙人物，而是以人系事，如编年以时系事一样，而且所叙的事不是孤立的，和其生存时代的历史发展与演变息息相关，和个人独立的传记完全不同。至于魏晋时代所形成的别传，则是汉魏之际到两晋的两百年间新兴的史学写作形式。别传与纪传体的列传不同，其性质近似魏晋文学领域里的别集。[1] 别传与别集的"别"[2]，可作"分别"或"区别"解，以示各有自我的性格，与众不同。就性质而论，别传代表两种不同的意义，一是别传与正史列传不同 [3]，亦即别于列传；二是别传与别传彼此间不同，各自表现其不同的性格与风格。这两种意义说明一个事实：在魏晋时期，两汉定于一尊的儒家思想已经衰退，个人突破原有道德规范的约束，因而产生个人意识的醒觉，由于对个人价值的肯定与尊重，形成表现个人性格的独立别传。

列传与别传虽然同为叙事，但列传所不同于别传者，是着重说明个人对其生存时代的贡献，个人已融于事中，很难见其鲜明的性格，这当然是列传以人系事的具体表现。例如《张丞相列传》，非仅为张苍立传，传中还叙及任敖、申屠嘉等人，甚至任、申之后的赵周、石庆，也在列传之中。他们大多由御史大夫转任丞相，但为相后"娖娖廉谨，为丞相备员而已"，若与《万石张叔列传》中谓石庆

---

[1]　编者注：此处标点原为逗号。

[2]　编者注：此处引号为编者所加。

[3]　编者注：此句原为"一是别传与正史列传的不同"。

为相时"事不关决于丞相，丞相醇谨而已"的评语两相对照，则司马迁撰张苍列传的微意之所在，显然是借苍系事。

列传虽以人系事，但并不是孤立的。其所系之事，必须与本纪相应，否则便失去列传以人系事的意义。刘知幾以《春秋》的经传关系，解释本纪和列传之间的关系，认为《春秋》以传解经，纪传则以传释纪。汉代解经之书有两种形式，一种是训释解经的传，以孔安国训释《尚书》的传为代表，汉儒解经多采用这种形式。一种是"事详而博"的传，《左氏春秋》即采这形式。以人叙事的传从司马迁的《史记》列传开始，采用叙事之传，转而为以人系事的列传。本纪是统领众事的纲领，其目的是叙述一个时代的重大历史事件，及历史发展的主要趋向。所以本纪仅记其大端，列传则委曲叙事以释本纪。

总之，司马氏父子因校书秘阁，选择了传以释经的经传关系，转变为本纪和列传的历史解释，并以此为基础探索古今之变的历史因果关系。因此，中国上古学术的发展，超越过去经传解释"古今之义"的探讨，转变为历史"古今之变"的寻求。至此，司马迁终于将其《自序》的"拾遗补艺"，与《史记》之外《报任安书》的"通古今之变"的两个"成一家之言"，凝而为一，成为完整的"一家之言"。这不仅是中国上古学术重要的转变，更是中国传统史学形成的重要关键。

司马迁肇创纪传体并以"太史公曰"发论以来，就成为一种特殊的写作方法，那就是为史学家留下一个空间，允许他们在严肃而客观地叙述历史事实之后，有一个发抒己见的机会：包括对历史事件的议论，以及对历史人物的评价。它们或序于传前，或论于卷后，虽然所叙的是由历史事实引发，但却都是史学家个人的看法。这种将客观事实与个人主观意见，同时并存于一卷之中，而不混淆的写作方法，更突出了中国传统史学的特殊风格。这种写作形式，后世称为论赞，不仅存在于纪传体，同时也出现在另一种传统史学写作的编年体之内。

虽然史传论赞是一种史学写作形式，但其性质与史传写作却有主观和客观的不同。主观的议论和客观的叙述，正是文学和史学的区别之处。萧统《文选》选辑的纯粹是文学作品，他认为以语言载于简册的诸子与史传，不属于文学的范畴；但是"错比文华，事出沉思"的史传论赞，因表现了作者个人的才思，是具有文学作品性质的。《文选》这种分类方法，不仅划清了文学与史学的界限，同时也反映了当时学术发展的实际状况。因为东汉末年以来，文学与史学分别挣脱经学的桎梏，迈向独立。就史学而言，其发展与转变的过程，最初从经学的羽翼下脱颖而出，上升至与经学同等的地位，并称为"经史"。然后又与逐渐独立的文学合流，是为"文史"。经过文史合流的过渡期后，文学和史学在质和量两个方面，都各自具有了独立发展的条件。《文选》的编辑顺应了这个发展的趋向，明确地划分了文学和史学独立的范围[1]。

其实，在司马迁《史记》"太史公曰"之前，汉代已有历史人物评价的历史著作存在，而且是非常流行的，如司马相如的《荆轲论》、东方朔的《嗟伯夷》等。不过，这种脱离历史事实，对历史人物所作的评论，和史学家在叙述一段历史事实之后，所作的议论与评价，并不相同，史传论赞的形成自有其渊源。

---

[1]　编者注：此处原为"经过文史合流的过渡期间后，至此文学和史学不论在质和量的两个方面，都各自具有独立发展的条件。《文选》的编辑顺应了这个发展的趋向，明确地划分文学和史学独立的范围"。后同改。

在先秦的著作中，写作的形式常会在叙述一段历史事实，或讲罢一则寓言故事之后，作者以此为依托，发表个人的意见或论断。透过这些意见或论断，将过去的经验与现代的现实生活贯穿起来，成为一种道德规范或行为的准则。这种写作形式具体地表现在《左传》之中，也就是常在叙事之间，插入一段"君子曰"形式的论断，无论是对历史事件的议论或对历史人物的评价，都假君子之口而道出。今古文之争，使学者们对《左传》"君子曰"有几种不同的意见，有人认为是"左氏自为论断之词"，有人认为君子是孔子，更有人认为是刘歆之辞，或者是当时有德位者的嘉言谠论。

不过，"君子曰"也并非《左传》所独有，《国语》《晏子春秋》，以及刘向《新序》也有"君子曰"。尤其《国语》中有多处"君子曰"的论断同时也见之于《左传》，虽然《左传》与《国语》的"君子曰"有繁简的不同，但所表现的意义往往相类似。因此，"君子曰"可能是古史写作的一种形式，这种形式汇集了时人对历史事件或历史人评价而成，然后以"君子曰"的形式，保存在古代的史料中，后来应用这些材料撰写成书，同时也保留这种论断的形式。

《左传》中共有一百三十四条关于历史事件与历史人物评价的论断，其中八十四条以与"君子"相关的形式道出，包括了"君子曰""君子谓""君子以为"以及"君子是以"等的评论。除此之外，还有五十条直接引用孔子、周任、仲虺、臧文仲、史佚等当时君子的嘉言谠论。这些当时君子的嘉言谠论，可能就是"君子曰"的原来形式，经过《左传》作者选择或增删后，就成为"君子曰"的格式。这些论断由当时君子的言论或意见凝聚而成，原本代表当时社会的舆论，《左传》作者在编撰过程中，不仅将他们的言论或意见辑于书中，并且在经过删节或归纳的整理以后，形成"君子曰"。此格式往往是假君子之口，提出论断，然后再引用几句格言，作为论证或结论。所以，《左传》"君子曰"总结了过去历史材料中，原来就存在的论断，并引用《诗经》作为论证的依据，形成一种历史评论的格式。这种历史评论的格式，经过司马迁《史记》"太史公曰"的援用，对后世史传论赞的形式，发生启导性的作用与影响。

史传论赞的内容，包括对历史事件的议论和历史人的评价。但如果以此标准衡量《史记》"太史公曰"，将会发现"太史公曰"的内容更丰富，鲁实先师归纳为四，即记经历、补轶事、言去取、述褒贬。其中除了述褒贬是对历史事件的议论，以及对历史人物的评价外，记经历、补轶事、言去取等三项，则属于材料处理的范畴。所以，司马迁的《史记》"太史公曰"，实际上包括两部分，一是开后世史传论赞先河的对历史事件的议论，以及对历史人物的评价，另一部分则是关于材料的处理方法。

关于"太史公曰"对材料的处理，郑樵称之为"史外之事"，章实斋则进一步解释是司马迁的"自注"。所谓注，是中国经学传统解释的著作形式，这种著作形式在汉代经学形成后，透过经师对经书的阐释和讲授，逐渐形成，以文字和训诂作为解释的工具，进一步剖析经书的微言大义。不过，这种经注和魏晋以后出现的史注，其意义完全不同。钱大昭对于经注和史注作了明确的划分，亦即"注经以明理为宗""史注以达事为主"。"明理"和"达事"是经注和史注基本的区分。[1]所谓"达事"，也就是应用了更多的材料，进一步解释历史事件的真相和意义。到魏晋以后，史学的地位上升，与经学并称为"经史"，史学也成为一种专家之学，作为教学和传授的对

---

[1] 编者注：此处标点原为逗号。

象。[1] 为适应这种转变的需要，因而出现了史书单独的注释。最初，由于教学的实际需要而出现的史注，仍然继承经书传注的传统，以训诂为基础，对音义与字句进行解释。[2] 不过经注和史注除了明理和达事的不同外，最大的差异，就是注经不可驳经。注史则不同，可以提出驳纠或辨误，不同形式的史注因此出现。

对于这些不同形式的史注，刘知幾在《史通·补注篇》中，将魏晋以来形成的史注归纳为四类：一是"儒宗训解"；二是"列于章句，委曲叙事，存于细书"；三是"掇众史之异辞，补前书之所阙"；四是"手自刊补，列为子注"。其中所谓的"手自刊补，列为子注"，也就是作者的自注，这类形式的注是偏重材料的辑补的，其目的为对本文作进一步辅助的解释。这种自注，也见于司马迁的《史记》之中，其目的是对所引用材料进行解释[3]。不过，这种行文中解释性的自注，与章实斋所谓"太史公曰"式自注性质是不同的，因为司马迁的"太史公曰"，其作用是"明述作之本旨，见去取之从来"，尤其"见去取之从来"的材料处理方法，非常明显地存在于《史记》的"太史公曰"之中。[4] 此中又可分为四类：一、说明参考文献与材料的来源；二、材料的鉴别与考证；三、材料的选择与去取；四、轶闻逸事的附录。这种自注，与现代学院派论文的注释的作用相似，其目的都是对本文所提出的问题，作更深一层的探讨和解释，并辅助读者对这个问题的认识和了解。

《史记》卷首《五帝本纪》的"太史公曰"就具体表现了这些功能，司马迁于其中说明他处理有关黄帝材料的方法与态度，旨在说

---

[1]　编者注：此处标点原为逗号。
[2]　编者注：此句原为"对音义与字句的解释"，"解释"后标点原为逗号。
[3]　编者注：此句原为"其目的是为了对所引用材料的解释"。后同改。
[4]　编者注：此处标点原为逗号。

明他如何从驳杂的材料中，"择其言尤雅者"的过程。也就是超越当时的众说纷纭，在"不离古文者近是"的原则下，搜集与鉴别材料，然后选择接近事实的史料，写成《五帝本纪》的黄帝部分。所以，《五帝本纪》的"太史公曰"，一如列传之首《伯夷列传》的"太史公曰"，前者是司马迁处理材料的凡例，后者是七十篇列传的总序，司马迁在这篇列传总序中，提出了他对历史事件议论与历史人物评价的标准，二者相合，就是司马迁"太史公曰"的全部内容。因此，《史记》的"太史公曰"，包括了对历史事件议论和历史人物评价，以及对历史材料处理两个部分，其中对材料的处理属于史学的范畴，其目的是讨论与考辨材料的真伪，和表现个人才情的文学写作完全不同。这是萧统《文选》没有选《史记》"太史公曰"的原因。

自来司马迁"太史公曰"的讨论，都把"太史公曰"对材料处理的部分忽略了。自注式的"太史公曰"，也是裴松之《三国志注》的渊源所自，并且开创了史注的新写作形式。刘知幾认为，裴松之的《三国志注》，是这类史注最典型的代表。裴松之注《三国志》的体例，在他《上三国志注表》中所说的，有四种，即补阙、备异、惩妄、论辩。其中补阙与备异部分，是由裴松之的助手协助完成，对材料的考辨则由其亲自执笔，这部分就是惩妄与论辩，也就是裴松之"杂引诸书，亦时下己意"的自注，分别以"臣松之案"与"臣松之以为"来表示。"臣松之案"，是对材料的处理的考证；"臣松之以为"，则是对历史事件的议论，以及对历史人物的评价。在《三国志注》中裴松之的自注并不多，仅占全部注释的十分之一左右，但却是《三国志注》的精旨深义所在。[1] 因为裴松之注《三国志》，不

---

[1]　编者注：此处标点原为逗号。

仅拾遗补阙而已，最终的目的也是在《上三国志注表》中所说的：
"缀事以众色成文，蜜蜂以兼采为味，故能使绚素有章，甘逾本质。"
所以，裴松之自注，都是他对其助手整理的材料，经过校勘考证后
所提出的个人意见。这些讨论包括对材料的处理，以及对历史事件
的议论和历史人物的评价，正是司马迁自注式的"太史公曰"的内
容。所以，裴松之的《三国志注》的自注，渊源于司马迁，也就是
继承司马迁"太史公曰"的基础发展而形成。

后来刘孝标的《世说新语注》及刘昭注《后汉书》，都是受裴松
之《三国志注》的影响。司马迁"太史公曰"的材料处理部分，经
过裴松之、刘孝标的继承与发扬，后来到司马光修《资治通鉴》，同
时并上、单独成书的《通鉴考异》三十卷也循此线索发展。司马光
撰写《通鉴》时，"遍阅旧史，旁采小说，简牍盈积，浩如烟海"，
高似孙说司马光援引的材料多达二百二十二家，尤其唐代部分，引
用了许多杂史、小说、家传等材料，而且往往一事用三四出处。因
此，司马光对所引用的材料需要一番考辨的工夫，亲自撰写的《通
鉴考异》即为此而作。由此可知，《通鉴考异》独立成书，是仿裴松
之注《三国志》"详引诸书错互之文，折衷以归一是"的自注体例。
司马光撰《通鉴考异》的目的，是"祛将来之惑，明所以去取之故"，
这正是司马迁"太史公曰"的遗意之所在。

总之，自注式的"太史公曰"，其内容包括两部分，一为对历
史事件的议论与历史人物的评价，一为对历史材料的处理。前者由
班固的《汉书》继承，凝聚成后世的史传论赞。[1]裴松之却掌握了
司马迁"太史公曰"的旧法，具体表现在他的《三国志注》的自注

---

[1]　编者注：此处标点原为逗号。

中。后来刘孝标、刘昭承其余绪。[1] 司马光的《资治通鉴》将"太史公曰"一分为二，把对历史事件的议论与历史人物的评价[2]，放置在《通鉴》的"臣光曰"中，至于对材料的处理，则独立撰成为《通鉴考异》一书。所以，司马迁"太史公曰"对材料处理的部分[3]，虽然其流变与传承的过程曲折迂回，自来被史学工作者所忽略，但自班彪而裴松之，最后出现司马光，其间脉络仍是有迹可寻的。

四

《史记》断限于何时，众说纷纭。当然，《史记》断限上起黄帝，下迄汉武是没有问题的，但司马迁就生存在这个时代之中，其下限究竟终于武帝何时，就有必要探讨。《太史公自序》中提到的断限有三处，分别是麟止、太初、天汉三种说法。这三种不同时间的断限，前后相距数十年，其实都有其可能性。

司马谈临终之前，执司马迁手而泣曰："余死，汝必为太史；为太史，无忘吾所欲论著矣。……自获麟以来四百有余岁，而诸侯相兼，史记放绝。……余为太史而弗论载，废天下之史文，余甚惧焉，汝其念哉。"由此看来，对司马谈而言，最大的历史事件莫过于"获麟"一事。但司马迁对于"获麟"的态度与司马谈不同，具体表现在《封禅书》的撰写方面。司马谈对汉武的封禅不仅充满宗教情怀，而且认为是神圣的使命，因此，司马谈因获白麟的激动而开始撰写《史记》，并以麟止为断，是非常可能的。但司马迁撰写《封禅书》

---

[1]　编者注：此处标点原为逗号。

[2]　编者注：此句原为"对历史事件的议论与历史人物的评价"。后同改。

[3]　编者注：此句原为"司马迁'太史公曰'对材料处理部分"。

是为了"自古以来用事于鬼神者,具见其表里。后有君子,得以览焉",并且多用"然""焉""若"等怀疑字眼,保存着一系列他个人亲身经历,却无法考证的材料。

司马谈卒后八年,当太初元年,司马迁开始继其父遗稿撰写《史记》。这一年,也是司马迁所主导制定的"太初历"完成并颁布施行的时间。这不仅 [1] 是当时重要的历史事件,而且影响后世至巨。司马迁主持太初改历,始终参与其事,对后世的贡献,不下于《史记》,但司马迁在《史记》中并没有特别强调。不过,司马迁在《封禅书》中谈到改历,却是与改制相提并论的。

汉兴,君臣皆起草莽,建国之初,并未留意制度的改张,所以叔孙通定朝仪,张苍定章程,仍因袭秦制。因此,后来自贾谊至司马迁都希望突破秦帝的框限,改制更新,于是改正朔、易服色、定制度并提。汉武帝的太初改历是一个新时代的开始,司马迁认为身为太史,面临这个新时代,"废明圣盛德不载,灭功臣世家贤大夫之业不述",而且"堕先人所言",是他莫大的罪过。于是继先人未竟之业,开始执笔撰写《史记》。首先撰写的可能就是《今上本纪》,因为他最初所写的《今上本纪》就集中在改正朔、易服色方面。因此,司马谈认为"麟止"是孔子著《春秋》终于获麟的五百年之期,[2] 而司马迁则认为"太初"是改制更化的新时代开始。虽然司马迁继续其父未竟之业,由于新的历史情况的出现,就不得不另选新的历史断限。

王国维认为《史记》中最晚的记事为李广利降匈奴事,司马迁为何选择此事作为《史记》最后的记载,又是另一个需要讨论的问

---

[1] 编者注:此处原为"……时间,不仅……"。
[2] 编者注:此处标点原为分号。

题。根据《史记》《汉书》中的材料，最初汉武帝欲遣派李陵督贰师
辎重，而后李陵自请为一队，率步兵五千出居延，其任务为李广利
的助兵，"欲以分匈奴兵，毋令专走贰师也"。后来李陵败降，司马
迁为其游说，因诬上而下狱，其诬上的罪名即是"欲沮贰师"。因此，
李陵灭族，与司马迁个人的悲剧，皆缘于天汉二年李广利出征匈奴。
天汉二年李陵降匈奴，及《李将军列传》附叙李陵降匈奴事，皆为
司马迁于天汉二年后所增补，这也是《汉书·司马迁传》中又有《史
记》终于天汉二年之议的原因。所以，《自序》中的三个断限，及
《史记》的最终记事，不仅和汉武帝时代的发展和演变相关，而且和
司马迁个人的际遇有密切的关系。

　　汉武帝宠爱李广利，因李广利是霍去病、卫青亡故后，汉武帝
唯一信赖的征讨匈奴的将领，而且是从外戚中选拔，经过训练直属
中央的精锐部队统帅，其待遇与出身陇西军人世家的李陵完全不同。
李广利于太初四年伐大宛一役中立下战功，但在十一年之后的征和
三年，败降于匈奴，此事又涉及汉武帝晚年所发生骨肉相残、株连
甚广的宫廷政治斗争"巫蛊之祸"。"巫蛊之祸"祸延三年，"是时，
上春秋高，意多所恶，以为左右皆为蛊道祝诅，穷治其事"，当是时，
司马迁随侍武帝左右，亲历这场政治风暴。这场政治斗争杀戮惨重，
司马迁的两位至友田仁与任安亦同遭池鱼之殃。

　　司马迁与田仁相友善，其事迹附于《田叔列传》之后。《田叔列
传》次于《万石张叔列传》与《扁鹊仓公列传》之间，是《史记》
中较为特殊的一篇列传。《万石张叔列传》所传者有石庆、张叔、卫
绾、直不疑、周仁等，都是文景两朝的旧臣，于汉武帝初任职中央
要津，与《魏其武安侯列传》合观，正象征文景两朝到汉武帝即位
之初，新旧权力结构的转变与过渡。至于田叔，官不过鲁相，事亦

乏善可陈，竟一人独据一传，从司马迁对其评价"孔子称曰'居是国必闻其政'，田叔之谓乎！义不忘贤，明主之美以救过"，并且自谓"仁与余善"一语可以看出，田仁与司马迁之交绝非泛泛。

司马迁的"太史公曰"虽然有补轶事之例，但以"仁与余善，余故并论之"作为补叙，则显得突兀，也是全书仅见。其所并论者，乃其所叙田仁为官及其"坐太子事"两部分。田仁涉太子事被诛，是征和二年七月间的事，则司马迁所"并论"田仁事的增添则是在此之后。而且，可以肯定这段记事出于司马迁的手笔，因此司马迁所"并论"者，不仅为其"下至于兹"作一个旁证，同时也可以补王国维所谓的司马迁最终的记事，由此可知司马迁因"巫蛊之祸"，对其已完稿的《史记》所增删不止一处。

"巫蛊之祸"是司马迁自天汉二年以来，所遭遇最严峻的困境，挚友田仁因纵太子被诛，其悲痛可知。当是时，司马迁随侍武帝在甘泉，在绝对权威的汉武帝之前，只有隐含恭谨从事，其后随驾返京，即将田仁之诛附记于《田叔列传》之后。但当时情势未明或因现实忌讳，所记语焉不详，司马迁心情复杂与情势急迫，跃于纸上。"巫蛊之祸"未歇，田仁已诛，任安亦因太子事而下狱待决，司马迁思前想后，感慨衷来，于是乃有《报任安书》之作。任安亦与田仁相善，田仁为丞相长史时，任安为益州刺史，司马迁被刑后，任安曾致书司马迁，"责以古贤臣之义"，司马迁接书未覆。至此时任安系狱待决，司马迁恐为时不多，乃作书以报故人。后世学者虽曾议论《报任安书》的写作时间，不过，不论司马迁写于何时，都是一封欲寄无从寄的书信。这是一封无法递入牢狱的信，即使递出，若被留中，上达天听，后果必更可怕。当斯时，汉武帝因恐失去权力的掌握与控制，发动这次残酷的政治斗争，亲如骨肉亦遭杀戮，这封充满愤懑的《报任安书》若落在汉武帝手中，其后果可知，不仅司马迁和其族必遭不幸，他忍辱撰成的《史记》亦必遭毁散。在这种严峻的情势下，司马迁当然不可能冒此大不韪，递出这封信。

司马迁亲历这场空前的残酷政治斗争，非仅田仁与任安，其故旧株连者众。而司马迁随侍汉武帝左右，必须蔽饰其内心悲痛，稍有不慎，即可能被祸。经此巨变，汉武帝以往在司马迁心中伟大的形象完全幻灭。司马迁经历这场政治风暴，身心交瘁，身体大不如前，尤其想及自己所遭受的屈辱，"汗未尝不发背沾衣也"。因此，借《报任安书》将以往"抑郁无谁语"者，若骨鲠在喉，一吐为快，最后终于释解内心积郁已久的心结。所以在《报任安书》最终处，司马迁说："今虽欲自雕琢，曼辞以自解，无益，于俗不信，只取辱耳。要死之日，然后是非乃定"。《报任安书》不仅是一封欲寄无从寄的信简，而且是司马迁最后的绝笔，可视为司马迁的遗书。既为遗书，无需示人，希望这份遗书与所撰的《史记》同传后世，使后世读《史记》者同时读《报任安书》，可以从其最后绝笔，了解他撰写《史记》的心路历程。

《文选》将司马迁《报任少卿书》与杨恽《报孙会宗书》并列。杨恽是司马迁的外孙，司马迁欲"藏之名山，传之其人"的《史记》，即传于杨恽，包括原不欲示人的《报任安书》。杨恽在宣帝时期，因"妄引亡国以诽谤当世"，事下廷尉，免为庶人，杨恽于是"家居治产业，起室宅，以财自娱"，友人安定太守西河孙会宗为书谏戒之，于是杨恽才有充塞愤懑语句的《报孙会宗书》之作。但是这封书信被廷尉验案获之，宣帝见而恶之，杨恽以大逆无道之罪被腰斩，妻子徙酒泉郡。司马迁身后将他的《史记》遗留给杨恽，同时也可能包括《报任安书》。这封司马迁最后绝笔的信简，显然对杨恽发生了直接的影响,《报孙会宗书》的文字语气,皆充满愤恨之情,一似《报任安书》。看来,萧统编《文选》时将《报孙会宗书》附于《报任少卿书》之后,有其微意在焉。

《报任安书》是后世研究司马迁最接近的材料,但《报任安书》与作为《史记》总结的《太史公自序》虽有相同的地方,也有相异之处,这些相异之处,正是探索司马迁撰写《史记》最重要的材料。由于"巫蛊之祸"现实政治环境的突变,司马迁对其已撰成的《史记》有所删节或增添,虽然其删节的部分已不可知,但戾太子的材料被删是很明显的。至于增添的部分,一是田仁之死,一是李广利降匈奴,都和司马迁个人恩怨有关,事在"巫蛊之祸"的征和年间,于是在司马迁最后绝笔的《报任安书》中出现"略推三代,录秦汉,上记轩辕,下至于兹"的新断限。这个新的断限,同时也出现在已撰成的《太史公自序》中,显然是在撰写《报任安书》之后增添的。

"拾遗补艺,成一家之言"与"欲以究天人之际,通古今之变,成一家之言",是司马迁在《太史公自序》与《报任安书》一再强调他撰写《史记》的终极目标。但其结果并不一样,前者只是对周秦以来散乱文献图籍的校整,而后者就有"以古非今"之虞了。所以,《太史公自序》以"拾遗补艺,成一家之言"作结,"欲以究天人之际,通古今之变,成一家之言"则留在其作为遗书的《报任安书》中,以传后世。

关于《史记》被视为"谤书"一事,也值得一说。司马迁在《太史公自序》中,李陵事件仅是寥寥数语、一笔带过,《报任安书》中则血泪满纸。最后言及其所撰《史记》:

> 草创未就,适会此祸,惜其不成,是以就极刑而无愠色。

仆诚已著此书，藏之名山，传之其人通邑大都，则仆偿前辱之
责，虽万被戮，岂有悔哉！

因为这一段自我剖白，后世往往将司马迁的《史记》与李陵事件纠
缠在一起，视之为"谤书"。司马迁遭李陵之祸的郁结，反映在他的
著作之中，两汉以来一直流传着。王充的《论衡》是汉代讨论《史
记》较多的著作，对此问题有较深一层的讨论。[1] 王充虽然没有直
接指出司马迁微文刺讥，但却说出司马迁因下蚕室而对《史记》所
发生的影响，此后一直流传这种说法。因此，荀悦《汉纪》中所谓
的"司马子长既遭李陵之祸，喟然而叹，幽而发愤，遂著《史记》"，
几乎已成定说。到了曹魏时，魏明帝批评司马迁"著《史记》非贬
孝武，令人切齿"，似乎也代表当时普遍的看法。所以，魏晋以后，
《史记》《汉书》和其他经书一样，同被列为传授的对象，但后世注
释《汉书》者远超过注释《史记》，可能就是受到《史记》是"谤书"
这种长期流传的印象所影响。

《史记》是"谤书"的看法，逐渐形成于汉晋之间，成为后世讨
论与批评司马迁及其《史记》的主要依据之一。但作为中国史学奠
基者的司马迁，若仅仅以泄愤作为其著史的目的，则《史记》就不
能成为中国史学的开山之作而流传千古了。当然，刑余之人积压的
抑郁，不自觉流露于字里行间，是难免的。司马迁在《报任安书》
中自认为，为李陵游说而下狱，是"拳拳之忠，终不能自列"，遭遇
颇似韩非。于是，在叙述先秦诸子著书甚少直接引用原文的《史记》，
却在《老子韩非列传》中全篇引录韩非的《说难》，可见司马迁颇有

---

[1]　编者注：此处标点原为逗号。

借他人酒杯浇自己块垒的微意。

　　《史记》虽非司马迁专为个人郁结而发，但面对当时现实政治环境，而且写的又是当代之史，司马迁下笔就不得不慎重了。司马迁深切了解政治现实，即使孔子著《春秋》也是难免的，因为有所忌讳，对于自己生存的那个时代，不得不略予褒赞。对于现实政治的残酷，司马迁在遭李陵之祸后，有更深刻的切身体验。他在《太史公自序》中说："夫《诗》《书》隐约者，欲遂其志之思也"，所谓"隐约"，与孔子著《春秋》时，"至定哀之际则微"的隐略是相同的。这是司马迁经李陵之祸后，再三思维后选择的写作道路。惟有在"隐约"的前提下，才能避免现实政治的限制，这些"唯唯、否否"的未竟之意，只有"俟后世圣人君子"的探索了。不过，司马迁自己已在其最后绝笔的《报任安书》中留下了伏笔。

《太史公自序》的"拾遗补艺"

司马迁撰写《史记》，最终的目的是想"成一家之言"。在他的著作之中，却存在着两个地方提到"成一家之言"。一是《史记·太史公自序》最终所说"以拾遗补藝（艺），成一家之言"，一是《汉书·司马迁传》引《报任安书》的"欲以究天人之际，通古今之变，成一家之言"。

因此司马迁这两个"成一家之言"，虽然追求的目标一致，但表现的意义却不相同，而且进行的程序也有先后的层次。前者经过"厥协六经异传，整齐百家杂语"的过程，对孔子删《诗》《书》、定礼乐的学术发展与演变，一次系统性的整理。后者则是将经过整理系统化的材料，纳入时间的框限之中，即所谓"网罗天下放失旧闻，考之行事，稽其成败兴坏之理"。二者综合起来，就是司马迁写《史记》的意旨所在，也是司马迁对中国学术与史学承先启后、继往开来的贡献。

"拾遗补艺"是对图书的校整，属于目录学领域的工作。镜考源流，部次流别是中国传统目录学的精神。自来讨论中国目录学，都集中赞扬刘向、歆父子在这方面的成就，完全忽略了司马谈、迁父子对这方面的贡献。实际上，武帝时开始校整图书工作，规模较成帝时大，前后负责校书秘阁的就是司马氏父子。在校整图书过程中，由于政治与学术的环境不同，司马谈选择了黄老作为主导思想，提出他的《论六家要指》，规划出阴阳、儒、墨、名、法、道德诸家的轮廓，是中国传统目录学的最早序录。后来《汉书·艺文志·诸子略》的九流十家就是在这个基础上形成的。

司马谈壮志未酬身先死，司马迁继承他"孔子卒后至于今五百岁，有能绍明世，正《易传》，继《春秋》，本《诗》《书》《礼》《乐》之际"的未竟遗志，继续图书校正的工作。但为了适应当时转变的学术与政治环境，将孔子完成的六艺，独立于儒家之外，并超越各家之上，成为一个学术的专门领域，班固《汉书·艺文志》的《六艺略》缘此而出，同时也铸定以后中国目录学经部的版型。整理图书文献的最终目的，是对古籍的研读和了解，也就是公孙弘所谓"明天人分际，通古今之义"，司马迁即以此为基础，向"欲以究天人之际，通古今之变"过渡，虽仅"义"与"变"一字之易，却创立了中国的传统史学。

一、司马谈、迁父子校书秘阁

《汉书·艺文志·诗赋略》的"屈赋"之类下，有"上所自造赋二篇"，颜师古注："武帝也"，指明这两篇赋的作者是汉武帝。虽然班固《艺文志》，以刘向、歆的《别录》与《七略》为蓝本编撰而成，但刘氏父子离武帝时代已远，论理说不应称武帝为"上"，"上"是臣工对当代君主的称谓。所以，章学诚认为"上所自造四字，必武帝时人标目，刘向从而著之，不与审定称谓"。

　　章学诚的疑惑，引发出另一问题，就是刘氏父子校雠秘阁、编撰簿录其来有自，渊源于武帝时所编纂的目录。这部目录很可能是司马迁校书时，原有的辨章学术、镜考源流的簿录工作，但没有成书，后来撰《史记》时分散于百三十篇之中。所撰述的底稿，或仍有流传或藏于秘府，刘氏父子将这部底稿纳入己书，班固因循未改，也是非常可能的[1]。

　　司马迁在《史记》中，称武帝为"上"或"今上"。《太史公自序》曰："汉兴五世，隆在建元，外攘夷狄，内修法度，封禅，改正朔，易服色。作《今上本纪》。"今上就是汉武帝，《史记》很多地方这样称呼。《汉书·刘向传》："上方精于《诗》《书》，观古文，诏向领校中五经秘书。"此处所谓的"上"是成帝。《汉书·艺文志·诸子略·儒家》有《高祖传》十三篇、《孝文传》十一篇，颜师古分别注曰："高祖与大臣述古语及诏策也"及"文帝所称及诏策"。《汉书·艺文志》对高祖与文帝都不称"上"，唯独对武帝称"上"，的确是非常有趣，也是值得探讨的问题。

　　《汉书·艺文志》除了"上所自造赋二篇"外，在所著录的书籍作者，往往出现"有列传"的小注。中国传统目录学体制，综合而言有三：一是考一书源流的篇目，二是考一人源流的叙录，三是考一家源流的小序[2]。对于考一人源流的叙录，章学诚认为刘向、刘歆"其校书诸叙论，既审定其篇次，又推论其生平；以书而言，谓之叙录可也；以人而言，谓之列传可也。史家存其部目于《艺文》，载其行事于列传，所以为详略互见之例也。是以《诸子》《诗赋》《兵书》

---

[1] 张舜徽，《汉书艺文志通释》(湖北：教育出版社，一九九〇)。

[2] 余嘉锡，《目录学发微》(香港：中华书局，一九七五)。

诸略，凡遇史有列传者，必注'有列传'字于其下，所以使人参互而观也"。

班固在《汉书·艺文志》《诸子》《诗赋》《兵书》诸略，于作者名下注"有列传"者，计有晏子、孟子、孙卿子、鲁仲连子、管子、商君、苏子、张子、屈原赋、吴起、魏公子等十一种。颜师古在《晏子》十八篇下注称："有列传者，谓《太史公书》"。以上诸书作者，《史记》中不仅有列传，司马迁除论其行事外，并对他们著作的大要归指，皆有所叙论。所以，《汉书·艺文志》所著录的这些著作及"上所自造赋二篇"下的小注，很可能出自司马氏父子的手笔。

《汉书·艺文志·诸子略·道家》有《管子》八十六篇，其下小注曰："名夷吾，相齐桓公，九合诸侯，不以兵车也"。案《史记·管晏列传》太史公曰："吾读管氏《牧民》《山高》《乘马》《轻重》《九府》。"《正义》："《七略》曰：'《管子》十八篇，在法家。'"与《汉志》不同。《四库提要·管子》条下说："叶适《水心集》亦曰：《管子》非一人之手笔，亦非一人之作，考其文大抵后人附会，多于仲之本书。"所以有人认为《管子》一书是一种杂烩，不仅不是管仲作的书，而且非作于一人，也非作于一时，大约是战国及其后期的一批杂碎著作的总集，一部分是齐国的旧物，一部分是汉朝开献书之令时，由齐国地区献过来的[1]。《管子》中有儒、道、法、兵、农、纵横、阴阳各家的言论，严格说，《管子》一书可入杂家。所以，《管子》在汉代出现时，已经是一部范围包罗甚广，内容非常驳杂的资料汇编。在刘向校书之前，已有几种不同的校本。刘向《管子书录》云：

---

[1] 郭沫若，《宋鈃伊人遗书考》，《郭沫若全集·历史篇》第一卷《青铜时代》（北京：人民出版社，一九八二）。编者注：此引文篇名疑误。

> 护左都水使者光禄大夫臣向言：所校雠中管子书三百八十九篇，大中大夫卜圭书二十七篇，臣富参书四十一篇，射声校尉立书十一篇，太史书九十六篇，凡中外书五百六十四篇，已校，除复重四百八十四篇，定著八十六篇。杀青而书可缮写也。

刘向所校定的《管子》八十六篇，即《汉书·艺文志·道家》所著录的《管子书》。在刘向所校的《管子》校本中，有"太史书"九十六篇，和刘向的《管子》定本最接近。所谓"太史书"，可能就是司马氏父子所校的《管子》。

司马氏父子在武帝时校书秘阁，定其归指，案《文选》卷三十六任彦升《为始兴求立太宰碑表》李善注引刘歆《七略》："孝武皇帝敕丞相公孙弘广开献书之路，百年之间，书积如山"。虽然汉初就开始收集秦火剩余的图籍，惠帝更下除挟书之令，但有计划大规模搜集轶书，并建立典藏制度，却在汉武帝时。《汉书·艺文志序》说：

> 汉兴，改秦之败，大收篇籍，广开献书之路。迄孝武世，书缺简脱，礼坏乐崩，圣上喟然而称曰："朕甚闵焉！"于是建藏书之策，置写书之官，下及诸子传说，皆充秘府。

对图书的典藏与整理，"外有太常、太史、博士之藏，内有延阁、广内、秘室之府"。武帝除了设写史之官外，并置太史令负责实际的图书管理与整理工作。《隋书·经籍志·史部序》就说：

> 其（战国）后陵夷衰乱，史官放绝，秦灭先王之典，遗制

莫存。至汉武帝时，始置太史公，命司马谈为之，以掌其职。

司马谈既为太史，负责石室金匮的图书整理，与保管国家的文献与档案，即所谓"天下计书先上太史，副上丞相"。于是，"百年之间，天下遗文古事靡不毕集太史公"。太史既负责图书的典藏，同时就必须对图书进行整理校雠[1]。因为图书典藏和整理是一体两面的工作。

掌管与整理图书文献，原本是古代史官的工作范围。《周礼》关于太史、小史、内史、外史、御史对图书的掌管和分工，记载得非常详细，归纳起来，凡史官所主持的吉凶大礼及封赏庆典，观测的天象、气候，出纳的王言、章奏的记录，乃至于所占卜的休咎迹兆，都由他们自负登记保管之责。后来更将所有的法规、盟约都交付太史录下副本，妥藏备查。邦国之志、四方之志也一并交由史官收藏。最后，史官掌管的范围扩大，遂将私人的盟约，也由史官登录，三皇五帝图书概由史官收藏。所以，楚怀王说左史倚相能读《三坟》《五典》《八索》《九丘》之书。韩宣子至鲁，观书于太史氏。史称老子为"周守藏室之史"或"柱下史"，都说明图书文献的收藏，是古代史官的职掌[2]。所以，《隋书·经籍志序》说："书契已传，绳木弃而不用，史官既立，经籍于是兴焉。"

武帝置太史令，有古代史官的遗意。司马迁说"太史公既掌天官，不治民"。其职掌的范围，就是司马迁《报任安书》自嘲说的"文史星历近乎卜祝之间"。星历卜祝的部分，案应劭《汉官仪》："太史令属太常，秩六百石，掌天时星历，凡岁奏新年历；凡国祭祀丧娶之事，奏良日；国有瑞应灾异，记之"。这是史官的原始职掌部分。

---

[1] 编者注：此句原为"同时就必须对图书进行整理的校雠"。
[2] 沈刚伯师，《说史》，《沈刚伯先生文集》（上）（台北："中央日报"，一九八二）。

至于"文史",则是文字工作的处理,及图书档案的保管和整理。关于文字工作的处理,《汉书·艺文志·六艺略·小学》条下:"萧何草律,亦著其法,曰:太史试学童,能讽书九千字以上,乃得为史"。至于图书档案的整理,则是史官职掌扩大后的工作范围,太史令属官有望郎与掌故各三十人,分别负"星历"和"文史"的工作。所谓文史就是司马迁说司马谈,"于建元元封元年之间"任太史公。其间历元光、元朔、元狩、元鼎,至元封元年"发愤且卒"前后近三十年。司马谈的行事除见于《封禅书》,和祠官宽舒讨论封禅与设坛外,就是在《太史公自序》中的"愍学者之不达其意而师悖,乃论六家之要指"了。这是太史掌管图书工作具体的表现。

所谓"愍学者之不达其意而师悖,乃论六家之要指"。悖,《正义》引颜师古曰:"惑也。各习师书,惑于所见也。"所谓"各习师书,惑于所见",即《史记·十二诸侯年表序》太史公曰:

> 儒者断其义,驰说者骋其辞,不务综其终始;历人取其年月,数家隆于神运,谱谍独记世谥,其辞略,欲一观诸要难。

学者不务终始,欲一观诸要难,正是战国以来,百家争鸣、各显其说的学术发展情况。《庄子·天下》说:"悲夫,百家往而不反,必不合矣!后世之学者,不幸不见天地之纯,古人之大体,道术将为天下裂"。的确是这个时期学术情况的实际反映。另一方面,先秦的书籍经秦火之后,焚销散乱,《史记·六国年表序》太史公曰:

> 秦既得意,烧天下《诗》《书》,诸侯史记尤甚,为其有所刺讥也。《诗》《书》所以复见者,多藏人家,而史记独藏周室,

以故灭。惜哉，惜哉！

"惜哉，惜哉！"不仅是司马氏父子对秦火焚书的感叹，也是他们校
书过程中，遭遇的实际困难。所以，司马谈在奉命整理图书之时，
似乎就立下心愿，对孔子校《诗》《书》《礼》《乐》以来，尤其战国
至汉代的学术发展与演变，透过对图书的校定，作一次系统的整理，
只是这个工作一直到他死时都没有完成，然后由司马迁继承其遗志
继续进行。《太史公自序》曰：

> 先人有言："自周公卒五百岁而有孔子。孔子卒后至于今
> 五百岁，有能绍明世，正《易传》，继《春秋》，本《诗》《书》
> 《礼》《乐》之际？"意在斯乎！意在斯乎！小子何敢让焉。

对司马迁的"小子何敢让焉"，扬雄、孙盛认为实在自不量力。但就
中国学术的发展与兴衰而言，秦焚《诗》《书》是一个分水岭。自秦
以前远溯上古的学术发展，经孔子删定后，作了第一次的集结，即
所谓"古者史官既司典籍，盖有目录，以为纲纪，体制堙灭，不可
复知。孔子删书，别为之序，各陈作者所由"。自此而后，中国文献
始有可稽。所以，孔子是保存先秦文献的第一人[1]。此后五百年，其
间经历秦焚《诗》《书》，载籍涣散，至汉武帝大规模搜集轶书，然
后司马氏父子校书秘阁，对孔子以来的学术思想演变，作一次系统
的整理，这是中国文献的第二次集结校整。司马氏父子欲以承五百
年之运，继孔子之业以自任，这是司马迁说"小子何敢让焉"的原

---

[1] 郑鹤声，《司马迁年谱》(上海：商务印书馆，一九五七)。

因。因此,《太史公自序》说:

> 维我汉继五帝末流,接三代绝业。周道废,秦拨去古文,
> 焚灭《诗》《书》,故明堂石室金匮玉版图籍散乱。于是汉兴,
> 萧何次律令,韩信申军法,张苍为章程……自曹参荐盖公言黄
> 老,而贾生、晁错明申、商,公孙弘以儒显,百年之间,天下
> 遗文古事靡不毕集太史公。太史公仍父子相续纂其职。曰:"于
> 戏! 余维先人尝掌斯事,显于唐虞,至于周,复典之,故司马
> 氏世主天官。至于余乎,钦念哉! 钦念哉!"

"钦念哉! 钦念哉!"是司马迁自勉之词。以上材料说明汉初至武帝百余年间,萧何、韩信、张苍等,各人因不同的政治需要,曾对不同类别的图籍,作过初步的整理,这些经过整理的图籍,最后都集中在司马氏父子处。他们就利用这个基础,对所有的图籍作一次完整而系统的整理。所以,司马氏父子不仅是刘氏父子的先行者,并且为以后中国目录学开辟了新的道路。

不过,自来讨论中国目录学,都推崇刘氏父子的拓创之功。章学诚《校雠通义》就有《宗刘篇》,并且在卷一总序开宗明义说"盖自刘向父子部次条别,将以辨章学术,考镜源流;非深明于道术精微、群言得失之故者,不足与此"。完全忽略了司马氏父子在这方面的贡献。事实上武帝时对图籍的搜求,就规模与范围而言,都超过成帝时代。而且参与整理工作的,也不仅限于司马氏父子。《汉书·艺文志·兵书略》小序就说:"武帝时,军政杨仆捃摭遗逸,纪奏兵录,犹未能备"。杨仆的兵录,就是据张良、韩信序次的军法为基础整理的。司马氏父子则是对当时所搜罗的图籍,作了总结性的

整理与校定。只惜资料不全，无法考证。不过仍有许多线索隐藏于《史记》中，可供探讨。

关于刘氏父子校书，《隋书·经籍志·史部·簿录序》说："刘向《别录》、刘歆《七略》，剖析条流，各为其部，推寻事迹，疑则古之制也"。所谓"古之制也"，是说刘氏父子剖析条流是有所继承的。关于这个问题，章学诚认为"《汉志》最重学术源流，似得自太史公叙传，及庄周《天下》篇、荀卿《非十二子》"。《庄子·天下》《荀子·非十二子》讨论战国学者的异同，对刘向、刘歆有启导作用，至于"司马迁之载籍也，疏而有理盖能溯原"。所以，章学诚也承认在叙述学术源流方面，刘向、刘歆及班固，的确受了司马迁的影响。章学诚说：

> 《艺文》虽始于班固，而司马迁之列传，实讨论之。观其叙述，战国、秦、汉之间，著书诸人之列传，未尝不于学术渊源、文词流别，反复而论次焉。刘向、刘歆盖知其意矣。故其校书诸叙论，既审定其篇次，又推论其生平；以书而言，谓之叙录可也；以人而言，谓之列传可也。史家存其部目于《艺文》，载其行事于列传，所以为详略互见之例也。

所谓"刘向、刘歆盖知其意"，也就是指司马迁对战国秦汉间，著书诸人的学术渊源与文词流别，都叙述得非常详细，后来刘向、歆父子校书的叙录即渊源于此。

在《史记》中关于战国秦汉间著书诸子，以及有关学术流变的列传，计有管仲、晏婴、老子、韩非、司马穰苴、孙子、吴起、仲尼弟子、商君、苏秦、张仪、孟子、荀卿、吕不韦、鲁仲连、邹阳、屈原、贾谊、扁鹊、仓公、司马相如、儒林、日者、龟册等十七篇，占全书七十篇列传四分之一强，如将附各传的著书诸人计入，当不止此数。这也反映司马氏父子对著书诸人，及战国秦汉之间的学术流变是非常重视的，这和他们整理图书所得到的材料有关[1]。

二、司马谈的《论六家要指》

虽然，司马迁著书，有"其书世多有之，是以不论，论其佚事"的体例，[2]这种以人系事的写作方法，突出《史记》列传论其行事的性格，但对于重要的学术思想的流变与承传，则反复叙论。所以，关于老子的学术思想，《老子韩非列传》说：

> 老子修道德，其学以自隐无名为务。居周久之，见周之衰，乃遂去。至关，关令尹喜曰："子将隐矣，强为我著书。"于是老子乃著书上下篇，言道德之意五千余言而去，莫知其所终。

叙述老子著书的经过后又说：

> 世之学老子者则绌儒学，儒学亦绌老子。"道不同不相为谋"，岂谓是邪，李耳无为自化，清静自正。

"无为自化，清静自正"是老子思想的核心，《正义》曰："此都结老子之教也。"最后于篇末的"太史公曰"则对老子学说的承传与各家

---

[1] 金德建，《司马迁所见书考·自序》（上海：上海人民出版社，一九六三）。

[2] 编者注：此处标点原为句号。

的影响，作扼要的说明：

> 老子所贵道，虚无，因应变化于无为，故著书辞称微妙难识。庄子散道德，放论，要亦归之自然。申子卑卑，施之于名实。韩子引绳墨，切事情，明是非，其极惨礉少恩。皆原于道德之意，而老子深远矣。

老子与韩非合传，后世学者多有微词。而且对老子的传说，自战国以来就众说纷纭。司马迁归纳这些传说，以"盖"与"或"的形式，来叙这位"隐君子"[1]。其目的不在"论其行事"，不过借此镜考自战国以来就流行、[2]对汉初政治与学术思想发生重大影响的学说，其源流所自以及流派的演变。司马迁在《太史公自序》中说"李耳无为自化，清静自正"，完全以镜考学术源流为着眼点。

至于老子思想的承传，司马迁说庄子、韩非、申子之学皆本道德意。庄子"其学无所不窥，然其要本归于老子之言"。而韩非"喜刑名法术之学，而其归本于黄老"。至于申子之学，也是"本于黄老而主刑名"。

所谓"黄老"，刘向说："黄老之法不尚繁华，清简无为，君臣自正。"这种黄帝老子并称的"黄老"思想，在战国后期形成，对汉初的政治，发生重大的影响，是当时学术的主流。但黄老并称，不见于他书，由司马氏父子首先提出。因此，《史记》对这种学术思想的形成、流变与传承，可说已经作了详细的探讨。

刘向所谓"清简无为，君臣自正"，正是黄老之学表现于政治的

---

[1]　参见本书《武帝封禅与〈封禅书〉》。
[2]　编者注：此处标点原为逗号。

意旨所在。在汉初援黄老入政治的曹参,即《太史公自序》所谓"曹参荐盖公言黄老"。《史记·曹相国世家》说:

> 参之相齐,齐七十城。天下初定,悼惠王富于春秋,参尽召长老诸生,问所以安集百姓,如齐故诸儒百数,言人人殊,参未知所定。闻胶西有盖公,善治黄老言,使人厚币请之。既见盖公,盖公为言治道贵清静而民自定,推此类具言之。参于是避正堂,舍盖公焉。其治要用黄老术,故相齐九年,齐国安集,大称贤相。

后来曹参继萧何为丞相,由地方到了中央,其治国仍用"清静而民自定"的黄老术。曹参为汉相国三年卒。百姓歌之:"萧何为法,颛若画一;曹参代之,守而勿失。载其清静,民以宁一。"司马迁对曹参以黄老术治国,予以很高的评价。《曹相国世家》的"太史公曰":"参为汉相国,清静极言合道。然百姓离秦之酷后,参与休息无为,故天下俱称其美矣。"

曹参的黄老术得自盖公,胶西盖公则受教于乐臣公。《史记·乐毅列传》云:"乐臣公教盖公。盖公教于齐高密、胶西,为曹相国师。"其后的"太史公曰"对秦楚之际黄老之学的承传,作了详细的叙述:"乐臣公学黄帝老子,其本师号曰河上丈人,不知其所出。河上丈人教安期生,安期生教毛翕公,毛翕公教乐瑕公,乐瑕公教乐臣公,乐臣公教盖公。"

乐臣公除教盖公外,田叔也从乐臣公习黄帝老子,后仕于赵王张敖。《史记·田叔列传》称其"学黄老术于乐臣所"。案《索隐》曰:"臣公本燕人,乐毅之后"。《史记·乐毅列传》称:"乐氏之族有乐瑕公、乐臣公，赵且为秦所灭，亡之齐高密，乐臣公善修黄帝、老子之言，显闻于齐，称贤师。"案臣公在秦灭赵之后，流亡到齐国，设帐授徒，传黄老之言。司马迁叙秦楚之际黄老之术的承传情形，大致是可以相信的 [1]。

至于司马氏父子镜考黄老之言的渊源，则认为出自于齐之稷下。《史记·田敬仲完世家》说："宣王喜文学游说之士，自如驺衍、淳于髡、田骈、接予、慎到、环渊之徒七十六人，皆赐列第，为上大夫，不治而议论，是以齐稷下学士复盛，且数百千人。"稷下学士，"不治而议论"，其议论立说成书，所著书"言治乱之事"。而其所著书，"皆学黄老道德之术"。《史记·孟子荀卿列传》云：

> 慎到，赵人。田骈、接子，齐人。环渊，楚人。皆学黄老道德之术，因发明序其指意。故慎到著十二论，环渊著上下篇，而田骈、接子皆有所论焉。

《汉书·艺文志·诸子略·法家》有《慎子》四十二篇。注称："名到，先申韩，申韩称之。"道家类有《田子》二十五篇。注称："名骈，齐人。游稷下，号天口骈。"道家类又有《捷子》二篇。案钱大昭《汉书辨疑》称："接、捷，古字通，则捷子即接子。"道家类又有《蜎子》十三篇。注称："名渊，楚人，老子弟子。"师古注曰："蜎，姓也。"娟为环之借字。案应劭《风俗通·姓氏篇》："环渊即娟渊。"又名家类有《尹文子》一篇。注称："说齐宣王。先公孙龙。"师古注引刘向曰："与宋钘俱游稷下。"案《汉书·艺文志·小说家》有《宋

---

[1] 钱穆师，《先秦诸子系年》上，卷三"稷下通考"条下（香港：香港大学，一九五六）。

子》十八篇。注称："孙卿道宋子，其言黄老意。"

　　慎到、接子、田骈、环渊、尹文、宋钘同为司马迁所谓的稷下之士，《汉书·艺文志》分别将他们的著作置于《诸子略》的道家、法家、名家、小说家等类中。虽然类别不同，但却有一个共同的性质，那就是"其言黄老意"。《庄子·天下》首先论《诗》《书》《礼》《乐》与《易》的学术之源，认为最先得之者是孔子，然后传授于邹鲁之士的缙绅先生，最后才是百家之学。百家依次将墨翟、禽滑釐厘归为一类，宋钘、尹文为一类，彭蒙、田骈、慎到为一类，关尹、老聃为一类，庄周自为一类，最后是惠施、公孙龙为一类。[1]

　　如果《庄子·天下》讨论百家之学的形成与发展，依时间的先后为序，则稷下学士宋钘、尹子、慎到、田骈之学，或当在老聃之前。老子在汉代"世莫能知其所以然否"，老子之学至"诋訿孔子之徒，以明老子之术"的庄子，才显于世。司马迁将老子与韩非合传，并附申子，且说韩非、申不害之学，皆源道德之意。所谓道德之意即黄老之学。《老子韩非列传》说韩非"喜刑名法术之学，而其归本于黄老"。而申子之学"本于黄老而主刑名"。他们二人的"刑名"之学，都渊源于黄老。案如上述《汉书·艺文志·诸子略·法家》有《慎子》四十二篇。注称："名到，先申韩，申韩称之。"《四库全书》有《慎子》一卷，入子部杂家类。《提要》曰："周慎到撰。……然《汉志》列之于法家。今考其书，大旨欲因物理之当然，各定一法而守之。不求于法之外，亦不宽于法之中，则上下相安，可以清静而治。然法所不行，势必以刑齐之。道德之为刑名，此其转关。"

　　《四库总目提要》认为《慎子》一书，是黄老转变为名法的关键。

---

[1]　编者注：此句中所有逗号，原均为分号。

也就是说申韩的名法之学，渊源于稷下的慎到而非李耳。《庄子·天下》将慎到、田骈与彭蒙并论，并说："慎到弃知去己而缘不得已，泠汰于物，以为道理。"《荀子·非十二子》："其言之成理，足以欺惑愚众：是慎到、田骈也。"并且批评他们："尚法而无法，下修而好作，上则取听于上，下则取从于俗，终日言成文典，反纠察之，则偶然无所归宿，不可以经国定分"。《荀子·解蔽》又说："慎子蔽于法而不知贤。"《天论》则说"慎子有见于后，无见于先"，则与老子道学的旨意相合[1]。

与慎子同在稷下，"立说在黄老申韩之间"的还有尹文。《汉书·艺文志·诸子略·名家》有《尹文子》一篇。注称："说齐宣王。先公孙龙。"师古注引刘向云："与宋钘俱游稷下。"《四库全书总目》著录《尹文子》二卷，入杂家。《提要》云："大旨指陈治道，欲自处于虚静，而万事万物，则一一综核其实，故其言出入于黄老申韩之间。"与尹文同游稷下的田骈，《庄子·天下》与慎到并论。前述《汉书·艺文志·诸子略·道家》有《田子》二十五篇，班固说田骈曾游稷下，号天口骈。《吕氏春秋·不二》："陈骈贵齐。"钱大昭《汉书辨疑》称："陈、田古今通用，则陈骈即田骈"。所谓"陈骈贵齐"，高诱注称："陈骈，齐人也，作《道书》二十五篇。贵齐，齐死生，等古今。"《庄子·天下》说慎到之学，"齐万物以为首"，也就是"知万物皆有所可，有所不可"。所以，慎到、田骈的"齐死生，等古今"，与庄子之学略似，或者是承杨朱的重生贵己而来[2]。

---

[1] 一九七三年长沙马王堆出土的帛书中，在《老子》乙本卷前，有《法经》《十六经》《称》《道原》四种古佚书，唐兰认为这四种古佚书即《汉书·艺文志》著录的《黄帝四经》。见唐兰，《马王堆出土〈老子〉乙本卷前古佚书的研究》，《考古学报》，一九七五年第一期。

[2] 钱穆师，《先秦诸子系年》下，卷四"慎到考"条下。

因此，司马氏父子所谓"皆学黄老意"的稷下学士，是战国时期诸子学说形成前，流行的学术思想流派。这种学术思想对后来包括道、法、名、阴阳等家思想都发生影响。至于稷下学士的思想流派，如何依托黄帝，后来又与老子思想结合，最后形成司马氏父子所谓的黄老，似仍有迹可寻的[1]。

《淮南子·修务》[2]说："世俗之人，多尊古而贱今，故为道者必托之于神农、黄帝而后能入说。乱世暗主，高远其所从来，因而贵之。"这种情形是先秦诸子思想形成时，常见的一种情况。刘勰就认为诸子是入道之书，但"君子处世，疾名德不彰"，而依托古人以自显。所以，他认为诸子的著作是"上古遗语，战代记者"。战代即战国。也就是战国时期的诸子学说，是将当时社会流行的殊俗新知相互杂糅，然后援用古往今来已存的理论，加以系统化的整理，成为一家之言。因为这种援古论今的表现形式，易为朝野上下所接受与奉行。所以，儒家言必称尧舜，墨家托于大禹，农家上继于神农。然稷下学士却无所依，于是由邹衍将黄帝纳入其思想体系。

《汉书·艺文志·诸子略·阴阳家》有《邹子》四十九篇。注称："名衍，齐人，为燕昭王师，居稷下，号谈天衍。"又有《邹子终始》五十六篇，师古注曰："亦邹衍所说。"《孟子荀卿列传》说邹衍"深观阴阳消息而作怪迁之变，《终始》《大圣》之篇十余万言"，又说：

> 其语阂大不经，必先验小物，推而大之，至于无垠。先序今以上至黄帝，学者所共术，大并世盛衰，因载其礼祥度制，推而远之，至天地未生，窈冥不可考而原也。

---

[1] 顾颉刚,《黄帝》,《史林杂识初编》(北京：中华书局，一九六三)。

[2] 编者注:"《淮南子·修务》"通用本表述为"《淮南子·修务训》"。

邹衍的学说是后来阴阳家的张本，其学说以先验小物，然后以推至无垠的推理方法，将时间与空间结合起来，形成他的理论体系。所谓时间方面，也就是历史的，由已知的现在推向未知的远古，将黄帝固定在已知和未知的分界线上，即所谓的"先序今以上至黄帝"，并将黄帝以来的典章制度兴废，与古今的机祥治乱结合，探索人间的盈虚消息，这就是邹衍"五德转移"的理论。邹衍将黄帝固定在已知和未知的分界上，于是，战国兴起的传说中的黄帝，经邹衍将其纳入历史系统之后，成为人世真实的黄帝，然后进一步成为华夏民族的共祖。司马迁写《史记》始于《五帝本纪》，《五帝本纪》又始于黄帝，多少受了这种影响[1]。不过，这个华夏民族共祖的黄帝，却在汉武帝时，又腾升为神仙的黄帝。其腾升的过程，就是司马迁写《史记·封禅书》的原因[2]。

所以，《史记》中有两个黄帝，一是《五帝本纪》中历史的黄帝，一是《封禅书》中神仙的黄帝[3]。在汉代，关于黄帝的材料虽然丰富，但却是非常驳杂的。《汉书·艺文志》著录托名于黄帝，或与黄帝有关的著作，计二十一种四百四十九篇，此外还有黄帝诸臣的著作七种一百零四篇。这些著作分别著录在《汉书·艺文志》的《诸子略》道家、阴阳家、小说家，《兵书略》的阴阳，《数术略》的天文、历谱、杂占，以及《方技略》的医经、经方、房中、神仙等类中。[4]由此可以了解，由战国时期的传说凝聚而成的黄帝，流传到汉代，尤其汉武帝时，已有许多不同的面貌。对于这些分散在《汉书·艺文志》不同形式的著作，班固将其归纳成两类：一是起于"六国时，

---

[1]　参见本书《史传论赞与"太史公曰"》。
[2]　参见本书《武帝封禅与〈封禅书〉》。
[3]　同上。
[4]　编者注：此处句号为编者所加。

与老子相似";一是"迂诞依托"。

关于"迂诞依托"的一类，多出汉武帝时代的方士之手，由于汉武帝封禅求仙的需要应运而生[1]。至于"起六国时，与老子相似"的黄帝著作，《隋书·经籍志·道经部》小序说："汉时，诸子道书之流，有三十七家。大旨皆去健羡，处冲虚而已……其黄帝四篇、老子二篇，最得深旨。"黄帝四篇即《黄帝四经》，著录于《汉书·艺文志·诸子略·道家》，注称："起六国时，与老子相似。"道家类有关黄帝的著作，还有《黄帝铭》《黄帝君臣》《杂黄帝》《力牧》等，对于这些著作班固注以"六国时所作"，或"六国时贤者所作"。

所以，在黄、老没有合流之前，黄帝、老子的著作各行其是，不过其意旨却有相似之处。到了庄子，在发扬老子思想的同时，就将稷下学士依托黄帝的学术体系，纳入老子思想体系以自重[2]。讨论天下治道方面，黄、老有内圣外王之别，所以，《庄子·盗跖》就批评"黄帝不能致德，与蚩尤战于涿鹿之野，流血百里"。《缮性》又说："黄帝始为天下，是故安而不顺。"不过，在讨论道的时候，庄子对黄帝却有很高的评价。《庄子·知北游》黄帝回答知所问到的问题，黄帝曰：

> 夫知者不言，言者不知，故圣人行不言之教。道不可致，德不可至，仁可为也，义可亏也，礼相伪也。故曰：失道而后德，失德而后仁，失仁而后义，失义而后礼。礼者，道之华而乱之首也。故曰：为道者日损，损之又损，以至于无为，无

---

[1] 拙作《魏晋志怪小说与史学的关系》，《魏晋史学的思想与社会基础》（台北：东大图书，二〇〇〇）。

[2] 顾颉刚，《中国上古史研究讲义》（北京：中华书局，一九八八）。

为而无不为也。

黄帝论道，礼是道之华，但却也是乱之首。并且认为为道者日损，损之又损，最后至于无为，无为而无所不为。黄帝又认为天下万物所美者为神奇，恶者为臭腐。但臭腐可为神奇，神奇也可化为臭腐。所以，天道相通为一气。因此，圣人贵一。黄帝论道，与老子一般无二。至此，黄帝经庄子之援，与老子思想合一。

虽然，庄子将黄帝与老子结合起来，但并没有出现黄老之名。将黄老并称，作为战国以来的儒、墨显学以外，另一个新兴重要的学术思想，则要迟至司马谈奉命校整图书之时，才由他首先提出来。

就目录学的发展而论，《庄子·天下》与《荀子·非十二子》对战国时期的学术代表性人物，作了初步概略的归纳。他们所作归纳，并非是为了镜考源流与辨别，只是方便对所提出的学术代表性人物，进行讨论与批判。严格说，并不具有目录学的意义。后来《吕氏春秋》的《不二》，对战国以来包括老子、孔子在内的十位"天下之豪士"的学术性质[1]，作了如"老耽（聃）贵柔""孔子贵仁"扼要的定性，目录学始见端倪，但并没有对其学术流派作具体的划分。到了韩非的《显学》，论述代表当时显学的儒、墨两派，在孔子、墨子死后，弟子因"取舍相反不同"，形成儒、墨不同的流派，目录学才初见学术流派的传承。到了汉朝，《淮南子·要略》提出纵横、刑名和法等学术流派的名称及其所承继，但仍无法对战国时期学术流派的发展与流变，作整体的分析与讨论。

淮南王刘安与司马谈同时，目录学发展至此，已超越最初对个

---

[1] 编者注：此句原为"对战国以来包括老子、孔子十位'天下之豪士'的学术性质"。

人的学术思想批判，辨章学术流派的雏形已经出现。中国学术思想
经孔子第一次清理之后，演变到这时已历五百年，迫切地需要再一
次清理。于是，司马谈利用校整图书的机会，对国初以来驳杂的学
术发展与流变，作一次彻底而系统化的整理。首先在战国儒、墨显
学之外，更提出黄老之学。不仅将黄老视为战国以来新兴而重要的
流派，并以黄老概括与统率阴阳、名、法、道德诸家的形成与发展。
而且选择老子作为这个新兴学派的定点，以这个定点为关键，镜考
其源流与讨论彼此相互的关系，至于老子是否存在，是另一个问题，
只不过借此探索一个学术流派的由来。然后，以此为基础，提出
"《易大传》：'天下一致而百虑，同归而殊涂。'夫阴阳、儒、墨、名、
法、道德，此务为治者也"的《论六家要指》。司马谈的《论六家要
指》，不仅对战国以来目录学的发展有新的拓创，更重要的是对这个
时期的学术发展与流变，作一次系统化的整理与总结。并且对经过
系统化整理的学术流派，予以一个固定的分类名称，清晰地划清不
同学术流派间的范围。这种分类方法后来为刘向、歆父子继承，《汉
书·艺文志》的《诸子略》，即以此为蓝本形成的。只是自来讨论目
录学与中国学术流变的人，忽略司马谈、迁父子在这方面的拓创与
贡献。

　　不幸的是，司马谈壮志未酬身先死，案《太史公自序》，元封元
年"天子始建汉家之封，而太史公留滞周南，不得与从事，故发愤
且卒"。司马谈自建元年间任太史公，到这时将近三十年了。这段期
间司马谈除校整图书外，当然还负责天官的专业，而且由于武帝封
禅与求仙，这方面的业务更繁重了。司马谈始终恭谨从事，但临"天
子接千岁之统"的封禅泰山，竟被摒弃留滞周南，因而发愤且卒[1]。

---

[1]　参见本书《武帝封禅与〈封禅书〉》。

临终前，司马迁适西使归来，见父于河洛间。司马谈执迁手而泣曰：

> 余死，汝必为太史；为太史，无忘吾所欲论著矣。……迁俯首流涕曰："小子不敏，请悉论先人所次旧闻，弗敢阙。"

司马谈所谓的"所欲论著"，包括他正在进行的校整图书，以及在校整图书过程中搜集的材料，并准备撰写的《太史公书》。事实上这个工作已经开始[1]。所以，司马谈卒后三年，即元封三年，司马迁续为太史令，立即"紬史记石室金匮之书"，继续进行司马谈校整图书的未竟之业。太初三年，司马迁与上大夫壶遂等所订定律历已经完成，图书校整工作似也告一段落。于是，司马迁开始着手撰写《史记》。司马氏父子校整图书，并没有单独成书。但司马迁都将有关这方面的资料，分散在《史记》有关的篇节之中。所以，章学诚说：

> 读《六艺略》者，必参观于《儒林列传》；犹之读《诸子略》，必参观于《孟荀》《管晏》《老庄申韩列传》也。（《诗赋略》之《邹阳》《枚乘》《相如》《扬雄》等传，《兵书略》之《孙吴》《穰苴》等传，《数术略》之《龟策》《日者》等传，《方技略》之《扁鹊仓公》等传，无不皆然。）孟子曰："诵其诗，读其书，不知其人，可乎？"《艺文》虽始于班固，而司马迁之列传，实讨论之。

章学诚认为读班固《汉书·艺文志》的《六艺》《诸子》《诗赋》诸

---

[1] 《史记》撰作，司马谈在世时已具规模，本纪、世家、书、列传四体已备，见顾颉刚，《司马谈作史》，《史林杂识初编》。赖长扬，《司马谈作史补正》，《史学史研究》一九八一年第二期。赵群生，《司马谈作史考》，《南京师大学报》一九八二年第二期。

略，必须与《史记》若干著书诸人列传相互参读。因为《史记》在这些著书诸人的列传中，对生平、著书过程、著作性质、著者学术的由来，与其后的学术承传都各作叙述，其形式与刘向、歆父子校书所著的叙录相似。所谓叙录，"既审定其篇次，又推论其生平；以书而言，谓之叙录可也"。虽然刘氏父子对《七略》分家未叙其由来，但以前必有传授，若溯其来由，则诸子十家，可观者九流，实渊源于司马谈的《论六家要指》，诸著书叙录，则承司马迁著书诸人的列传而来。这也是章学诚说《艺文》虽始于班固，而司马迁之列传，实讨论之"的原因。

司马迁对著书诸人，在《史记》中有个人单独的列传，二人的合传及若干人合而为一的类传，叙述其著述之由来，承传之所自，著述之要旨，与彼此间的学术关系。如《史记·太史公自序》说"猎儒墨之遗文，明礼义之统纪，绝惠王利端，列往世兴衰，作《孟子荀卿列传》"。又"孔氏述文，弟子兴业，咸为师傅，崇仁厉义。作《仲尼弟子列传》"。至于作《老子韩非列传》，则是"李耳无为自化，清静自正；韩非揣事情，循势理"，二者合传，由于韩非"喜刑名法术之学，而其归本于黄老"。至于韩非著书，本传称：

> 非为人口吃……与李斯俱事荀卿……非见韩之削弱，数以书谏韩王，韩王不能用。于是韩非疾治国不务修明其法制，执势以御其臣下，富国强兵而求人任贤，反举浮淫之蠹而加之于功实之上。以为儒者用文乱法，而侠者以武犯禁。宽则宠名誉之人，急则用介胄之士。今者所养非所用，所用非所养。悲廉直不容于邪枉之臣，观往者得失之变，故作《孤愤》《五蠹》、内外《储》《说林》《说难》十余万言。

司马迁对韩非的师承，著书由来及要旨、篇目皆有叙述，是一篇典型的叙录写作形式。后来刘向、歆父子校书的叙录，一准于此。

韩非之师为荀卿，荀卿则因"嫉浊世之政，亡国乱君相属……信祯祥，鄙儒小拘，如庄周等又猾稽乱俗，于是推儒、墨、道德之行事兴坏，序列著数万言"。至于吕不韦的《吕氏春秋》，因"是时诸侯多辩士，如荀卿之徒，著书布天下。吕不韦乃使其客人人著所闻，集论以为八览、六论、十二纪，二十余万言，以为备天地万物古今之事，号曰吕氏春秋"。韩非、荀卿、吕不韦所著书，分别著录于《汉书·艺文志·诸子略》。司马迁对著书诸人，多以合传的形式叙述。如管晏、老子韩非、孙子吴起、孟子荀卿，等等。不过，在这些著书诸人的合传中[1]，受到议论最多的，则是《鲁仲连邹阳列传》《屈原贾生列传》。因为行事既不相类，时代又相距百载，二人合传似乎有些不伦不类。但若从目录学镜考源流而论，则可见其承传。

司马迁所谓"悉论先人所次旧闻，弗敢阙"，已将司马谈校整图书过程，镜考源流的资料，完全分散在《史记》的著书诸人，及其他有关的各篇中。这些资料汇集起来，就是《汉书·艺文志》中《诸子略》《诗赋略》《数术略》的资料来源与渊源所自。

三、司马迁探索孔子成六艺

司马谈和司马迁所生存的时代环境不同。由于司马谈生存的时代，是自汉初以来，黄老之学不论在政治和学术思想双方面，都是

---

[1] 编者注：此句原为"在这些著书诸人的合传"。

主流思想的时代，[1] 而且他本人又"学天官于唐都，受易于杨何，习道论于黄子"；[2] 因此，司马谈的思想表现，的确有"先黄老而后六经"的倾向。至于司马迁，除了继承其家学外，曾问故于孔安国，又从董仲舒习《春秋》。更重要的是汉武帝罢黜百家，独尊儒术之后，政治与学术发生空前的转变，司马迁为了迁就转变的现实政治环境，其学术思想不得不作某程度的调整 [3]。王鸣盛《十七史商榷论·司马氏父子异尚》就说：

> 《太史公自序》述其父谈《论六家要指》，谓阴阳、儒、墨、名、法、道德也。其意以五家各有所长，亦各有所短，并致其不满之词。而独推崇老氏道德，谓其能兼有五家之长，而去其所短。且又特举道家之指约易操、事少功多，与儒之博而寡要、劳而少功，两两相校，以明孔不如老，此谈之学也。而迁意则尊儒，父子异尚。……汉初黄老之学极盛，君如文、景，宫闱如窦太后，宗室如刘德，将相如曹参、陈平，名臣如张良、汲黯、郑当时、直不疑、班嗣，处士如盖公、邓章、王生、黄子、杨王孙、安丘望之等皆宗之。东方朔戒子以首阳为拙、柱下为工，是亦宗黄老者，而迁独不然。《汉》本传赞谓迁论大道先黄老而后六经，此本班彪之言，见《后汉》本传，而固述之。桓谭谓大司空王邑、纳言严尤曰老聃著虚无之言两篇，薄仁义、非礼乐，然好之者以为过于五经，自汉文、景之君，及司马迁皆有是言。班彪、桓谭皆误以谈之言即迁之意。

---

[1] 编者注：此处标点原为句号。
[2] 编者注：此处标点原为句号。
[3] 徐复观，《先秦儒家思想的转折及天的科学的完成》，《两汉思想史》第二卷（台北：学生书局，一九七九）。

王鸣盛对汉初黄老之学的盛行，司马谈崇黄老、司马迁尊儒，班彪、桓谭误以司马谈之言为司马迁之意，作了精辟的析论。不过，虽然司马迁受董仲舒、孔安国之教，是否真的尊儒是另外的问题，但司马迁将孔子从儒家中分划出来，并超越诸家，提升到"至圣"的地位，却是事实。所以，司马迁尊孔崇圣是没有问题的。但崇圣和尊儒却不能等同视之，司马迁对孔子尊崇的心情是"高山仰止，景行行止"。所以他适鲁，"观仲尼庙堂车服礼器，诸生以时习礼其家，祇回留之不能去[1]"。这是《史记》各篇中，司马迁发思古幽情最深刻叙述，已经超越史学与文学，达到诗意的境界。

（一）六艺与六经

司马迁因尊崇孔子，将孔子列入世家，后来又创立《儒林列传》，后世学者认为这是司马迁崇圣尊儒的具体表现，获得普遍的赞誉。事实不然，司马迁撰《孔子世家》，其《自序》云：

> 周世既衰，诸侯恣行，仲尼悼礼废乐崩，追修经术，以达王道，匡乱世反之于正，见其文辞，为天下制仪法，垂六蓺（艺）之统纪于后世。

"垂六艺之统纪于后世"即《孔子世家》太史公曰：

> 天下君王至于贤人众矣，当时则荣，没则已焉。孔子布衣，传十余世……中国言六艺者折中于夫子。

---

[1] 编者注：此句中华书局版为"余祇回留之不能去"。见［汉］司马迁：《史记·孔子世家》（中华经典普及文库），中华书局，2019，第331页。

"垂六艺之统纪于后世"与"中国言六艺者折中于夫子",是司马迁撰《孔子世家》的意旨所在,也就是孔子继承周代六艺之教的传统,为了教学的需要,对上古以来的文献资料,作一次系统的整理、校整与编次,形成诗、书、礼、乐、易、春秋的六艺体系。这是中国学术发展重要的转变,使原来王廷独专的知识,转变为社会普及的文化,受到后世一致的尊崇。不过,这种学术传统,到司马迁生存的汉武帝时代,有了显著的转变,尤其"罢黜百家,独尊儒术"以后,孔子的六艺之统与儒家合而为一,依附政治,超越诸家之上,形成一种思想的权威。于是孔子的六艺之统,又由社会回归政治,沦为政治服务的工具,这是司马迁创立《儒林列传》的原因,[1] 也是司马迁在《儒林列传》之首,就说"余读功令,至于广厉学官之路,未尝不废书而叹也"的原因 [2]。孔子所传的六艺之教成为利禄之途的工具,这是司马迁不能不感叹的。

司马迁在《史记》中,对孔子所传的诗、书、礼、乐的六艺之统,称之为六艺或六经,其称六艺者:

孔子以诗书礼乐教,弟子盖三千焉,身通六艺者七十有二人。(《孔子世家》)

夫学者载籍极博,犹考信六艺。(《伯夷列传》)

秦之季世,焚诗书,坑术士,六艺从此缺焉。(《儒林列传》)

孔子曰:六艺于治一也。(《滑稽列传》)

夫儒者以六艺为法。(《太史公自序》)

---

[1] 编者注:此处标点原为句号。
[2] 编者注:此句原为"也是司马迁在《儒林列传》之首,开始就说'余读功令,至于广厉学官之路,未尝不废书而叹也'"。

其称六经者：

> 是以孔子论六经，纪异而说不书。(《天官书》)
>
> 使博士诸生刺六经中作王制。(《封禅书》)
>
> 轩辕之前，遐哉邈乎，其详不可得闻也，五三六经载籍之传，维见可观也。(《司马相如列传》)

"五三六经"，《索隐》云："五，五帝也。三，三王也。六，六经也。"[1] 案：六经，《诗》《书》《礼》《乐》《易》《春秋》也。《史记》所谓的六艺或六经，同样是《诗》《书》《礼》《乐》《易》《春秋》[2]，但如果进一步分析，所表现的意义并不相同。

所谓六艺，《周礼·保氏》："养国子以道，乃教之六艺，一曰五礼，二曰六乐，三曰五射，四曰五驭，五曰六书，六曰九数。"此即礼、乐、射、御、书、数的六艺。《左传》成公十三年云："国之大事，在祀与戎。"周代的六艺之教由此而出，是教育王子贵胄文武合一的基础教育。

六艺之教，其首为礼，即由祭祀衍生而出。按礼，《说文》云："履也，所以事神致福也，从示从丰。"段注云："礼有五经，莫重于祭，故礼字从示。丰者，行礼之器也。"祀以神道设教，礼由祀而出。《礼记·祭统》云："君子之教也必由其本，顺之至也。……故曰祭者，教之本也已"。由祭祀衍生的许多典礼仪式，即礼之所出。礼的内容非常广泛，大至国家典章制度，即由礼所出，小至个人的行为规范，皆在其中。所以，礼为六艺之首。《周礼》保氏所教的五礼，郑玄注云：

---

[1] 编者注：此句双引号内原紧接有单引号。

[2] 编者注：此句原为"同样是诗、书、礼、乐、易、春秋"。

“吉、凶、军、宾、丧为五礼。”五礼是六艺之教中，礼教的具体内容。

和礼相关的乐，自来礼乐并称。《周礼》大司乐以“六律、六同、五声、八音、六舞大合乐。……奏《黄钟》，歌《大吕》，舞《云门》，以祀天神”，并谓保氏以教六乐。所谓六乐，郑玄注云：“《云门》《大咸》《大韶》《大夏》《大濩》《大武》。”皆用于祭祀的典礼。《周礼·春官》：“大司乐掌成均之法，以治建国之学政。”大司乐在春官，属于礼官系统，所以乐顺理成章附属于礼，在六艺之教中并称礼乐。

至于射御，则属于男子之事，以培训执干戈以卫社稷的甲士。春秋时以车乘为战斗的工具，以弓矢克敌，所以射御是甲士必备的战技条件。《礼记·王制》云：“大司徒教士以车甲，凡执技论力适四方。”射御，《礼记·内则》亦云：“成童舞象，学射御。”培训国子贵胄为甲士，自幼即始，射御有五，郑玄注五射，是白矢、参连、剡注、襄尺、井仪。五御则是鸣和鸾、逐水曲、过君表、舞交衢、逐禽左等。

所谓书、数，《礼记·内则》谓贵胄子弟六岁开始“教之数与方名”。即以数数与识方位。九岁“教以数目”，即干支相配的计算方法，十岁入学“学书，计”，即学习六书与九数。六书为象形、指事、会意、形声、转注与假借。九数则是方田、粟米、差分、少广、商功、均输、方程、盈不足、旁要等。

礼、乐、射、御、书、数的六艺之教，是周代培训贵胄子弟文武合一的基础教育。不过，至春秋战国之际，由于战争形式的改变，由车战转变为步战，近距离杀砍的刀剑代替弓矢，射御已失去其战斗功能的作用[1]。于是文武合一的六艺之教开始分化，一部分纳入仪

---

[1]　顾颉刚，《武士与文士之蜕化》，《史林杂识初编》。徐复观，《封建政治社会的崩溃及其典型专制政治的成立》，《两汉思想史》第一卷（台北：学生书局，一九八〇）。

礼之中，仪礼有乡饮酒礼、燕礼、大射礼。《礼记·射义》就说："诸
侯君臣尽志于射，以习礼乐。"由此射不再是一种战斗技能，而是一
种表现揖让的礼仪形式。《礼记·射义》云："射者，进退周还必中礼，
内志正，外体直，然后持弓矢审固，持弓矢审固，然后可以言中，
此可以观德行矣。"至于御，《论语·子罕》曰："（子）谓门弟子曰：
吾何执？执御乎？执射乎？吾执御矣。"又《论语·子路》曰："子适
卫，冉有仆。"仆，邢昺疏云："以人为仆御，是六艺之卑者。"自此，
武事技术性的射御，退出六艺之教，文武分途。然后出现了四术或
四教的新教育内容，《礼记·王制》云：

> 乐正崇四术，立四教，顺先王诗书礼乐以造士，春秋教以
> 礼乐，冬夏教以诗书。

新的教育形式有了新的内容，不仅删去战斗技能的射御，同时将技
术性的书数也排除在外，另增添知识性的诗与书，原先基础性文武
合一的六艺之教，提升到知识文化的层次。所谓"乐正崇四术，立
四教"，郑玄注云："乐官之长，掌国子之教"。乐正原来即掌六艺之
教，在新的四教教育形式出现后仍由其主持。不过，直接参与教学
的则是师儒。所谓师儒，郑玄注云："有德行以教民者。"这些师儒
原来就是以六艺为教者，《周官·大司徒》"以本俗安万民"，其分职
四即为"联师儒"，郑玄注云："师儒，乡里有道艺者。"所谓道艺，
即有德行与多艺。至于艺，就是礼、乐、射、御、书、数的六艺。
不论儒的起源或演变如何，但经历周代师儒的发展，这些有德行与
多艺的师儒，曾从事六艺之教，在新的诗、书、礼、乐四教出现后，
他们仍负责执教的工作。

邹鲁是周公的旧封，当周廷礼崩乐废，仍然保存着丰富的诗、书、礼、乐资料，以及师儒六艺之教的教学传统。庄子就说："其在诗书礼乐者，邹鲁之士搢绅先生多能明之。"孔子对六艺和四教文化与教学传统，有非常深刻的体认和了解。《论语·子罕》："子曰：吾少也贱，故多能鄙事"。所谓"鄙事"，即孔子所谓"吾何执？执御乎？执射乎？吾执御矣"。至于四教的诗、书、礼、乐，《论语·述而》："子所雅言，《诗》《书》执礼"。《论语·泰伯》："兴于诗，立于礼，成于乐"。又《论语·季氏》："不学诗，无以言，不学礼，无以立"。孔子不仅对六艺或四教的师儒教学传统，皆有深刻的体认，并且掌握了春秋战国之际，六艺转变为四教的趋势，以诗、书、礼、乐为教。《史记·孔子世家》云：

> 孔子以诗书礼乐教，弟子盖三千焉，身通六艺者七十有二人。

此所谓六艺，即诗、书、礼、乐，以及后来孔子以易与春秋纳入六种科目内，和以往文武合一的六艺之教完全不同。将孔子教学的诗、书、礼、乐、易、春秋称为六艺，或见于秦汉之际，陆贾《新语·道基》云："于是后圣乃定五经，明六艺，承天统地，穷事□微，原情立本，以绪人伦……以匡衰乱"。贾谊《新书·六术》云："诗、书、易、春秋、礼、乐，六者之术谓之六艺"。至司马迁的《史记》，始将孔子施教的诗、书、礼、乐、易、春秋谓之六艺的名称固定下来，并且分析其性质。《滑稽列传》云：

> 六艺于治一也。《礼》以节人，《乐》以发和，《书》以道事，《诗》以达意，《易》以神化，《春秋》以义。

这是司马迁对于孔子施教的六艺，予以简单的定义。后来在其《太史公自序》又进一步分析：

> 《易》著天地阴阳四时五行，故长于变；《礼》经纪人伦，故长于行；《书》记先王之事，故长于政；《诗》记山川溪谷禽兽草木牝牡雌雄，故长于风；《乐》乐所以立，故长于和；《春秋》辩是非，故长于治人。是故《礼》以节人，《乐》以发和，《书》以道事，《诗》以达意，《易》以道化，《春秋》以道义。

并且在《儒林列传》卷首，对孔子将诗、书、礼、乐、易、春秋的文献资料，经过系统化整理背景与过程，作一个清晰地说明：

> 夫周室衰而《关雎》作，幽厉微而礼乐坏，诸侯恣行，政由强国。故孔子闵王路废而邪道兴，于是论次《诗》《书》，修起礼乐。适齐闻《韶》，三月不知肉味。自卫返鲁，然后乐正，《雅》《颂》各得其所。世以混浊莫能用，是以仲尼干七十余君无所遇，曰"苟有用我者，期月而已矣"。西狩获麟，曰"吾道穷矣"。故因史记作《春秋》，以当王法，其辞微而指博，后世学者多录焉。

司马迁并且说"孔子修旧起废，论《诗》《书》，作《春秋》，则学者至今则之"[1]。所谓"修旧起废"，司马迁认为孔子继承师儒六艺之教的传统，并掌握六艺文武分途后，转变为诗、书、礼、乐四教的新发展趋势，为了教学的实际需要，对四教的诗、书、礼、乐作一次

---

[1] 《史记·太史公自序》。

系统的整理，使原来属于王廷的文献档案资料，转化为民间教学的资料与内容，并在整理的过程中，将这些原来完全为王廷政治服务的文献资料[1]，赋以社会伦理的道德价值，由政治提升到文化精神的层次。这是中国上古文献资料，由孔子"修旧起废"所作第一次集大成的系统整理。司马迁为了说明其学术源流，而将孔子施教的诗、书、礼、乐、易、春秋，仍然称之为六艺。另一方面[2]，在司马迁生存的时代，武帝罢黜百家后的儒生，将孔子施教的六艺，依附政治称为六经，成为绝对的思想权威而庸俗化[3]。司马迁为了将学术传统与现实政治作一个明确的区分，将孔子施教的诗、书、礼、乐、易、春秋称为六艺，说明学术的承传自有其渊源，不是现实政治所能干预的。

虽然六艺与六经同样是指孔子施教的诗、书、礼、乐、易、春秋，但这两种称谓表现的意义并不相同。[4]所谓经，《文心雕龙·宗经》云："经也者，恒久之至道，不刊之鸿教也。"恒久为常，《毛传》释经："经，常也。"亦即《韩诗外传》所谓"常之为经"。《释名》进一步解释："经，径也，如径路无所不通"。由此引申用于学术思想，则为某学派最初形成之提纲挈领的思想体系，并不局限孔子的六经。所以《墨子》有《经》上、下，《经说》上、下，长沙出土的帛书《老子》乙本，前有《经法》《十大经》，《庄子·天运》就说："丘治《诗》《书》《礼》《乐》《易》《春秋》六经。"不过，此处所谓的六经，和汉武帝时所谓的六经意义不同，庄子说丘治六经，并且说"六经，

---

[1] 编者注：此句原为"在整理的过程中，并将这些原来完全为王廷政治服务的文献资料"。

[2] 编者注：此句原为"另一方面孔子施教的六艺"。

[3] 钱穆师，《先秦诸子系年》上，卷一"孔门传经辨"条下。

[4] 编者注：此处标点原为逗号。

先王之陈迹"。对于这些先王陈迹的资料，并非儒家独专，其他各家也普遍引用。《韩非子·显学》就说"孔子、墨子俱道尧、舜"。但自董仲舒上策：

> 今师异道，人异论，百家殊方，指意不同，是以上亡以持一统；法制数变，下不知所守。臣愚以为诸不在六艺之科孔子之术者，皆绝其道，勿使并进。[1]

此即汉武帝时代的"罢黜百家，独尊儒术"。[2] 自此以后，儒生拥抱孔子的六艺，脱颖而出，依附政治，一跃变成思想的权威。于是，孔子施教的六艺，变成唯我独尊的六经。影响所及，不仅限于学术与政治，并且扩及社会伦理的层面[3]。因此，《白虎通义》论及五经就说："经，常也，有三纲五常之道，故曰五经"。六艺经典化以后，原来藏于官府的六艺材料，经孔子系统化的整理后施教于民间，形成一种学术或文化的体系，现在又回复官府而经典化了。六艺经典化后成为六经。负责对经典解释的是五经博士。不过，任何一种思想经典化后，成为放诸四海皆准的普遍真理，释经不可驳经，唯有传注，完全失去其原有的活力与弹性。因此，司马迁将孔子原来施教的六艺，与依附政治经典化的六经，作一个区分。将孔子施教的六艺学术传统，独立并超越现实政治之外，自成体系。自此之后，中国的学术发展有了道统与政统之分。独立于政治之外自成体系的六艺，班固《汉书·艺文志·六艺略》就由此而出。至于儒生经典化的

---

[1] 《汉书·董仲舒传》。
[2] 编者注：此处标点原为逗号。
[3] 徐复观，《先秦儒家思想的转折及天的科学的完成》，《两汉思想史》第二卷。

六经，则退处九流之一，成为《汉书·艺文志·诸子略》的儒家类。《汉书·艺文志》对于《六艺略》与《诸子略·儒家》的学术分类，铸定以后中国传统学术分类的版型。然而溯其源流，则发轫于司马迁的六艺与六经的区分。

董仲舒提出罢黜百家、独尊儒术，除建立绝对君权的政治体制，并且企图树立政教合一的政治理想。不过，这个理想因公孙弘的攀附，而没有完全实现。因为绝对君权体制建立后，出现中央集权的庞大官僚体系，于是儒者进入了《循吏传》，《汉书·循吏传》首列武帝时代的循吏三人，他们是江都相董仲舒、内史公孙弘与兒宽。其后董仲舒谢去，公孙弘以布衣徒步至公卿，然后封侯。象征汉武帝对人事的任用，突破以往的体制。公孙弘为丞相后，以"经术润饰吏事"，也就是以六经润饰吏事，作为汉武帝一代施政与用人的标准。并且建议为博士弟子设弟子员，为中央与地方储才。博士弟子员通一经以上者为郎，地方选士亦以通艺定高下。因此，司马迁说此后"公卿大夫士吏斌斌多文学之士矣"，武帝时代新型的庞大官僚体系，因而成形。

于是，中央和地方的官吏，必须经过六经的测试，然后才能进入新的官僚体系服务，这是公孙弘在董仲舒提出"不在六艺之科孔子之术者，皆绝其道"之后，更进一步以六经为基础，彻底改变前朝人事任用制度。于是，经典化后的六经，不再是一种学术思想，而成为士人进入仕途的唯一工具。所以，《汉书·儒林传》赞曰："自武帝立五经博士，开弟子员，设科射策，劝以官禄……传业者浸盛，支叶蕃滋，一经说至百余万言，大师众至千余人，盖禄利之路然也。"对此，司马迁早有所感，所以，在《儒林列传》开始就说："余读功令，至于广厉学官之路，未尝不废书而叹也。"因而有《儒林列传》

73

之作,《太史公自序》谓其作《儒林列传》云:"自孔子卒,京师莫崇庠序,唯建元元狩之间,文辞粲如也。"其言"文辞"不言六经,所谓"建元元狩之间",案建元元年,武帝即位,卫绾、王臧奏请申、商、韩非、张仪、苏秦之学"乱国政",请罢之,罢黜百家之议初现。于是颁征贤良之诏,公孙弘第一次对策。其后公孙弘为丞相,元狩三年卒。司马迁似有意以公孙弘穿贯整个《儒林列传》,叙述诸经师传经的情形甚详,并详列经师授经的诸弟子,然而不言弟子传经以广师所说,仅言某至某官,秩若干,与其前所云"公卿大夫士吏斌斌多文学之士矣"相应。所以,《儒林列传》所言并不是叙六艺学术的承传,而是论六经依附政治为经典后,成为利禄之途庸俗化的过程。所以,孔子施教的六艺,与罢黜百家后的六经,有学术思想与政治现实的不同,有古今之变的古与今的差异。所以司马迁不得不原始察终,稽其兴衰之势,在《孔子世家》里正本清源,[1] 探讨孔子因教学的实际需要,对上古文献资料经系统化整理后"成六艺"的过程。

(二)孔子对六艺系统的整理

孔子对诗、书、礼、乐、易、春秋六艺整理的过程,首先是有资料可据的诗、书,自来诗、书并称成为一组。关于对诗整理的过程,《孔子世家》云:

> 古者诗三千余篇,及至孔子,去其重,取可施于礼义,上采契后稷,中述殷周之盛,至幽厉之缺,始于衽席……孔子皆弦歌之,以求合《韶》《武》雅颂之音。

---

[1] 编者注:此处逗号为编者所加。

所谓"去其重",后世或认为是孔子删歌诗。[1]王充《论衡·正说篇》云:"《诗经》旧时亦数千篇,孔子删去复重,正而存三百篇。"王充首先提出删去复重,至唐陆德明《经典释文》,其《序录》就说孔子"最先删录,既取周诗,上兼商颂,凡三百一十一篇"。然后有孔子删诗之议。诗采自民间,王廷每年三月派遣行人采诗,八月遣派遒人访里谣歌戏,归纳起来,以见民间意见的反映,作为施政的参考。这些采自民间的歌诗,是诗的最原始材料,其内容是非常驳杂而重复的。孔子对这些驳杂的材料作一次系统的整理,从其中选择三百五篇可施于礼教的,作为教材。从驳杂重复的《诗经》资料中,选择可以采用的材料,事实上在孔子以前已经存在。《宋微子世家》云:

> 襄公之时,修行仁义,欲为盟主。其大夫正考父美之,故追道契、汤、高宗,殷所以兴,作《商颂》。

案"正考父作《商颂》",《索隐》云:"(《商颂》)今五篇存,皆是商家祭祀乐章,非考父追作也。"《国语·鲁语》云:"昔正考父校商之名颂。"所谓校,与前述刘向校《管子》同。"刘向校雠《管子》三百八十九篇",校除重复,定著八十六篇。所谓"校雠",正如刘向《别录》所说,是"一人读书,校其上下,得缪误为校;一人持本,一人读书,若怨家相对为雠"。校雠是图书文献整理的初步工作,目的在校勘文字篇卷的误漏。不过,刘向、歆父子领校秘阁,则是将流动不居、杂乱无序的古籍,编校目录以定其性质。其对《管子》一书"校除复重",即在定其性质,与正考父校《商颂》同。但孔子则是从三千余篇诗的原始资料,"去其重",择其可施之礼义者三百

---

[1] 编者注:此处标点原为逗号。

五篇施教，并依时间的先后加以序列，即"上采契后稷，中述殷周之盛，至幽厉之缺"为上下限，最后并予以分类。所谓分类，即司马迁所说的"四始"，《孔子世家》云：

> 《关雎》之乱以为风始，《鹿鸣》为小雅始，《文王》为大雅始，《清庙》为颂始。

司马迁所谓《诗》的四始，是孔子将整理的三百五篇诗分为风、小雅、大雅、颂四类，分别以《关雎》《鹿鸣》《文王》《清庙》为首。《正义》引《诗小序》云："《关雎》后妃之德也，风之始也"，"《鹿鸣》宴群臣嘉宾也"。又郑玄注《诗小序》云："《清庙》祀文王也"。蔡邕《琴操》对《鹿鸣》作进一步的解释："鹿鸣操者，周大臣之作也。王道衰，君志倾，留心声色，内顾妃后设旨酒嘉肴，不能厚养贤者，尽礼极欢，形见于色，大臣昭然独见，必知贤士幽隐，小人在位，周道陵迟，自以是始。故弹琴以风谏，歌以感之，庶几可复……此言禽兽得美甘之食，尚知相呼，伤时在位之人不能，乃援琴以刺之，故曰《鹿鸣》也"。《诗小序》所释不同，但和司马迁对孔子整理诗的资料意见相似。《十二诸侯年表序》云："周道缺，诗人本之衽席，《关雎》作。仁义陵迟，《鹿鸣》刺焉。"是接近孔子系统整理歌诗的意旨。重复驳杂的歌诗材料中，经过材料与篇章的校勘，然后将这些经过校整的材料依照时间的顺序编排，最后将其归类，是中国传统目录学"辨章学术，镜考源流"基本的工作，世多言簿录起于刘氏父子，其实这种工作早在孔子已经开始。[1]司马迁特

---

[1] 编者注：此处标点原为逗号。

别提出"去其重"[1]，并认为孔子在"去其重"之后，将其有系统地归纳分类，使原来散乱的材料，具有学术与文化的意义，这是中国传统目录学的精神所在。至于孔子对《书传》的整理，《孔子世家》云：

> 孔子之时，周室微而礼乐废，《诗》《书》缺。追迹三代之礼，序《书传》，上纪唐虞之际，下至秦缪，编次其事。曰："夏礼吾能言之，杞不足征也。殷礼吾能言之，宋不足征也。足，则吾能征之矣。"观殷夏所损益，曰："后虽百世可知也，以一文一质。周监二代，郁郁乎文哉。吾从周。"故《书传》《礼记》自孔氏。

孔子所序的《书传》，即后世所谓的《尚书》。《尚书》所记载夏、商、周三代千余年之事，包括这个时期君王的活动及其诏誓诰令等。这些政典的档案经历朝代的更替，长久时间的积累，其数量与内容是非常繁浩的。《索隐》云："又《书纬》称孔子求得黄帝玄孙帝魁之书，迄秦穆公，凡三千三百三十篇，乃删以一百篇为《尚书》"。当时，孔子所搜集《书传》档案资料，即有三千三百三十篇之多。又《墨子·贵义》曰："昔者周公旦朝读《书》百篇"。周公之时《书传》档案资料可能更多，并且曾经过整理与编次，否则，周公如何从杂乱无章的档案资料中，日选百篇阅读。不过，自周公至孔子五百年间，诸侯兼并，战乱频仍，以及诸侯王国有意的删削，这些曾经整理的档案资料严重轶散。所以，孔子在搜罗这些《书传》档案资料时，已有"文献不足征"的感慨。《三代世表序》曰：

---

[1] 金德建，《论孔子整理〈诗经〉去其重复》，《司马迁所见书考》。

　　孔子因史文次《春秋》，纪元年，正时日月，盖其详哉。至
于序《尚书》则略，无年月；或颇有，然多阙，不可录。故疑
则传疑，盖其慎也。

所以，孔子在整理《书传》时，这批档案资料已经有"多阙，不可
录"的情形存在。但孔子为了教学实际的需要，从繁浩而有所阙轶
的《书传》档案资料中，"断远取近，定可以为世法者"，上起唐虞
之际，下迄秦缪公。选择百篇，"编次其事"，对《书传》档案资料
作系统的整理。

　　司马迁说"《书》以道事"，因此，在撰写上古三代史事时，引
用大量《尚书》的材料。前后引用《尚书》篇章六十余，主要采自
伏生与孔安国的《尚书》[1]。但伏生和孔安国的《尚书》后世有今古文
的不同。但今古文《尚书》的区别，不在文字的今古，而在篇章的
多寡。伏生《尚书》二十九篇，而出自孔壁的孔安国《尚书》则四
十五篇。《汉书·艺文志》云："以考二十九篇，得多十六篇"。今古
文《尚书》的不同，即在孔安国多出的十六篇。但司马迁则伏孔并
取，兼采古今。《史记》所取《尚书》材料多自伏孔二家，除此之外，
亦有取之秘府所藏，包括孔壁后出者，以及流传秦汉间的《逸周书》。
《汉书·艺文志》有《逸书》七十一篇，颜师古注曰："刘向曰：周时
诰誓号令也，孔子论百篇之余也"。

　　《史记》采用《尚书》材料，有的引录其全篇文字。如《五帝本
纪》引《尧典》，《夏本纪》引《禹贡》《皋陶谟》，《宋世家》引《洪
范》，《鲁世家》引《金滕》。由于《书传》久远，文字往往深奥难

---

[1]　金德建，《〈史记〉所引各篇〈尚书〉考》，《司马迁所见书考》。

懂，司马迁于《史记》引用这些材料时，多将其文改译为汉代语言，如《五帝本纪》的《尧典》，《夏本纪》的《禹贡》《甘誓》，《殷本纪》的《汤征》《汤誓》《西伯戡黎》，《鲁世家》的《金滕》《多士》，《宋世家》的《洪范》，《晋世家》的《文侯之命》，《秦本纪》的《秦誓》，等等。而不论引用文字多寡，皆著其篇目。以《周本纪》为例，文中列举的篇名，前后计有《五官有司》《秦誓》《牧誓》《武成》《洪范》《金滕》《大诰》《微子之命》《归禾》《嘉禾》《酒诰》《梓才》《召诰》《洛诰》《多士》《无佚》《多方》《周官》《顾命》《康诰》《甫刑》，等等。

司马迁撰写《史记》引《尚书》材料，不仅注明所引用的篇名，并且每篇皆有简短说明，言其所以作之故。以《殷本纪》为例，可见一斑：

> 伊尹去汤适夏。既丑有夏，复归于亳。入自北门，遇女鸠、女房，作《女鸠女房》。

> 汤乃兴师率诸侯，伊尹从汤，汤自把钺以伐昆吾，遂伐桀。……以告令师，作《汤誓》。

> 帝中壬即位四年，崩，伊尹乃立太丁之子太甲。……元年，伊尹作《伊训》，作《肆命》，作《徂后》。

> 帝太甲，既立，三年，不明，暴虐，不遵汤法。于是伊尹放之于桐宫。……帝太甲居桐宫三年，悔过自责，反善，于是伊尹乃迎帝太甲而授之政。帝太甲修德，诸侯咸归殷，百姓以

宁。伊尹嘉之，乃作《太甲训》三篇，褒帝太甲，称太宗。

帝沃丁之时，伊尹卒。既葬伊尹于亳，咎单遂训伊尹事，作《沃丁》。

帝太戊立伊陟为相。亳有祥桑谷共生于朝，一暮大拱。帝太戊惧，问伊陟。伊陟曰："臣闻妖不胜德，帝之政其有阙与？帝其修德。"太戊从之，而祥桑枯死而去。伊陟赞言于巫咸。巫咸治王家有成，作《咸艾》，作《太戊》。

帝太戊赞伊陟于庙，言弗臣，伊陟让，作《原命》。

帝阳甲崩，弟盘庚立，是为帝盘庚。帝盘庚之时，殷已都河北，盘庚渡河南，复居成汤之故居，乃五迁，无定处。殷民咨胥皆怨，不欲徙。盘庚乃告谕诸侯大臣……。乃遂涉河南，治亳，行汤之政，然后百姓由宁，殷道复兴。诸侯来朝，以其遵成汤之德也。帝盘庚崩，弟小辛立，是为帝小辛。帝小辛立，殷复衰。百姓思盘庚，乃作《盘庚》三篇。

帝武丁祭成汤，明日，有飞雉登鼎耳而呴，武丁惧。祖己曰："王勿忧，先修政事。"……武丁修政行德，天下咸欢，殷道复兴。帝武丁崩，子帝祖庚立。祖己嘉武丁之以祥雉为德，立其庙为高宗，遂作《高宗肜日》及《训》。

《殷本纪》就是以上述的誓令诰训的篇章连缀而成，不过，这些誓令诰训只是语言的记录。如果没有对这些语言写作背景的说明，并不具有任何意义，仅可作为历史材料的应用。但司马迁对每个篇章所作的背景解说，不仅使其具有鲜明时代风格，并显示出其历史的意义和价值，使这些《书传》的篇章，进入真实的历史领域。不过，在这些《书传》篇章，转变为历史材料之前，必须经过一番考辨的工夫。《史记》引《书传》材料六十余篇章，如上述除分别取自伏生和孔安国的《尚书》外，还有秘府所藏，包括孔壁以后河间王与民间所献，以及孔子整理《书传》之余的《逸周书》。由此可以了解，司马迁对秦汉以来所流传的《书传》，都曾经过考辨的整理，而且不分古今的差别，最后对其经过考辨与整理的《书传》篇章，予以简短说明，言其所以成篇之故。这是孔子第一次系统整理《书传》以后的五百年，司马迁对周秦以来秦汉之间流传的《书传》所作的第二次整理。

在司马迁考辨与整理《尚书》文献资料的过程中，对他整理的每一篇《尚书》，都有其所以故的简短说明。这种类似后世目录学小序的简短说明，百年之后被张霸剽窃，再加上其他相关资料，辑成百二篇《书序》[1]。《汉书·儒林传》云："世所传百两篇者，出东莱张霸，分析合二十九篇以为数十，又采《左氏传》《书叙》为作首尾，凡百二篇。篇或数简，文意浅陋。"但在张霸《书序》后，却引发了另一个问题，就是在孔子整理《书传》档案资料时，到底是否有序的问题，引发后世学者不同的争议。

《孔子世家》说孔子整理《书传》，"追迹三代之礼，序《书传》，上纪唐虞之际，下至秦缪，编次其事"。又《三代世表序》则谓"至

---

[1]　金德建，《论司马迁未见百篇〈书序〉》，《司马迁所见书考》。

于序《尚书》则略"。或者认为司马迁两次言及孔子序《书传》和《尚书》。所谓序，即序次，与"编次其事"的意思相同[1]。不过，司马迁所谓"序《书传》"，或即《汉书·艺文志》云："故《书》之所起远矣，至孔子纂焉，上断于尧，下讫于秦，凡百篇，而为之序，言其作意。"则孔子"序《书传》"，"言其作意"。前谓周公日读《书传》百篇，而周公日理万机，何得有暇日读《书传》百篇？或当时《书传》即有"言其作意"的"案由"存在，周公得择而读之。孔子在整理《书传》时，即存其案由，而为之序，"言其作意"，是非常可能的。五百年后，司马迁考辨与整理秦汉之间流传的《尚书》，存其旧，依原来的形式为小序，叙其所以成篇之故，也是非常可能的。

至于礼乐，自来并称，而且是周代六艺之教之首。关于孔子对礼乐文献资料的整理[2]，《孔子世家》云：

> 故《书传》《礼记》自孔氏。

又《儒林列传》云：

> 诸学者多言礼，而鲁高堂生最本。礼固自孔子时而其经不具，及至秦焚书，书散亡益多，于今独有《士礼》，高堂生能言之。

司马迁既言《礼记》自孔氏，又言"礼固自孔子时而其经不具"。也就是像孔子整理《书传》一样，对于礼也曾作过系统的整理，但却

---

[1] 金德建，《论司马迁未见百篇〈书序〉》，《司马迁所见书考》。
[2] 编者注：此句原为"关于孔子礼乐文献资料的整理"。

不似《书传》那样，礼没有具体的文字流传下来[1]。

礼是一种祭祀或典礼仪式的记录，原本就没有具体的文字记载。所谓师儒"以六艺教民"包括礼在内。所以，师儒必须具有礼仪传习的基本知识。而且陈俎豆，设礼容，弦歌鼓舞，揖让进退是过去师儒谋生的工具。《墨子·非儒》下就说，儒者"富人有丧，乃大说，喜曰：'此衣食之端也'"。虽然是墨子对于儒者的讽刺，却也是事实，因为相礼与主持典礼的仪式，原本就是孔子所谓"小人儒"的谋生技能。《论语·卫灵公》载孔子自言，"俎豆之事，则尝闻之矣，军旅之事，未尝学也"。《孔子世家》就说，孔子幼年嬉戏"常陈俎豆，设礼容"，及长曾"适周问礼"，"学琴师襄子鼓"。孔子继承周代师儒六艺之教的传统，特别重视师儒谋生的技能，并以此设教。

孔子因教学的实际需要，对于流传典仪资料，曾经搜集、校勘与编辑，将其作系统化的整理。在整理的过程中，孔子就发现文献资料残阙的问题。所以，他说："夏礼吾能言之，杞不足征也。殷礼吾能言之，宋不足征也。足，则吾能征之。"由于周礼资料比较完备。所以，他说"吾从周"。不过，周室东迁后，周礼也遭破坏。《汉书·艺文志》云："及周之衰，诸侯将逾法度，恶其害己，皆灭去其籍，自孔子时而不具。"因此，在孔子整理这批文献资料时，就不得不有所损益。《论语·子罕》云："麻冕，礼也。今也纯俭，吾从众。拜下，礼也。今拜乎上，泰也。虽违众，吾从下。"所以，孔子整理礼的资料是随时而变的。

对于礼乐，孔子视为是一种典仪的形式。《论语·阳货》云："礼云，礼云，玉帛云乎哉？乐云，乐云，钟鼓云乎哉？"虽然《论

---

[1] 金德建，《〈史记〉"礼固自孔子时而其经不具"的解释》，《司马迁所见书考》。

语·季氏》云："不学诗，无以言，不学礼，无以立。"学诗与学礼同等重要，教学的方式却不相同。《论语·泰伯》云："子所雅言，《诗》《书》执礼"。郑玄云："礼不诵，故曰执也。"也就是说《诗》《书》可诵，至于礼，则是遵守其典仪规范[1]。或谓执，守也，是遵行或遵守的意思。其所谓执，即孔子所谓"吾何执？执御乎？执射乎？"（《论语·子罕》）是执行之意，然而执礼必有所守，守其既有的典仪规范。所以执礼和雅言《诗》《书》，教授与学习的方法不同。礼贵在实践，并无具体文字的记载。

礼的典仪形式虽然没有具体文字的记载，但世代相袭不坠，《孔子世家》云："鲁世世相传以岁时奉祠孔子家，而诸儒亦讲礼乡饮大射礼于孔子家。"至秦汉之际，秦始皇焚书，礼崩乐废，然礼乐仍不绝于邹鲁之乡，《儒林列传》云：

> 陈涉之王也，而鲁诸儒持孔氏之礼器往归陈王。……及高皇帝诛项籍，举兵围鲁，鲁中诸儒尚讲诵习礼乐，弦歌之音不绝。

司马迁自谓二十"北涉汶、泗，讲业齐、鲁之都，观孔子之遗风，乡射邹、峄"。且于《孔子世家》谓其"适鲁，观仲尼庙堂车服礼器，诸生以时习礼其家，余祗回留之不能去"，深知礼之传习由来及其故。孔子所整理的《礼》，即《礼记·昏义》所谓"夫礼，始于冠，本于昏，重于丧、祭，尊于朝、聘，和于射乡，此礼之大体也"这些典仪与社交礼节所注重的仪式。所以司马迁说："礼固自孔子时而其经不具"。虽然，礼是一种典礼的仪式，但参与执礼者，临礼必须恭慎。

---

[1] 杨向奎，《宗周社会与礼乐文明》（北京：人民出版社，一九九二）。

孔子认为"为礼不敬,临丧不哀,吾何以观之哉"?因此,孔子将礼仪的典制作抽象的解释,提升于国家的典章制度,以及社会与个人的道德规范各个层面。并且将抽象的礼与仁结合,形成以后儒家思想的价值体系,即《论语·颜渊》所谓"克己复礼为仁,一日克己复礼,天下归仁焉"。不过,孔子在讲学中对"礼"意义的讨论与解释,并未编辑成册,以后,由其弟子及孔氏一派的学人继续阐释,汉代《礼经》(即《仪礼》)、《礼记》(大、小戴的《礼记》)即由此出。所以,司马迁说:"《书传》《礼记》自孔氏"。

自来礼乐相配合,《论语·泰伯》就说:"立于礼,成于乐"。孔子不仅对于礼仪的文献资料加以系统的整理,并且对于乐谱也予以系统的整理[1],《孔子世家》云:"孔子语鲁大师:'乐其可知也。始作翕如,纵之纯如,皦如,绎如也,以成。''吾自卫返鲁,然后乐正,雅、颂各得其所。'"当然,孔子所正的不仅雅、颂,并且包括他整理的所有诗篇,即《孔子世家》所谓"三百五篇孔子皆弦歌之"。所谓乐正,即是对于乐谱的审订与整理。对残阙的文献资料作系统的整理,然后以此教其弟子。《孔子世家》所谓"孔子不仕,退而修《诗》《书》《礼》《乐》,弟子弥众,至自远方,莫不受业焉"。

《诗》《书》《礼》《乐》,原本是周代四教的内容,也是孔子弟子学习的基本课程。晚后又增添《易》与《春秋》,合称六艺。不过,《易》《春秋》是较高深的课目,学成者并不多,《仲尼弟子列传》所谓"孔子曰:'受业身通者七十有七人',皆异能之士也"。这些异能之士,即《孔子世家》所谓"身通六艺者"。《孔子世家》云:

孔子晚而喜《易》,序《彖》《系》《象》《说卦》《文言》。

---

[1] 杨向奎,《宗周社会与礼乐文明》修订本(北京:人民出版社,一九九七)。

　　读《易》，韦编三绝，曰："假我数年，若是，我于《易》则彬
　　彬矣。"

《易》，后世称《周易》，是一部占术的著作。今本《周易》分经、传
两个部分。《周易》由阴阳两爻组成六十四卦和三百八十四爻，以及
卦辞和爻辞等。至于《易传》，则是对卦辞与爻辞所作的解释。《易
传》包括《系辞》《象辞》《文言》《说卦》《序卦》《杂卦》等。司
马迁认为孔子晚年喜《易》，并且对《易》进行过系统的整理，曾序
《彖》《系》《象》《说卦》等工作，此即所谓的《易传》[1]。《汉书·艺
文志》则谓"孔氏之为《彖》《象》《系辞》《文言》《序卦》之属十
篇"。所谓孔氏，即孔氏的门人以及后传六艺之学者。不过，可以说
对《易》作系统的整理，从孔子晚年已经开始，然后由其门人及六
艺之学的继承者继续完成。

　　至于《春秋》，《孔子世家》云：

　　子曰："弗乎弗乎，君子病没世而名不称焉。吾道不行矣，
　　吾何以自见于后世哉？"乃因史记作《春秋》，上至隐公，下讫
　　哀公十四年，十二公。据鲁，亲周，故殷，运之三代。约其文
　　辞而指博。

"因史记作《春秋》"，《十二诸侯年表》作"论史记旧闻，兴于鲁而
次《春秋》"。《十二诸侯年表》云：

　　孔子明王道，干七十余君，莫能用，故西观周室，论史记

---

[1] 杨向奎，《宗周社会与礼乐文明》修订本（北京：人民出版社，一九九七）。

旧闻，兴于鲁而次《春秋》。

作与次不同，不过，孔子自谓其"述而不作"，所谓次，即编次之意。即孔子整理《书传》"上纪唐虞之际，下至秦缪，编次其事"，作《春秋》定鲁史旧闻。孟子谓孔子次《春秋》，《孟子·离娄》下云："其事则齐桓晋文，其文则史，孔子曰：'其义则丘窃取之矣。'"所谓"其文"与"其事"，都是过去的历史文献资料，即所谓"西观周室"搜集所得。孔子所次的《春秋》，即以鲁史旧文为基础，并整理校订其搜集的"史记旧闻"，然后编次而成。

《十二诸侯年表》谓孔子编次《春秋》"上记隐，下至哀之获麟，约其辞文，去其烦重，以制义法，王道备，人事浃"。并且说孔子口授其七十弟子传旨，"为有所刺讥褒讳挹损之文辞不可以书见也"。所谓"不可书见"的刺讥文辞，即《孔子世家》所云："吴楚之君自称王，而《春秋》贬之曰'子'；践土之会实召周天子，而《春秋》讳之曰'天王守于河阳'：推此类以绳当世。贬损之义，后有王者举而开之。"此即孟子所谓"其义则丘窃取之"，亦即《司马相如列传》所谓"《春秋》推见至隐"，所谓"至隐"，《匈奴列传》"太史公曰"：

> 孔氏著《春秋》，隐桓之闲则章，至定哀之际则微，为其切当世之文而罔褒，忌讳之辞也。

所谓"忌讳之辞"，即《太史公自序》司马迁所言"夫诗书隐约者[1]，

---

[1] 编者注：此句中华书局版为"夫《诗》《书》隐约者"。见〔汉〕司马迁：《史记·太史公自序》（中华经典普及文库），中华书局，2019，第761页。后同。

欲遂其志之思也"。孔子编次《春秋》虽"述而不作",然其义已寓其中,唯司马迁好学深思而心知其义,其撰《史记》上肇《春秋》之微旨所在焉。

至于《春秋》,《孔子世家》云:"鲁哀公十四年,获麟。"孔子"乃因史记作《春秋》"。两年后,孔子过世,因时间仓促,仅留下一部纲目条列式的编年体著作,或者可能是孔子准备继续撰写的纲要,在编撰过程中,仅与少数弟子论及列入其教学的教程,所以《论语》并未提及这部著作。这部纲要式的编年史,后世称之为《春秋》,不仅是经学,更是中国传统史学著作最高的典范。

将孔子这部著作称为《春秋》,最初始于孟子,《孟子·离娄》下云:

> 王者之迹熄而诗亡,诗亡然后《春秋》作。晋之《乘》、楚之《梼杌》、鲁之《春秋》,一也。其事则齐桓晋文,其文则史。孔子曰:"其义则丘窃取之矣。"

又《孟子·滕文公》叙孔子纂《春秋》的现实背景:

> 世衰道微,邪说暴行有作,臣弑其君者有之,子弑其父者有之。孔子惧,作《春秋》。《春秋》,天子之事也。是故孔子曰:"知我者其惟《春秋》乎!罪我者其惟《春秋》乎!"

综合上述材料,所谓"王者之迹熄而诗亡,诗亡然后《春秋》作",叙述上古史学的发展与演变,可说是中国最早的史学史;诗亡后而出现《春秋》,虽然当时各国名称不同,但泛称之为"春秋"。所谓

《春秋》，天子之事也"。自来《春秋》都由官修，孔子以一介布衣感慨时事而著《春秋》，"其事则齐桓晋文，其文则史"，其事、其文都是由孔子搜罗的文献资料编纂而成。虽然在编纂过程中，孔子说他"述而不作"，但订定纲目，材料的选择与取舍，以及对材料的阐释，却有其个人的意见存在，此即"其义则丘窃取之"。所以，孔子的《春秋》出现，转变了中国上古史学写作的形式，由官修变为私撰。虽然以鲁国的纪元为依据，事实上却突破一国的局限，成为当时一部完整的中国历史，司马迁《史记》的《十二诸侯年表》以其为纪年，原因在此。孔子在其所著《春秋》中，所赋予的文化价值与道德判断，以及所作的历史与历史人物的评价，成为后世中国史学遵循的准则与至高无上的典范[1]。

自孟子提出孔子著《春秋》，将原来"春秋"本属各国史书的泛称，转变为孔子个人著作的专称。司马迁叙孔子成六艺，在讨论孔子的《春秋》时，也以此为线索。分别于《史记》的《十二诸侯年表》《孔子世家》《儒林列传》《自序》以及《报任安书》都论及孔子著《春秋》。在《孔子世家》云，"因史记作《春秋》"，《十二诸侯年表》则云"西观周室，论史记旧闻，兴于鲁而次《春秋》"，也就是孔子作《春秋》，除以鲁国的"春秋"为蓝本外，并且还参考周室典藏的"春秋"。当时各国皆有"春秋"，可能以鲁的"春秋"较完备。《春秋》昭公二年："晋侯使韩起来聘。"《左传》昭公二年："春，晋侯使韩宣子来聘……观书于大史氏，见《易象》与《鲁春秋》，曰：'周礼尽在鲁矣。'"鲁是周公旧封，保存相关的文献资料最完备。

"春秋"古史书之，其来已久。《史通·六家》云："春秋家者，

---

[1] 钱穆师，《孔子与春秋》，《两汉经学今古文平议》（香港：新亚研究所，一九五八）。

其先出于三代。"刘知幾以汲郡书《琐语》《殷夏春秋》作为"春秋"之始。《殷夏春秋》记大丁时之时事。《殷夏春秋》是当时的统称，《琐语》又有《晋春秋》，献公十七年事。若以时代和国名区分，则可标目为夏、殷，或《晋春秋》。所以，"春秋"是史之别名。《管子·法法》云："故'春秋'之记，臣有弑其君，子有弑其父者"。《管子·山权数》曰："'春秋'者所以记成败也。"因此，"春秋"可以作教化之书用。《国语·晋语》云："悼公十二年，羊舌肸习于'春秋'，乃诏叔向使傅太子。"韦昭注曰："肸，向叔名[1]，时孔子未著《春秋》。"所以，在孔子之前，就有许多不同的"春秋"存在。当孔子西观周室所典藏的文献资料时，曾使子夏等十四人，求周史记，得百国春秋。所谓"百国春秋"，《墨子·明鬼》下云："吾见百国春秋。"《墨子·明鬼》著录周之春秋、燕之春秋、宋之春秋及齐之春秋，等等，"百国春秋"或即各国春秋的汇编。所以，孔子"修春秋也，乃观《周礼》之法，遵鲁史之遗文"。然而孔子修《春秋》，除遵鲁之遗文外，并且参考当时存在的"百国春秋"，对相关的历史文献资料，作一次系统的整理后，定其取舍并予以一定的道德价值判断，纳入其个人所作的《春秋》之内。孔子的《春秋》出，百国春秋废，由此上古泛称的"春秋"，就成为孔子专著的名称了。

司马迁除了探讨孔子因著《春秋》，对当时百国春秋的文献资料作一次系统的整理外，并且对孔子著《春秋》后，相关的著作也作一次系统的整理。《十二诸侯年表》谓孔子作《春秋》：

> 约其辞文，去其烦重，以制义法，王道备，人事浃。七十

---

[1] 编者注：羊舌肸，字叔向。此句疑为"叔向名"之误。

子之徒口受其传指，为有所刺讥褒讳抑损之文辞不可以书见也。鲁君子左丘明惧弟子人人异端，各安其意，失其真，故因孔子史记具论其语，成《左氏春秋》。铎椒为楚威王传，为王不能尽观《春秋》，采取成败，卒四十章，为《铎氏微》。赵孝成王时，其相虞卿上采《春秋》，下观近势，亦著八篇，为《虞氏春秋》。吕不韦者，秦庄襄王相，亦上观尚古，删拾《春秋》，集六国时事，以为八览、六论、十二纪，为《吕氏春秋》。及如荀卿、孟子、公孙固、韩非之徒，各往往捃摭《春秋》之文以著书，不同胜纪。

司马迁将采取《春秋》书中成败的《铎氏微》，上采《春秋》下观近势的《虞氏春秋》，以及集六国时事的《吕氏春秋》都纳入孔子《春秋》谱系，至汉代则有张苍的《历谱五德》以及董仲舒有关的著作。

司马迁正本清源探索孔子上古文献所作的第一次系统的整理，并继承上古六艺之教的传统，掌握当时学术思想发展与转变的趋势，将原掌控于王廷的档案与文献资料变为社会普遍的价值体系，形成他的诗、书、礼、乐、易、春秋的六艺文化传统。这也是孔子第一次整理上古文献资料五百年后，司马谈、迁父子对周秦以来的文献资料，所作的第二次的整理。经过他们先后总结性的整理后，不仅对战国以来新兴的学术思想予以归类，并且将孔子所成的六艺，超越诸家之上，铸定以后中国学术思想发展的版型。不仅班固《汉书·艺文志》的《六艺》与《诸子》由此而出，并且支配了以后簿录之学的"经部"和"子部"的内容。这两个范畴划定之后，史部之学随着逐渐萌芽了。

四、"通古今之义"与"通古今之变"

武帝时期搜罗大量天下轶散的图书资料，藏于秘阁。司马谈与司马迁父子由于业务职掌的关系，先后负责图书的校整工作。这次图籍资料的校整，不仅是秦汉以来规模最繁浩的一次，更是孔子整理上古图籍档案五百年以后，所作的一次总结性的校整工作。所以，司马迁在其《太史公自序》就说："先人有言：'自周公卒五百岁而有孔子。孔子卒后至于今五百岁，有能绍明世，正《易传》，继《春秋》，本《诗》《书》礼乐之际？'意在斯乎！意在斯乎！"

孔子在礼崩乐废之际，为了实际的教学需要，掌握了当时学术发展的趋势，对周公制礼作乐五百年后，原来藏于王廷，其后散轶民间的图籍档案资料，作一次总结与系统校整。孔子不仅校整上古的图籍文献资料，并赋予一定的文化与社会意义，使原来王廷独占专断的知识，转变为民间社会普遍的知识。这是孔子对上古图籍文献校整所作的总结与贡献。

自孔子第一次系统校整上古图籍文献资料五百年以来，其间经历战国时期的兼并纷扰，百家诸子之学蜂起，其后更经秦始皇焚书，秦楚之际的战乱，诗书图籍散轶，学无所归。司马氏父子，在孔子第一次系统校整图籍文献五百年后，利用校整秘阁的机会，对散乱无绪的图籍与学术的流变，作了系统的校整。这是司马氏父子继孔子之后对上古的图籍文献，所作的第二次总结性校整。

对图籍文献的校整，是中国传统目录学的基础。讨论中国传统目录学的流变与发展，自孔子校整上古图籍文献定六艺之后，《庄子·天下》与《荀子·非十二子》都对春秋战国之际的学术代表性人物，作了初步的归纳。不过，他们所作的归纳，并非为了镜考学术源流，只是为了方便对其所提出的学术代表人物，进行讨论与批判，并不具有中国传统目录学的实质意义。其后《吕氏春秋》对战国以来包括老子、孔子等十位"天下之豪士"的学术性质，作了"老耽（聃）贵柔""孔子贵仁"扼要的定性，中国传统目录学始见端倪，但并没有对学术流派作具体的分划。《韩非子·显学》论述代表当时显学的儒、墨两派，在孔子、墨子死后，两派弟子因"取舍相反不同"，形成不同的学术流派，目录学始初见学术流派及其承传所自。

直至汉武帝时，《淮南子·要略》在儒、墨之外，又提出纵横、形名和法家等学术流派的名称与其学术承传所自。司马谈与淮南王刘安同时，因校整图籍，对战国以来驳杂的学术流变，作一次彻底而系统的厘清，除儒墨显学外，更提出黄老之学，作为战国新兴而且重要的学术流派，并由此分出阴阳、名、法等学术流派与原来流行的儒、墨，合为六家，提出《论六家要指》说："《易大传》：'天下一致而百虑，同归而殊涂。'夫阴阳、儒、墨、名、法、道德，此务为治者也"。司马谈的《论六家要指》，不仅镜考学术，并评论各家得失之故，其后中国传统目录学的小序，由此而出，中国传统目录学发展至此，已超越最初个人学术思想的讨论与批判，辨章学术流派的雏形已由此出现。其后刘歆《七略》、班固《汉书·艺文志》"九流十家"的《诸子略》，即缘此而出。

司马谈"发愤且卒"之后，司马迁继为太史令，继续其父未竟之业，"绌石室金匮之书"，进行图籍校整的工作，在其父已经完成的六家分类的基础上，对孔子所成的六艺，作正本清源的校整工作。

虽然司马迁继承其家族的学术传统，以黄老为本，但当时学术的实际环境已发生很大的转变，尤其董仲舒提出罢黜百家、独尊儒术以后，儒家思想与孔子所成的六艺合而为一，于是儒家思想脱颖而出，一跃而成权威思想。但任何一种思想一旦成为权威，就会失去其原有的活力与弹性而庸俗化。因此，司马迁将孔子所成的六艺，与儒家依附政治而成的六经作一个区分，表现他崇圣，却不尊儒，尤其是经公孙弘粉饰过的儒家。

司马迁说："孔子修旧起废，论《诗》《书》，作《春秋》，则学者至今则之。"所谓"修旧起废"，就是孔子继承以往师儒之礼、乐、射、御、书、数的六艺传统，并且掌握六艺之教文武分途后，形成的诗、书、礼、乐四教新的发展趋向，适应教学的实际需要，对传自上古的诗、书、礼、乐文献资料，作一次系统的整理，使原来藏于王廷的文献资料，转化为民间教学的科目，并且在整理的过程中，对这批原来完全为政治服务的文献资料，赋以社会伦理的道德价值，由政治提升至文化的层面，奠定以后中国文化发展的基础。所以，对于孔子校整的诗、书、礼、乐与以后整理的《易传》，以及最后因鲁史而著的《春秋》，司马迁为了表示其学术渊源与承传，对孔子施教的诗、书、礼、乐、易、春秋仍称为六艺，以说明孔子对上古文献所作的第一次系统与总结性的整理，其价值与意义之所在。

董仲舒企图以六艺为基础，建立一个政教合一的政治体制，但六艺依附政治而经典化以后，变成放诸四海皆准的普遍真理，成为儒者利禄的工具，可以说已经彻底庸俗化。因此司马迁将孔子施教的六艺，与儒者所持庸俗化的六经作一个区分，他在《孔子世家》说："天下君王至于贤人众矣，当时则荣，没则已焉。孔子布衣，传十余世，学者宗之。自天子王侯，中国言六艺者折中于夫子。"于是六艺之传，有了布衣与君王之别，也产生了以后的道统与政统之分。所以，司马迁的《史记》，既立《孔子世家》，又撰《儒林列传》，这是司马迁借六艺之传叙述中国上古学术发展的"古今之变",其微意在此。于是,孔子所成的六艺,超越儒家所谓的六经,自成体系,班固的《汉书·艺文志·六艺略》,缘此而出。至于儒家,则退处与诸子并列,成为《汉书·艺文志·诸子略》的"九流十家"之一。

司马氏父子校书秘阁,其目的即后世章学诚所谓:

> 盖部次流别,申明大道,叙列九流百氏之学,使之绳贯珠联,无少缺逸;欲人即类求书,因书究学。

司马迁探索孔子六艺之成,即为"申明大道",司马谈《论六家要指》,则为"叙列九流百氏之学",都先后经过校雠、勘误、辨伪等工作,然后分章、归类等系统的整理,使其绳贯珠联,无少缺逸,最后出现司马迁在其《太史公自序》提出的总结:"拾遗补艺,成一家之言,厥协六经异传,整齐百家杂语。"对于这个"一家之言",《正义》曰:"太史公撰《史记》,言其协于六经异文,整齐诸子百家杂说之语,谦不敢比经艺也。"这种解释仅局限于司马迁撰写《史记》对材料的选择与处理方面,似无法对司马迁这"一家之言"作周延的解释。他们父子先后所作的努力,即《太史公自序》所谓:

> 我汉继五帝末流,接三代绝业。周道废,秦拨去古文,焚灭诗书,故明堂石室金匮玉版图籍散乱。于是汉兴,萧何次律令,韩信申军法,张苍为章程,叔孙通定礼仪……而贾生、晁错明申、商,公孙弘以儒显,百年之间,天下遗文古事靡不毕集太史公。太史公仍父子相续纂其职。曰:"于戏!余维先人尝掌斯事,显于唐虞,至于周,复典之,故司马氏世主天官。至

　　于余乎，钦念哉！钦念哉！"

与"意在斯乎，意在斯乎"前后相应：

　　先人有言："自周公卒五百岁而有孔子。孔子卒后至于今五百岁，有能绍明世，正《易传》，继《春秋》，本《诗》《书》礼乐之际？"意在斯乎！意在斯乎！小子何敢让焉。

两相对照，可以了解，司马谈、司马迁父子相继为太史。太史职掌，司马迁自谓"文史星历"，所谓"文史"，即图籍文献档案的管理与校整。因此，他们父子既掌管图籍，又在当时各家整理图籍的基础上，对孔子整理的六艺及五百年以来散轶的图籍，再作一次系统的整理，这是孔子第一次整理上古文献后，司马氏父子对中国上古图籍文献所作的第二次的整理。

　　他们校整图书文献的目的，即章学诚所谓，使之"绳贯珠联"，"欲以即类求书，因书究学"，然后"明天人分际，通古今之义。"《儒林列传》云：

　　公孙弘为学官，悼道之郁滞，乃请曰："……为博士官置弟子五十人，复其身。太常择民年十八已上，仪状端正者，补博士弟子。……一岁皆辄试，能通一艺以上，补文学掌故缺；其高弟可以为郎中者……臣谨案诏书律令下者，明天人分际，通古今之义，文章尔雅，训辞深厚，恩施甚美……"

公孙弘之奏请，在元朔五年。案《汉书·武帝纪》："元朔五年，丞相请为博士置弟子员。”武帝建元五年春，置五经博士。《汉书·百官公卿表》云：“博士，秦官，通古今，秩比六百石，员多至数十人。”

所谓五经博士“通古今”，即负责对经典的阐释，“以通古今之义”。当时通过章句、训诂、义理等不同的形式，对经典进行阐释。章句释经，分章节、断句读，是汉代对经典解释的一种形式。《新唐书·艺文志》云：“自六经焚于秦而复出于汉，其师传之道中绝，而简编脱乱讹缺，学者莫得其本真，于是诸儒章句之学兴焉。”所以，《易》有施、孟、梁丘的章句，《书》有欧阳、大、小夏侯的章句，《春秋》有公羊、穀梁的章句。至于训诂，则是解释经典的字义，许慎《说文解字·序》就说：“盖文字者，经艺之本也。”邢昺《尔雅疏》说：“诂，古也。通古今之言，使人知也。”义理则是探索经艺的“微言大义”，《春秋公羊传》为代表。不论透过章句、训诂或义理对经典的阐释，其目的只有一个，就是“欲以通古今之义”。

但由于师法与所据经典版本的不同，因此在阐释经典时，产生不同的流派，甚至有今古文的局限。透过严格的章句、训诂和义理的阐释，才能真正达到“明天人分际，通古今之义”。这是司马迁《太史公自序》所谓“拾遗补艺，成一家之言，厥协六经异传，整齐百家杂语”的意旨所在。

不过，当斯时，正是武帝更化图变的转变时刻。《汉书·武帝纪》云：

> （元朔元年）春三月甲子……诏曰：“朕闻天地不变，不成施化；阴阳不变，物不畅茂。《易》曰‘通其变，使民不倦’，《诗》云‘九变复贯，知言之选’。朕嘉唐虞而乐殷周，据旧以鉴新。

其赦天下，与民更始。"

据旧鉴新，更始通变，是当时思想的主流。于是司马迁将"明天人
分际，通古今之义"作一字之易，以"变"代"义"。于是就出现了
他的另一个"一家之言"，即其《报任安书》所云：

> 自托于无能之辞，网罗天下放失旧闻，考之行事，稽其成
> 败兴坏之理……亦欲以究天人之际，通古今之变，成一家之言。

所以，《史记》内外，有两个"成一家之言"。前者"拾遗补艺，成
一家之言，厥协六经异传，整齐百家杂语"，是对上古的学术作一个
系统的整理。后者"欲以究天人之际，通古今之变，成一家之言"，
则是为中国史学拓创了新的途径。唯有从这方面探索，才能发现司
马迁的《史记》对中国学术与中国史学所作的承先启后的贡献。

"通古今之变"的"今"之开端

一、"古今之变"与《今上本纪》

司马迁的《报任安书》，其中所言"欲以究天人之际，通古今之变"，不仅是司马迁撰《史记》"成一家之言"追求的目标之一，也是中国传统史学成立的基础。因为，透过司马迁的"通古今之变"，中国史学才从先秦的历史知识层面，提升到史学思想的层次，然后中国史学始得以建立。

自来讨论司马迁的思想，"通古今之变"是首先接触到的问题。当然，司马迁所谓的"古今"，"古"是可以了解的。至于"今"所指的时限，司马迁在《史记·太史公自序》中，论及《史记》的断限有三处，其下限都在汉武帝时代[1]。所以，司马迁所谓"通古今之变"的"今"，一如其称武帝本纪为《今上本纪》的"今"，包括了整个汉武帝时代。

《汉书·律历志》云："武帝建元、元光、元朔各六年。元狩、元

---

[1] 参见本书《"巫蛊之祸"与司马迁绝笔》。

鼎、元封各六年。太初、天汉、太始、征和各四年，后元二年，着纪即位五十四年。"汉武帝在位的五十四年中，司马谈任太史之职前后三十年。《太史公自序》说司马谈"仕于建元元封之间"，又说："是岁，天子建汉家之封，而太史公留滞周南，不得从事，发愤且卒。"是岁，即元封元年，前后恰是三十年。这三十年间，司马谈一直任职太史。司马谈卒后三年，司马迁继为太史令。司马迁于征和二年《报任安书》说："得侍罪辇毂之下，二十余年矣。"案司马迁于元鼎五六年间，仕为郎中，尝侍从西至崆峒，奉使巴蜀滇中。元封三年继其父遗缺任为太史，续其父未竟之业，一方面整理图籍，另一方面利用整理图籍的机会，搜集材料，准备撰写《史记》。太初元年开始动笔撰写《史记》，其后天汉二年，遭李陵之祸。转任中书令，仍继续撰写，最后《史记》于征和二年删削定稿，并以遗《报任安书》为其最后绝笔，直至终老。虽然，司马迁终年不可考，王国维说："史公卒年，虽不可遽知，视为与武帝相终始，当无大误也。"[1]武帝崩于后元二年，司马迁或于此时前后不久弃世，是非常可能的。则是，司马氏父子相继为太史，从侍武帝左右，或从巡幸天下，或侍议中廷，前后经历了整个汉武帝时代。

《太史公自序》云："太史公既掌天官，不治民。"太史掌天官，《史通·史官设置》云："寻古太史之职，虽以著述为宗，而兼掌历象、日月、阴阳。"又案《汉旧仪》云："太史令，凡岁将终，奏新年历。凡国祀祭娶之礼事，掌祭良日及时节禁忌。"《续汉书·百官志》略同，云："太史公一人，六百石。本注曰：掌天时、星历，凡岁将终，奏新年历，凡国祭祀、丧娶之事，掌良日及时节禁忌，凡国有瑞应，

---

[1] 王国维，《观堂集林》卷十一《太史公行年考》（上海：商务印书馆，一九四〇）。

掌记之。"太史所掌，如司马迁《报任安书》所谓"文史星历近乎卜祝"者。星历是古史官的专职，文史则其兼掌，包括图籍文献的整理与相关的记录，此亦古史官的遗意。所以司马谈父子事迹可述见于记载者，一是司马谈与祠官宽舒议祠后土，以及议立太峙坛；一是司马迁与上大夫壶遂等修《太初历》。[1]这些工作都是太史的专业职掌范围。不过，记录与著述也是太史的职务之一。尤其司马迁父子因职务的关系，久处政治权力中心之内，而且汉武帝时代是一个空前变动的时代。他们虽然不是决策者，但却是历史转变的直接目击者，处于历史潮流奔腾的边沿，在历史潮流的点滴溅沾下，感受更深。因此，他们感到有责任将这个巨大的历史转变记录下来，对于这个愿望，司马谈直到临终仍念念不忘。《太史公自序》云：

> 太史公执迁手而泣曰："余死，汝必为太史；为太史，无忘吾所欲论著矣。……自获麟以来，四百有余岁，而诸侯相兼，史记放绝。今汉兴，海内一统，明主贤君忠臣死义之士，余为太史而弗论载，废天下史文，余甚惧焉，汝其念哉！"迁俯首流涕曰："小子不敏，请悉论先人所次旧闻。"

司马谈所欲论载者，乃"今汉兴，海内一统，明主贤君忠臣死义之士"，即其个人所经历的汉武帝时代。后来"悉论先人所次旧闻"的司马迁，于太初元年继其父未竟之业，开始撰写《史记》之时，其和上大夫壶遂所讨论欲撰写者，也集中于他所生存的汉武帝时代。《太史公自序》云：

---

[1] 编者注：此处标点原为分号。

汉兴以来，至明天子，获符瑞、封禅[1]改正朔、易服色、受命于穆清，泽流罔极，海外殊俗，重译款塞，请来献见者，不可胜道。臣下百官力诵圣德，犹不能宣尽其意，且士贤能而不用，有国者之耻，主上明圣而德不布闻。有司之过也。且余尝掌其官，废明圣盛德不载，灭功臣世家贤大夫之业不述，堕先人所言，罪莫大焉。

司马迁最初所欲撰者，也是宣明圣德及功臣世家贤大夫之业。所以，司马氏父子所欲撰者皆是当代，即司马迁所谓"通古今之变"的"今"。对"今"的记载则集中于《史记》的《今上本纪》之中，但不幸的是，《今上本纪》早已轶散，似已无迹可寻了。

《汉书·艺文志》著录《太史公》百三十篇，注云："十篇有录无书"。与《汉书·司马迁传》所云"十篇缺，有录无书"同[2]。《集解》引《汉书音义》亦云："十篇无书。"《史记》所缺十篇，张晏曰："迁没之后，亡《景纪》《武纪》《礼书》《乐书》《律书》《汉兴已来将相年表》《日者列传》《三王世家》《龟策列传》《傅靳列传》。成元之间，褚先生补阙，作《武帝纪》《三王世家》《龟策》《日者传》，言辞鄙陋，非迁本意也。"其中《武纪》，即《史记·太史公自序》所谓的《今上本纪》。司马迁称武帝为"今上"，《集解》云："《太史公自序》曰作《今上本纪》，又其述事皆云'今上''今天子'，或有言孝武帝者，悉后人所定也。"所以，现《史记》所称的《孝武本纪》之名为后人所定，司马迁所撰者则为《今上本纪》。

---

[1] 编者注：此处应缺顿号。[汉]司马迁：《史记·太史公自序》（中华经典普及文库），中华书局，2019，第761页，此句标点为"获符瑞，封禅，改正朔，易服色，受命于穆"。

[2] 编者注：此句原为"与《汉书·司马迁传》所云：'十篇缺，有录无书'同"。

《史记》十篇有录无书，刘知幾谓"十篇未成，有录而已"。案《太史公自序》于篇末谓其著十二本纪，作十表、八书、三十世家、七十列传，"凡百三十篇，五十二万六千五百字，为《太史公书》"。篇目字数都已详细标出，《史记》全书确已定稿，有录无书的十篇，不可能为未成之作。所以，赵翼说："十篇之缺，乃后所遗失，非史公未也，而待于后人之补也。"[1]《史记》亡篇与其补作，自来虽众说纷纭，但《今上本纪》一篇确已亡轶，却是大家肯定的。王鸣盛云："世皆言褚先生补《史记》，其实《史记》唯亡《武纪》一篇，余间有缺，无全亡者，而褚所补，亦唯《武纪》，其余附益各篇中，如赘疣耳"[2]。王应麟《汉书艺文志考证》谓吕祖谦辨《史记》亡篇，以张晏所列亡篇目录校之，惟《武纪》实亡，《景纪》及《傅靳列传》俱在。其辨《武纪》之亡云：

> 十篇惟此篇亡。卫宏《汉官旧仪注》曰："司马迁作本纪，极言景帝之短及武帝之过，武帝怒而削去之。"卫宏与班固同时，是时两纪俱亡。今景帝所以复出者，武帝特毁其副在京师者，藏自名山固有他本也。《武纪》终不见者，岂非奢尤甚，虽民间亦畏祸而不藏也。[3]

吕氏之说缘于卫宏，案《集解》引卫宏《汉旧仪注》谓太史公作《景纪》极言其缺及武帝过，武帝怒而削之，后坐李陵下蚕室有怨言，下狱死云云，《西京杂记》亦谓武帝怒削《景纪》与己纪，后

---

[1] 赵翼，《廿二史札记》卷一"褚少孙补史记不止十篇"条。

[2] 王鸣盛，《十七史商榷》卷二"武纪妄补"条。

[3] 吕祖谦，《东莱吕太史别集》卷十四《辨史记十篇有录无书》。

迁以怨望下狱死。司马迁撰《史记》怨望隐切之说，流行于汉魏之际。[1]《三国志·魏志·王肃传》云：

> 帝又问："司马迁以受刑之故，内怀隐切，著《史记》非贬孝武，令人切齿。"（肃）对曰："司马迁记事，不虚美，不隐恶。刘向、扬雄服其善叙事，有良史之才，谓之实录。汉武帝闻其述史记，取孝景及己本纪览之，于是大怒，削而投之，于今两纪有录无书，后遭李陵事，逐下迁蚕室。此谓隐切在孝武，而不在于史迁也。"

魏明帝认为司马迁"以受刑之故，内怀隐切，著《史记》非贬孝武"。代表当时一般人对这传说的看法。这种看法自班固《典引》所谓司马迁"以身陷刑之故，反微文刺讥，贬损当世"[2]以来，就将司马迁遭李陵之祸，而撰《史记》贬损汉武帝二事相连。以致后来王允甚至说："昔汉武帝不杀司马迁，使谤书流传后世。"[3]事实上，司马迁遭李陵之祸是一回事，其撰写《史记》又是另一回事，二者不可混为一谈。果真司马迁为泄愤而著史，其中又有非损武帝之处，武帝取而观之，所毁者当是《史记》全书，岂仅《景纪》与《武纪》而已，司马迁虽是刑余之人也难免一死。人书俱毁，司马迁及其所撰《史记》，又如何能流传千古后世？[4]

司马迁自太初元年开始撰写《史记》，历天汉，至征和二年脱稿。征和二年正是"巫蛊之祸"斗争最激烈的时候。在这场汉武帝晚年

---

[1] 编者注：此处标点原为分号。
[2] 《文选》卷四十八《符命》。
[3] 《三国志》卷六《魏书·董卓传》注引谢承《后汉书》。
[4] 编者注：此处标点原为句号。

的伦常巨变的政治斗争中，株连者甚众，司马迁两位好友田仁和任安，也牵涉在内而被诛，这是司马迁遭李陵之祸后，面临的最严重政治危机。他"虽就极刑，而无愠色"，而撰写的《史记》，就在这场政治风暴中完成，为了使这部他血泪交织的著作不被波及，不得不迁就严峻的现实政治环境，对涉及的人与事，作一次彻底的检点和删削。这是司马迁一生最痛苦的工作，一直进行到征和三年李广利降匈奴事件发生，才告结束，《史记》即绝笔于此[1]。在这次删削过程中，因恐触及现实忌讳，《今上本纪》可能被司马迁自己亲手删削了。不论在什么状况下轶散，《今上本纪》消失却是一个不争的事实，后来由褚少孙取《封禅书》补作《武帝本纪》。不过钱大昕认为"少孙补史，皆取史公所阙，意虽浅近，词无雷同，未尝移甲当作乙者也。或魏晋以后，少孙补篇亦亡，乡里妄人取此以足其数耳"[2]。由于褚少孙以《封禅书》全篇补《今上本纪》，后来学者认为司马迁写《封禅书》，是对汉武帝的微言讥讽，《史记》被视为谤书也由此而起[3]。

不过，褚少孙选择以《封禅书》全篇补《今上本纪》却不是没有原因的。《封禅书》云："今天子初即位，尤敬鬼神之祀。"汉武帝借封禅而羡仙，终其一世乐此不疲。司马谈、迁父子随侍武帝左右，相继记录了这一部分材料。后来司马迁运用这批他们父子亲历，但却无法考证的材料，撰写成《封禅书》，以使"后有君子，得以览焉"[4]。汉武帝封禅，不论其本质如何，却是纵贯武帝整个历史的发展与演变，不仅突出了封禅特殊的时代意义，而且是八书中唯一有岁

[1] 参见本书《"巫蛊之祸"与司马迁绝笔》。
[2] 钱大昕，《廿二史考异》卷一《孝武本纪》。
[3] 参见本书《武帝封禅与〈封禅书〉》。
[4] 同上。

月可稽的一篇。当时许多重要的历史事件，如对四裔的征讨包括匈奴、朝鲜、越，以及太初元年伐大宛，由于"古者先振泽旅，然后封禅"的原因，《封禅书》皆有记载。另一方面，汉武帝"以文学为公卿"，"征文学之士公孙弘"，以"夏，改历，以正月为岁首，而色上黄，官名更印为五，为太初元年"，等等，重大的政治改革与设施，也附《封禅书》而记载。综合上述，前者征讨四裔即司马迁所谓的"外攘夷狄"，至于后者政治改革与设施，则是所谓的"内修法度"。"外攘夷狄"与"内修法度"正是司马迁撰写《今上本纪》意旨所在。《太史公自序》云：

> 汉兴五世，隆在建元，外攘夷狄，内修法度，封禅，改正朔，易服色。作《今上本纪》。

所以《今上本纪》虽轶，但司马迁写《今上本纪》的意旨，似于《封禅书》中仍有迹可寻，且有年月可稽，也许是褚少孙取《封禅书》补《今上本纪》的原因。

所谓本纪，裴松之认为是"统领众事，系之年月"[1]。"统领众事"是本纪写作的目的。本纪是为了叙述一个时代重大历史事件，及历史发展主要的趋向，而《今上本纪》已失，汉武帝时代历史发展的趋向，似乎难以掌握。所幸《建元以来侯者年表》及《建元已来王子侯者年表》仍在。顾炎武说："表以纪治乱兴亡之大略，年经月纬，一览了如。"所以，若以司马迁为突出汉武帝特殊历史情况制作的《建元以来侯者年表》与《建元已来王子侯者年表》，贯穿自《魏其

---

[1] 《史记·五帝本纪》《索隐》引裴松之《史目》。

武安侯列传》以后有关汉武帝时代诸臣的列传与类传，则汉武帝时代的历史与政治面貌，仍隐略可见。

司马迁作《建元以来侯者年表》，《太史公自序》云："北讨强胡，南诛劲越，征伐夷蛮，武功爰列。作《建元以来侯者年表》。"即为《今上本纪》的"外攘夷狄"作注脚。"外攘夷狄"则集中以对匈奴的征讨，这是自高祖"平城之围"，留下的一个严重的历史问题。汉武帝为复仇而伐讨匈奴，是这个时代重要的历史问题之一。至于司马迁作《建元已来王子侯者年表》，《太史公自序》云："诸侯既强，七国为从，子弟众多，无爵封邑，推恩行义，其埶（势）销弱，德归京师。""德归京师"即司马迁撰《建元已来王子侯者年表》的意旨所在。

所谓"德归京师"，即《建元已来王子侯者年表》太史公曰："盛哉！天子之德，一人有庆，天下赖之。"也就是由地方分权转变为中央集权，及君主绝对权威的树立。权力集中于中央与君主绝对权威的树立，是汉武帝时代统治体制的转变，突出了这个时代特殊的历史性格。司马迁《今上本纪》所谓的"内修法度"，就建立在这个基础上。因为，政治体制与制度转变，象征着政治权力结构的重组，与新的政治权力中心的建立。汉初承秦制建立的政治结构，发展至汉武帝时代，需要作一次调整与重组。汉武帝把握这个转变的机会，对政治统治权力作一次新的重塑。重塑后的新统治体制不仅对汉代，并且对以后中国历史的发展也发生影响。司马迁就生存在这个重大历史转变的潮流之中，对这次权力结构的重组与统治体制的转型，有深刻而切身的体验。所以，他撰写《今上本纪》的"内修法度"，可能就集中这方面的叙述。所以，从"德归京师"权力由地方集中于中央，到"一人有庆，天下赖之"绝对君主权威的树立，不仅是司马迁撰写《今上本纪》的意旨所在，同时也是新的统治体制形成与发展的过程。

权力由地方集中于中央，由"德归京师"开始，而"德归京师"则由"推恩行义"出发。《建元已来王子侯者年表》云：

> 制诏御史："诸侯王或欲推私恩分子邑者，令各条上，朕且临定其号名。"

案此诏颁于元朔二年，《汉书·武帝纪》云："二年春正月，诏曰：梁王，阳城王亲慈同生，愿以邑分子弟，其许之。诸王请与子弟邑者，朕将亲览，使有列位焉。"并云："列国始分，而毕子侯矣。"案《建元已来王子侯者年表》，诸王有子十人以上者，计长沙王有子十五人，菑川懿王有子十二人，阳城顷王有子十三人，赵敬肃王有子十四人，中山靖王有子十九人，齐孝王有子十人，"皆推恩分邑诸子，支庶毕侯矣"，自此以后，《汉兴以来诸侯王年表》序云：

> 齐分为七，赵分为六，梁分为五，淮南分三，及天子支庶子为王，王子支庶为侯，百有余焉。吴楚时，前后诸侯或以适削地，是以燕、代无北边郡，吴、淮南、长沙无南边郡，齐、赵、梁、楚支郡名山陂海咸纳于汉。诸侯稍微，大国不过十余城，小侯不过数十里，上足以奉贡职，下足以供养祭祀，以蕃辅京师。而汉郡八九十，形错诸侯间，犬牙相临。

自此，《汉书·诸侯王表》云："诸侯惟得食租税，不得与政事。"诸侯王不仅失去政治的权力，经济的特权也随着消逝。《史记·五宗世家》云："诸侯独得食租税，夺之权，其诸侯贫者，或乘牛车也。"
诸王侯的政治与经济特权，不削自弱。然后元鼎五年，诸王侯更因
坐酎金除国。案《建元已来王子侯者年表》元鼎五年诸侯王坐酎金
除国者计五十五人，这次夺爵者实际有一百零六人，《汉书·武帝
纪》云：

> 五年九月，列侯坐献黄金酎祭宗庙，不如法夺爵者百六人。

《汉书·食货志》亦云：

> 齐相卜式上书，愿父子死南粤。天子下诏书褒扬，赐爵关
> 内侯，黄金四十斤，田下顷布告天下，天下莫应。列侯以数百，
> 皆莫求从军。至饮酎，少府省金，而列侯坐酎金失侯者百余人。

"列侯坐酎金失侯"，案酎，师古曰："三重酿醇酒也。"又如淳引《汉
仪注》云："诸侯王岁以户口酎金于汉朝，皇帝临受金，金少不如斤
两，色恶，王削县，侯免国。"于是，汉初留下的历史问题——中央
和地方权力的斗争，到这时彻底解决了。

汉初地方制度，[1]郡县与王国并行，结果王国势力过于膨胀，形
成地方对中央的抗衡。不过这个问题的形成，也有其现实的政治原
因。司马迁在《汉兴以来诸侯王年表》中分析其形成的背景，认为
广封同姓，抚镇四海，以承卫天子，是汉初封建王国的原因。这些
封建王国，大者五六郡，连城数十，置百官宫室，而且政治、军事
与经济完全独立，形成汉帝国初建之时，国中有国的特殊政治结构。

---

[1]　编者注：此处逗号为编者所加。

帝国中央实际控制的地区仅关中至陇西，江陵至巴蜀，并三河、南阳十五郡，此外"尽诸侯地"，地方与中央抗衡的局势已经形成，到文帝时就发生了"抱火厝之积薪之下而寝其上"的严重问题。

"抱火厝之积薪之下而寝其上"，见于贾谊的《治安策》。贾谊将当时政治上存在而亟待解决的问题，依其缓急，归纳成"可为痛哭者一，可为流涕者二，可为太息者六"。其中最严重"可为痛哭者"的问题，就是"诸侯王僭拟，地过古制"。《汉书·贾谊传》载其策云：

> 高皇帝以明圣威武即天子位，割膏腴之地以王诸公，多者百余城，少者乃三四十县，惠（德）至渥也，然其后十年之间，反者九起。陛下之与诸公，非亲角材而臣之也，又非身封王之也，自高皇帝不能以是一岁为安，故臣知陛下之不能也。

"亲者或亡分地以安天下，疏者或制大权以逼天子"，形成问题的严重性，所以贾谊又说：

> 天下之势方病大瘇，一胫之大几如要，一指之大几如股，平居不可屈信，一二指搐，身虑亡聊。失今不治，必为痼疾，后虽有扁鹊，不能为已。病非徒瘇也，又苦蹠戾。元王之子，帝之从弟也；今之王者，从弟之子也。惠王，亲兄子也；今之王者，兄子之子也。亲者或亡分地以安天下，疏者或制大权以逼天子，臣故曰非徒病瘇也，又苦蹠戾，可痛哭者，此病是也。

贾谊指出令他可痛哭的病源，并且提出解救之道，《汉书·贾谊

传》云：

> 欲天下之治安，莫若众建诸侯而少其力。力少则易使以义，国小则亡邪心。令海内之势如身之使臂，臂之使指，莫不制从，诸侯之君不敢有异心，辐辏并进而归命天子，虽在细民，且知其安，故天下咸知陛下之明。

"众建诸侯而少其力"，即元朔二年武帝"推私恩分子邑"诏的所自。当时"推恩行义"之议，则由主父偃"诸侯得推恩分子弟"的奏策提出，《史记·平津侯主父列传》载主父偃之说云：

> 偃说上曰："古者诸侯不过百里，强弱之形易制。今诸侯或连城数十，地方千里，缓则骄奢易为淫乱，急则阻其强而合从以逆京师。今以法割削之，则逆节萌起，前日晁错是也。今诸侯子弟或十数，而适嗣代立，余虽骨肉，无尺寸地封，则仁孝之道不宣，愿陛下令诸侯得推恩分子弟，以地侯之。彼人人喜得所愿，上以德施，实分其国，不削而稍弱矣。"[1] 于是，上从其计。

有主父偃的推恩之议，然后有元朔之诏。至于执行的步骤，贾谊于其《治安策》中已明确提出。《汉书·贾谊传》云：

> 割地定制，令齐、赵、楚各为若干国，使悼惠王、幽王、

---

[1] 编者注：此处后引号为编者所加。参见［汉］司马迁：《史记·平津侯主父列传》（中华经典普及文库），中华书局，2019，第659页。

> 元王之子孙毕以次各受祖之分地，地尽而止，及燕、梁它国皆然。

这是贾谊"众建诸侯而少其力"最后目的所在，主父偃缘此而提出"令诸侯得推恩分子弟，以地侯之"。贾谊和主父偃的最终目的是相同的，就是使"诸侯之君不敢有异心，辐辏并进而归命天子"。即司马迁《汉兴以来诸侯王年表》所谓"强本干，弱支叶，尊卑明而万事各得其所矣"。尊卑明，然后君主的绝对权威才能树立起来。建立一个强有力的中央权力中心，是贾谊的政治理想，其目的即建立一个有效的政治统治体制。后来贾谊提出一系列的政治与制度的改革，就是以此为基础形成的[1]。《史记·屈原贾生列传》云：

> 贾生以为汉兴至孝文二十余年，天下和洽，故当改正朔、易服色、法制度、定官名、兴礼乐，乃悉具其事仪法，色尚黄，数用五，定官名，悉更秦之法。

汉初因循秦法而建制，贾谊企图突破秦法的框限，创肇汉帝国新的规模。虽然，文帝对贾谊的建议颇为赞同，但不能用，却成为后来武帝建立统治体制的章本，其削王国改制度皆准于此。司马迁取贾谊的《过秦论》作《秦始皇本纪》论赞，而不录影响汉武帝改制与建立统治体制的《治安策》，的确值得玩味[2]。

文帝不用贾谊之策，《贾生列传》说"孝文帝初即位，谦让未遑也"。所谓"谦让未遑"是有其现实政治原因的。《史记·贾生列

---

[1] 编者注：此句原为"就以此为基础形成的"。
[2] 编者注：此句原为"的确值得玩味的"。

传》云：

> 诸律令所更定，及列侯悉就国，其说皆自贾生发之。于是
> 天子议以为贾生任公卿之位。绛、灌、东阳侯、冯敬之属尽害
> 之，乃短贾生曰："洛阳之人，年少初学，专欲擅权，纷乱诸事。"
> 于是天子后亦疏之，不用其议，乃以贾生为长沙王太傅。

《正义》云："绛、灌，周勃、灌婴也。东阳侯，张相如。冯敬时为
御史大夫。"他们是当时的功勋重臣，文帝不得不尊重他们的意见。
不仅没有接纳贾谊的建议，并且疏远他，外放为长沙王太傅。其中
周勃不仅有诛诸吕之功，而且是开国的功臣。《史记·绛侯周勃世家》
太史公曰："绛侯周勃始为布衣时，鄙朴人也，才能不过凡庸。乃从
高祖定天下，在将相位，诸吕欲作乱，勃匡国家难，复之乎正。虽
伊尹、周公，何以加哉！"案《汉兴以来将相名臣年表》孝文元年
十一月陈平迁为左丞相，太尉周勃为右丞相，二年十一月周勃复为
丞相。自汉初迄天汉百十年间，为丞相者二十三人。其入世家者四
人，分别是高祖时的萧何，惠帝时的曹参，吕后时的陈平，文帝时
的周勃。而王陵附于《陈丞相世家》，景帝时的周亚夫附于《绛侯周
勃世家》。这些功臣另一方面又是行政首长，至少表现出汉初至吴楚
七国之乱前后，他们在政治上有举足轻重的影响力量。司马迁在《高
祖功臣侯者年表》中，分析了自汉初至武帝太初百年间，这股力量
形成与其消长的原因：

> 汉兴，功臣受封者百有余人。天下初定，故大城名都散亡，
> 户口可得而数者十二三，是以大侯不过万家，小者五六百户。

后数世，民咸归乡里，户益息。萧、曹、绛、灌之属或至四万，小侯自倍，富厚如之。子孙骄溢，忘其先，淫嬖。至太初百年之间，见侯五，余皆坐法陨命亡国，秏（耗）矣。罔亦少密焉，然皆身无兢兢于当世之禁云。

案《史记·高祖功臣侯者年表》功臣封侯者计一百三十七人，首封者为曹参。《汉书·高祖纪》云："六年冬十一月，始剖符功臣曹参等为通侯。"《史记·曹丞相世家》亦云："高祖六年赐爵侯，与诸侯剖符，世世勿绝。食邑平阳万六千户，号曰平阳侯。"参卒，子窋代侯。窋高后时为御史大夫，立二十九年卒。子奇代侯，尚平阳公主，立二十三年卒，子襄代侯。襄尚卫长公主，立十六年卒。子宗代侯，征和二年坐太子死，国除。上云太初时"见侯五"，其五侯，平阳侯曹黾亦在其中，其他四侯则为曲周侯郦终根、阳阿侯齐仁、戴侯秘宗、谷陵侯冯偃。高祖所封功臣百余人，至此仅余五侯，其他"皆坐法陨命亡国"。所谓"坐法陨命亡国"，[1] 究其因由，汪越云："大约如酎金，如为太常牺牲不如令，如太常酒酸，罪之轻者也。余罪如为太守知民不用赤仄钱为赋，如不偿人责，如尚南宫公主不敬，如出入属车日间，如坐出界，如买塞外禁物，如入上林谋盗鹿，如为太常与乐舞人阑入函谷关，如卖宅县官故贵，犹皆在可议之列也。余重罪则谋为大逆，大不敬，过律，奸淫，略人，伤人，总之所谓不奉上法者也。"[2] 这些功臣失侯，司马迁认为"罔而少密，动则得咎"。这是"德归京师"之后，君主绝对权威树立的表现。

---

[1]　编者注：此处逗号为编者所加。
[2]　汪越，《读建元已来王子侯者年表》，《史记汉书诸表订补十种》（北京：中华书局，一九八二）。

《汉书·高惠高后孝文功臣表》云："讫于孝武后元之年，靡有孑遗，耗矣！"这是班固续司马迁《高祖功臣侯者年表》而发。司马迁以"耗矣"，感慨汉初功臣及其苗裔，在汉武帝时期的权力结构中，完全消耗殆尽。这固然由于时间的因素，使其在权力结构中心消逝。另一方面，在汉武帝权力转移，新的统治体制建立之际，无法容忍强有力的功臣或其苗裔，存在于权力结构之中，也是个重要的原因。

二、《魏其武安侯列传》与罢黜百家

汉初的权力结构，由外戚、功勋、同姓诸王三股力量结合而成。《史记》外戚入世家，《汉书》有《外戚传》，辅以《外戚恩泽侯表》，叙述外戚透过与帝王的姻娅关系，在政治上发生的作用与影响。《汉书·外戚恩泽侯表》云："汉兴，外戚与平定天下。"在汉初外戚又是开国功勋，其在政治上的影响，远超过其他两股势力。高祖崩后，吕后临朝，诸吕骄横，险倾汉祚。《史记·外戚世家》云：

> 及孝惠帝崩，天下初定未久，继嗣不明。于是贵外家，王诸吕以为辅，而以吕禄女为少帝后，欲连固根本牢甚，然无益也。高后崩，合葬长陵。禄、产等惧诛，谋作乱。大臣征之，天诱其统，卒灭吕氏。

吕氏之乱平定后，平乱功臣周勃、灌婴等恐外戚干政之祸复起，对外戚窦氏的势力相当压抑。《史记·外戚世家》云：

> 窦皇后兄窦长君，弟曰窦广国，字少君。……绛侯、灌

将军等曰："吾属不死，命乃且悬此两人。两人所出微，不可不为择师傅宾客，又复效吕氏大事也。"于是乃选长者士之有节行者与居。窦长君、少君由此为退让君子，不敢以尊贵骄人。

窦皇后乃文帝之后，景帝之母，武帝的祖母。《史记·外戚世家》云：

孝文帝崩，孝景帝立，乃封广国为章武侯。长君前死，封其子彭祖为南皮侯。吴楚及时，窦太后从昆弟子窦婴，任侠自喜，将兵，以军功为魏其侯。窦氏凡三人为侯。

"窦氏凡三人为侯。"武帝之尊王太后家族，也"三人为侯"。《史记·外戚世家》云：

王太后，槐里人，母曰臧儿……臧儿嫁为槐里王仲妻，生男曰信，与两女。而仲死，臧儿更嫁长陵田氏，生男蚡、胜。……王夫人为皇后，其男为太子，封皇后兄信为盖侯。景帝崩，太子袭号为皇帝。尊皇太后母臧儿为平原君。封田蚡为武安侯，胜为周阳侯。……盖侯信好酒。田蚡、胜贪，巧于文辞。……王太后家凡三人为侯。

武帝即位之初，就受到祖母窦氏、母亲王氏两个外戚集团的双重干预。而且在权力交替转移之际，窦氏与王氏两个外戚集团，为争夺权力相互斗争，直到建元六年窦太后崩，元朔四年王太后卒后，武帝才完全摆脱外戚集团的双层钳制。武帝身受其苦，所以，对外戚干政深恶痛绝。最后立昭帝，时年五岁。褚少孙补《外戚世家》云：

> 其后帝闲居，问左右曰："人言云何？"左右对曰："人言立其子，何去其母乎？"帝曰："然，是非儿曹愚人所知也。往古国家之乱也，由主少母壮也。女主独居骄蹇，淫乱自恣，莫能禁也。女不闻吕后邪？"故诸为武帝生子者，无男女，其母无不谴死，岂可谓非贤圣哉！昭然远见，为后世计虑，固浅愚儒所及也，谥为武，岂虚哉！

自王氏外戚集团的田蚡之后，不闻外戚干政弄权。案《史记·卫将军骠骑列传》"太史公曰"：

> 苏建语余曰："吾尝责大将军至尊重，而天下之贤大夫毋称焉，愿将军观古名将所招选择贤者，勉之哉。大将军谢曰：'自魏其、武安之厚宾客，天子常切齿。彼亲附士大夫，招贤绌不肖者，人主之柄也。人臣奉法遵职而已，何与招士！'"骠骑亦放此意，其为将如此。

卫青、霍去病皆以外戚贵幸，立功绝域，但鉴于魏其、武安的招宾客，"天子常切齿"，[1] 唯奉法遵职而已。[2] 传称卫青"为人退让，以和柔自媚于上"，[3] 并载其言曰：

---

[1] 编者注：此处标点原为句号。
[2] 编者注：此处标点原为逗号。
[3] 编者注：此处标点原为句号。

> 青幸得以肺腑待罪行间，不患无威，而（周）霸说我以明威，甚失臣意，且使臣职虽当斩将，以臣之尊宠而不敢自擅专诛于境外，而具归天子，天子自裁之，于是以见为人臣不敢专权，不亦可乎！

其恭谨如此。《汉书·外戚恩泽侯表》不列卫青。外戚与佞幸本是一体的两面，《史记·佞幸列传》云："内宠嬖臣大抵外戚之家，然不足数也。卫青、霍去病亦以外戚贵幸，然颇用材能自进。"

卫青、霍去病虽以魏其、武安故，不敢擅权，另一方面以外戚、功勋、同姓诸王形成的权力结构，至此完全瓦解，新的统治体制逐渐形成，因"德归京师"而权力由地方集中央，向"一人有庆"的君主绝对权威演变。在君主绝对权威下，是不能容忍臣下擅权的，这个转变的过程，可能是司马迁《今上本纪》"内修法度"的发展线索。

司马迁于列传之中，以《魏其武安侯列传》，作为汉武帝时代的开端，也就是司马迁所谓"古今之变"的"今"之开端。魏其、武安合传，后世论者甚多，全祖望就认为司马迁以窦婴、田蚡合传，"所见甚陋"。他认为汉之丞相，"自高惠至武昭，其刚方自守，可以临大节者只四人，王陵、申屠嘉、周亚夫及婴也"[1]。所谓婴"刚方自守，可以临大节"，指的是窦婴抗争窦太后欲立梁孝王，及景帝废栗太子事。窦太后欲立梁孝王，传载窦婴抗争曰："天下者，高祖天下，父子相传，此汉之约也。上何以擅传梁王！"至于抗争废栗太子事，窦婴本传又称："孝景四年，立栗太子，使魏其侯为太子傅。孝景七

---

[1] 全祖望，《鲒埼亭集外编》卷二十八《读魏其侯传》。

年，栗太子废，魏其数争不能得。"此二事皆在景帝之时，当是时窦
婴不为丞相。

周亚夫与窦婴同立功名于吴楚七国之乱，又先后为相。司马迁
为窦婴立传，首先肯定其平定吴楚之功。《史记·太史公自序》云：
"吴楚为乱，宗属唯婴贤而喜士，士乡之，率师抗山东荥阳，作《魏
其武安列传》。"至于周亚夫与窦婴同为丞相，但一在景帝之时，一
在武帝之初。案《史记·汉兴以来将相名臣年表》，窦婴于武帝即位
之建元元年为丞相，次年免。建元六年六月癸巳武安侯田蚡为丞相。
窦婴、田蚡于武帝即位之初，先后为相。窦婴、田蚡为相都是由于
外戚的关系。所以，司马迁说："魏其、武安皆以外戚重。"是其以
窦婴、田蚡合传的微意所在。

武帝即位之初，后宫分别有窦氏与王氏外戚集团，窦婴、田蚡
分别属于两个不同的外戚集团。虽然司马迁写《魏其武安侯列传》，
以窦婴、田蚡为主线，更以灌夫穿插其间，使二人的关系与恩怨更
错综复杂，若就文学角度观之，《魏其武安侯列传》的确是《史记》
列传中，刻画人物性格比较突出的传记；但《史记》列传并非写人，
乃以人系事，一如编年以时系事。司马迁一句"魏其、武安皆以外
戚重"，点出题旨。所以，窦婴、田蚡合传，并非司马迁"所见甚
陋"，而是《外戚世家》在汉武帝时代的延续。借此叙述在汉武帝权
力转移过程中，两个外戚集团在权力斗争的实际情况，并且透过田
蚡与窦婴的恩怨与冲突，叙述新旧权力转移之际，新的统治体制形
成的过渡之间，权力结构中心发生的政治斗争。

虽然外戚权力消长，和在位君主关系的亲疏有密切的关系，但
窦太后母仪三朝，因起于诸吕倾覆之际，故对诸窦多所约制。但在
建元六年逝世之前，一直对政治发生不同程度的影响。《史记·外戚

世家》谓其"好黄帝、老子言。帝及太子诸窦不得不读黄帝，尊其术"。又《史记·儒林列传》云：

> 窦太后好老子书，召辕固生问老子书。固曰："此是家人言耳。"太后怒曰："安得司空城旦书乎？"乃使固入圈刺豕。景帝知太后怒而固直言无罪，乃假固利兵，下圈刺豕，正中其心，一刺，豕应手而倒。太后默然，无以复罪，罢之。

不仅在景帝时期，即使在武帝即位之初[1]，窦太后在政治上，仍然有绝对的支配与影响。这种绝对的支配与影响，具体表现在武帝即位之初的一次政治斗争中。《史记·魏其武安侯列传》云：

> 魏其、武安俱好儒术，推毂赵绾为御史大夫，王臧为郎中令。迎鲁申公，欲设明堂，令列侯就国，除关，以礼为服制，以兴太平。举适诸窦宗室毋节行者，除其属籍。时诸外家为列侯，列侯多尚公主，皆不欲就国，以故毁日至窦太后。太后好黄老之言，而魏其、武安、赵绾、王臧等务隆推儒术，贬道家言，是以窦太后滋不说魏其等。及建元二年，御史大夫赵绾请无奏事东宫。窦太后大怒，乃罢逐赵绾、王臧等，而免丞相、太尉，以柏至侯许昌为丞相，武强侯庄青翟为御史大夫。魏其、武安由此以侯家居。

司马迁认为这是一次影响当时历史转变的政治斗争。除此之外，并载于《封禅书》及《儒林列传》中，《史记·封禅书》云：

---

[1] 编者注：此句原为"即在武帝即位之初"。

上乡儒术，招贤良，赵绾、王臧等以文学为公卿，欲议古立明堂城南，以朝诸侯。草巡狩封禅改历服色事未就。会窦太后治黄老言，不好儒术，使人微伺得赵绾等奸利事，召案绾、臧，绾、臧自杀，诸所兴为皆废。

这次政治斗争的发生，是由于"魏其、武安、赵绾、王臧等务隆推儒术，贬道家言"，而进行一系列改革引起的[1]。从上述资料看来，王臧、赵绾似是这次改革的建议人与执行者，以及最后的牺牲者。案王臧、赵绾皆受《诗》于申公。申公，鲁人，以《诗经》为训以教。《史记·儒林列传》云：

兰陵王臧既受《诗》，以事孝景帝为太子少傅，免去。今上初即位，臧乃上书宿卫上，累迁，一岁中为郎中令。及代赵绾亦尝受《诗》申公，绾为御史大夫。

王臧曾是武帝为太子时的少傅，武帝即位后曾上书，一岁之内迁为郎中令。案上引《封禅书》谓"上乡儒术，招贤良，赵绾、王臧等以文学为公卿"。不过，赵绾、王臧为公卿，并非由于武帝乡儒术，而是由于窦婴、田蚡的"推毂"。案传称："魏其、武安俱好儒术，推毂赵绾为御史大夫，王臧为郎中令。"然后，他们结成改革的联线，即传所谓"魏其、武安、赵绾、王臧等务隆推儒术，贬道家言"。其中赵绾、王臧"务隆推儒术"是没有问题的，至于窦婴的好儒术，却是值得讨论的。

---

[1] 编者注：此句原为"这次政治斗争的发生，由于'魏其、武安、赵绾、王臧等务隆推儒术，贬道家言'，而进行一系列改革而引起的"。

窦婴是窦太后昆弟之子，但最初与窦太后的关系并不和谐。因窦太后欲立梁王，为窦婴所阻，窦太后怒除窦婴门籍，不得入朝请。后来吴楚之乱，窦婴复起。《史记·魏其武安侯列传》云：

> 孝景三年，吴楚反，上察宗室诸窦，毋如窦婴贤，乃召婴，婴入见，固辞谢病不足任，太后亦惭。于是上曰："天下方有急，王孙宁可以让邪？"乃拜婴为大将军。……窦婴守荥阳，监齐赵兵。七国兵已尽破，封婴为魏其侯。……孝景时每朝议大事，条侯、魏其侯，诸列侯莫敢与亢礼。

窦婴封侯虽由平吴之功，而非窦太后的余荫，但由梁人高遂向窦婴建言："能贵将军者，上也；能亲将军者，太后也"，由此窦婴与窦太后的关系逐渐改善。[1]后来桃侯刘舍免丞相，窦太后数度力荐窦婴代其为丞相。传称："孝景曰：后岂以为臣有爱，不相魏其？魏其者，沾沾自喜耳，多易，难以为相，持重。遂不用。"由此知窦太后与窦婴关系，已非泛泛。而且窦婴也成为诸窦的代表人物，当知窦太后的好恶，遵守窦太后"诸窦不得不读黄帝、老子，尊其术"的教训，于情于理不可能与田蚡"俱好儒术"而推毂王臧、赵绾的。不过，窦婴虽于景帝时不得为相，却于武帝即位的建元元年，代卫绾为相。窦婴为丞相，却是由于田蚡所促成。《史记·魏其武安侯列传》云：

> 武安侯新欲用事为相，卑下宾客，进名士家居者贵之，欲以倾魏其诸将相。建元元年，丞相绾病免，上议置丞相、太尉。

---

[1] 编者注：此处标点原为逗号。

籍福说武安侯曰："魏其贵久矣，天下士素归之。今将军初兴，未如魏其，即上以将军为丞相，必让魏其。魏其为丞相，将军必为太尉。太尉、丞相尊等耳，又有让贤名。"武安侯乃微言太后风上，于是乃以魏其侯为丞相，武安侯为太尉。

武帝即位，田蚡以舅氏之亲，由于其宾客籍福的劝说，窦婴贵久，田蚡初兴，即使武帝以其为相，亦必让窦婴，自己出任太尉。太尉、丞相尊等，又得让贤之名。于是田蚡"微言太后风上"，乃以窦婴为丞相。田蚡推荐窦婴为相，一方面是以退为进，另一方面是向窦太后妥协，以窦婴作为其个人与窦太后之间的缓冲。《史记·魏其武安侯列传》云：

> 武安侯田蚡者，孝景后同母弟也，生长陵。魏其已为大将军后，方盛，蚡为诸郎，未贵，往来侍酒魏其，跪起如子姓。及孝景晚节，蚡益贵幸，为太中大夫。蚡辩有口，学《槃盂》诸书，王太后贤之。孝景崩，即日太子立，称制，所镇抚多有田蚡宾客计策。

所谓"所镇抚多有田蚡宾客计策"，即武帝初即位，在新旧权力转移之际，诸所措施，皆由田蚡幕后设计。举窦婴为相、推毂赵绾、王臧都是田蚡所促成，所以田蚡才是这次政治斗争的实际主持者。

田蚡促成窦婴为相，荐赵绾、王臧，并迎申公，以及所作的一系列改革，其目的是"务隆推儒术"。但田蚡并非笃信儒术，传称蚡"辩有口，学《槃盂》诸书"。孔甲《槃盂》可能是依托之作，兼儒墨名法,甚至有鬼神之事[1]。最初将炼丹与黄帝结合起来的李少君,也可能就是田蚡向汉武帝推荐的。司马迁在《封禅书》作了巧妙的暗示:

> 少君资好方,善为巧发奇中,尝从武安侯饮,坐中有九十余老人,少君乃言与其大父游射处,老人为儿时从其大父,识其处,一座尽惊。

则是,李少君曾是田蚡的座上客,尝从其宴游,所以,田蚡虽涉濡术,然更喜鬼神之事。虽然方士之言,也导源于黄老,但与窦太后所喜之黄老是有区别的。班固在其《艺文志》的分类中,已加以区别,前者"迂诞依托",多出于汉武帝时方士之手,后者起于六国时,与老子相似,二者是不相同的[2]。这次政治斗争的展开,窦太后虽然为了保持其既得的政治特权,但恐田蚡假儒家之名,行鬼神之事,将年少的汉武帝误导入歧途,也是非常可能的。事实上,后来汉武帝好神仙已积习难返。司马迁将这次政治斗争,详细记载在《封禅书》中,自有其微意。

田蚡"隆推儒术"的目的,是"贬道家言",非常明显是针对窦太后而发的。[3]虽然最初卫绾奏请罢"乱国政"的诸家言中,并未包括黄老,那是避免直接刺激窦太后,但案传称田蚡在"迎申公,设明堂,以礼为服制,以兴太平",进行改革的同时,即开始对诸窦势力进行挑战。传称田蚡等奏请:

---

[1] 参见本书《武帝封禅与〈封禅书〉》。

[2] 参见本书《〈太史公自序〉的"拾遗补艺"》。编者注:此处最后一句原为"二者是不相同"。

[3] 编者注:此处标点原为逗号。

> ……令列侯就国……诸窦宗室毋节行者，除其属籍。时诸
> 外家为列侯，列侯多尚公主，皆不欲就国，以故毁日至窦太
> 后……是以窦太后滋不说魏其等。

这次的行动已引起窦太后的不悦。后来进一步直接向窦太后的权力
挑战，于是，窦太后勃然大怒，立即进行反击。《史记·魏其武安侯
列传》云：

> 及建元二年，御史大夫赵绾请无奏事东宫。窦太后大怒，
> 乃罢逐赵绾、王臧等，而免丞相、太尉。

传称："赵绾请无奏事东宫。"《汉书·武帝纪》云："二年冬十月，御
史大夫坐请毋奏事太皇太后，及郎中令王臧皆下狱，自杀。丞相婴、
太尉蚡免。"注引应劭曰："礼，妇人不豫吏事，时帝已自躬万机，王
臧儒者，欲之明堂辟雍。太后素好黄老术，非薄五经，因欲绝奏事，
太后怒故杀之。"又案《汉书·窦婴田蚡传》云：

> 二年，御史大夫赵绾，请毋奏事东宫，窦太后大怒，曰：
> "此欲复为新垣平邪！"乃罢赵绾、王臧，而罢丞婴[1]、太尉蚡。
> 以柏至侯许昌为丞相，武强侯庄青翟为御史大夫，婴、蚡以侯
> 居家。

窦太后所谓"此欲复为新垣平邪"，案《史记·孝文本纪》云：

---

[1] 编者注：此句中华书局版为"乃罢逐赵绾、王臧，而免丞相婴"。见［汉］班
固：《汉书·窦田灌韩传》（中华经典普及文库），中华书局，2020，第527页。

125

> 十五年……赵人新垣平以望气见，因说上设立渭阳五庙。欲出周鼎，当有玉英见。……十七年，得玉杯，刻曰"人主延寿"。于是天子始更为元年，令天下大酺。其岁，新垣平事觉，夷三族。

《史记·封禅书》详载其事始末，谓赵人新垣平以望气见上，长安东北有神气，成五采，若人冠绕，宜立祠上帝，以合符应，于是作渭阳五帝庙。庙成，文帝亲郊见渭阳五帝，权火举而祠，若光辉然属天焉。《史记·封禅书》又云：

> 于是贵平上大夫，赐累千金。而使博士诸生刺六经中作王制，谋议巡狩封禅事。……其明年，新垣平使人持玉杯，上书阙下献之。平言上曰：阙下有宝玉气来者。已视之，果有献玉杯者，刻曰"人主延寿"。……于是始更以十七年为元年，令天下大酺。……人有上书告新垣平所言气神事皆诈也。下平吏治，诛夷新垣平。自是之后，文帝怠于改正朔服色神明之事。

窦太后以文帝受方士新垣平的蛊惑，建庙渭阳，亲祠五帝，进而命儒生博士以六经为基础作王制，并议巡狩封禅事，改元，与田蚡为主导的改制相提并论，由是可知田蚡改制的真正目的了。虽然这次的政治斗争，表面上是一次儒术与黄老政治理念的冲突，[1] 实际却是新崛起的王氏外戚集团，向长久掌握权力的窦氏集团，尤其窦太后的权威挑战而引发的，所以"毋奏事太皇太后"成为这次政治斗争

---

[1] 编者注：此处标点原为句号。

的导火线。所谓"务隆推儒术",不过是这次政治斗争的工具而已。斗争的结果,"诸所兴为皆废",王臧、赵绾自杀成为替罪的羔羊。不仅掀起斗争的田蚡,同时也殃及窦婴,皆免本职,以侯居家。

田蚡虽以侯居家,传称其"虽不任职。以王太后故,亲幸,数言事多效"。至于窦婴,传称其"失窦太后,益疏不用,无势,诸宾客稍稍自引而怠傲,唯灌将军独不失故"。灌将军即灌夫,于吴楚之战中,率从者数十骑驰入吴军,至吴将麾下,杀伤数十人,复驰还,身中大创数十,由是闻名天下。《魏其武安侯列传》云:

> 灌夫家居虽富,然失势,卿相侍中宾客益衰。及魏其侯失势,亦欲倚灌夫引绳批根生平慕之后弃之者。灌夫亦倚魏其而通列侯宗室为名高。两人相为引重,其游如父子然。相得欢甚,无厌,恨相知晚也。

在权力转移过程中,灌夫是与窦婴相似的过渡性人物。传称灌夫"刚直使酒,不好面谀",而且"不喜文学,好任侠,已然诺",其性格与窦婴相近。司马迁更以二人皆"失势",然后"相为引重",来说明他们关系的建立。虽然,窦婴、灌夫皆立功名于吴楚七国之时,但新的权力转移之际,不论在性格与观念,都属于旧一代的政治人物,在新的权力结构形成过程中,既不愿放弃既得的利益,又无法适应新的转变环境,沉浮其间。而且窦婴与田蚡的政治斗争,由于灌夫的加入,变得更尖锐,结果田蚡"遣吏分曹逐捕诸灌支属[1],皆得弃市罪"。窦婴奋力救灌夫,其妻曰:"灌将军得罪丞相,与太后

---

[1] 编者注:此句中华书局版为"遣吏分曹逐捕诸灌氏支属"。见〔汉〕司马迁:《史记·魏其武安侯列传》(中华经典普及文库),中华书局,2019,第624页。

家忤，宁可救邪！"道出政争的真正原因。由于王太后的参与，情形变得格外复杂。武帝召集廷议，希望借群臣众议缓和这次的政治冲突。《魏其武安侯列传》云：

> 魏其之东朝，盛推灌夫之善，言其醉饱得过，乃丞相以他事诬罪之。武安又盛毁灌夫所为横恣，罪逆不道。魏其度不可奈何，因言丞相短。武安曰："天下幸而安乐无事，蚡得为肺腑，所好音乐狗马田宅，蚡所爱倡优巧匠之属，不如魏其、灌夫日夜招聚天下豪杰壮士与议论，腹诽而心谤，不仰视天而俯画地，辟倪两宫间，幸天下有变，而欲有大功。臣乃不知魏其等所为。"
> 于是，上问朝臣："两人孰是？"御史大夫韩安国曰："魏其言灌夫死事[1]，身荷戟驰入不测之吴军，身被数十创，名冠三军，此天下壮士，非有大恶，争杯酒，不足引他过以诛也。魏其言是也。丞相亦言灌夫通奸猾，侵细民，家累巨万，横恣颍川，凌轹宗室，侵犯骨肉，此所谓'枝大于本，胫大于股，不折必披'，丞相言亦是。唯明主裁之。"主爵都尉汲黯是魏其，内史郑当时是魏其，后不敢坚对。余皆莫敢对。上怒内史曰："公平生数言魏其、武安长短，今日廷论，局趣效辕下驹，吾并斩若属矣。"即罢起入，上食太后。太后亦已使人候伺，具以告太后。太后怒，不食，曰："今我在也，而人皆藉吾弟，令我百岁后，皆鱼肉之矣。且帝宁能为石人邪！此特帝在，即录录，设百岁后，是属宁有可信者乎？"上谢曰："俱宗室外家，故廷辩之。不然，此一狱吏所决耳。"

---

[1] 编者注：此句中华书局版为"魏其言灌夫父死事"。见［汉］司马迁：《史记·魏其武安侯列传》（中华经典普及文库），中华书局，2019，第624页。

这次廷议包括御史大夫韩安国在内，汲黯、郑当时、石庆等诸大臣都参与廷辩。由于王太后的缘故，诸大臣虽同情窦婴，但却不敢坚持。韩安国更是首鼠两端，模棱两可，使汉武帝非常愤怒。这次廷议虽辩而未决，但最后田蚡以窦婴"蜚语为恶"，于元光四年十二月，与灌夫并弃市于渭城，结束了这次政争。对于这次的政争，司马迁在《魏其武安侯列传》最后的"太史公曰"，作了这样的评论：

> 魏其、武安皆以外戚重，灌夫用一时决策而名显。魏其之举以吴楚，武安之贵在日月之际。然魏其诚不知时变，灌夫无术而不逊，两人相翼，乃成祸乱。

虽然窦婴、田蚡"皆以外戚重"，但窦婴"举以吴楚"，田蚡在权力转移之际，由于王太后的关系，而"贵在日月"，窦婴与之抗衡，诚然是"不知时变"了。这也是司马迁写《魏其武安侯列传》的意旨所在了。司马迁透过窦婴、田蚡个人的恩怨，突出在政治权力转移之际，新旧政治力量所发生的实际政治斗争。司马迁撰《魏其武安侯列传》，所突出的就是这个问题。如果仅局限窦婴、田蚡个人的恩怨来讨论《魏其武安侯列传》，就无法了解司马迁撰写《史记》的"诗书隐略"之意了。而且司马迁借这次的政治斗争，隐略地叙述出其对汉武帝一朝政治的改革与措施所发生的影响。

窦太后既死，田蚡复起，"以肺腑为京师相"。《魏其武安侯列传》云：

> 上初即位，富于春秋，蚡以肺腑为京师相……当是时，丞相入奏事，坐语移日，所言皆听。荐人或起家至二千石，权移

主上。

事实上，田蚡自建元元年武帝即位，至元光四年病卒，前后九年间，一直左右当时政治。传称："孝景崩，即日太子立，称制，所镇抚多有田蚡宾客计策。"其后向窦太后权力挑战失败，虽以侯居家，但"以王太后故，亲幸，数言事多效"，至窦太后崩。案《汉书·武帝纪》云："建元六年五月丁亥，太皇太后崩。"《汉兴以来将相名臣年表》则谓六月癸巳，田蚡代许昌为相。前后相去不满一月，田蚡即急不可待取得丞相。其取得实际权力后，除继续清除窦氏残余势力，并积极恢复因窦太后抑制而停滞的各项设施。《汉书·武帝纪》云："元光元年冬十一月，初令郡国举孝廉各一人。"五月，又颁贤良诏：

> 猗与伟与！何行而可以章先帝之洪业休德，上参尧舜，下配三王？朕之不敏，不能远德，此子大夫之所睹闻也。贤良明于古今王事之体，受策察问，咸以书对，著之于篇，朕亲览焉。

"上参尧舜，下配三王"，与武帝初即位，于建元元年所颁之举贤良诏所谓"五帝三王之道，改制作乐而天下洽和"之意同。此诏乃建元元年举贤良诏之复颁。《汉书·董仲舒传》载建元元年举贤良之诏云：

> 制曰：朕获承至尊……任大而守重，是以夙夜不皇康宁，永惟万事之统，犹惧有阙。故广延四方之豪俊，郡国诸侯公选贤良修絜博习之士，欲闻大道之要，至论之极。今子大夫褒然举首，朕甚嘉之。

所谓"大道之要，至论之极"，即诏书所云：

> 五帝三王之道，改制作乐而天下洽和，百王同之。……圣王已没……而大道微缺，陵夷至乎桀纣之行，王道大坏矣。夫五百年之间，守文之君，当涂之士，欲则先王之法以戴翼其世者甚众，然犹不能反，日以仆灭，至后王而后止，岂其所持操或悖缪而失其统与？固天降命不可复反，必推之于大衰而后息与？乌乎！凡所为屑屑，夙兴夜寐，务法上古者，又将无补与？三代受命，其符安在？灾异之变，何缘而起？性命之情，或天或寿，或仁或鄙，习闻其号，未烛厥理。伊欲风流而令行，刑轻而奸改，百姓和乐，政事宣昭，何修何饬而膏露降，百谷登，德润四海，泽臻草木，三光全，寒暑平，受天之祐，享鬼神之灵，德泽洋溢，施乎方外，延及群生？子大夫明先圣之业，习俗化之变，终始之序，讲闻高谊之日久矣，其明以谕朕。

这是汉武帝即位后，所颁布的第一份诏书。文辞典雅，意旨鲜明。诏书开始即标出五帝三王之道，改制作乐而天下和洽，似意欲突破汉帝国建立六十余年来，因循秦法与施黄老之治的局限，上继五帝三王。武帝一朝的政治措施，已隐现于此，为后来更化改制的章本。这份诏书颁于建元元年冬十月，案《汉书·武帝纪》云："建元元年冬十月，诏丞相、御史、列侯、中二千石、诸侯相举贤良方正直言极谏之士。"即为此诏。当是时卫绾为丞相。《汉书·武帝纪》又云：

> 丞相绾奏："所举贤良，或治申、商、韩非、苏秦、张仪之言，乱国政，请皆罢。"奏可。

则是，诏书表现的欲以儒家为改制的指标，以及黜百家之议，皆出
于卫绾。案卫绾以"醇谨无他""忠实无肠"历侍文帝、景帝、武帝
三代君主，后为丞相"朝奏事如职所奏"，司马迁说卫绾"自初官至
丞相，终无可言"。所谓"朝奏事如职所奏"，《索隐》曰："以言但
守职份而已，不别有所奏也。"卫绾是个忠厚长者，恭谨奉职而已。
其虽为丞相，并无如此胆量与担当，于新君即位政局动荡之际，提
出改变传统政治结构，罢黜"乱国政"的百家言奏议，幕后当另有
其人。

　　建元元年的诏书，可能出于王臧手笔。或谓王臧曾为武帝少傅，
又特见亲信，帝之好儒术，渊源于此。制诏文字，即出郎中令王臧
之手[1]。是非常可能的。至于王臧特见亲信，武帝好儒术，渊源于王
臧，则是另一个问题。王臧虽曾为武帝少傅，其免官复起，一岁中
累迁为郎中令，则是由于田蚡的"推毂"。田蚡推毂王臧、赵绾的目
的，是利用他们儒学的知识与信仰，进行一系列的改革。至于田蚡
为何选择儒术，作为政治斗争的工具，不是没有原因的。《史记·封
禅书》说武帝即位的建元元年：

　　　　汉兴已六十余岁矣，天下艾安，搢绅之属皆望天子封禅改
　　正度也。

所谓"搢绅之属皆望天子封禅改正度"，也就是当时的士大夫都希望
新君即位，能突破汉初因循秦制的政治传统，作一次彻底的改变。
破除秦制的框限，不仅在汉武帝即位之初，早在汉文帝在位之时，

────────
[1]　钱穆师，《秦汉史》（台北：东大图书，一九八五）。

已开始酝酿。《史记·孝文本纪》太史公曰：

> 汉兴，至孝文帝四十有余载，德至盛也。廪廪乡改正服封禅矣，谦谦未成于今。

文帝时期的改制之议，起于贾谊。《史记·屈原贾生列传》云：

> 贾生以为汉兴至孝文二十余年，天下和洽，而固当改正朔，易服色，法制度，定官名，兴礼乐，乃悉草具其事仪法，色尚黄，数用五，为官名，悉更秦之法。

贾谊改革之议，由于周勃、灌婴等勋旧的反对，而文帝"不用其议"。不过，文帝十五年，因公孙臣上书，而有改制之意。《史记·封禅书》云：

> 鲁人公孙臣上书曰："始秦得水德，今汉受之，推终始传，则汉当土德，土德之应黄龙见。宜改正朔，易服色，色上黄。"

由于当时丞相张苍，"以为汉乃水德之始"，公孙臣的建议没能施行。后三年，黄龙见成纪。文帝乃召公孙臣，拜为博士，"与诸生草改历服色事"。后来，赵人新垣平以望气上言，宜祠上帝，以合符应。文帝立五帝庙于渭水，亲自拜祠，并使博士诸生"刺六经中作王制，谋议巡狩封禅事"。案王制又称本制，刘向《七略》云："文帝所造书有《本制》《兵制》《服制》篇。"如此看来，文帝似有全面改制的准备。后有人上书告新垣平所言气事皆诈，诛夷新垣平。《封禅书》

谓："自是之后，文帝怠于改正朔服色神明之事。"

文帝虽改制未成，但改制更始却是当时"搢绅之属"共同的愿望。所以，田蚡在新旧权力交替之际，掌握了这个转变的发展趋势，标榜儒术作为政治斗争的工具，直接对窦太后的权威进行挑战。所以，建元举贤之诏，乃田蚡在幕后主使，由王臧执笔是非常可能的。

三、《儒林》《酷吏》列传与"一人有庆，天下赖之"

田蚡既为丞相，复颁贤良之诏，《汉书·武帝纪》元光元年条下：

> 五月，诏贤良曰："……今朕获奉宗庙，夙兴以求，夜寐以思，若涉渊水，未知所济。猗与伟与！何行而可以章先帝之洪业休德，上参尧舜，下配三王！朕之不敏，不能远德，此子大夫之所睹闻也。贤良明于古今王事之体，受策察问，咸以书对，著之于篇，朕亲览焉。"于是，董仲舒、公孙弘等出焉。

则是，公孙弘、董仲舒皆起于田蚡为丞相时之贤良对策。案《史记·儒林列传》云：

> 及窦太后崩，武安侯田蚡为丞相，绌黄老、刑名百家之言，延文学儒者数百人，而公孙弘以《春秋》白衣为天子三公，封以平津侯，天下之学士靡然乡风矣。

又《史记·封禅书》云：

窦太后崩，其明年，征文学之士公孙弘等。

"其明年"，即元光元年。案《汉书·武帝纪》董仲舒与公孙弘同时对策应征。然司马迁但言公孙弘应诏对策，未叙董仲舒之应征。《史记·儒林列传》仅谓董仲舒于"今上即位，为江都相"。又《汉书·董仲舒传》云：

> 武帝即位，举贤良文学之士，前后数百，而董仲舒以贤良对策焉。

虽言对策，然未载年月。《汉书·礼乐志》谓："至武帝即位，进用英俊，议立明堂，制礼服，以兴太平。会窦太后好黄老言，不悦儒术，其事又废，后董仲舒对策"云云，则是董仲舒曾于建元应诏对策。且《汉书·董仲舒传》叙董仲舒对策后，并载建元征贤之诏。所以，董仲舒曾于建元元年对策是可以肯定的。因此，董仲舒对策有两种不同的说法，一是在建元元年，一是在元光元年[1]。

但董仲舒于建元元年，或元光元年对策，两说皆有可能。《汉书·武帝纪》谓："于是，董仲舒、公孙弘出焉。"公孙弘之出，案《史记·平津侯主父列传》云：

> 建元元年，天子初即位，招贤良文学之士。是时弘年六十，

---

[1] 司马光《资治通鉴》系董仲舒对策于建元元年。洪迈《容斋随笔》卷六，则认为董仲舒对策之应在元光元年。自宋以后两说时有争议，王先谦注《汉书》以元光元年之说为是，苏舆《董仲舒年表》则持建元元年之说。钱穆师《秦汉史》采建元元年之说。徐复观先生《两汉思想史》则取元光元年之说。周桂钿《董学探微》亦同徐说。又李广健《论〈汉书·董仲舒传〉"皆自仲舒发之"的记述》，《结网二编》（台北：东大图书，二〇〇三）。

征以贤良为博士。……元光五年，有诏征文学，菑川国复推上公孙弘。弘让谢国人曰："臣已尝西应命，以不能罢归，愿更推选。"国人固推弘，弘至太常。太常令所征儒士各对策，百余人，弘第居下。策奏，天子擢弘对为第一。召入见，状貌甚丽，拜为博士。

所以，公孙弘前后参加建元、元光两次对策。传称元光征贤，参加对策的儒者"百余人"。《汉书·董仲舒传》则谓"举贤良文学之士，前后数百"。所谓"前后数百"，或是建元、元光两次诏贤良之士人数的并举。因此，董仲舒也可能分别"前后"两次参加建元、元光的对策。所以，所谓"董仲舒、公孙弘出焉"，不是初起，而是复出。

司马迁《史记·儒林列传》不言董仲舒对策事，《汉书·董仲舒传》不仅载建元元年的贤良诏，且录董仲舒的对策。对策三篇，即后世所谓的"天人三策"。其对策最后说：

春秋大一统者，天地之常经，古今之通谊也。今师异道，人异论，百家殊方，指意不同，是以上亡以持一统；法制数变，下不知所守。臣愚以为诸不在六艺之科孔子之术者，皆绝其道，勿使并进。邪群之说灭息，然后统纪可一而法度可明，民知所从矣。

"诸不在六艺之科孔子之术者，皆绝其道"，[1] 此即所谓罢黜百家，独尊儒术。罢黜百家，独尊儒术不仅对汉武帝一朝政治，并且对后来

---

[1] 编者注：此处标点原为句号。

中国学术发展影响至巨。不过，董仲舒的对策，针对策问所提出的问题而发，其所议论的范围则受到策问的限制。但所谓"诸不在六艺之科孔子之术者，皆绝其道"，[1] 则不在策问的范围之列。董仲舒却在对策的最后，辞锋一转联系到这个问题，因此后世皆云罢百家、尊儒术是董仲舒首先倡议的。

不过，罢黜百家，独尊儒术虽不在策问之列，但却是建元贤良对策的主旨所在，即卫绾所奏："所举贤良，或治申、商、韩非、苏秦、张仪之言，乱国政，请皆罢。"也是田蚡准备攻击窦太后的策略。董仲舒之议不过是配合当时的政策，提出较具体的实施方法而已。所以，董仲舒三次对策，在字里行间对申韩提出批判，首先是"为政而任刑，不顺天，故先王莫之肯为也"。然后又说："师申韩之法，行韩非之说，非有文德以教训天下也。"最后终于标出儒术才是教化的根本，而提出"诸不在六艺之科，孔子之术者，皆绝其道，勿使并进"的罢黜百家，独尊儒术。百家之言"乱国政，请皆罢"之奏颁之在先，董仲舒之议发之于后，完全配合当时政策而议论，是不可能影响既定的政策的。

虽然，罢黜百家，独尊儒术，最初并非倡议于董仲舒，但董仲舒却为汉武帝"一人有庆，天下赖之"的统治体制，提供了理论的基础。司马迁所谓的"一人有庆，天下赖之"，即源于董仲舒的《春秋繁露》"一人有庆，万民赖之"。《春秋繁露·为人者天》云：

> 唯天子受命于天，天下受命于天子，一国则受命于君。君命顺则民有顺命，君命逆则民有逆命，故曰：一人有庆，万民赖之。

---

[1] 编者注：此处标点原为句号。

　　"一人有庆，万民赖之"，由于作为君主的天子，"受命于天，天下受命于天子"。这种君权神授的思想倾向，具体表现在董仲舒的《春秋繁露》之中。董仲舒认为受命之君，是天命所授予的，所以称之为天子。所谓"天子"，即"德侔天地者，皇天佑之，号称天子，是为皇帝"。天子即得命于天而为一国之主，"海内之心，悬于天子"。在这个前提下，君主集天地人于一身。所以，君是民之心，民是君之体。董仲舒进一步析论：

　　　　国之君，其犹一体之心也，隐居深宫，若心之藏智者，至贵无与敌，若心之神无以双也。[1]

君主既"至贵无与敌"，是一国的元首，"发言，动作，万物之枢机"，具有无容置疑的绝对权威。因此，董仲舒认为"为人主者，居至德之位，操生杀之势，以变化民，民之从主者，如草之应四时也"。虽然，董仲舒的贤良对策，以策问所提出的现实问题为主，对于"一人有庆，万民赖之"的绝对君权的理论，没有充分发挥，[2] 不过，董仲舒对策以大一统为基线，但大一统的出现，必须以君主绝对权威的树立为前提。所以，董仲舒《春秋繁露》的君权神授理论，已融于对策的政治措施之中，[3] 即对策所谓"天之所大奉使之王者，必有非人力所能致而自至者，此受命之符也，天下之人同人归之"。所以，他在对策中强调"治乱兴亡在于己，非天降命不可得及"。基本上，董仲舒认为君主的绝对权威已经树立。所以，他在对策中说：

---

[1]　董仲舒，《春秋繁露·天地之行》。
[2]　编者注：此处标点原为句号。
[3]　编者注：此处标点原为句号。

人受命于天，固超然异于群生，入有父子兄弟之亲，出有君臣上下之谊，会聚相遇，则有耆老长幼之施，粲然有文以相接，欢然有恩以相爱，此人之所以贵也。

然后由受命之君领导定制度，改正朔，易服色，以应天，此即董仲舒所谓的"更化"。《汉书·董仲舒传》云：

> 今汉继秦之后，如朽木粪墙矣，虽欲善治之，亡可奈何。……为政而不行，甚者必变而更化之，乃可理也。当更张而不更张，虽有良工不能善调也；当更化而不更化，虽有大贤不能善治也。故汉得天下以来，常欲善治而至今不可治者，失之于当更化而不更化也。……今临政而愿治七十余岁矣，不如退而更化，更化则可善治，善治则灾害日去，福禄日来。

"更化"是董仲舒对策的主旨所在，对策中所提出的各种改革与措施，都环绕着这个主题进行。但"更化"与改制完全不同，改制没有政治上的实质意义，"更化"则是将继承秦代以刑法为治的政治方向与内容，完全改变过来[1]。突破汉继秦制的统治框限，不仅是董仲舒，也是自贾谊以来的儒生，共同一致的愿望。田蚡即掌握了这个趋势，利用儒生改制的要求，作为与窦太后展开政治斗争的工具，但他完全忽略了进行改制或更化，必须有一个强而有力的君主为前提[2]。

当田蚡利用儒术作为政治斗争工具之时，武帝初即位，只是十

---

[1] 徐复观先生，《先秦儒家思想发展中的转折及天的哲学大系统的建立——董仲舒〈春秋繁露〉的研究》，见氏著《两汉思想史》。

[2] 编者注：此句原为"必须有一个强而有力君主为前提的"。

六七岁的少年，而且在两宫太后的钳制下，是不可能有所兴为的。但窦太后死后，田蚡复出而为丞相，经过六七年的历练，武帝已在政治斗争中长成，成为青年有为之君，对于田蚡的跋扈嚣张，早已不耐。《史记·魏其武安侯列传》云：

> 上初即位，富于春秋，蚡以肺腑为京师相……当是时，丞相入奏事，坐语移日，所言皆听。荐人或起家至二千石，权移主上。上乃曰："君除吏已尽未？吾亦欲除吏。"尝请考工地益宅，上怒曰："君何不遂取武库！"是后乃退。

其后，淮南王谋反事发，田蚡已死，武帝闻田蚡受淮南王金，曰："使武安侯在者，族矣！"但张汤、董仲舒、公孙弘之出，却皆缘于田蚡。他们的出仕，象征着新的权力结构已经形成。庞大的官僚体系需要更多的士人参与，由于他们的参与而改变了旧有的统治体制。《汉书·公孙弘传》云：

> 汉之得人，于兹为盛，儒雅则公孙弘、董仲舒、兒宽，笃行则石建、石庆，质直则汲黯、卜式，推贤则韩安国、郑当时，定令则赵禹、张汤，文章则司马迁、相如，滑稽则东方朔、枚皋，应对则严助、朱买臣，历数则唐都、洛下闳，协律则李延年，运筹则桑弘羊，奉使则张骞、苏武，将率则卫青、霍去病，受遗则霍光、金日磾，其余不可胜纪，是以兴造功业，制度遗文，后世莫及。[1]

---

[1]《史记·平津侯主父列传》亦录此赞，并云"班固称曰"与《公孙弘传》略有不同。

上述包括各种类型的官僚，都集中在这个时代出现，可谓是人才辈出。分析他们的出身背景，已非过去的宗室、勋旧或外戚[1]。而且由不同的管道，进入新形成的官僚体系之中，其中尤其以公孙弘之出，更具有划时代的意义。《史记·平津侯主父列传》太史公曰：

> 公孙弘行义虽修，然亦遇时，汉兴八十余年矣，上方乡文学，招俊义，以广儒墨，弘为举首。

对于公孙弘之出，司马迁于《史记》之中多处记载。《史记·儒林列传》云："公孙弘以《春秋》白衣为天子三公，封以平津侯，天下之学士靡然乡风矣。"案《汉书·公孙弘传》云：

> 元朔中，代薛泽为丞相。先是，汉常以列侯为丞相，唯弘无爵，上于是下诏曰："盖古者任贤而序位，量能以授官，劳大者厥禄厚，德盛者获爵尊，故武功以显重，而文德以行褒。其以高成之平津乡户六百五十，封丞相弘为平津侯。"其后以为故事，至丞相封，自弘始也。时上方兴功业，娄举贤良。弘自见为举首，起徒步，数年至宰相封侯。

所谓"至丞相封，自弘始也"，公孙弘于元朔五年十一月乙丑为丞相。案《史记·汉兴以来将相名臣年表》云："元朔五年十一月乙丑，御史大夫公孙弘为丞相，封平津侯。"则是，公孙弘于为丞相同日封侯。《索隐》云："汉兴，皆以列侯为丞相，弘本无爵，乃诏封高成之平津乡侯。丞相封侯，自弘始。"《汉书·循吏传》云：

---

[1]　编者注：此句原为"已非过去的宗室、勋旧、或外戚"。

　　孝武之世，外攘夷狄，内改法度，民用雕敝，奸轨不禁，时少能以化治称者，惟江都相董仲舒、内史公孙弘、兒宽居官可纪。三人皆儒者，通于世务，明习文法，以经术润饰吏事，天子器之。

其中董仲舒以病谢去，公孙弘、兒宽先后为丞相。尤其公孙弘首先以白衣徒步至三公封侯，象征武帝的人事任用已和以往不同。《太史公自序》云："自曹参荐盖公，言黄老，而贾生、晁错明申、商，公孙弘以儒显。"说明汉帝国建立以来，不同时期以不同的学术思想，作为施政的依据。公孙弘则以"经术润饰吏事"，作为汉武帝时代施政的准则，所以，公孙弘为丞相后，即奏请为博士置博士弟子员。《汉书·武帝纪》载其诏曰："其令礼官劝学，讲议洽闻，举遗兴礼，为天下先。太常其议予博士弟子，崇乡党之化，以厉贤材焉。"并谓"丞相请为博士置弟子员，学者益广"。公孙弘请为博士置弟子员议，《史记·儒林列传》云：

　　公孙弘为学官，悼道之郁滞，乃请曰："……古者政教未洽，不备其礼，请因旧官而兴焉。为博士官置弟子五十人，复其身。太常择民年十八已上，仪状端正者，补博士弟子。郡国县道邑有好文学，敬长上，肃政教，顺乡里，出入不悖所闻者，令相长丞上属所二千石，二千石谨察可者，当与计偕，诣太常，得受业如弟子。一岁皆辄试，能通一艺以上，补文学掌故缺；其高弟可以为郎中者，太常籍奏。即有秀才异等，辄以名闻……"

中央为储备人才而置博士弟子员，以"能通一艺以上"为标准，地方选士，也以通艺定其高下。公孙弘的奏议，得到汉武帝的认可，《史记·儒林列传》云："制曰：可！自此以来，则公卿大夫士吏斌斌多文学之士矣。"

所谓"公卿大夫士吏斌斌多文学之士"，也就是政府中央或地方的官吏，必须透过儒家经典的测验，合格之后，才能进入新形成的官僚机构工作。这是董仲舒提出"诸不在六艺之科孔子之术者，皆绝其道，勿使并进"之后，公孙弘进一步以儒家的经典为基础，彻底改变前朝的人事任用制度。于是，儒家的经典成为士人进入仕途的工具。所以，《汉书·儒林传》赞曰："自武帝立五经博士，开弟子员，设科射策，劝以官录，讫于元始，百余年间，传业者浸盛，支叶蕃滋，一经说至百万言，大师众者至千余人，盖禄利之路然也。"

儒家经典原本是一种学术思想，现在依附政治转变为"禄利之路"。因此，司马迁"读功令，至于广利学官之路，未尝不废书而叹也"，因而乃有《儒林列传》之作。《太史公自序》云："自孔子卒，京师莫崇庠序，唯建元元狩之间，文辞粲如也。作《儒林列传》。"所谓"建元元狩之间"，案建元元年，卫绾奏申、商、韩非、苏秦、张仪之学"乱国政"，请罢之。罢黜百家之议初见，并颁征贤良之诏，公孙弘第一次对策，至于元狩，公孙弘于该年春三月戊寅卒。司马迁似有意以公孙弘贯穿《儒林列传》，虽然，公孙弘另有《平津侯主父列传》，该传乃"论其轶事"之例，另涉及匈奴问题[1]，至于其对武帝一朝统治体制转变的影响，则载于《儒林列传》。《儒林列传》云：

> 及今上即位，赵绾、王臧之属明儒学，而上亦乡之，于是招方正贤良文学之士。自是之后，言《诗》于鲁则培申公，于

---

[1] 参见本书《〈匈奴列传〉的次第问题》。

齐则辕固生，于燕则韩太傅。言《尚书》自济南伏生。言《礼》自鲁高堂生。言《易》自菑川田生。言《春秋》于齐鲁自胡毋生，于赵自董仲舒。……而公孙弘以《春秋》白衣为天子三公，封以平津侯。天下之学士靡然乡风矣。

自此之后，经师虽备，六艺分途，经师弟子子孙平步而至公卿大夫。所以，司马迁在公孙弘广立学官之后，分述诸儒传经，则叙经师弟子因习某经而至某官。如王臧、赵绾受《诗》于申公，申公弟子为博士者十余人。《史记·儒林列传》云：

孔安国至临淮太守，周霸至胶西内史，夏宽至城阳内史，砀鲁赐至东海太守，兰陵缪生至长沙内史，徐偃为胶西中尉，邹人阙门庆忌为胶东内史……学官弟子行虽不备，而至于大夫、郎中、掌故以百数。言《诗》虽殊，多本于申公。

其他诸经弟子皆多至公卿或郡守。于是，六艺成为利禄的工具，董仲舒最初欲以儒学结合政治的政教合一理想，到此完全破灭，代而兴起的是公孙弘以文法吏事，"又缘饰以儒术"，使儒学沦为庸俗的政治工具。[1] 儒学依附政治之后，不仅没有使政教合一，却使政教彻底分离，所以，杨绍文说："建元、元狩之间，文辞可观，伤儒学之徒，有文辞自此始也，故学校不坏于周之废，而坏于汉之兴，则公孙弘之罪也。"他又说："叔孙制礼，而先王之政亡，公孙弘学儒，先王之教亡。"[2] 因此，司马迁在写《儒林列传》之后，更撰《孔子世

---

[1] 编者注：此处标点原为逗号。
[2] 杨绍文，《云在文稿·史记儒林传论》，见《历代名家评史记》。

家》与《仲尼弟子列传》，阐明学术道统的承传，即"孔子布衣，传十余世，学者宗之，自天子王侯，中国言六艺者折中夫子，可谓至圣矣"。如果《儒林列传》是"今"，则《孔子世家》为"古"，可以为司马迁的"通古今之变"，留下一个可以探索与解释的空间。

公孙弘立学官，以经术缘饰吏事，确立儒学为现实政治服务规模。[1] 张汤的"决大狱，欲傅古义，乃请博士弟子治《尚书》《春秋》补廷尉史，亭疑法"，以儒术纳入刑法规条之中，成为武帝绝对君权的统治工具。所以，司马迁在《儒林列传》之后，而有《酷吏列传》之作。《史记·平准书》云：

> 自公孙弘以《春秋》之义，绳臣下取汉相，张汤用峻文决理为廷尉，于是见知之法生，而废格沮诽穷治之狱用矣。其明年，淮南、衡山、江都王谋反迹见，而公卿寻端治之，竟其党与，而坐死者数万人，长吏益惨急而法令明察。当是之时，招尊方正贤良文学之士，或至公卿大夫。公孙弘以汉相，布被，食不重味，为天下先。然无益于俗，稍骛于功利矣。

司马迁于此将公孙弘、张汤联系在一起，一是"以《春秋》之义，绳臣下取汉相"，一是"峻文决理为廷尉"，来说明他们二人不仅是武帝绝对权威的拥护者，而且又是政策的执行者。所以，司马迁在《儒林列传》之后，而有《酷吏列传》之作。《酷吏列传》太史公曰：

> 自郅都，杜周十人者，此皆以酷烈为声。

---

[1] 编者注：此处标点原为逗号。

在这十人之中，"张汤以知阴阳，人主与俱上下，时数辩当否，国家赖其便"。一如公孙弘于《儒林列传》，张汤也是《酷吏列传》的主导。张汤之起，由田蚡征为史，而荐于武帝。[1]事实上，张汤开始即依附外戚王氏，传称："周阳侯始为诸卿时，尝系长安，汤倾身为之，及出为侯，大与汤交，徧见汤贵人。"周阳侯，即田蚡之兄田胜。所以，张汤从开始就和田蚡关系非泛泛。后来荐于武帝，因与赵禹共定律令，得到武帝的赏识。传称其"与赵禹共定诸律令，务在深文，拘守职之吏。已而赵禹迁为中尉，徙为少府，而张汤为廷尉"。赵禹、张汤所定律令，"务在深文，拘守职之吏"。《史记·酷吏列传》云：

> 禹以刀笔吏积劳，稍迁为御史。上以为能，至太中大夫。与张汤论定诸律令，作见知，吏传得相监司。用法益刻，盖自此始。

"作见知，吏传得相监司"，即《汉书·刑法志》所谓"作见知故纵，监临部主之法"。《汉书·刑法志》云：

> 及至孝武即位……于是招进张汤、赵禹之属，条定法令，作见知故纵，监临部主之法。缓深故之罪，急纵出之诛。其后奸猾巧法，转相比况，禁罔浸密，律令凡三百五十九章，大辟四百九条，千八百八十二事，死罪决事比万三千四百七十二事。文书盈于几阁，典者不能遍睹。是以郡国承用者驳，或罪同而

---

[1] 编者注：此处标点原为逗号。

　　论罪。奸吏因缘为市，所欲活则傅生议，所欲陷则予死比，议
　　者咸冤伤之。

张汤等所定法令，先由新形成的官僚结构内部开始，即所谓"见知
故纵，监临部主之法"。师古曰："见知人犯法不举告为故纵，而所
监临部主有罪，并连坐也。"所以，司马迁说"拘守职之吏"，"用法
益刻，盖自此始。"张汤定诸律令的目的，在于树立君主的绝对权威，
所以，《史记·酷吏列传》云：

　　　　是时上方乡文学，汤决大狱，欲傅古义，乃请博士弟子治
　　《尚书》《春秋》补廷尉史，亭疑法。奏谳疑事，必豫先为上分
　　别其原，上所是，受而著谳决法廷尉，絜令扬主之明。

张汤论律决狱，必以上所是为是，绝对遵从武帝的君主的权威。所
以，张汤自元狩二年为御史大夫，元鼎二年自杀死之间，甚得武帝
宠幸，权倾丞相。《史记·酷吏列传》云：

　　　　汤每朝奏事，语国家用，日晏，天子忘食。丞相取充位，
　　天下事皆决于汤。……汤尝病，天子至自视病，其隆贵如此。

张汤不仅制定树立君主绝对权威的律令，同时也培植一批执行律令
的酷吏爪牙。案《史记·酷吏列传》云：王温舒，"事张汤，迁御
史"。尹齐，"以刀笔吏至御史，事张汤。张汤数称其廉武"。杜周，
"事张汤，汤数言其无害，至御史……周为廷尉，其治大放张汤而善
候伺"。自张汤之后，武帝时著名的酷吏皆出其治下，并且执行其既

定的政策。[1] 对于这些作为君主爪牙的酷吏,武帝皆以为其"能"。[2] 其所以为"能",则是传所谓"所诛杀甚多",或"吏之为治斩杀缚束为务"。又传称"自温舒等以恶为治,而郡守、都尉、诸侯二千石欲为治者,其治大抵尽放温舒"。至于杜周,"其治暴酷皆甚于王温舒"。所以,《史记·酷吏列传》太史公曰:

> 自张汤死后,网密,多诋严,官事浸以耗废。九卿碌碌奉其官,救过不赡,何暇论绳墨之外乎!

《史记·酷吏列传》虽然是类传,却是以张汤为主体的类传,一如《儒林列传》以公孙弘为主线贯穿,而且两篇列传前后相连。[3] 司马迁意在阐析汉武帝"一人有庆,天下赖之"的绝对君权统治体制的形成,及其政策的执行与贯彻。班固《汉书》将张汤、杜周自《酷吏传》析出,各自为传,似不知司马迁撰写《酷吏列传》的意旨所在了。

公孙弘、张汤是《儒林》《酷吏》二传的主导,也是武帝时形成的新官僚体系中两位领袖人物,《酷吏列传》称张汤虽"文深意忌不专平,然得此声誉。而刻深吏多为爪牙用者",但却"依于文学之士,丞相弘数称其美"。公孙弘所以称美张汤,是由于张汤虽执法严刻 [4],但却依于文学之士,也就是以儒术作为其断狱的依据,和当时政治标志的总目标是一致的。不过,以儒术为基准的政治措施 [5],却引起

汲黯的批判。《史记·汲郑列传》云：

> 当是时，太后弟武安侯蚡为丞相，中二千石来拜谒，蚡不为礼。然黯见蚡未尝拜，常揖之。天子方招文学儒者，上曰吾欲云云，黯对曰："陛下内多欲而外施仁义，奈何欲效唐虞之治乎！"上默然，怒，变色而罢朝。

汲黯于景帝时为太子洗马，武帝即位为谒者，迁东海太守。传称其"为人性倨，少礼，面折，不能容人过"。又说"然好学，游侠，任气节，内行修絜，好直谏，数犯主之颜色"。虽然汲黯数直谏，引起武帝的不悦，但对汲黯的伉直仍有所顾忌，传称："大将军青侍中，上踞厕而视之。丞相弘燕见，上或时不冠。至如黯见，上不冠不见也。"所以，汲黯在景帝、武帝权力转移之际，武帝新的统治体制形成之时，所表现的独立特行风格，虽然引致武帝不悦，但武帝却认为"古有社稷之臣，至如黯，近之矣"。

汲黯所谓"陛下内多欲而外施仁义，奈何欲效唐虞之治乎"，不仅是对汉武帝[1]，而且是对当时以儒术为基准的政治所作的总结性批评。这种批评和汲黯个人"学黄老之言，治官理民，好清静"的政治理念无关。案《史记·汲郑列传》云：

> 上方向儒术，尊公孙弘。及事益多，吏民巧弄。上分别文法，汤等数奏决谳以幸。而黯常毁儒，面触弘等徒怀诈饰智以阿人主取容，而刀笔吏专深文巧诋，陷人于罪，使不得反其真，以胜为功。

---

[1] 编者注：此句原为"不仅对汉武帝"。

传称"黯常毁儒",是对公孙弘"怀诈饰智以阿人主",及张汤"刀笔吏专深文巧诋,陷人于罪"而发。前者即其所谓"外施仁义",后者则是"内多欲",二者相合则是武帝欲行的唐虞之治,实际上乃以儒术为名,行法家之治。这也是汲黯对武帝一朝政治所作的总结评论。尤其对于执行儒术政策的公孙弘、张汤,更是深恶痛绝。《史记·平津侯主父列传》云:

> 弘为人恢奇多闻……每朝会议,开陈其端,令人主自择,不肯面折庭争。于是天子察其行敦厚,辩论有余,习文法吏事,而又缘饰以儒术,上大说之。……弘奏事,有不可,不庭辩之。尝与主爵都尉汲黯请闲,汲黯先发之,弘推其后,天子常说,所言皆听,以此日益亲贵。尝与公卿约议,至上前,皆倍其约以顺上旨。汲黯庭诘弘曰:齐人多诈而无情实,始与臣等建此议,今皆倍之,不忠。

至于张汤,《史记·汲郑列传》云:

> 张汤方以更定律令为廷尉,黯数质责汤于上前,曰:"公为正卿,上不能褒先帝之功业,下不能抑天下之邪心,安国富民,使囹圄空虚,二者无一焉。非苦就行,放析就功,何乃取高皇帝约束纷更之为?公以此无种矣。"黯时与汤论议,汤辩常在文深小苛,黯忼厉守高不能屈,忿发骂曰:"天下谓刀笔吏不可以为公卿,果然。必汤也,令天下重足而立,侧目而视矣!"

虽然,汲黯对于公孙弘、张汤为人处世甚是不齿,但其斥张汤"何乃取高皇帝约束纷更之为",以及"刀笔吏不可以为公卿",却道出其批评汉武帝"内多欲而外施仁义,奈何欲效唐虞之治"的本质。所谓"刀笔吏不可以为公卿",案《史记·张释之冯唐列传》云:"秦任以刀笔之吏,吏争以亟疾苛察相高,然其敝徒文具耳,无恻隐之实。以故不闻其过,陵迟而至于二世,天下土崩。"汉武帝改制更化,即欲突破汉初因循秦制的传统,上继五帝三王,但最后仍然陷于秦政的阱臼之中。

但与秦制所不同的,汉武帝这种新的统治体制,却是以儒术为基础建立起来,即以司马谈所谓"住为天下仪表,主倡而臣和,主先而臣随",儒者序君臣父子之礼为基础形成的。这种新统治体制,最初由贾谊提出。贾谊首先以堂、陛、地区分人主、群臣与庶众,认为"高者难攀,卑易陵"。因此,贾谊在其《治安策》中进一步分析:"古者圣王制度等列,内有公卿大夫,外有公侯伯子男,然后有官师小吏,延及庶人,等级分明,而天子加焉,故其尊不可及也。"

司马迁所谓"通古今之变"的"今",即其所撰《今上本纪》的"今",也就是司马迁个人所生存的汉武帝时代。汉武帝时代不仅是汉代,也是中国历史重要的转变时代。所谓转变,即汉武帝选择儒家思想,作为政治指导的最高原则,并以此塑就以后中国君主的专制统治体系。这种统治制度司马迁释之为"一人有庆,万民赖之"。换句话说,就是君主绝对权威的树立。

司马迁个人,由于跻身于权力核心之中,即其《报任安书》所谓"得待罪辇毂之下二十余年矣",[1] 后来因为李陵游说而"诬上",遂卒吏议,"与法吏为伍,深幽囹圄"之中,更于天汉二年被处以宫

---

[1]　编者注:此处标点原为句号。

刑，[1] 所以，他对君主绝对权威，以及其统治工具酷吏的暴虐，有切身的体验，感受深刻。因此，进一步探索汉武帝"一人有庆"的由来，可能是他撰《今上本纪》，或发愤著《史记》的潜在原因。

虽然，社会经济的发展与繁荣，以及七国之乱后，地方王国势力不削自弱，功勋旧臣凋零殆尽，为武帝"德归京师"，也就是权力集于中央的大一统的局面，提供了有利的客观条件，但司马迁却选择了田蚡，作为武帝由"德归京师"过渡到"一人有庆，万民赖之"的开端。田蚡是武帝的舅氏，武帝即位后挤进权力的核心，当时武帝所有"计策"，皆出于田蚡。于是田蚡立即利用儒术为政治斗争的工具，向好黄老而且掌握宫廷三世权力的窦太后，进行挑战。田蚡虽然失败，但仍隐于幕后弄权。直到窦太后病逝，田蚡复出为丞相。田蚡在掌握政治权力后，一方面继续清除窦氏的残余势力，另一方面恢复因窦氏干预而停滞的各种设施，复颁建元征贤良之诏，即是其中之一，于是，公孙弘、董仲舒复出，张汤也因田蚡的举荐，进入新形成的官僚体系之中。

当是时，武帝已从初即位十六七岁的惨绿少年，在不断的政治斗争中，成长为青年有为之君，并且掌握了实际的权力。原来强调尊卑有序的儒家思想，如董仲舒对策所言，可以为大一统的帝国，提供一个有效的建国蓝图。但田蚡本非儒者，传称其学《槃盂》诸书，并好鬼神之事。[2] 将黄帝纳入方士系统的李少君，或由田蚡荐于武帝，影响武帝一生向道羡仙。所以，田蚡不过顺应当时的趋势，利用儒家作政治斗争的工具而已。而且因田蚡的引荐，进入新官僚体系的公孙弘、张汤也非纯儒。司马迁说公孙弘"学《春秋》杂

---

[1] 编者注：此句原为"更于天汉二年处以宫刑"，"宫刑"后标点原为句号。
[2] 编者注：此处标点原为逗号。

说","习文法吏事,而又缘饰儒术",张汤则"决大狱,傅以古义"。他们皆曲学阿世,非"务正学以言"者,因而使儒术沦为武帝绝对君权的统治工具。这也是汲黯对汉武帝一朝政治所作的总结性的批评:"陛下内多欲而外施仁义,奈何欲效唐虞之治乎!"所谓"内多欲而外施仁义",也就是以儒术为名,行法家之治。汲黯认为公孙弘的"怀诈饰智以阿人主取容",张汤的"刀笔吏专深文巧诋,陷人于罪",是促使这种现象出现的根本原因,汲黯特别谴责公孙弘、张汤的原因也在此。

司马迁的《史记》以《魏其武安侯列传》,为汉武帝时代诸列传之始,而以《汲郑列传》作为诸列传之终,原始察终,叙述汉武帝"一人有庆"绝对君权形成的过程,并于《汲郑列传》之后,辅以公孙弘为主的《儒林列传》与张汤为首的《酷吏列传》,探索其形成的原因。并以此作为《今上本纪》"内修法度"的开端,也就是"今"之开端,然后以此为基点,向过去寻求其演变与发展的因果关系。此即为司马迁史学思想的"通古今之变"。不过,如果要彻底了解司马迁的这个命题,就得以"今"作为开端进行探索。因为这是司马迁个人生存的时代。过去讨论这个问题都集中在司马迁因遭李陵之祸,微文刺讥的层面,作为一个中国史学肇始者的司马迁,除了宣泄个人郁怨之外,似乎应有更辽阔的胸襟。关于这个问题,从司马迁婉转迂回地讨论汉武帝"一人有庆"绝对君主权威的树立,可以得到了解,作为一个史学家如何超脱现实政治的压制,真实地叙述其生存时代的历史,这种叙述的方法,即其《自序》所谓"夫诗书隐约者,欲遂其志之思也"。

武帝封禅与《封禅书》

　　《史记·封禅书》说："今天子初即位，尤敬鬼神之祀。"以后数十年间，武帝巡祭天地与后来封禅，司马迁和他父亲司马谈曾前后亲身参与。《封禅书》就是由他们亲身经历为主的材料写成的。但这些他们亲身经历的材料，却迂诞不经并充满神话的色彩。所以，司马迁在处理这些实际存在，却又无法考证其真实性的材料时，的确费了一番思量与周折。

一、"贤良方士诏"与封禅

　　《史记·太史公自序》说："是岁天子始建汉家之封，而太史公留滞周南，不得与从事，故发愤且卒。"这里的"太史公"是司马迁的父亲司马谈。"是岁"，是元封元年（公元前一一〇年），《汉书》卷六《武帝纪》云：

　　　　夏四月癸卯，上还，登封泰山，降坐明堂。诏曰："朕以眇身承至尊，兢兢焉惟德菲薄，不明于礼乐，故用事八神。遭天地况施，著见景象，屑（屑）然如有闻。震于怪物，欲止不敢，

154

遂登封泰山，至于梁父，然后升禋肃然。自新，嘉与士大夫更始，其以十月为元封元年……"

《史记·封禅书》也载录这份诏书，略同。但《封禅书》却详细记载了这次封禅大典的经过：

四月，还至奉高。……天子至梁父，礼祠地主。乙卯，令侍中儒者皮弁荐绅，射牛行事。封泰山下东方，如郊祠太一之礼。封广丈二尺，高九尺，其下则有玉牒书，书秘。礼毕，天子独与侍中奉车子侯上泰山，亦有封。其事皆禁。明日，下阴道。丙辰，禅泰山下址东北肃然山，如祭后土礼。天子皆亲拜见，衣上黄而尽用乐焉。江淮间一茅三脊为神藉。五色土益杂封。纵远方奇兽蜚禽及白雉诸物，颇以加礼。兕牛犀象之属不用。皆至泰山祭后土。封禅祠，其夜若有光，昼有白云起封中。

武帝完成封禅典礼后，除下诏改元元封，又下诏曰："古者天子五载一巡狩，用事泰山，诸侯有朝宿地，其令诸侯各治邸泰山下。"[1]武帝自建元元年（公元前一四〇年）即位，到元封元年登泰山封禅，终于完成了他封禅的心愿，并定下五年一封泰山的制度。这三十年间，司马谈侍从武帝巡狩四方，祠祭山川鬼神，并参与议论封禅典仪。最后武帝登泰山举行封禅大典，司马谈竟被留滞周南，他除了怨叹"今天子接千岁之统，封泰山，而余不得从行，是命也夫，命也夫"外，最后竟"发愤且卒"。司马迁记载他父亲的死，先用"留

[1] 《史记》卷二十八《封禅书》。

滞"，后用"发愤且卒"。从"留滞"到"发愤且卒"之间，是非常
耐人寻味，也是值得探讨的问题[1]。

武帝即位改元建元，颜师古注建元，"自古帝王未有年号，始起
于此"。十六七岁的武帝即位后，即颁诏"丞相、御史、列侯、中
二千石、二千石、诸侯相举贤良方正直言极谏之士"的诏书。《汉
书·董仲舒传》说："武帝即位，举贤良文学之士前后数百。"其制曰：

> 盖闻五帝三王之道，改制作乐而天下洽和，百王同之。……
> 圣王已没，钟鼓管弦之声未衰，而大道微缺，陵夷至乎桀纣之
> 行，王道大坏矣。夫五百年之间，守文之君，当涂之士，欲则
> 先王之法以戴翼其世者甚众，然犹不能反，日以仆灭，至后王
> 而后止，岂其所持操或悖缪而失其统与？固天降命不可复反，
> 必推之于大衰而后息与？乌乎！凡所为屑屑，夙兴夜寐，务法
> 上古者，又将无补与？三代受命，其符安在？灾异之变，何缘
> 而起？性命之情，或夭或寿，或仁或鄙，习闻其号，未烛厥理。
> 伊欲风流而令行，刑轻而奸改，百姓和乐，政事宣昭，何修何
> 饬而膏露降，百谷登，德润四海，泽臻草木，三光全，寒暑平，
> 受天之祜，享鬼神之灵，德泽洋溢，施乎方外，延及群生？子
> 大夫明先圣之业，习俗化之变，终始之序，讲闻高谊之日久矣，
> 其明以谕朕。

---

[1]《史记》卷一三〇《太史公自序》司马迁记其父司马谈之死云："太史公留
滞周南……发愤且卒。"与《三国志》卷十《荀彧传》载彧之死云："彧疾留寿春，以忧
薨……"甚为相似。案《三国志》裴注引《魏氏春秋》与《后汉书》卷七十《荀彧传》
载荀彧之死，并云"太祖馈彧食，发之乃空器也，于是饮药而卒"。是故司马迁载其父
之死，似亦有未竟之意。

156

这是武帝即位后所颁的第一份诏书，这份诏书开始就说五帝三王之道，改制作乐而天下洽和。武帝似乎有意突破汉初多年来，黄老之治的政治局面，并超越秦始皇"法后王"的法家之治，上继五帝三王之道。所以这份诏书颁出后，丞相卫绾即奏请"所举贤良，或治申、商、韩非、苏秦、张仪之言，乱国政，请皆罢"。这就是后来所谓的罢黜百家，独尊儒术。不过这份诏书除了言五帝三王之道外，同时更说到受命之符，灾异之故，王者寿夭，终始之变，等等。所谓王者之符，认为三代盛世，都有祥瑞出现，象征着王者受命于天，如果没有祥瑞出现，就无法致太平。王者既受命于天而称为天子，托天之祐而致太平庇护万民，因此王者应登格于天，一如黄帝为神仙长生不死[1]。所以，这份诏书以五帝三王之道开始，最后却以阴阳甚至神仙家为结。

《封禅书》说武帝敬鬼神之祠，所以在颁布举贤良诏的同时，又颁布了另一份诏书，《汉书·武帝纪》建元元年五月，诏曰：

> 河海润千里，其令祠官修山川之祠，为岁事，曲加礼。

所以，在武帝的举贤良诏颁出后，汲黯就提出批评。《史记·汲郑列传》云：

> 天子方招文学儒者，上曰吾欲云云，黯对曰："陛下内多欲而外施仁义，奈何欲效唐虞之治乎？"上默然，怒，变色而罢朝。

---

[1] 钱穆师，《秦汉史》（台北：东大图书，一九八五）。

武帝所谓"吾欲云云",《集解》张晏曰:"所言欲施仁义也。"也就是行儒家之治。汲黯"陛下内多欲而外施仁义,奈何欲效唐虞之治"的批评,正触及武帝举贤良方正,欲上继五帝三王之道的真正动机。后来,王臧、赵绾请立明堂,迎其师申公来京师。《史记·儒林列传》云:

> 绾、臧请天子,欲立明堂以朝诸侯,不能就其事,乃言师申公。于是天子使使束帛加璧安车驷马迎申公……至,见天子。天子问治乱之事,申公时已八十余,老,对曰:"为治者不在多言,顾力行如何耳。"是时天子方好文词,见申公对,默然。

由此可知,武帝好儒术志不在治,不过援之以为文饰其鬼神之祠而已。因此,有些"缙绅之属"投其所好。《史记·封禅书》云:

> (建元)元年,汉兴已六十余岁矣,天下艾安,缙绅之属皆望天子封禅改正度也,而上乡儒术,招贤良,赵绾、王臧等以文学为公卿,欲议古立明堂城南,以朝诸侯。草巡狩封禅改历服色事未就。会窦太后治黄老言,不好儒术,使人微伺得赵绾等奸利事,召案绾、臧,绾、臧自杀,诸所兴为皆废。

这是封禅见于武帝时之始。而封禅与巡狩、改历、易服色同时出现,是武帝政治改革中的重要环节。这次提出的政治改革,由于窦太后治黄老言、不好儒术的阻碍而失败,王臧、赵绾成为这次政治斗争中的牺牲者。

王臧、赵绾见用于武帝,由田蚡举荐,案《史记·魏其武安侯列传》："魏其、武安俱好儒术，推毂赵绾为御史大夫，王臧为郎中令。"武安侯田蚡是武帝的舅父，武帝即位封列侯。《史记·魏其武安侯列传》称：

> 上初即位，富于春秋，蚡以肺腑为京师相，非痛折节以礼诎之，天下不肃。当是时，丞相入奏事，坐语移日，所言皆听。荐人或起家至二千石，权移主上。

所以，田蚡才是这次政治斗争的幕后实际的策划人。在这次权力转移过程中的政治斗争，由田蚡等"务隆推儒术，贬道家言"而展开。田蚡虽好儒术，但传称其"辩有口，学《槃盂》诸书"。《槃盂》诸书，《集解》应劭曰："黄帝史孔甲所作铭也。凡二十九篇，书槃盂中，所为法戒。诸书，诸子文书也。"又孟康曰："孔甲《槃盂》二十六篇，杂家书，兼儒、墨、名、法。"《汉书·艺文志·诸子·杂家》，首列孔甲《槃盂》二十六篇，班固注曰："黄帝之史，或曰夏帝孔甲，似皆非。"所以，孔甲《槃盂》可能是依托之作，兼儒法名墨，并有鬼神迂诞之事。最初将炼丹与黄帝结合起来的李少君，可能就是田蚡向武帝推荐的。《史记·封禅书》称：

> 少君资好方，善为巧发奇中。尝从武安侯饮，坐中有九十余老人，少君乃言与其大父游射处，老人为儿时从其大父，识其处，一坐尽惊。

李少君曾为田蚡的座上客。所以，田蚡虽好儒术，却更喜黄老鬼神之事，与窦太后所喜的黄老之言同属一家，但却是有分别的，班固在《汉书·艺文志》的分类中，已加以区别。前者"迂诞依托"，多出武帝时方士之手，后者起于六国时，与老子近似，二者是不相同的。所以，这次的政治斗争，虽然是窦太后为了保持其既得的政治特权，但恐田蚡假儒家之名，行鬼神之事，将十六七岁的武帝引入歧途，也是非常可能的。司马迁将这次政治斗争，详细记载在《封禅书》中，自有其微意在焉。

建元六年，窦太后崩，武安侯田蚡为丞相。《史记·儒林列传》云：

> 及窦太后崩，武安侯田蚡为丞相，绌黄老、刑名百家之言，延文学儒者数百人，而公孙弘以《春秋》白衣为天子三公，封以平津侯。天下之学士靡然乡风矣。

案《汉书·武帝纪》，窦太后崩后，改元元光，五月颁"何行而可以章先帝之洪业休德，上参尧舜，下配三王"的贤良诏，于是"董仲舒、公孙弘等出焉"。二年冬十月，行幸雍、祠五畤。《史记·封禅书》云：

> 窦太后崩。其明年，征文学之士公孙弘等。明年，今上初至雍，郊见五畤。后常三岁一郊。是时上求神君，舍之上林中蹏氏观。神君者，长陵女子，以子死，见神于先后宛若。宛若祠之其室，民多往祠。平原君往祠，其后子孙以尊显。及今上即位，则厚礼置祠之内中，闻其言，不见其人云。

窦太后死后，田蚡为丞相，先前因窦太后的反对，"所诸兴为皆废"

的种种，现在又再恢复。武帝颁贤良诏，幸雍、祠五畤，并定下元年祭天、二年祭地、三年祭五畤的三年一遍的祠祀制度，同时置神君于上林中，过去计划现在一一施行，由田蚡举荐的方士李少君，可能在这时向武帝上却老方。虽然，后来田蚡过于嚣张而见斥，元光四年死，但武帝好鬼神之祠，已积习难返了。最后，在元狩五年（公元前一一八年）开始讨论封禅。《汉书·兒宽传》：

> 及议欲放古巡狩封禅之事，诸儒对者五十余人，未能有所定。先是，司马相如病死，有遗书，颂功德，言符瑞，足以封泰山。上奇其书，以问宽，宽对曰："陛下躬发圣德，统楫群元，宗祀天地，荐礼百神，精神所乡，征兆必报，天地并应，符瑞昭明。其封泰山，禅梁父，昭姓考瑞，帝王之盛节也。然享荐之义，不著于经，以为封禅告成，合祛于天地神祇，祇戒精专以接神明……"

兒宽说"享荐之义，不著于经"。的确，在孔子和儒家的典籍里，没有论及封禅典仪。《封禅书》说："孔子论述六艺，传略言易姓而王，封泰山禅乎梁父者七十余王矣，其俎豆之礼不章，盖难言之。"所谓"封泰山禅乎梁公者七十余王"，《管子》说："古者封泰山禅梁父者七十二家，而夷吾所记者十有二焉。"此说或出于《管子》的《封禅》篇，亡。《汉书·艺文志·六艺略·礼》有《古封禅群祀》二十二篇，记载古代封禅祠祀之礼，或者是由儒者讨论封禅搜集的材料而辑成，《管子》的《封禅》篇可能也收载其中。司马迁特别将管子与桓公谈封禅仪制的大段话，载于《封禅书》中。因此，武帝想借儒家文饰封禅的愿望无法实现，于是退而求其次，想到司马相如。也就是《兒宽传》所谓的"司马相如遗书"的事。案《汉书·司马相如传》：

> 相如既病免，家居茂陵。天子曰："司马相如病甚，可往从悉取其书，若后之矣。"使所忠往，而相如已死，家无遗书。问其妻，对曰："长卿未尝有书也。时时著书，人又取去。长卿未死时，为一卷书，曰有使来求书，奏之。"其遗札书言封禅事，所忠奏焉，天子异之。其辞曰：
>
> ……轩辕之前，遐哉邈乎，其详不可得闻已。五三六经载籍之传，维见可观也。……陛下仁育群生，义征不譓，诸夏乐贡，百蛮执贽，德牟往初，功无与二，休烈浃洽，符瑞众变，期应绍至，不特创见。意者太山、梁父设坛场望幸，盖号以况荣，上帝垂恩储祉，将以庆成，陛下嗛让而弗发也。挈三神之欢，缺王道之仪，群臣恧焉。或谓且天为质暗，示珍符固可不辞；若然辞之，是泰山靡记而梁父罔几也。亦各并时而荣，咸济厥世而屈，说者尚何称于后，而云七十二君哉？夫修德以锡符，奉符以行事，不为进越也。故圣王弗替，而修礼地祇[1]，谒款天神，勒功中岳，以章至尊，舒盛德，发号荣，受厚福，以浸黎民，皇皇哉斯事，天下之壮观，王者之卒业，不可贬也。愿陛下全之。

司马相如的遗札，极力劝武帝封禅，司马相如以《子虚赋》《上林赋》获得武帝的垂青，他深刻了解武帝好神仙的心意，又写成《大人赋》。《史记·司马相如列传》云：

---

[1] 编者注：此句中华书局版为"而修礼（以）地祇"。见［汉］班固：《汉书·司马相如传下》（中华经典普及文库），中华书局，2020，第584页。

相如见上好仙道，因曰："上林之事未足美也，尚有靡者。臣尝为《大人赋》，未就，请具而奏之。"相如以为列仙之传居山泽间，形容甚臞，此非帝王之仙意也，乃遂就《大人赋》。

《大人赋》言道："必长生若此而不死兮，虽济万世不足以喜"，深获武帝之心，所以，司马迁说："相如既奏《大人》之颂，天子大说，飘飘有凌云之气，似游天地之间意。"司马相如的遗札虽然说"修德以锡符，奉符以行事，不为进越也"，鼓励武帝"勒功中岳"而封禅，但他遗札中的"获周余放龟于岐，招翠黄乘龙于沼"，却解决了悬在武帝心中很久的问题。[1] 所谓"招翠黄乘龙于沼"，《集解》引《汉书音义》曰："翠黄，乘黄也，龙翼马身，黄帝乘之而仙"，于是将黄帝登仙与封禅联系起来。[2] 武帝即位欲封禅，经过二十多年，终于有了两全其美的办法，将这两件事一体化。虽然，最初方士李少君曾上言："祠灶则致物，致物而丹沙可化为黄金，黄金成以为饮食器则益寿，益寿而海中蓬莱仙者乃可见，见之以封禅则不死，黄帝是也"[3]，将黄帝纳入方士仙道修炼的系统，而且登仙的过程非常繁复，蓬莱仙者是否可见更是虚无缥缈，不如司马相如封禅后乘龙登仙那么直截了当，逗人遐思。

所以，司马迁说："司马相如既卒五岁，天子始祭后土。八年而遂先礼中岳，封于太山，至梁父，禅肃然。"因为司马相如的遗札，加速了武帝封禅的进程。元鼎元年（公元前一一六年），得黄帝宝鼎于汾阴，迎至甘泉，武帝亲自荐祠，回到长安，群臣赞颂："黄

[1] 编者注：此处标点原为逗号。
[2] 编者注：此处标点原为逗号。
[3] 《史记》卷二十八《封禅书》。编者注：此处标点原为句号、后引号。

帝作宝鼎三，象天地人。……周德衰，宋之社亡鼎乃沦没，伏而不
见。……今鼎至甘泉，光润龙变，承休无疆。合兹中山，有黄白云
降，盖若兽为符，路弓乘矢，集获坛下，报祠大享。唯受命而帝者
心知其意而合德焉。"

　　"唯受命而帝者心知其意"，更增强武帝封禅的信心和决心。于
是，改元元鼎。[1] 就在这个时候方士公孙卿出现，援申公之说："汉
之圣者在高祖之孙且曾孙也。宝鼎出而与神通，封禅。"并且说"汉
主亦当上封，上封则能仙登天矣"。同时又说了个黄帝乘龙登仙的神
话故事，《史记·封禅书》云：

　　　　黄帝时万诸侯，而神灵之封居七千。天下名山八，而三在
　　蛮夷，五在中国。中国华山、首山、太室、泰山、东莱，此五
　　山黄帝之所常游，与神会。黄帝且战且学仙。患百姓非其道者，
　　乃断斩非鬼神者。百余岁然后与神通。黄帝郊雍上帝，宿三
　　月。……其后黄帝接万灵明廷。明廷者，甘泉也。……黄帝采
　　首山铜，铸鼎于荆山下。鼎既成，有龙垂胡髯，下迎黄帝。黄
　　帝上骑，群臣后宫从上者七十余人，龙乃上去。余小臣不得上，
　　乃悉持龙髯，龙髯拔，堕，堕黄帝之弓。百姓仰望黄帝既上天，
　　乃抱其弓与胡髯号，故后世因名其处曰鼎湖，其弓曰乌号。

武帝听罢，喟然而叹曰："嗟乎！吾诚得如黄帝，吾视去妻子如脱躧
耳。"然后于元鼎五年十月，郊雍，至陇西，西登崆峒，[2] 幸甘泉，令
祠官宽舒等具太一祠坛。[3] 十一月，始郊太一，其赞飨曰："天始以

---

[1]　编者注：此处标点原为逗号。
[2]　编者注：此处逗号为编者所加。
[3]　编者注：此处标点原为逗号。

宝鼎神策授皇帝"云云。元封元年（公元前一一〇年）冬十月，武帝议曰："古者先振兵泽旅，然后封禅。"于是勒兵十余万，北巡朔方，还祭黄帝冢于桥山，至甘泉，为用事泰山，先祠太一。春正月，东幸缑氏，亲登嵩高，东巡海上。夏四月，还，登泰山封禅。

二、"尽罢诸儒不用"与太史公谈"留滞周南"

上述武帝一系列行动，其目的都是封禅泰山，然后学黄帝登仙而去。所以，武帝一方面在外巡狩与祠祀，另一方面则令诸儒积极讨论封禅的典仪问题。《汉书·艺文志·六艺略·礼》有《封禅议对》十九篇，班固注曰："武帝时也。"即牛弘所谓的《泰山通议》，记录当时诸臣儒者关于封禅的议论。上述《兒宽传》载议封禅事，诸儒对者五十余人的议论，应在其中。《封禅议对》讨论封禅典仪的问题，当然不止儒者五十多人。关于这个问题，在武帝即位之初，就开始进行讨论，武帝最初希望以儒术文饰鬼神之祠，而进行封禅仪典的制定。马端临说："秦始皇、汉武帝之封禅也，皆黜当时诸儒之议，而自定其礼仪。"又说："秦汉二主之事，则夸诵功德，希求福寿……又安能考《诗》《书》之说？"[1]案[2]《史记·封禅书》说秦始皇：

> 即帝位三年，东巡郡县，祠驺峄山，颂秦功业。于是征从齐鲁之儒生博士七十人，至乎泰山下。诸儒生或议曰："古者封禅为蒲车，恶伤山之土石草木；埽地而祭，席用菹秸，言其易

---

[1] 马端临，《文献通考》卷八十四《郊社十七》，见《十通》（台北：新兴，一九六五）。
[2] 编者注：此处原有冒号。

遵也。"始皇闻此议各乖异，难施用，由此绌儒生。

同样地，最初武帝也想透过儒者制定封禅的典仪，《兒宽传》就说"及议欲放古巡狩封禅之事，诸儒对者五十余人，未能有所定"。所以"未能有所定"，兒宽说因为"享荐之义，不著于经"。这个问题在得宝鼎，尤其公孙卿叙述黄帝乘龙登仙之后，武帝与公卿诸生及方士，更积极议论封禅典仪之事，《史记·封禅书》称：

> 自得宝鼎，上与公卿诸生议封禅，封禅用希旷绝，莫知其仪礼，而群儒采封禅《尚书》《周官》《王制》之望祀射牛事。齐人丁公年九十余，曰："封禅者，合不死之名也。秦皇帝不得上封。陛下必欲上，稍上即无风雨，遂上封矣。"上于是乃令诸儒习射牛，草封禅仪。数年，至且行。天子既闻公孙卿及方士之言，黄帝以上封禅，皆致怪物与神通，欲放黄帝以上接神仙人蓬莱士，高世比德于九皇，而颇采儒术以文之。群儒既已不能辨明封禅事，又牵拘于《诗》《书》古文而不能骋。上为封禅祠器示群儒，群儒或曰"不与古同"，徐偃又曰"太常诸生行礼不如鲁善"，周霸属图封禅事，于是上绌偃、霸，而尽罢诸儒不用。

徐偃，以博士为胶西中尉，传申公《诗》，事见《史记·儒林列传》。《儒林列传》又称："鲁周霸、孔安国，洛阳贾嘉，颇能言《尚书》事。"又称周霸传杨何《易》，与主父偃皆以《易》至二千石。上引材料可以了解，武帝一方面和公卿儒生议论封禅典仪礼，一方面又和方士丁公、公孙卿等进行封禅仪礼的制定。由于封禅用希，儒生们莫知其仪礼，因此援用儒家典籍《尚书》《周官》《王制》来讨论封禅仪礼的问题。事实上，武帝和以往一样，他理想的封禅仪礼，只不过是援儒术文饰"致怪物与神通"而已，所以在诸儒草封禅仪习其礼的时候，武帝却以方士所制的封禅祠器示诸儒，包括徐偃、周霸在内的诸儒，竟认为"不与古同"，武帝认为诸儒既不能辨明封禅事，又拘于古诗文不知变通，于是"尽罢诸儒不用"。[1] 所谓尽罢诸儒而不用，也就是完全放弃儒术的文饰，直接采用方士之言。

从开始武帝就没有尽用纯粹儒术的意愿，招贤良方正董仲舒、公孙弘对策皆以儒学显。[2] 董仲舒治《春秋》，以《春秋》灾异之变推阴阳所以错行，著有《灾异之记》，其对策所谓"天之所大奉使之王者，必有非人物所能致而自至者，此受命之符也"，已完全将阴阳灾异之变，渗于儒术之中。至于公孙弘，《儒林列传》称其"齐之言《春秋》者多受胡毋生，公孙弘亦颇受焉"。或谓其尝集比其义著《春秋杂说》[3]。司马迁说公孙弘"习文法吏事，而又缘饰儒术，上大悦之"。董仲舒、公孙弘都不是纯儒[4]，而且受齐阴阳五行灾异之变的感染，这正是武帝所喜爱的。至于将神仙之说引进文学著作的司马相如，《史记·司马相如列传》称："景帝不好辞赋，是时梁孝王来朝，从游说之士齐人邹阳、淮阴枚乘、吴庄忌夫子之徒，相如见而说之，因病免，客游梁。梁孝王令与诸生同舍，相如得与诸生游士居数岁，乃著《子虚》之赋。"司马相如居梁数岁，与邹阳等游，然后著《子虚》《大人》等赋，才得到武帝的喜爱。

所以，武帝好儒，不过是文饰而已，尤其到后来积极筹办封禅，

---

[1] 编者注：此处标点原为逗号。

[2] 编者注：此处标点原为逗号。

[3] 金建德，《司马迁所见书考》十七"公孙弘的著书春秋杂说"条下（上海：上海人民出版社，一九六三）。

[4] 沈刚伯师，《秦汉的儒》，见《沈刚伯先生文集》（台北："中央日报"，一九八二）。

完全依信方士，对于儒术已不屑一顾了。徐偃、周霸据儒学典籍提出的议论，更引起他的反感，一怒之下，"尽罢诸儒不用"。在尽罢诸儒之中可能包括太史公司马谈，而被滞留周南，不得参加泰山的封禅大典，的确是非常意外的。出身世掌鬼神之事家族的司马谈，学天官于唐都，受《易》于杨何，习道论于黄子，就他论六家要指而言，突出道德家的功能与作用，显然不属于儒家。[1] 他于建元元封间任职太史，这段期间正是武帝由好鬼神之祠，进而封禅泰山的期间，司马谈无役不与。虽然他不能像公孙弘那样，"倍其约顺上意"，或像儿宽那样，"以和良承意从容得久"，最后随武帝封禅泰山，但却恭顺承旨，尽量配合武帝封禅登仙的意图。自得宝鼎后，表现得更积极，《史记·封禅书》称：

> 其明年冬，天子郊雍，议曰："今上帝朕亲郊，而后土无祀，则礼不答也。"有司与太史公，祠官宽舒议："天地牲角茧栗。今陛下亲祠后土，后土宜于泽中圜丘为五坛，坛一黄犊太牢具，已祠尽瘗，而从祠衣上黄。"于是天子遂东，始立后土祠汾阴脽丘，如宽舒等议。

其明年，为元鼎四年。又次年，武帝郊雍，至陇西，西登崆峒，幸甘泉，令祠官宽舒等具太一祠坛，祠坛放薄忌太一坛、坛三垓。这次令祠官宽舒等具太一坛，司马谈也参与其事。案《史记·封禅书》称：

> 十一月辛巳朔旦冬至，昧爽，天子始郊拜太一。……而见

---

[1] 编者注：此处标点原为逗号。

太一如雍郊礼。其赞飨曰："天始以宝鼎神策授皇帝，朔而又朔，终而复始，皇帝敬拜见焉。"而衣上黄。其祠列火满坛，坛旁亨炊具。有司云"祠上有光焉"。……"是夜有美光，及昼，黄气上属天"。太史公、祠官宽舒等曰："神灵之休，佑福兆祥，宜因此地光域立太畤坛以明应。令太祝领，秋及腊间祠。三岁天子一郊见。"

自得宝鼎以后，武帝积极进行封禅，司马谈与祠官宽舒参与其事，上立后土议，筹太一坛祠祀的工作，并于祠祀后，建议立太畤坛，并天子三岁一郊见，以为定制。祠官宽舒曾从李少君学方，是个方士，司马谈尽量和他配合，以符合武帝进行封禅计划的要求。最后武帝"尽罢诸儒不用"之时，司马谈竟遭牵连，被留滞周南。这是司马迁对他父亲的死，书以"发愤且卒"。就当时的实际情形而言，司马谈的确是有愤的[1]。

就在司马谈被留滞周南，不得从事封禅，愤而尚未绝之时，司马迁出使归来，见父于河洛之间。司马迁记载他们父子最后一面的情形，[2]《史记·太史公自序》说：

太史公执迁手而泣曰："……今天子接千岁之统，封泰山，而余不得从行，是命也夫，命也夫！余死，汝必为太史；为太史，无忘吾所欲论著矣。且夫孝始于事亲，中于事君，终于立身。扬名于后世，以显父母，此孝之大者。"……迁俯首流涕曰："小子不敏，请悉论先人所次旧闻，弗敢阙。"

---

[1] 编者注：此句原为"司马谈的确有愤的"。
[2] 编者注：此处标点原为句号。

司马迁所谓"悉论先人所次旧闻",也就是根据他父亲所搜集的材料,完成他父亲"余为太史而弗论载,废天下之史文,余甚惧焉,汝其念哉"的遗意,而撰写《史记》。另一方面,司马谈所说"封泰山,而余不得从行,是命也夫,命也夫!"充满了愤怨。所谓"无忘吾所欲论著矣",在当时的情况下,司马谈所欲论著的,除了所废的天下之文史外,可能还有司马谈近三十年间,扈从武帝从事封禅的记录,更应该保存下来。所以,三年后,司马迁接任他父亲的遗缺,于是着手编纂"受命而王,封禅之符罕用,用则万灵罔不禋祀,追本诸神名山川礼"的《封禅书》的工作。《封禅书》太史公曰:

> 余从巡祭天地诸神名山川而封禅焉。入寿宫侍祠神语,究观方士祠官之意,于是退而论次自古以来用事于鬼神者,具见其表里。

"论次自古以来用事于鬼神者,具见其表里",是司马迁撰写《封禅书》的目的,所谓"见其表里"也就是叙述事实的真相,并讨论事实真相发生的原因。但这两个问题对当时的司马迁而言,都是非常困难的。虽然他父子二人前后经历了这个历史事件的发生、进展、结果,及后来演变的全部过程,但是对个人参与的历史事件[1],对事件的观察与叙述,很难避免个人主观的因素。尤其他父亲兢兢业业,委曲求全地参与这件工作,竟因"尽罢诸儒不用"的株连,被留滞周南,不得从事司马谈个人认为的伟大历史工作,最后因此含恨以终。为人子者的内心,不可能完全没有感应。所以,司马迁对他父亲的死,书以非常情绪化的"愤"。

---

[1]　编者注:此句原为"及后来演变的全部过程。对个人参与的历史事件"。

三、《封禅书》与对封禅材料的处理

后世由于《封禅书》[1]，尤其《史记·今上本纪》后来佚散，褚少孙以《封禅书》全篇补《孝武本纪》，因此认为司马迁写《封禅书》，是对武帝的微言讥讽，《史记》被视为谤书也由此而起[2]。《史记·今上本纪》虽然佚散，但司马迁写《今上本纪》的意旨，仍然存在[3]。《太史公自序》说："汉兴五世，隆在建元，外攘夷狄，内修法度，封禅，改正朔，易服色"，而撰《今上本纪》。"外攘夷狄"，指伐匈奴而言。自高祖困于白登，与冒顿单于签订城下之盟，一直是汉帝国朝野上下感到屈辱，而贾谊要痛哭流涕的事。后来终于在武帝手中复仇雪耻，大举伐挞匈奴。但武帝大举伐挞匈奴，仍然和封禅有关。《史记·封禅书》称：

> 其来年冬，上议曰："古者先振兵泽旅，然后封禅。"乃遂北巡朔方，勒兵十余万，还祭黄帝冢桥山，释兵须如。

---

[1]　编者注：此句原为"后世对于《封禅书》"。

[2]　拙作《经史分途与史学评论的萌芽》，《魏晋史学的思想与社会基础》。又叶适《习学纪言序目》卷十九，《史记》，谓："至秦始封禅，而汉武因之，皆用方士之说，虚引黄帝而推于神仙变诈，是以淫祀黩天地。"（转引自杨燕起、陈可青、赖长扬编，《历代名家评史记》，北京：北京师范大学出版社，一九八六）黄震《黄氏日抄》卷四十六，《读史·史记》："迁作《封禅书》，反复纤悉，皆以著求神仙之妄，善矣！"（见《四库全书》珍本二集）郝敬《史汉愚按》卷二云："子长为《封禅书》，意在讽时⋯⋯"（转引自《历代名家评史记》）牛运震《史记评注》卷四谓："《封禅书》一篇讥讽文字⋯⋯"（转引自《历代名家评史记》）尚镕《史记辨证》、朱一新《无邪堂答问》皆谓《封禅书》是谤，自王允谓司马迁的《史记》为谤书以来，宋元至明清的学者在讨论这个问题时，似将司马迁微文讥讽的焦点，集中在《封禅书》。但司马迁的《史记》是否有微文讥讽的意图，仍然是一个值得讨论的问题。

[3]　编者注：此句原为"仍然存在的"。

这一年是元封元年，《汉书·武帝纪》称：

> 冬十月，诏曰："南越、东瓯咸伏其辜，西蛮北夷颇未辑睦，朕将巡边垂，择兵振旅，躬秉武节，置十二部将军，亲帅师焉。"行自云阳，北历上郡、西河、五原，出长城，北登单于台，至朔方，临北河。勒兵十八万骑，旌旗径千余里，威震匈奴。……还，祠黄帝于桥山，乃归甘泉。

不仅伐匈奴、伐朝鲜、伐南越，甚至太初元年伐大宛，"丁夫人、洛阳虞初等以方祠诅匈奴、大宛焉"，《封禅书》都有记载。司马迁似乎要说明武帝"外攘夷狄"和封禅的关系。

至于"内修法度，封禅，改正朔"。内修法度包括封禅与改正朔两件大事。案《史记》卷二十三《礼书》称：

> 今上即位，招致儒术之士，令共定仪，十余年不就。或言古者太平，万民和喜，瑞应辨至，乃采风俗，定制作。上闻之，制诏御史曰："盖受命而王，各有所由兴，殊路而同归，谓因民而作，追俗为制也。议者咸称太古，百姓何望？汉亦一家之事，典法不传，谓子孙何？化隆者闳博，治浅者褊狭，可不勉与！"乃以太初之元改正朔，易服色，封泰山，定宗庙百官之仪，以为常典，垂之于后云。

太初元年（公元前一〇四年）改正朔、易服色，案《汉书·武帝纪》云："（太初元年）夏五月，正历，以正月为岁首。色上黄，数用五，定官名，协音律。"又案《汉书·律历志》称："汉兴，方纲纪大基，庶事草创……至武帝元封七年，汉兴百二岁矣，大中大夫公孙卿、壶遂、太史令司马迁等言'历纪坏废，宜改正朔'。"司马迁与方士公孙卿都参加改历的工作。《律历志》并且说："是时御史大夫兒宽明经术，上乃诏宽曰：'与博士共议，今宜何以为正朔？服色何上？'"改正朔、易服色与修《太初历》，在封禅泰山后七年同时进行，是由于封禅泰山衍生出来的[1]。但王允认为司马迁的《史记》是谤书。所谓谤书，是由于司马迁对武帝的微文讥讽引起的，而微文讥讽又集中于《封禅书》[2]。《封禅书》对武帝求神仙狂侈之心的记载，是一个很好的说明。不过，武帝封禅在世掌天官的司马迁父子看来，是件创时代的历史大事。司马迁认为元狩、元鼎、元封直到太初改定新历，是一个完整的时代，其间经历获麟、得宝鼎、封禅、改正朔、易服色、受命于清穆之言，这个时代以得宝鼎为受命的关键，封泰山禅梁父是受命的高峰，改正朔易服色是受命的终极。司马谈对于自己不能参与这个"接千岁之统"的封禅大典发愤抱憾而卒。古代国之大事在祀与戎。关于"圣人所以讨强暴，平乱事，夷险阻"的兵戎之事，已载于《律书》。关于国家大祀的典仪，也应有专书记载。[3]虽然武帝的封禅，杂以方士的鬼神之事迂诞不经，但"虽事属荒唐，业已主信国从，明著令典，职司载笔，若阙一不纪，何足为信史"[4]！

所以，司马迁写《封禅书》，应与微文讥讽或谏言无关，只是将这个在当时与以后都发生重大影响的历史事件，客观地记录下来，

---

[1] 牛弘震，《史记评注》卷四，转引自《历代名家评史记》。

[2] 编者注：此处原为"但自从王允认为司马迁的《史记》是谤书，所谓谤书由于司马迁对武帝的微文讥讽引起的。而微文讥讽又集中于《封禅书》"。

[3] 编者注：此处标点原为逗号。

[4] 李晚芳，《读史管见》卷一，《封禅书》，转引自《历代名家评史记》。

翔实地保存这批重要的史料，如《封禅书》的"太史公曰"所言："后有君子，得以览焉"，是司马迁保存材料的方法之一，是他在《史记》中常用的。《六国年表》的序就说："著诸所闻兴坏之端。后有君子，得览观焉。"《高祖功臣侯者年表》的"太史公曰"也说："于是谨其终始，表其文，颇有所不尽本末；著其明，疑者阙之。后有君子，欲推而列之，得以览焉。"

关于《封禅书》材料的来源，可以从两方面来讨论。[1] 钱大昕说："案《封禅书》两称太史公，与祠官宽舒文连而不著名，为其父讳也。是年郊雍，为元鼎四年，其明年冬至，郊拜泰一，皆谈为太史公时事。谈以元封元年卒，卒后，迁始继之。"[2] 司马谈自建元至元封三十年间，扈从武帝巡祠天地与封禅，并参加讨论封禅的礼仪，和实际的策划工作，如上所述。死后留下了一批他"所欲论次"的"旧闻"。在这批"旧闻"中，应包括关于武帝封禅的材料。司马谈卒后，司马迁继任太史令。《封禅书》说："今上封禅，其后十二岁而还，遍于五岳、四渎矣。"在这十二年间，司马迁则扈从在侧。也就是《封禅书》"太史公曰"所谓的"余从巡祭天地诸神名山川而封禅焉"。除扈次巡祭与封禅，并观察与研究"方士祠官之意"，然后"退而论次"，他父亲所欲论次的"旧闻"，与司马迁个人每次巡祭与封禅的记录，是《封禅书》材料的主要来源。在整部《史记》的著作之中，没有一篇像《封禅书》那样，将他父子二人共同亲身经历与经验，融于这个历史事件的写作之中。

除此之外，当时方士的记录也是《封禅书》材料的另一个来源，上述《汉书·艺文志》著录的《古封禅群祀》二十二篇，和《封禅

---

[1] 编者注：此处标点原为逗号。

[2] 钱大昕，《廿二史考异》卷一，《孝武本纪》，"有司与太史公祠官宽舒等议"条下。

议对》十九篇外，还有《汉封禅群祀》三十六篇，这三部书在班固时俱已亡佚。前两书已如上论，至于《汉封禅群祀》，案姚振宗《汉书艺文志条理》称："《后书·张纯传》：'纯案孝武太山明堂制度，欲具奏之。'太山明堂制度，似即在《汉封禅群祀》三十六篇中。"如是，《封禅群祀》所载的，则是封禅的典制与祠祀的仪式，其中或有方士之言。方士之言大批存在于"方说"之中，《封禅书》说："海上燕齐之间，莫不搤捥而自言有禁方，能神仙矣。"又说："齐人之上疏言神怪奇方者以万数。"案杨树达《汉书窥管》称："方说者，《史记·封禅书》记李少君以祀灶、谷道、却老方见上，亳人谬忌奏祠太一方，齐人少翁以鬼神方见上，胶东宫人栾大求见言方之类也。"《汉书·艺文志·诸子·小说家》有《封禅方说》十篇，记载可能就是方士关于封禅的方说。武帝封禅和求神仙长生不老，是一体的两面，《汉书·艺文志》小说家类更著录了一些武帝时方士所著的小说。

《汉书·艺文志》小说家类著录了自上古以来至西汉的小说十五家。若以时代区分，自《伊尹》至《黄帝》九家，属于先秦以前的作品，自《封禅说》以下六家，则是汉代，尤其是武帝时期的著作。[1] 对于先秦的小说，其中《青史子》《周考》《天乙》等三种，班固自注或称其"古史官之记事也"，或"考周事"，"殷时事"，其性质近乎史。至于《伊尹说》《鬻子说》《务成子》《诗旷》及《黄帝说》，其性质则近乎子，但不论其性质近乎史或近似子，班固于每条下都以"浅薄依托"或"迂诞依托"评之。对于这些先秦小说，胡应麟说："《汉书·艺文志》所谓小说，虽为街谈巷说，实与后世博物志、志怪等书迥异，盖杂家者流，稍错以事耳。"说的是先秦小说的

---

[1] 拙作《志异小说与魏晋史学》，《魏晋史学的思想与社会基础》（台北：东大图书，二〇〇〇）。

性质，这些小说为后人依托，杂以迂诞怪异之说，真伪莫测。

《汉书·艺文志》除了先秦的小说外，又著录了《侍诏臣饶心术》《封禅方说》《虞初周说》《侍诏臣安成未央术》等，这些小说已与先秦小说的性质完全不同。《四库总目提要·小说家》条下引张衡《西京赋》称："小说九百，本自虞初。"案《虞初周说》九百四十三篇，班固注"虞初，汉武帝时方士"，而认为"小说兴于汉武帝时矣"。这些小说兴于武帝之时，皆出于方士之手。

《虞初周说》的作者虞初，班固注曰："河南人，汉武帝时以方士侍郎，号黄车使者。"虞初的名字也见于《封禅书》，即武帝伐大宛，与丁夫人以方诅匈奴、大宛的那个方士。至于"黄车使者"，案《封禅书》称："予方士传车，及闲使求仙人以数千。"武帝为了求神仙，除自己亲往，并派出数千方士到各地探访，张衡《西京赋》说"千乘雷动，万骑龙趋，属车之篓，载猃猲獢"。张衡的《西京赋》，追述武帝时西京的盛事。以上所述，可能是数千方士的传车，出发到各地寻求神仙的情景。这些乘车寻仙的方士，即所谓的黄车使者，虞初是当时著名的方士，或也是其中之一。所以，张衡接着说："匪为好玩，乃有秘书，小说九百，本自虞初。"小说又称秘书。薛综注秘书，即医巫卜祝之术。又解释："持此秘术，储以自随，侍上求问，皆常俱也。"《汉书·艺文志》还有《侍诏臣饶心术》，班固注称："武帝时"，颜师古引刘向《别录》进一步解释："饶，齐人也，不知其姓，武帝时侍诏，作书名曰'心术'也。"又《侍诏臣安成未央术》，应劭注曰："道家也，好养生事，为未央之术。"这些小说的作者皆称之为"臣"或"侍诏臣"，这些可能都是各怀秘书秘术，随侍在武帝四周的方士，他们的秘书秘术后来编辑成册，被称之为小说。所以，汉代小说出于方士之手，其内容则迂怪妄诞。但这些材料非常丰富[1]，是司马迁撰写《封禅书》，另一个重要的材料来源。

《史记·大宛列传》太史公曰："至《禹本纪》《山海经》所有怪物，余不敢言之也。"上述《封禅书》两种主要的材料来源——不论司马谈所遗留的"旧闻"，或司马迁扈从武帝巡行天地、退而论次的材料——虽然都是他们亲身经历或亲眼所见的，而且又是曾经发生而真实存在的历史事实，[2]但这些无可否认的历史事实，却都是缙绅先生难言又无法考证的材料。至于方士之言，更充满神仙家的虚无缥缈，迂诞妄怪，不是现实世界应有的现象，更是难以考证的。这是司马迁撰写《封禅书》所遇到的问题，如何处理这些无法考证的材料，是司马迁首先要解决的问题。

洪迈说："汉武帝获白麟，司马、班固书曰，获一角兽，盖麟云。盖之为言，疑之也。余观《史》《汉》所记事，或曰若，或曰云，或曰焉，或曰盖，其语舒缓，含深意。"班固所言获麟事，见《汉书·郊祀志》。《郊祀志》全取《史记·封禅书》。案《史记·封禅书》："其明年，郊雍，获一角兽，若麃然。有司曰：'陛下肃祗郊祀，上帝报享，锡一角兽，盖麟云。'""若麃然""盖麟云"，若、然、盖、云都是无法肯定的疑问词。后来钟惺也说《封禅书》"累累万余言，无一着实语，每用虚字诞语翻弄"[3]。"每用虚字诞语翻弄"，是司马迁处理无法肯定又无法证实的材料，"疑则传疑，盖其慎也"的方法。他处理老子问题就采用这种方法。《史记》卷六十三《老子韩非列

---

[1] 编者注：此句原为"但这些材料是非常丰富"。

[2] 编者注：此句原为"但上述《封禅书》两种主要的材料来源，不论司马谈所遗留的'旧闻'，或司马迁扈从武帝巡行天地，退而论次的材料，虽然这些材料都是他们亲身经历或亲眼目睹的，而且又是曾经发生，而真实存在的历史事实"。

[3] 钟惺，《钟伯敬评史记》，明天启五年刊本，转录自葛鼎、金蟠，《史记》卷二十八，明崇祯十年刻本。见《历代名家评史记》。

传》云：

> 老子者，楚苦县厉乡曲仁里人也，姓李氏，名耳，字聃，周守藏室之史也。……或曰：老莱子亦楚人也，著书十五篇，言道家之用，与孔子同时云。[1] 盖老子百有六十余岁，或言二百余岁，以其修道而养寿也。……或曰儋即老子，或曰非也，世莫知其然否。

《史记》没有一篇列传记载传主的籍贯，像老子那样连乡里都叙述出来，传后并详述老子后代的世系。但是当时对于老子有不同的传说，司马迁以"或"与"盖"的形式[2]，将这些材料保存下来。他以同样的手法，处理墨子的时代问题。《史记》卷七十四《孟子荀卿列传》：

> 盖墨翟，宋之大夫，善守御，为节用，或曰并孔子时，或曰在其后。

不仅对于无法肯定的材料这样处理，就是他个人亲见但又无法证实的事实，也应用这种手法。《史记》卷六十一《伯夷列传》云：

> 太史公曰："余登箕山，其上盖有许由冢云。"

司马迁登箕山，亲眼见到山上有许由冢，[3] 但却说"其上盖有许由冢

---

[1] 编者注：此处句号为编者所加。参见［汉］司马迁：《史记·老子韩非列传》（中华经典普及文库），中华书局，2019，第394页。

[2] 编者注：此句原为"司马迁以或与盖的形式"。

[3] 编者注：此处标点原为句号。

云"。[1] 也就是说俗言相传是许由冢，但冢内所葬是否是许由的尸骨，却无法肯定，也无法证实。[2] 因此，用"盖"与"云"记载这件无法肯定的事实[3]，这是相信事实的存在，却无法肯定传说的真实，是司马迁处理材料"疑则传疑，盖其慎也"的方法最典型的例子。司马迁就用这种方法，处理《封禅书》有关的材料。除上述获麟的记载外，《封禅书》还有其他的记载：

> 齐人少翁以鬼神方见上。上有所幸王夫人，夫人卒，少翁以方盖夜致王夫人及灶鬼之貌云，天子自帷中望见焉。

> 自威、宣、燕昭使人入海求蓬莱、方丈、瀛洲。此三神山者，其傅在勃海中，去人不远；患且至，则船风引而去。盖尝有至者，诸仙人及不死之药皆在焉。

> 自古以雍州积高，神明之隩，故立畤郊上帝，诸神祠皆聚云。盖黄帝时尝用事，虽晚周亦郊焉。

> 其神或岁不至，或岁数来，来也常以夜，光辉若流星，从东南来集于祠城，则若雄鸡，其声殷云。

此外，还有"上乃遣望气佐候其气云""其详不可得而纪闻云""其牲用骝驹、黄牛、羝羊各一云""闻其声言不见其人云""闻若有声言万岁云""东入海求其师云""因以祭云""食群神从者及北斗

---

[1] 编者注：此处标点原为逗号。

[2] 编者注：此处标点原为逗号。

[3] 编者注：此句原为"用盖与云记载这件无法肯定的事实"。

云"“见大人迹云”“见其迹甚大，类禽兽云”，等等。在《封禅书》里“云云”特别多[1]，所谓云云，也就是人云亦云。[2] 司马迁将这些人云亦云而无法考证的材料，保持原来的形式叙述出来，有姑妄言之、姑妄听之的意思，至于其真伪是非，就待后有君子自己判断了。

累累万余言的《封禅书》，就用盖、若、焉及云云结构而成，用这些无法考证的材料，支持了武帝的封禅与求神仙。但司马迁对武帝求神仙采取保留的态度，也就是《封禅书》所谓“天子益怠厌方士之怪迂语矣，然羁縻不绝，冀遇其真。自此之后，方士言神祠弥众，然其效可睹矣”。不过，“冀遇其真”却是武帝求神仙所坚持的态度。司马迁便以“冀遇其真”，结合了盖、焉、若及云云的材料，记载武帝封禅的过程。司马迁的记载，从“今天子初即位，尤敬鬼神之祀”开始，然后“海上燕齐怪迂之方士多更言神事矣”。“上遂东巡海上，行礼祠八神。齐人之上疏言神怪方者以万数，然终无验者。乃益发船，令言海中神山者数千人求蓬莱神人”。“天子既已封泰山，无风雨灾而方士更言蓬莱诸神若将可得，于是上欣然庶几遇之，乃复东至海上望，冀遇蓬莱焉”。“东至海上，考入海及方士求神者，莫验，然益遣，冀遇之”。最后《封禅书》说：

> 今上封禅，其后十二岁而还，徧于五岳、四渎矣[3]。而方士之候祠神人，入海求蓬莱，终无有验。而公孙卿之候神者，亦以大人之迹为解，无有效。天子益怠厌方士之怪迂语矣，然羁縻不绝，冀遇其真。自此之后，方士言神祠者弥众，然其效可

---

[1] 编者注：此句原为“在《封禅书》里云云特别多”。

[2] 编者注：此处标点原为逗号。

[3] 编者注：此句中华书局版为“遍于五岳、四渎矣”。见［汉］司马迁：《史记·封禅书》（中华经典普及文库），中华书局，2019，第178页。

睹矣。

虽然，武帝求神仙冀遇其真，但终无有验，但却意外地创造了另一个神仙，那就是黄帝。文廷式《纯常枝子语》卷十八云："李少君以前言神仙者，不特不托老子，并未尝托黄帝也。"的确，李少君将方士之术与黄帝扯在一起，于是黄帝进入了神仙系统，自得宝鼎以后，黄帝又和封禅结合起来，公孙卿又编制出黄帝乘龙的神话，黄帝既封禅又登仙，深合武帝的心意。所以，《封禅书》说：

> 天子既闻公孙卿及方士之言，黄帝以上封禅，皆致怪物与神通，欲放黄帝以上接神仙人蓬莱士，高世比德于九皇，而颇采儒术以文之。

因此，黄帝在方士的粉饰渲染下，变成了神仙家的箭垛式的人物。《汉书·艺文志·诸子·小说家》有《黄帝说》四十篇，班固注曰："迂诞依托。"这部小说家的《黄帝说》，可能就是武帝时方士的依托之作，其中充满迂诞怪妄。同时在《诸子略·道家》之外，又出现了许多其他以黄帝为名的著作。这些著作包括《黄帝杂子气》《黄帝柳占梦》《黄帝内经》《黄帝秦始扁鹊附方》《黄帝三阳养汤》《黄帝杂子步引》《黄帝杂子芝茵》《黄帝伯岐按摩》《黄帝杂子十九家方》，等等，这些托名黄帝的书，可能都出于方士之手，配合了武帝的封禅与求仙的需要而产生[1]。

出于战国时期传说中的黄帝，到这个时候突然变成神仙的黄帝，

---

[1] 编者注：此句原为"配合了武帝的封禅与求仙的需要而产生的"。

不仅是神仙 [1]，而且是神仙家的始祖，于是许多迂怪不经的神话，就环绕着黄帝而产生了。不过，神话和传说还是有区别的，神话是想象的产物，虽然怪诞荒唐，而且是非理性的，但讲者和听者却信以为真，绝不认为其虚妄。至于传说，必须有某种事实作为依据，虽然这些事实往往因穿凿附会流于怪诞不经，但传说所叙述的是一个民族的英雄，不是超越现实世界的神仙。牛运震说司马迁写《封禅书》"设词于疑信之际，用笔在离合之间，摹拟处无一实境，论断处无一直笔。"这正是司马迁处理材料写《封禅书》的方法。他将包括黄帝在内的许多神话材料，采取保留的态度，每每借方士之口道出，却不加任何的论断，将这一份材料固定《封禅书》中，"后有君子，得以览焉"。然后进一步再从传说中提炼可信的材料，塑造另一个历史的黄帝。所以，司马迁的《史记》中有两个黄帝，一个在《封禅书》，另一个在《五帝本纪》，前者是神仙的黄帝，后者是历史的黄帝。司马迁将神仙的黄帝固定在《封禅书》中，然后再考论包括传说在内的其他材料，撰写《五帝本纪》之首的另一个中国历史开端的黄帝。所以《史记》中有两个黄帝，一为历史的黄帝，一为武帝时的神仙黄帝，前者为古，后者为今。

---

[1]　编者注：此句原为"不仅神仙"。

《匈奴列传》的次第问题

一、《匈奴列传》的次第

赵翼《廿二史札记》云："《史记》列传次序，盖成一篇，即编入一篇，不待撰成全书后，重为排比。故李广传后，忽列匈奴传，下又列卫青、霍去病传，朝臣与外夷相次，已属不伦。然比犹曰诸臣事皆与匈奴相涉也。"因而赵氏认为《史记》"其次第皆无意义，可知其随得随编也"。[1]

赵氏之论提出两个问题，一是《匈奴列传》编次于李广、卫霍列传之间，"朝臣与外夷相次"，不伦不类。二由此推论，《史记》次第"皆无意义，随得随编"。关于《匈奴列传》次第问题，最早为张晏提出，其谓《匈奴列传》"本次于《平津列传》后第五十二，今本第五十者，先生本如此"。并云："若先诸传而次四夷，则司马、汲郑不合在后也。"[2] 张晏之说则缘于班固，《汉书·司马迁传》叙《史记》列传次第，为《卫将军骠骑列传》第五十，《平津主父偃列传》第五

---

[1] 赵翼，《廿二史札记》卷一"《史记》编次"条。
[2] 《史记·匈奴列传》正义。

十一,《匈奴列传》第五十二。与司马迁《自序》所叙《匈奴列传》次第不同。《汉书》则次《匈奴传》于诸杂传之后,与四夷传同列,如此则免于朝臣与外夷相次,而有华夏夷狄之别。自此以后,正史列传次第皆以此为准绳。

不过,司马迁撰《史记》似无中国四夷之分,故《匈奴列传》编次于李将军、卫霍列传之间。其自序云:"自三代以来,匈奴常为中国患害,欲知强弱之时,设备征讨,作《匈奴列传》第五十。"匈奴强弱,事关汉匈之间和战关系,为司马迁撰《匈奴列传》之意旨所在。刘咸炘云:"自李广至大宛,武帝时事数大端也,皆《今上本纪》之纬也。"[1] 现《今上本纪》已轶,然司马迁叙武帝时代历史发展之主要趋势,仍有迹可寻。《自序》云:"汉兴五世,隆在建元,外攘夷狄,内修法度,封禅,改正朔,易服色。作《今上本纪》第十二。"此为司马迁《今上本纪》的意旨所在。

"内修法度"与"外攘夷狄"是武帝时代两大重要的历史事件,也是构成《今上本纪》的主要内容。所谓"内修法度",即统治体制的转变,由王国郡县的地方分权,转变为"德归京师"的中央集权,最后形成"天子之德,一人有庆,天下赖之"的君主绝对权威的树立[2]。至于"外攘夷狄",《建元以来侯者年表》云:"中国一统,明天子在上,兼文武,席卷四海,内辑亿万之众,岂以晏然不为边境征伐哉!"《建元以来侯者年表》之所以作,《自序》云:"北讨强胡,南诛劲越,征伐夷蛮,武功爰列,作《建元以来侯者年表》第八。"司马迁作此表,以伐四夷为主,与司马迁撰《今上本纪》的"外攘夷狄"的本旨同。汪越《读建元以来侯者年表》所谓"建元至太初以后

---

[1] 刘咸炘,《太史公书知意》卷六。
[2] 参见本书《"通古今之变"的"今"之开端》。

侯者，盖主军功。而击匈奴则军功大者，越南、东瓯、朝鲜军功又次之"。[1] 所以，武帝时"外攘夷狄"，虽然包括匈奴、南越、东瓯、朝鲜，但对匈奴的征伐，却又是汉武帝"外攘夷狄"的主要问题。

征伐匈奴不仅是汉武帝"外攘夷狄"的主要问题，也是汉武帝时代的两个重要历史问题之一。刘知幾以经典的经传关系，解释本纪与列传间的关系，即所谓传以释纪。所谓传以释纪的经传关系，也就是《史记》诸本纪仅记载历史事件的大端；列传则对其历史事件的大端，作进一步的叙述与分析。一如经典的传注，对经义所作的阐释。既然本纪与列传之间，存在着经传阐释的关系，则列传与列传之间也存在着一种无形的逻辑关联。所以，《史记》诸列传貌似各自独立，而彼此间实际上有着一种内在的逻辑关联性存在。

因此，司马迁《史记》的篇目次第，就不可能如赵翼所言，随得随编，"皆无意义"可言。所以，朱东润云："曲解篇次，诚为不可，然遽谓其随得随编，亦未尽当。"朱氏认为"史迁作传，共分五组"，即先秦以上、秦、楚汉、高惠文景、今上等五个单元[2]。其中有关今上的单元，朱东润说："《魏其武安侯列传》第四十七，《韩长孺列传》第四十八，《李将军列传》第四十九，凡三篇，皆武帝时人。"不过，他又说："自《匈奴列传》五十以下，目次始不可解。"[3] 所以"不可解"，朱氏认为自《匈奴列传》之后，其间或有"窜乱"。但"窜乱"并非朱氏对此后编次不可解的症结所在，或朱氏与赵翼意见相似，即朝臣不该与外夷参次。事实上，自《魏其武安侯列传》第四十七，至《汲郑列传》第五十九，以及其后的《儒林》《酷吏》等

---

[1] 汪越，《读史记十表》之八《读建元以来侯者年表》。

[2] 朱东润，《史记考索·史记纪表世家传说例》。

[3] 同上。

至《货殖列传》第六十九，甚至《太史公自序》第七十，都包括在
"今上"的范围之内，这也就是司马迁"欲以通古今之变"的"今"，
即当代或现代之史。

自《魏其武安侯列传》第四十九，至《太史公自序》第七十，
虽然各自独立成传，若以《建元已来王子侯者年表》及《建元以来
侯者年表》贯穿，则《今上本纪》的"内修法度"与"外攘夷狄"
两重要的历史问题，皆在其中，形成一个"今上"的独立单元。

在"今上"的单元之中，对匈奴的征讨，则自《韩长孺列传》
第四十八，《李将军列传》第四十九，《匈奴列传》第五十，《卫将军
骠骑列传》第五十一，《平津侯主父列传》第五十二，更以《建元以
来侯者年表》贯穿，则成为"今上"单元中的另一个小的单元。不
仅可以对武帝时代的讨伐匈奴政策，有进一步的了解，并且可以发
现《史记》列传与列传之间，的确存在着一种内在的逻辑关联性。
如此就不会发生《史记》目次了无次第的问题了。

二、《韩长孺列传》与马邑之战

《史记·匈奴列传》叙述汉武帝时的汉匈关系，自"今帝即位……
匈奴自单于以下皆亲汉，往来长城下"始，迄于太初四年：

> 汉既诛大宛，威震外国。天子意欲遂困胡，乃下诏曰："高
> 皇帝遗朕平城之忧，高后时单于书绝悖逆。昔齐襄公复九世之
> 雠，《春秋》大之。"

《匈奴列传》于此诏之后，虽尚有天汉二年、征和三年李陵、李广利

先后降匈奴的两则记事（这两则记事为征和三年，司马迁因巫蛊之祸，删削甫定稿的《史记》时所增补[1]），但《匈奴列传》和与其相关的《建元以来侯者年表》《大宛列传》皆以太初为终，而终于太初是《史记》三个断限之一；[2] 所以武帝的这份诏书，则是司马迁撰写《匈奴列传》的总结。

虽然，《建元以来侯者年表》序所谓 [3]"中国一统，明天子在上，兼文武，席卷四海，内辑亿万之众，岂以晏然不为边境征伐哉！"是武帝出师北讨匈奴的原因，但作为《匈奴列传》总结的汉武帝太初四年诏书，却道出汉武帝北伐匈奴的真正原因。所谓"高皇帝遗朕平城之忧"，即高祖七年的平城之役。高祖被冒顿单于困平城七日，最后"所以得脱者，世莫得而言"，盖高祖与单于订下城下之约。此后与匈奴维持屈辱的和亲，举国上下视此役为国耻，隐忍百年而不言。司马迁撰《史记》言及此役，亦讳莫如深[4]。至于"高后时单于书绝悖逆"，冒顿来书，《史记》亦未载。《汉书·匈奴传》云：

> 孝惠、高后时，冒顿浸骄，乃为书，使使遗高后曰："孤偾之君，生于沮泽之中，长于平野牛马之域，数至边境，愿游中国。陛下独立，孤偾独居。两主不乐，无以自虞，愿以所有，易其所无。"

---

[1]　参见本书《"巫蛊之祸"与〈史记〉的成书》。编者注：本书并无此篇，应为《'巫蛊之祸'与司马迁绝笔》之误。

[2]　编者注：此处原为"《匈奴列传》于此诏之后，虽尚有天汉二年、征和三年李陵、李广利先后降匈奴的两则记事。这两则记事为征和三年，司马迁因巫蛊之祸，删削甫定稿的《史记》时所增补。《匈奴列传》与其相关的《建元以来侯者年表》《大宛列传》皆以太初为终。终于太初是《史记》三个断限之一"，"之一"后标点原为句号。

[3]　编者注：此处原有冒号。

[4]　参见本书《对匈奴问题处理的限制》。

书至，高后大怒，下议。樊哙欲以十万众横行匈奴中，季布以高祖平城之围而斥止。高后乃报书单于，书曰："单于不忘弊邑，赐之以书，弊邑恐惧。退日自图，年老气衰，发齿堕落，行步失度，单于过听，不足以自污，弊邑无罪，宜在见赦。窃有御车二乘，马二驷，以奉常驾。"

此二事，武帝常萦在心，立志复仇雪耻，至北逐匈奴，绝于漠南，西服大宛，乃下此诏，而道出其讨伐匈奴的真正原因。诏书所谓"齐襄公复九世之雠，《春秋》大之"。师古曰："庄四年春，齐襄公灭纪，复雠也。襄公九世祖昔为纪侯所谮，而亨杀于周，故襄公灭纪也。九世犹可以复雠乎？曰：虽百世可也。"诏书引此，知武帝伐匈奴为雪耻复仇，其所复者为高祖平城辱。所以，司马迁撰《匈奴列传》以此作结，突显出汉武帝劳师动众讨伐匈奴的原因在此。

不过，武帝对匈奴的征讨，却以马邑之战为开端。马邑之战是武帝时代对匈奴政策由和到战重要的转变，《汉书·五行志》云："先是二年，遣五将军三十万众伏马邑下，欲袭单于，单于觉之而去。自是始征伐四夷，师出三十余年，天下户口减半。"马邑之战不仅是讨伐匈奴的开端，也是自平城之役近百年来汉匈关系巨大的转变。韩安国不仅经历这个巨大的转变，而且亲予其事，更是马邑之战前后重要的关键人物。司马迁即以韩安国"智足以应近世之变"，而撰写《韩长孺列传》。《太史公自序》："智足以应近世之变，宽足以用得人，作《韩长孺列传》第四十八。"这不仅是司马迁对韩安国的评价，也是他撰写《韩长孺列传》的意旨所在。所谓"宽足以用得人"，案《韩长孺列传》太史公曰："余与壶遂定律历，观韩长孺之义，壶遂之深中隐厚。世之言梁多长者，不虚哉！"壶遂与司马迁共订《太初历》。司马迁借韩安国附叙壶遂，并谓"壶遂官至詹事，天子方倚

以为汉相，会遂卒。不然，壶遂之内廉行修，斯鞠躬君子也"。这是
《史记》的"太史公曰"体例中，补叙轶事的一例[1]。司马迁因与壶遂
共事，对其知之甚深，并予很高的评价。司马迁所以将壶遂附叙于
《韩长孺列传》，因为壶遂是韩安国荐举的。《韩长孺列传》谓安国曰：

> 为人多大略，智足以当世取合，而出于忠厚焉。贪嗜于财。
> 所推举皆廉士，贤于己者也。于梁举壶遂、臧固、郅他，皆天
> 下名士，士亦以此称慕之。

所谓"所推举皆廉士，贤于己者也"，与《太史公自序》中对韩安
国的评价宽厚吻合。壶遂等人之举，皆在韩安国事梁孝王之时。韩
安国事梁孝王在景帝时。所以，司马迁撰写《韩长孺列传》，可以时
间分划为前后两个部分。其一为于景帝时，事梁孝王并力谏梁孝王
改善与中央的关系，深获窦太后之心。同时向中央举荐壶遂等，这
是韩安国"出于忠厚"与"宽于用人"时期。其二韩安国在武帝即
位之初，由地方转入中央，正是新旧权力交替之际，韩安国浮沉其
间，颇能"以当世取合"，其后参与对匈奴和战问题廷议的论辩，并
于马邑之战中扮演重要的角色，这是韩安国"以应近世之变"时期。
《史记·韩长孺列传》即以这两部分组合而成，如果没有后一个部分，
韩安国是很难进入历史的。

韩安国由地方转任中央，因以金赂武安侯田蚡，由田蚡向其姊
王太后推荐。《韩长孺列传》云：

> 建元中，武安侯田蚡为汉太尉，亲贵用事，安国以五百金

---

[1] 参见本书《史传论赞与"太史公曰"》。

物遗蚡。蚡言安国太后，天子亦素闻其贤，即召以为北地都尉，迁为大司农。

此后，韩安国成为田蚡的追随者，政治上的左右手。建元六年五月，母仪三朝并实际掌控中央权力的窦太后崩，田蚡立即复出任丞相。前此，田蚡为首的武帝母氏王太后外戚集团，欲在权力交替之际，夺取窦氏外戚集团的权力，遭到窦皇太后的镇压。田蚡因此退出政治权力中心，诸所兴革尽废，其中也包括汉对匈奴的政策在内。窦皇太后对匈奴的政策，仍继续文景之世的和亲政策。窦皇太后崩，田蚡复出。《魏其武安侯列传》云：

建元六年，窦太后崩，丞相昌、御史大夫青翟坐丧事不办，免。以武安侯蚡为丞相，以大司农韩安国为御史大夫。

《韩长孺列传》亦云："建元六年，武安侯为丞相，安国为御史大夫。"田蚡取得权力后，立即恢复被窦太后废置的若干改革的设施。当是时，武帝已由即位时的少年，成长为一个有为的青年。因其母亲王太后的关系，虽然在政治权力方面，对田蚡作若干妥协与让步，但却欲利用其祖母窦皇太后逝世的机会，彻底改变自平城之围后百年来的汉匈关系。所以，当时若干政治事务与人事的任用，由田蚡负责。但对匈奴的政策却完全由武帝主导。司马迁在《韩长孺列传》中，详细叙述了当时汉对匈奴由和到战的转变过程。《韩长孺列传》云：

匈奴来请和亲，天子下议。大行王恢，燕人也，数为边吏，习知胡事。议曰："汉与匈奴和亲，率不过数岁即复倍约。不如勿许，兴兵击之。"安国曰："千里而战，兵不获利。今匈奴负戎马之足，怀禽兽之心，迁徙鸟举，难得而制也。得其地不足以为广，有其众不足以为强，自上古不属为人。汉数千里争利，则人马罢，虏以全制其敝。且强弩之极，矢不能穿鲁缟，冲风之末，力不能漂鸿毛。非初不劲，末力衰也。击之不便，不如和亲。"

在这次廷议论辩中，王恢主战，韩安国主和，但群臣多附安国。于是，武帝只得许和亲。

韩安国在廷议中，分析敌我情势之后，认为"击之不便，不如和亲"。韩安国的意见，实际上代表田蚡的主张。这次的廷议在元光元年初，当时窦太后大丧未久，田蚡初取得中央权力之际，内部政治情势未稳，而不欲开边，遂然 [1] 改变行之已久的和亲政策，因而发动群臣附和韩安国继续和亲的意见。不过，武帝欲讨伐匈奴的决心是坚定的。《史记·酷吏列传》云：

匈奴来请和亲，群臣议上前。博士狄山曰："和亲便。"上问其便，山曰："兵者凶器，未易数动。高祖欲伐匈奴，大困平城，乃遂结和亲。孝惠、高后时，天下安乐。及孝文帝欲事匈奴，北边萧然苦兵矣。孝景时，吴楚七国反，景帝往来两宫间，寒心者数月。吴楚已破，竟景帝不言兵，天下富实。今自陛下举兵击匈奴，中国以空虚，边民大困贫。由此观之，不如和亲。"

---

[1] 编者注：此处疑为"遽然"之误。

上问（张）汤，汤曰："此愚儒，无知。"狄山曰："臣固愚忠，若御史大夫汤乃诈忠……"于是上作色曰："吾使生居一郡，能无使虏入盗乎？"曰："不能。"曰："居一县？"对曰："不能。"复曰："居一障间？"山自度辩穷且下吏，曰："能。"于是上遣山乘鄣。至月余，匈奴斩山头而去。自是以后，群臣震慑。

此次廷议未载年月，是时张汤已为御史大夫。案《史记·汉兴以来将相名臣年表》张汤元狩二年为御史大夫。由卫青、霍去病率领大举讨伐匈奴的战争已经展开，但和战的争议仍未停止。由武帝最后对狄山的处置，也反映他对讨伐匈奴态度的坚决。所以在元光元年第一次廷议讨论对匈奴的和战问题，他主张讨伐匈奴 [1]，由于田蚡作梗没有获得大多数朝臣的支持。次年又下诏重申其讨伐匈奴的决心并征询群臣的意见。《汉书·武帝纪》云：

（元光二年）春，诏问公卿曰："朕饰子女以配单于，金币文绣赂之甚厚，单于待命加嫚，侵盗亡已。边境被害，朕甚闵之。今欲举兵攻之，何如？"

此诏不见载《史记》。《汉书·韩安国传》云："明年，雁门马邑豪聂壹因大行王恢言：匈奴初和亲，亲信边，可诱以利致之，伏兵袭击，必破之道也。"下亦载此诏。于是开始第二次关于汉匈和战问题的廷议。论辩双方仍然是主战的王恢，与主和的韩安国。往复辩难五六次，皆详载于《汉书·韩安国传》。此次廷议双方持论虽仍如前，然

---

[1] 编者注：此句原为"他主张讨伐匈奴的主张"。

事关汉匈和战问题，其影响至巨，司马迁竟然未载。这次廷议武帝最后抉择，选用了王恢的"以为击之便"。《汉书·韩安国传》云：

> 恢曰："……今臣言击之者，固非发而深入也，将顺因单于之欲，诱而致之边，吾选枭骑壮士阴伏而处以为之备，审遮险阻以为其戒。吾势已定，或营其左，或营其右，或当其前，或绝其后，单于可禽，百全必取。"上曰"善"，乃从恢议。

然后，乃有马邑之役。《史记·韩长孺列传》详述此次战争的过程：

> 其明年，则元光元年，雁门马邑豪聂翁壹因大行王恢言上曰："匈奴初和亲，亲信边，可诱以利。"阴使聂翁壹为间，亡入匈奴，谓单于曰："吾能斩马邑令丞吏，以城降，财物可尽得。"单于爱信之，以为然，许聂翁壹。聂翁壹乃还，诈斩死罪囚，县其头马邑城，示单于使者为信。曰："马邑长吏已死，可急来。"于是单于穿塞将十余万骑，入武州塞。当是时，汉伏兵车骑材官二十余万，匿马邑旁谷中。卫尉李广为骁骑将军，太仆公孙贺为轻车将军，大行王恢为将屯将军，太中大夫李息为材官将军。御史大夫韩安国为护军将军，诸将皆属护军。约单于入马邑而汉兵纵发。王恢、李息、李广别从代主击其辎重。于是单于入汉长城武州塞。未至马邑百余里，行掠卤，徒见畜牧于野，不见一人。单于怪之，攻烽燧，得武州尉史。欲刺问尉史。尉史曰："汉兵数十万伏马邑下。"单于顾谓左右曰："几为汉所卖！"乃引兵还。出塞，曰："吾得尉史，乃天也。"命尉史为天王。塞下传言单于已引去。汉兵追至塞，度弗及，即罢。

> 王恢等兵三万，闻单于不与汉合，度往击辎重，必与单于精兵
> 战，汉兵势必败，则以便宜罢兵，皆无功。

马邑之战的战斗部署，完全依王恢之议。案《汉书·武帝纪》云：
"夏六月，御史大夫韩安国为护军将军，卫尉李广为骁骑将军，太仆
公孙贺为轻车将军，大行王恢为将屯将军，太中大夫李息为材官将
军，将三十万众屯马邑谷中，诱致单于。"然未言主帅何人，或谓此
役武帝自将兵前往，因未竟功而讳之。但韩安国于此役中任护军将
军，《史记·韩长孺列传》云："韩安国为护军将军，诸将皆属护军。"
则是韩安国在此次战役中，协调诸军事宜，其位仅次于主帅。前后
两次廷议，韩安国皆坚持和亲，但在这次战役中竟转而担负重任，
真可谓"智足以当世取合"了。

韩安国自元光元年为御史大夫，至元朔二年"欧血死"，前后七
年间，正是汉武帝对匈奴政策转变关键时期。[1] 司马迁以马邑之役，
作为武帝对匈奴政策转变的开端，因其不仅对匈奴，并且其他方面
的影响也是深远的。《史记·平准书》云：

> 及王恢设谋马邑，匈奴绝和亲，侵扰北边，兵连而不解，天
> 下苦其劳，而干戈日滋。行者赍，居者送，中外骚扰而相奉，百
> 姓抏弊以巧法，财赂衰耗而不赡。入物者补官，出货者除罪，选
> 举陵迟，廉耻相冒，武力进用，法严令具。兴利之臣自此始也。

所以，马邑之役不仅是汉武帝对匈奴政策转变的开端，而且自马邑

---

[1] 编者注：此处标点原为逗号。

之战后，展开对匈奴的进击，其影响扩展及政治、军事、经济与社会各个层面，的确是近世一大巨变。韩安国处于这个变中，前后两次廷议，坚决对匈奴和亲，马邑之战发生之后，又以护军将军领军，俯仰自如，这就是司马迁说他"智足以当世取合"，而能"应近世之变"的原因。所以，在马邑之役之前，或马邑之战中，韩安国都扮演重要的角色。因此，司马迁以列传以人系事的体例，将这个重要战役的缘起、经过以及战后的处理，皆详载于《韩长孺列传》。

牛运震《读史纠谬》曰："王恢设谋马邑无功自杀事，与安国无连，记之太详，使人阅之不知为长孺传。此为客夺主之嫌，此已载于《匈奴列传》，则此处略之。"案王恢之死，《匈奴列传》云："汉以恢本造兵谋而不进，斩恢。"确不如《韩长孺列传》详尽。又云武帝怒王恢不出击单于辎重，并曰："首为马邑事者，恢也。故发天下兵数十万，从其言，为此。且纵单于不可得，恢所部击其辎重，犹颇可得，以慰士大夫心。今不诛恢，无以谢天下。"于是恢闻之乃自杀。牛氏之言似是，其实不然。因为司马迁撰《史记》列传，非仅叙单独的个人，乃以人系事。《匈奴列传》叙汉匈和战关系大事，然事件发展缘起以及过程之背景，载于其他列传中叙之，《韩长孺列传》叙武帝对匈奴政策转变开端的马邑之战，即是一个显明的例子。然后以此与《李将军列传》《匈奴列传》《卫将军骠骑列传》《平津侯主父列传》并读，将会发现彼此的逻辑关联性。[1] 由于这种逻辑关联的存在，更以《建元以来侯者年表》贯穿，形成一个武帝处理匈奴问题的单元。如此，就不会发生赵翼所谓司马迁撰《史记》，朝臣与四夷相参，其目录了无次第可言的问题了。

---

[1] 编者注：此处标点原为逗号。

马邑之役后，韩安国的生涯都和对匈奴的征战有关。最后，《史记·韩长孺列传》云：

> 安国始为御史大夫及护军，后稍斥疏，下迁；而新幸壮将军卫青等有功，益贵。安国既疏远，默默也；将屯又为匈奴所欺，失亡多，甚自愧。幸得罢归，乃益东徙屯，意忽忽不乐。数月，病欧血死。安国以元朔二年中卒。

司马迁以安国"后稍斥疏"，与"新幸壮将军卫青等有功，益贵"，将《韩长孺列传》与《卫将军骠骑列传》联系起来，韩安国的"斥疏"与卫青等的"益贵"，象征着武帝对匈奴的讨伐，进入另一个新的发展阶段。这是司马迁撰写列传内在逻辑关联性的具体表现。

韩安国卒于元朔二年。元朔二年是武帝讨伐匈奴重要转变阶段。《汉书·武帝纪》元朔二年条下云：

> 匈奴入上谷、渔阳，杀略吏民千余人。遣将军卫青、李息出云中，至高阙，遂西至符离，获首虏数千级。收河南地，置朔方、五原郡。

此役由卫青率军。《卫将军骠骑列传》云：

> 明年，匈奴入杀辽西太守，虏略渔阳二千余人，败韩将军军。汉令将军李息击之，出代；令车骑将军青出云中以西至高阙。遂略河南地，至于陇西，捕首虏数千，畜数十万，走白羊、楼烦王。遂以河南地为朔方郡。

所谓"韩将军"即韩安国。《韩长孺列传》亦载此役：

> 明年，匈奴大入边，杀辽西太守，及入雁门，所杀略数千
> 人。车骑将军卫青击之，出雁门。卫尉安国为材官将军，屯于
> 渔阳。安国捕生虏，言匈奴远去。即上书言方田作时，请且罢
> 军屯。罢军屯月余，匈奴大入上谷、渔阳。安国壁乃有七百余
> 人，出与战，不胜，复入壁。匈奴虏略千余人及畜产而去。天
> 子闻之，怒，使使责让安国。徙安国益东，屯右北平。

经此役，安国不数月即呕血死。卫青则以取河南，筑朔方城，封长
平侯。三年后的元朔五年，"天子使使者持大将军印，即军中拜车骑
将军青为大将军，诸将皆以兵属大将军"。自此之后，卫青成为讨伐
匈奴的统帅。此即《韩长孺列传》所谓"新幸壮将军卫青等有功，
益贵"。于是，韩安国既没，卫青、霍去病出焉。

三、《卫将军骠骑列传》与六郡良家子

《太史公自序》云："直曲塞，广河南，破祁连，通西国，靡北
胡。作《卫将军骠骑列传》第五十一。"开河南立朔方与通河西置四
郡，司马迁认为是卫青、霍去病讨伐匈奴主要的功绩，于是乃有斯
传之作。然附骥于《匈奴列传》之后，则有其微意在焉。如果没有
武帝对匈奴的讨伐，卫青、霍去病仅得次于《外戚世家》或《佞幸
列传》之间。《史记·外戚世家》云：

> 卫子夫已立为皇后，先是卫长君死，乃以卫青为将军，击

胡有功，封为长平侯。青三子在襁褓中，皆封为列侯。及卫皇
后所谓姊卫少儿，少儿生子霍去病，以军功封冠军侯，号骠骑
将军。青号大将军。……卫氏枝属以军功起家，五人为侯。

卫、霍皆以军功起家，击胡有功封侯。武帝为雪高祖平城之耻，欲
讨伐匈奴。即位后，即着手建立一支精锐，并且绝对忠诚的部队，
故其统帅则于内宠嬖臣或外戚中擢拔。《史记·佞幸列传》云：

> （韩）嫣者，弓高侯孽孙也。今上为胶东王时，嫣与上学书相
> 爱。及上为太子，愈益亲嫣。嫣善骑射，善佞。上即位，欲事伐
> 匈奴，而嫣先习胡兵，以故益尊贵，官至上大夫，赏赐拟于邓通。

后韩嫣被窦太后赐死，此后讨伐匈奴将帅皆出于外戚之家，前有卫
青、霍去病，后有李广利。卫青、霍去病由是脱颖而出。事实上，
外戚与佞幸很难区划。《汉书·外戚恩泽侯表》卫青、霍去病即列其
中。《史记·佞幸列传》即云：

> 内宠嬖臣大底外戚之家，然不足数也。卫青、霍去病亦以
> 外戚贵幸，然颇用材能自进。

卫青、霍去病皆以外戚"贵幸"。《汉书·东方朔传》云：

> 建元三年，微行始出。北至池阳，西至黄山，南猎长杨，
> 东游宜春。微行常用饮酢已。……微行以夜漏下十刻乃出，常
> 称平阳侯。

武帝自建元三年常微服夜出，所率不过十余人，霍去病即在其中。《汉武故事》云：

> 与霍去病等十余人，皆轻服为微行，且以观戏市里，察民风俗，赏至勾通中行……时微服行率不过二十人，马七八匹，更步更骑，衣如凡庶，不可别也。[1]

霍去病宠幸如此。至于卫青，褚少孙补《外戚世家》云：

> 是时平阳主寡居，当用列侯尚主。主与左右议长安中列侯可为夫者，皆言大将军可。主笑曰："此出吾家，常使令骑从我出入耳，奈何用为夫乎？"

平阳公主为武帝姊，先尚平阳侯曹寿，后下嫁卫青。其谓卫青"此出吾家，常使令骑从我出入耳"。亲幸如此。卫青、霍去病虽以外戚贵幸，然"颇用材能自进"。所谓"用材能自进"，即深识侍君之道。《卫将军骠骑列传》云：

> 骠骑将军为人少言不泄，有气敢任。天子尝欲教之孙吴兵法，对曰："顾方略何如耳，不至学古兵法。"天子为治第，令骠骑视之，对曰："匈奴未灭，无以家为也。"由此上益重爱之。

"少言不泄"乃侍居之要件。所谓"匈奴未灭，无以家为"，深恰武帝讨伐匈奴复仇之心。至于卫青，传称其"仁善退让，以和柔自媚

---

[1]《资治通鉴》卷十七汉武帝建元三年条下，亦引《汉武故事》。

于上"。《卫将军骠骑列传》太史公曰：

> 苏建语余曰："吾尝责大将军至尊重，而天下之贤大夫毋称焉，愿将军观古名将所招选择贤者，勉之哉。"大将军谢曰："自魏其、武安之厚宾客，天子常切齿。彼亲附士大夫，招贤绌不肖者，人主之柄也。人臣奉法遵职而已，何与招士！"骠骑亦放此意，其为将如此。

卫青、霍去病既亲幸，欲能奉法守职，不招纳宾客，对主上绝对输其忠诚，是武帝讨伐匈奴理想的统帅人才。卫青出身羽林，选任车骑将军而后大将军。霍去病以侍中选任骠姚[1]，而后为骠骑将军，二人于元狩六年并为新置的大司马。卫青、霍去病为当时讨伐匈奴东西战场的统帅。

卫青、霍去病分别由羽林、侍中选任将军。羽林、侍中皆为郎官，属郎中令。案《汉书·百官公卿表》云：

> 郎中令，秦官，掌宫殿掖门户，有丞。武帝太初元年更名光禄勋。属官有大夫、郎、谒者，皆秦官。又期门、羽林皆属焉。

武帝为讨伐匈奴，在守戍京师的南北军之外，又培养一支精锐的禁卫军，作为出击匈奴军事力量的骨干。于是扩展其近身郎官的组织与功能，将原来的郎中令更名光禄勋。案《汉官解诂》曰："勋犹阍

---

[1] 编者注：此处应为"剽姚校尉"之误。见〔汉〕司马迁：《史记·卫将军骠骑列传》（中华经典普及文库），中华书局，2019，第649页。

也。易曰：为阍寺，主殿宫门之职。"武帝改制后的光禄勋："主更直执戟，出充车马。"虽仍有古官制的遗意，但职责与组织却已扩大，在当时既行的正规行政制度外，形成另一个庞大且固定的郎官官僚体系。

郎有议郎、中郎、侍郎、郎中。《续汉书·百官志》云："凡郎官皆主更直，宿卫诸殿门，出充车骑，唯议郎不在直中。"议郎有中大夫、大中大夫、谏议大夫等，其职掌如汲黯所言"臣愿为中郎，出入禁闼，补过拾遗"，负责议论、起草议论，等等，无须更直。但其他诸郎皆须更直，东方朔、扬雄皆曾执戟为郎。诸郎官多至千人，其后出征匈奴的将校，皆由其中选擢，边郡太守也多出郎官中派任。

同时，武帝在诸郎官中，[1] 又设立了羽林、期门两支禁卫军，并收容从军战死者的子孙，教以五兵，号为羽林孤儿，为储备讨伐匈奴的战斗力量。《汉书·百官公卿表》云：

> 期门，掌执兵送从，武帝建元三年初置，比郎，无员，多至千人，有仆射，秩比千石。

期门置于建元三年。《汉书·东方朔传》进一步解释云：

> 建元三年……八九月中，与侍中常侍武骑及待诏陇西北地良家子能骑射者期诸殿门，故有"期门"之号自此始。

至于羽林设置则较期门晚。《汉书·百官公卿表》云：

---

[1] 编者注：此处标点原为顿号。

羽林掌送从，次期门，武帝太初元年初置，名曰建章营骑，后更名羽林骑。又取从军死事之子孙养羽林，官教以五兵，号曰羽林孤儿。羽林有令丞。

羽林、期门皆属光禄勋，是善于骑射的骑兵禁卫军，专为讨伐匈奴而设置，其成员多来自"陇西北地良家子能骑射者"。《汉旧仪》亦云：

期门骑者，陇西工射猎及能用五兵材力者五百人。行出会期门不从射猎，无员，秩比郎从员，名曰期门骑。

所谓"陇西、北地良家子"，即"六郡良家子"。《汉书·地理志》云：

汉兴，六郡良家子选给羽林、期门，以材力为官，名将多出焉。

赵充国、甘延寿、冯奉世皆以六郡良家子选补羽林或期门，后为讨伐匈奴或征西羌的名将。《汉书》各本传云：

赵充国字翁孙，陇西上邽人也，后徙金城令居。始为骑士，以六郡良家子善骑射补羽林。

甘延寿字君况，北地郁郅人也。少以良家子善骑射为羽林，投石拔距绝于等伦，尝超逾羽林亭楼，由是迁为郎。试弁，为期门。

冯奉世字子明，上党潞人也……至武帝末，奉世以良家子选为郎。

赵充国、甘延寿、冯奉世皆以"六郡良家子"或"良家子"从军，入补羽林或期门。案"良家子"，《史记·李将军列传》云："广以良家子从军击胡。"《外戚世家》云："平阳主求诸良家子女十余人，饰置家。"《史记·张释之冯唐列传》云："士卒尽家人子，起田中从军。"《汉书·匈奴列传》云："元帝以后宫良家子王墙字昭君赐单于。"所谓"良家子"，如淳曰："非医、巫、商贾、百工也。"一般认为良家子为良民、良口、编户齐民之谓。不过，良家子冠以"六郡"，而称为"六郡良家子"，则有不同的意义。

所谓六郡，即天水、陇西、安定、北地、上郡、西河。《汉书·地理志》云：

> 天水、陇西，山多林木，民以板为室屋。及安定、北地、上郡、西河，皆迫近戎狄，修习战备，高上气力，以射猎为先。

六郡一带，地处长城沿边，与塞外胡羌为邻，是草原与农业文化的过渡地区。故《史记·货殖列传》谓六郡"西有羌中之利，北有戎翟之畜，畜牧为天下饶"，而且人民因"迫近戎狄，修习战备，高上气力，以射猎为先"。特殊的地理环境与历史背景，使这个地区自古以来名将辈出。《汉书·赵充国传》云：

> 秦汉已来，山东出相，山西出将。秦将军白起，郿人；王翦，频阳人。汉兴，郁郅王围、甘延寿，义渠公孙贺、傅介子，成纪李广、李蔡，杜陵苏建、苏武，上邽上官桀、赵充国，襄武廉褒，狄道辛武贤、庆忌，皆以勇武显闻。苏、辛父子著节，

此其可称列者也，其余不可胜数。何则？山西天水、陇西、安
定、北地处势迫近羌胡，民俗修习战备，高上勇力鞍马骑射。
故秦诗曰："王于兴师，修我甲兵，与子皆行。"其风声气俗自古
而然，今之歌谣慷慨，风流犹存耳。

所谓山东与山西是以华山为界[1]。陇西、天水等六郡属山西的范围。
秦汉时的名将多出于斯，乃特殊地理环境使然，故曰"山西出将"。
入汉以后，大批将领出于这个地区，除特殊的地理环境，更有其现
实意义。因为平城战后检讨失败的原因，发现中原农业地区的步兵，
无法适应边郡的战争环境，一方面是天气酷寒，另一方面无法与匈
奴机动性的骑兵抗衡，最严重的还是部队的补给问题。为解决这个
问题，首先在边郡养马，并训练一支适应草原作战的骑射部队。这
支部队即后来晁错建议的以降胡与边郡人民混合组成的骑兵部队，
《汉书·晁错传》云：

今降胡义渠蛮夷之属来归谊者，其众数千，饮食长技与匈
奴同，可赐之坚甲絮衣，劲弓利矢，益以边郡之良骑。令明将
能知其习俗和辑其心者，以陛下之明约将之。

所谓"边郡之良骑"，即由边郡良家子组成的骑兵部队，由郡守统领，
《汉旧仪》云："边郡太守各得将万骑行障塞，烽火追虏。"这些良骑
是边郡兵的正卒，又称骑士，汉简关于骑士的资料甚多："昭武骑士
乐成里羊田"，"船武骑士市阳里储寿"，"氐池骑士昌栾里丁竟"，"氐
池骑士千秋里王赦之"，等等。这些骑士简皆贯有籍里，皆为六郡在

---

[1] 傅乐成，《秦汉史论集·汉代的山东与山西》。

地居民，而且家世清白，出身于六郡良家，汉简亦有记载："良家子三十二人，物故四人"，坐从良家子自给车马为私事论疑也[1]。

这些出身六郡良家子的边防军的骑士，和内地遣发边郡实边的吏民身份不同。《后汉书·班梁列传》云："塞外吏士，本非孝子顺孙，皆以罪过徙补边屯。"这些谪边的吏民包括"七科谪"中的罪吏、亡命、赘婿、贾人、故有市籍者，等等，以及后来的郡国恶少年。所以，所谓"六郡良家子"，[2]为籍隶六郡、家世清白的良民或良口，善骑射，或征或募充为边郡良骑，其中材力出众或斩虏有爵者，经选擢为羽林、期门。

以六郡良家子为基础组成的羽林、期门骑，同时也是卫青、霍去病麾下的重要部属。司马迁在《卫将军骠骑列传》最后，总结他们二人讨伐匈奴的战功：

> 最大将军青，凡七出击匈奴，斩捕首虏五万余级。一与单于战，收河南地，遂置朔方郡，再益封，凡万一千八百户。封三子为侯，侯千三百户。并之，万五千七百户。

> 最骠骑将军去病，凡六出击匈奴，其四出以将军，斩捕首虏十一万余级。及浑邪王以众降数万，遂开河西酒泉之地，西方益少胡寇。四益封，凡万五千一百户。

在总叙卫青、霍去病的功绩后，并附录随卫青、霍去病出征将校的传略："其校尉裨将以从大将军侯者九人，其裨将及校尉已为将者十

---

[1] 分见《流沙坠简·戍役类》及《居延汉简甲乙编》。
[2] 编者注：此处逗号为编者所加。

四人。"而霍去病，则"其校吏有功为侯者凡六人，而后为将军二人"。这是司马迁《史记》诸列传中，一种比较特殊的写作形式。以此与《建元以来侯者年表》相校，这些随征将校籍隶六郡的，有公孙贺、李息、公孙敖、李沮、李蔡、苏建、张骞、赵食其、韩说、郭昌、赵破奴、李广等。以六郡良家子组成骑射部队，不仅是武帝讨伐匈奴的骨干，而且卫青、霍去病所有的功绩，都是由六郡良家子冲锋陷阵的血泪取得的。司马迁似乎要说明，如果没有这些六郡良家子为骨干，《卫将军骠骑列传》是无法形成的。

司马迁在叙述这些将校的传略时，特别说"李广，自有传"，于是以此将《李将军列传》与《卫将军骠骑列传》联系在一起。

李广不仅是六郡良家子从军典型代表，其子李椒、李敢，孙李陵皆参与讨伐匈奴的征战，形成出身六郡良家子的军人世家。而且祖孙三代分别与出身外戚的讨伐匈奴最高统帅卫青、霍去病、李广利有恩怨的纠缠。卫青、霍去病、李广皆与讨伐匈奴有关，而置于《匈奴列传》前后。故《卫将军骠骑列传》应与《李将军列传》并读，始知司马迁处理匈奴问题的微意所在。

后世读《李将军列传》，对其终老不封而自刎，多所感叹。但若将这个问题置于历史或史学领域，则另有一层意义。《李将军列传》云：

> 李将军广者，陇西成纪人也。其先曰李信，秦时为将。……广家世世受射。孝文帝十四年，匈奴大入萧关，而广以良家子从军击胡，用善骑射，杀首虏多，为汉中郎。

李广以六郡良家子从军击胡。六郡良家子从军，以善骑射为先。李广不仅善射而且精于射术，固然与家传"世世受射"有关，而其自身"为人长，猿臂，其善射亦天性也，虽其子孙他人学者，莫能及广"。《汉书·艺文志·方技略》著录《李将军射法》三篇。师古曰："李广"。则李广不仅精于运用匈奴战斗的长技，且有著作传世，可称汉代第一射手。司马迁似有意特别突出李广在这方面的才能。其撰《李将军列传》，即以李广善射贯穿全篇，若射杀匈奴射雕者，奔射匈奴白马将，射石入镞，自以大黄射匈奴裨将。传称其"讷口少言，与人居则画地为军陈，射阔狭以饮，专以射为戏"。至死乐此不疲。至于骑术，《李将军列传》云：

> 广以卫尉为将军，出雁门击匈奴。匈奴兵多，破败广军，生得广。单于素闻广贤，令曰："得李广必生致之。"胡骑得广，广时伤病，置广两马间，络而盛卧广。行十余里，广详死，睨其旁有一胡儿骑善马，广暂腾而上胡儿马，因推堕儿，取其弓，鞭马南驰数十里，复得其余军，因引而入塞。

李广的骑术受到匈奴朝野的赞誉，称其为"汉之飞将军"。晁错曰："匈奴地形、技艺与中国异，上下山阪，出入溪涧，中国之马弗与也。险道倾仄，且驰且射，中国之骑勿与也。"但李广既精骑又善于射，是深通匈奴技艺者。李广不仅深通匈奴的战斗技艺，而且前后历任上郡、陇西、北地、雁门、代郡、云中等边郡太守，精于草原作战战术。其率军，传称其"行无部伍行陈，就善水草屯，舍止，人人自便，不击刀斗自卫，莫府省约文书籍事，然亦远斥候，未尝遇害"。程不识论李广治军："军极简易，然虏卒犯之，无以禁也；而其士卒亦佚乐，咸乐为之死。"

李广既精于骑射，又熟练匈奴作战技术。当李广以六郡良家子从军之日，正是文帝欲大伐匈奴之时。《史记·孝文本纪》云："十四年冬，匈奴谋入边为寇……上乃遣三将军……军渭北，车千乘，骑卒十万。帝亲自劳军，勒兵申教令，赐军吏卒。帝欲自将击匈奴，群臣谏，皆不听。皇太后固要帝，帝乃止。"当是时，李广亦从行。《李将军列传》云：

> 广尝从行，有所冲陷折关及格猛兽，而文帝曰："惜乎，子不遇时！如令子当高帝时，万户侯岂足道哉！"

文帝欲雪高祖平城之耻伐匈奴，因太后所阻，壮志未酬。其所谓李广若当高祖时，万户侯岂足道哉，[1]其意或为如当高祖平城之围时，若有飞将军在，冒顿单于岂足惧哉。李广"不遇时"，盖文景之世与匈奴和亲，无大规模的战争，无法展显其长才。然李广历任边郡太守，每与匈奴力战，天子亦使中贵人从李广勒习兵击匈奴，声名已立，故世人谓"李广才气，天下无双"。

及武帝即位，积极展开对匈奴的进攻，此后，李广自谓"广自结发与匈奴大小七十余战"。若干场大的战争，皆发生在武帝时代，理应一展其抱负与长才，其实不然。先是元光元年，李广为骁骑将军屯云中，六月罢。旋于马邑之战，广仍以骁骑将军，领属护军将军韩安国，无功。马邑之战后四岁元光六年，武帝使四将军各将万骑，击胡关市下。传称："广以卫尉为将军，出雁门击匈奴。匈奴兵多，破败广军，生得广。"李广取胡儿马得还。《汉书·武帝纪》载

---

[1]　编者注：此处标点原为句号。

此役云:"匈奴入上谷,杀略史民。遣车骑将军卫青出上谷,骑将军公孙敖出代,轻车将军公孙贺出云中,骁骑将军李广出雁门,青至龙城,获首虏七百级。广、敖失师而还。"武帝下诏谴责广、敖。诏曰:

> 间者匈奴数寇边境,故遣将抚师。古者治兵振旅,因遭虏之方入,将吏新会,上下未辑,代郡将军敖、雁门将军广所任不肖,校尉又背义妄行,弃军而北,少吏犯禁。用兵之法,不勤不教,将率之过也……将军已下廷尉,使理正之。

这是马邑之战后,武帝对匈奴发动的另一次战争,卫青始为车骑将军出击匈奴。所谓"将军已下廷尉",传称:"汉下广吏,吏当广所失亡多,为虏所生得。当斩,赎为庶人。"广既为庶人,家居数岁复起,卫青已拜大将军,为征讨匈奴的最高统帅。元朔六年,李广为后将军,从大将军卫青出定襄,击匈奴。传称:"诸将多中首虏率,以功为侯者,而广军无功。"斯役诸将封侯者有:护军将军公孙敖封合骑侯,都尉韩说封龙侯,骑将军公孙贺封南窌侯,轻骑将军李蔡封乐安侯,校尉李朔封涉轵侯,校尉赵不虞封随成侯,公孙戎奴封从平侯,将军李息、李沮,校尉豆如意有功,赐爵关内侯。而独李广斯役无功,不封。乐安侯李蔡,为广从弟,"为人在下中,名声出广下甚远"。《李将军列传》云:

> 初,广之从弟李蔡与广俱事孝文帝。景帝时,蔡积功劳至二千石。孝武帝时,至代相。以元朔五年为轻车将军,从大将军击右贤王,有功中率,封为乐安侯。元狩二年中,代公孙弘

为丞相。蔡为人在下中，名声出广下甚远，然广不得爵邑，官不过九卿，而蔡为列侯，位至三公。诸广之军吏及士卒或取封侯。广尝与望气王朔燕语，曰：自汉击匈奴而广未尝不在其中，而诸部校尉以下，才能不及中人，然以击胡军功取侯者数十人，而广不为后人，然无尺寸之功以得封邑者，何也？岂吾相不当侯邪？且固命也？

李广不封，非关于命而与武帝、卫青有关。元狩四年，卫青、霍去病大规模出击匈奴。《卫将军骠骑列传》云："元狩四年春，上令大将军青、骠骑将军去病将各五万骑，步兵转者踵军数十万"，分别出定襄、代郡，大举讨伐匈奴。李广自请行，武帝以为李广年老勿许。数请乃许之，命其为前将军。李广于此役自刎身绝。《李将军列传》云：

　　广既从大将军青击匈奴，既出塞，青捕虏知单于所居，乃自以精兵走之，而令广并于右将军军，出东道。东道少回远，而大军行水草少，其势不屯行。广自请曰："臣部为前将军，今大将军乃徙令臣出东道，且臣结发而与匈奴战，今乃一得当单于，臣愿居前，先死单于。"大将军青亦阴受上诫，以为李广老，数奇，毋令当单于，恐不得所欲。而是时公孙敖新失侯，为中将军从大将军，大将军亦欲使敖与俱当单于，故徙前将军广。广时知之，固自辞于大将军。大将军不听，令长史封书与广之莫府，曰："急诣部，如书。"广不谢大将军而起行，意甚愠怒而就部，引兵与右将军食其合军出东道。军亡导，或失道，后大将军。

李广以前将军随卫青出征，卫青忽并其军于右将军，改出东道。其理由是卫青受武帝的告诫，认为李广年老，而且数次出征皆有败绩，勿令其当单于。武帝知李广老，然既令其为前将军于前，岂能阴诫卫青于后，显系推诿之辞。其真正原因则是"公孙敖新失侯，为中将军从大将军，大将军亦欲使敖与俱当单于，故徙前将军广"。《卫将军骠骑列传》谓卫青姊子夫[1]入宫得幸，有身，大公主妒，乃使人捕青，并云：

> 青时给事建章，未知名。大长公主执囚青，欲杀之。其友骑郎公孙敖与壮士往篡取之，以故得不死。

公孙敖有厚恩于卫青。其传略云："以郎事武帝，武帝立十二岁，为（骠）骑将军。"武帝立十二年，即元朔元年，是年春，"卫夫人有男，立为皇后"。卫青益贵。先是前一年即元光六年，卫青初以车骑将军击匈奴，出上谷。公孙敖为骑将军出代郡，李广为骁骑将军出雁门，各将万人。是役，公孙敖亡七千骑，李广为虏所得，得脱归，"皆当斩，赎为庶人"。此后，公孙敖、李广同在卫青麾下出征匈奴。公孙敖于元朔五年，"三从大将军击匈奴，常护军，傅校获王，以千五百户封敖为合骑侯"。自此而后，其传略称："后一岁，以中将军从大将军，再出定襄，无功。后二岁，以将军出北地，后骠骑期，当斩，赎为庶人。"案《卫将军骠骑列传》云："骠骑将军出北地，已遂深入，与合骑侯失道，不相得……合骑侯敖坐行留不与骠骑会，当斩，

---

[1]　编者注：此处原为"夫子"。

赎为庶人。"然公孙敖因卫青复起，并欲代李广为前将军。李广、公孙敖皆以六郡良家子从军，其际遇竟如此不同。卫青既徙李广，而广亦知其故。既还，见大将军。传又称：

> 大将军使长史持糒醪遗广，因问广，食其失道状，青欲上书报天子军曲折。广未对，大将军使长史急责广之幕府对簿。广曰："诸校尉无罪，乃我自失道，吾今自上簿。"至莫府，广谓其麾下曰："广结发与匈奴大小七十余战，今幸从大将军出接单于兵，而大将军又徙广部行回远，而又迷失道，岂非天哉！且广年六十余矣，终不能复对刀笔之吏。"遂引刀自刭。

广以"终不能复对刀笔之吏"而自刎。广死，传称："广军士大夫一军皆哭，百姓闻之，知与不知，无老壮皆为垂涕。"司马迁叙老将军之死，至为悲壮。为其诸列传少见，然其中曲直自现。

广有三子，当户、椒、敢皆为郎。当户早死，有遗腹子名陵。李广死军时，李敢适以校尉从骠骑将军击胡左贤王，力战，夺左贤王鼓旗，赐关内侯，食邑二百户，代李广为郎中令。但李敢怨恨卫青令其父含恨而终。《李将军列传》云：

> （敢）怨大将军青之恨其父，乃击伤大将军，大将军匿讳之。居无何，敢从上雍，至甘泉宫猎，骠骑将军去病与青有亲，射杀敢。去病时方贵幸，上讳云鹿触杀之。

李敢因其父故而击伤卫青，霍去病竟将李敢射死。武帝却讳以鹿触死，其心偏袒可知。最后，司马迁以"李氏陵迟衰微矣"作《李将军列传》的结论。在这种环境中,岂能不陵迟衰微。司马迁似有意以李广一生的际遇,说明以六郡良家子从军形成的军人,虽然他们在讨伐匈奴战斗中,曾作出许多不可磨灭的贡献,但却没有获得应有的尊敬。相反地,由恩幸出身的卫青、霍去病,他们所有功绩,都是由这批六郡良家子之血泪凝成。但武帝对他们宠爱有加,封赐超常,其出征所将皆精兵良骑。《卫将军骠骑列传》云:"诸宿将所将士马兵亦不如骠骑。骠骑所将常选,然亦敢深入,常与壮骑先其大军,军亦有天幸,未尝困绝也。然而诸宿将常坐留落不遇。"所谓霍去病"亦有天幸",李广自刭时亦呼:"岂非天哉!"二者虽同天,相较却有天壤之别。所以,武帝虽有讨伐匈奴雪耻复仇的决心,然其择将帅,凭一己之偏,擢自恩幸柔媚之中,是故"建功不深"。故司马迁于《匈奴列传》之终,而有"唯在择任将相"的慨叹,若以此与冯唐"论将帅"并读,即知司马迁将《李将军列传》与《卫将军骠骑列传》,分置于《匈奴列传》前后的微意了。

四、《平津侯主父列传》与朔方置郡

司马迁在《匈奴列传》最后感叹说:"唯在择任将相哉,唯在择任将相哉!"当时的将是卫青、霍去病,[1] 相则是公孙弘。卫青、霍去病、公孙弘并列于《汉书·外戚恩泽侯表》,皆以恩幸进。卫青、霍去病"以和柔自媚于主上",公孙弘则"每朝会议,开陈其端,令人主自择,不肯面折庭争"。他们都不是司马迁所认为理想的将相。

《太史公自序》曰:"大臣宗室以侈靡相高,唯弘用节衣食为百吏

---

[1] 编者注:此处标点原为分号。

先，作《平津侯列传》第五十二。"这是司马迁作《平津侯主父列传》意旨所在。所谓"弘用节衣食"，传称："弘为人恢奇多闻，常称以为人主病不广大，人臣病不俭节。弘为布被，食不重肉"，但却被汲黯责斥"弘位在三公，奉禄甚多，然为布被，此诈也"，所以，司马迁是不可能以"用节衣食"为主旨，而撰写公孙弘传的。

而且公孙弘"用节衣食"与主父偃无涉。或谓主父偃因公孙弘言而死，故而同传。《平津侯主父列传》谓"主父偃受诸侯金，以故诸侯子弟多以得封者"，并云：

> 及齐王自杀，上闻大怒，以为主父劫其王令自杀，乃征下吏治。主父服受诸侯金，实不劫王令自杀。上欲勿诛，是时公孙弘为御史大夫，乃言曰："齐王自杀无后，国除为郡，入汉，主父偃本首恶，陛下不诛主父偃，无以谢天下。"乃遂族主父偃。

此乃公孙弘与主父偃个人恩怨，并不可能构成同传的理由。故《汉书》将二人分置，公孙弘入卜式、兒宽传，主父偃与朱买臣、严助等合传。

至于《平津侯主父列传》与《匈奴列传》的关联，公孙弘曾出使匈奴。传称："弘年六十，征以贤良为博士。使匈奴，还报，不合上意，上怒，以为不能，弘乃病免归。"主父偃或曾于卫青门下，传称主父偃"元光元年中，以为诸侯莫足游者，乃西入关见卫将军，卫将军数言上，上不召"，似与匈奴无甚关系。至于主父偃事关讨匈奴者，则为其上书"谏伐匈奴"，[1] 其要曰：

---

[1] 编者注：此处逗号为编者所加。

匈奴无城郭之居，委积之守，迁徙鸟举，难得而制也。轻兵深入，粮道必绝；踵粮以行重不及事。得其地不足以为利也，遇其民不可役而守也。胜必杀之，非民父母也。靡毙中国，快心匈奴，非长策也。秦皇帝不听，遂使蒙恬将兵攻胡，辟地千里，以河为境。地固泽卤，不生五谷。然后发天下丁男以守北河。暴兵露师十有余年，死者不可胜数，终不能逾河而北。是岂人众不足，兵革不备哉？其势不可也。又使天下蜚刍挽粟，起于黄、腄、琅邪负海之郡，转输北河，率三十钟而致一石。男子疾耕不足于粮饷，女子纺绩不足于帷幕。百姓靡敝，孤寡老弱不能相养，道路死者相望，盖天下始畔秦也。

主父偃的若干论点，与其以前的韩安国，以后的《盐铁论》诸文学的意见相似。不过，他提出一个比较实际的问题，即其所谓自东海之滨，转输河北[1]的补给问题，由这个问题所滋生许多的经济和社会问题。司马迁撰《史记》，甚少引用臣工的策议，于此特引主父偃上书，九事中的"谏伐匈奴"一事，与韩安国与王恢廷议的论辩，前后呼应。以《韩长孺列传》的论对匈奴的和战，作为讨论匈奴问题之始；而以主父偃"谏伐匈奴"作为讨论汉匈和战问题的终结，则可见其终始，由此不仅可见司马迁个人对匈奴问题的看法，亦可了解此一系列传记彼此间的关联性。

不过，主父偃的"谏伐匈奴"策，虽然可以作为讨论匈奴问题最后的结论，但此策却与公孙弘无涉，仍无法解决公孙弘、主父偃合传的问题。事实上，公孙弘与主父偃合传，由于二人曾辩论朔方

---

[1] 编者注：上段引文中为"转输北河"。

郡设置的问题。因为朔方郡的设置不仅是军事的需要，更具有其政治意义。这也是《平津侯主父列传》置于《卫将军骠骑列传》之后，并和匈奴问题有所关联的原因[1]。当然，公孙弘所参与的历史事件不仅于此，但已详叙于《儒林列传》，此传只论其行事及朔方郡的设置问题。《平津侯主父列传》云：

> 元朔三年，张欧免，以弘为御史大夫。是时通西南夷，东置沧海，北筑朔方之郡。弘数谏，以为罢敝中国以奉无用之地，愿罢之。于是天子乃使朱买臣等难弘置朔方之便。发十策，弘不得一。弘乃谢曰："山东鄙人，不知其便若是，愿罢西南夷、沧海而专奉朔方。"

先是公孙弘往视使西南夷。《史记·西南夷列传》云：

> 西南夷又数反，发兵兴击，耗费无功。上患之，使公孙弘往视问焉。还对，言其不便。及弘为御史大夫，是时方筑朔方以据河逐胡，弘因数言西南夷害，可且罢，专力事匈奴。

公孙弘请罢西南，置朔方，专力事匈奴。然朔方置郡，此计则出于主父偃。《平津侯主父列传》云：

> 偃盛言朔方地肥饶，外阻河，蒙恬城之以逐匈奴，内省转输戍漕，广中国，灭胡之本也。上览其说，下公卿议，皆言不

---

[1] 编者注：此句原为"并和匈奴问题有所关联"。

便。公孙弘曰："秦时常发三十万众筑北河，终不可就，已而弃之。"主父偃盛言其便，上竟用主父计，立朔方郡。

主父偃言朔方地饶，外阻河，蒙恬筑城以逐匈奴。与其前"谏伐匈奴"所言蒙恬将兵攻胡，辟地千里，以河为境，地固泽卤，不生五谷。且云天下畔秦，亦因蒙恬暴师在外，筑城河南而起。前后不可同若斯。且公孙弘前言筑城河南之不便，武帝使朱买臣难之，发十策，弘不得一。韦昭曰："以弘之才，非不能得一也，以为不可，不敢逆上耳。"则是，朔方设置郡与筑城，皆出于武帝之意，主父偃揣摩上意，乃发此策。

《汉书·地理志》云："朔方郡，武帝元朔二年开。"案《汉书·武帝纪》云：

> （元朔二年）匈奴入上谷、渔阳，杀略吏民千余人，遣将军卫青、李息出云中，至高阙遂西至符离，获首虏数千级。数河南地，置朔方、五原郡。

司马迁则以收河南，置朔方，乃卫青之首功，其总结卫青出征匈奴的功绩云："大将军，凡七出击匈奴，一与单于战，收河南地，遂置朔方。"其撰《卫将军骠骑列传》，即以卫青"通曲塞，广河南"为其意旨。《卫将军骠骑列传》云：

> 匈奴入杀辽西太守，虏略渔阳二千余人，败韩将军军。汉令将军李息击之，出代；令车骑将军青出云中以西至高阙。遂略河南地，至于陇西，捕首虏数千，畜数十万，走白羊、楼烦

王。遂以河南地为朔方郡。

《史记·匈奴列传》所载略同，传云：

> 匈奴又入雁门，杀略千余人。于是汉使将军卫青将三万骑出雁门，李息出代郡，击胡。得首虏数千人。其明年，卫青复出云中以西至陇西，击胡之楼烦、白羊王于河南，得胡首虏数千，牛羊百余万。于是汉遂取河南地，筑朔方，复缮故秦时蒙恬所为塞，因河为固。汉亦弃上谷之什辟县造阳地以予胡。是岁，汉之元朔二年也。

卫青既取河南地，乃命苏建筑朔方城，并提报武帝。武帝接报，欣喜何似，立即下诏。《卫将军骠骑列传》云：

> 匈奴逆天理，乱人伦，暴长虐老，以盗窃为务，行诈诸蛮夷，造谋藉兵，数为边害，故兴师遣将，以征厥罪。《诗》不云乎："薄伐狝狁，至于太原"，"出车彭彭，城彼朔方"。今车骑将军青度西河至高阙，获首虏二千三百级，车辎畜产毕收为卤，已封为列侯，遂西定河南地，按榆溪旧塞，绝梓领，梁北河，封蒲泥，破符离，斩经锐之卒，捕伏听者三千七十一级，执讯获丑，驱马牛羊百有余万，全甲兵而还，益封青三千户。

是役除益封卫青三千户，随卫青出征的校尉苏建、张次公亦封侯，并议开朔方郡。武帝所以如此欣喜，不是没有原因的。

河南地，旧为匈奴牧地，与战国时燕、赵、秦三国临界互相争夺至秦并六国，始皇命蒙恬将十万众击胡，"悉收河南地"，《史记·匈奴列传》云：

> 秦灭六国，而始皇帝使蒙恬将十万之众北击胡，悉收河南地。因河为塞，筑四十四县城临河，徙适戍以充之。而通直道，自九原至云阳，因边山险堑溪谷可缮者治之，起临洮至辽东万余里，又度河据阳山北假中。

秦"因边山险堑溪谷可缮者治之，起临洮至辽东万余里"，此即为长城之筑。秦筑长城则缘于蒙恬"悉取河南地"，《史记·蒙恬列传》云：

> 秦已并天下，乃使蒙恬将三十万众北逐戎狄，收河南。筑长城，因地形，用制险塞，起临洮，至辽东，延袤万余里。于是渡河，据阳山，逶蛇而北，暴师于外十余年，居上郡。是时蒙恬威振匈奴。

秦既取河南，案《史记·秦始皇本纪》云：

> 三十二年……始皇乃使将军蒙恬发兵三十万人北击胡，略取河南地。
>
> 三十三年……西北斥逐匈奴。自榆中并河以东，属之阴山，以为四十四县，城河上为塞。又使蒙恬渡河取高阙、阳山、北假中，筑亭障以逐戎人。徙谪，实之初县。
>
> 三十五年，除道，道九原抵云阳，堑山堙谷，直通之。
>
> 三十六年……迁北河榆中三万家。

从始皇三十二年，蒙恬攻略河南地开始，司马迁用"攻略"二字，即表明此地原非秦帝国之领土。于是对原为匈奴牧马故地的河南地，进行一系列的设施，一方面城河上以为塞，并筑亭障以逐戎人，防止匈奴再进此地区牧马。然后此地区划分为三十四地方行政区，即所谓的"初县"，"初县"也就是秦所施行的郡县制度，最初在此施行。另一方面，修建自九原至云阳的驰道，直通边疆，然后迁徙农业人口，充实这个地区。这一系列的设施，显示秦帝国有意将此地区，永远纳入秦帝国的版图，所以，这个地区又称为新秦。所谓新秦，即秦新取得之土地。

但此种情况，至楚汉之际，情势发生变化。《匈奴列传》云：

> 十余年而蒙恬死，诸侯畔秦，中国扰乱，诸秦所徙适戍边者皆复去，于是匈奴得宽，复稍度河南与中国界于故塞。

汉帝国建立承继这种情况，尤其高祖平城之围后，这个地区完全掌控在匈奴手中。此一地区为匈奴所控制，汉不仅无法维持一个稳定的边疆，并且直接威胁京师的安危。《史记·孝文本纪》云：

> 三年五月，匈奴入北地，居河南为寇。帝初幸甘泉。六月，帝曰："汉与匈奴约为昆弟，毋使害边境，所以输遗匈奴甚厚。……令不得居其故，陵轹边吏，入盗，甚敖无道，非约也。其发边吏骑八万五千诣高奴，遣丞相颍阴侯灌婴击匈奴。"匈奴去，发中尉材官属卫将军军长安。

匈奴右贤王居河南入寇，虽去，仍发卫将军率兵军长安，以戍守京师。又《孝文本纪》云：

> 后六年冬，匈奴三万人入上郡，三万人入云中。以中大夫
> 令勉为车骑将军，军飞狐；故楚相苏意为将军，军句注；将军
> 张武屯北地；河内守周亚夫为将军，居细柳；宗正刘礼为将军，
> 居霸上；祝兹侯军棘门：以备胡。数月，胡人去，亦罢。

《匈奴列传》亦载此役：

> 军臣单于立四岁，匈奴复绝和亲，大入上郡、云中各三万
> 骑，所杀略甚众而去。于是汉使三将军军屯北地，代屯句注，
> 赵屯飞狐口，缘边亦各坚守以备胡寇。又置三将军，军长安西
> 细柳、渭北棘门、霸上以备胡。胡骑入代句注边，烽火通于甘
> 泉、长安。

匈奴据河南入寇，有驰道直通关中，京畿屯军，京师告警，这是使
文帝寝食难安的。《汉书·文帝纪》载其后元元年诏书：

> 匈奴并暴边境，多杀吏民，边臣兵吏又不能谕吾内志，以
> 重吾不德也。夫久结难连兵，中外之国将何以自宁？今朕夙
> 兴夜寐，勤劳天下，忧苦万民，为之恒惕不安，未尝一日忘
> 于心。

所以，河南地既失，屏障无存，不仅无法阻止匈奴入侵，并危及京师
的安全。所以，卫青攻取河南，此地区的控制权失去百年后复得，捷

报传来，武帝喜不自禁，立即开置朔方郡。案《汉书·武帝纪》云：

> （元朔二年）春……收河南地，置朔方、五原郡。……夏，募民徙朔方十万口。

朔方置郡与内地徙民同时进行，武帝为复高祖平城之辱而伐匈奴，收取河南地，不仅可以建立一个稳定的边疆，并且也是深入匈奴的前进基地。此后卫青得以率军深入大漠，追击单于。《汉书·武帝纪》云："（元朔）六年春二月，大将军卫青将六将军兵十余万骑出定襄，斩首三千余级。还，休士马于定襄、云中、雁门。赦天下。夏四月，卫青复将六将军绝幕，大克获。"武帝颁诏曰：

> 今中国一统而北边未安，朕甚悼之。日者大将军巡朔方，征匈奴，斩首虏万八千级，诸禁锢及有过者，咸蒙厚赏，得免减罪。今大将军仍复克获，斩首虏万九千级，受爵赏而欲移卖者，无所流貤。

虽然，朔方置郡与筑城，而出现经济的窘困。《史记·平准书》云：

> 其后汉将岁以数万骑出击胡，及车骑将军卫青取匈奴河南地，筑朔方……又兴十万余人筑朔方，转漕甚辽远，自山东咸被其劳，费数十百巨万，府库益虚。乃募民能入奴婢得以终身复，为郎增秩，及入羊为郎，始于此。

武帝却犹不自省，最后，终于为封禅而出巡朔方，《封禅书》云："上议曰：'古者先振兵泽旅，然后封禅。'乃北遂巡朔方，勒兵十余万，还祭黄帝冢桥山，泽兵须如。"《汉书·武帝纪》云：

> 元封元年冬十月，诏曰："……朕将巡边垂，择兵振旅，躬秉武节，置十二部将军，亲帅师焉。"行自云阳，北历上郡、西河、五原，出长城，北登单于台，至朔方，临北河。勒兵十八万骑，旌旗径千余里，威震匈奴。遣使者告单于曰："南越王头已县于汉北阙矣。单于能战，天子自将待边；不能，亟来臣服。何但亡匿幕北寒苦之地为！"匈奴詟焉。

虽然，武帝为封禅北巡朔方，但至此，终于完成其为雪平城之耻而讨伐匈奴的心愿。所以，收河南地，置朔方郡，是武帝讨伐匈奴过程中，重要的转变关键。此次武帝巡朔方，司马迁随侍，亲见其军旅的壮大，所费的靡巨，武帝下诏时的踌躇志满，因此，他以《韩长孺列传》的马邑之战始，而以《平津侯主父列传》的公孙弘与主父偃议朔方置郡为终，叙述武帝为复仇雪耻而讨伐匈奴的过程，因为不论马邑之战或朔方之置郡，皆取决于武帝个人的独断。至于其他的议论则微不足道，只看是否能体察圣意。司马迁以前后几次廷议与上书作终始，有其深意在焉。

五、余论

司马迁在《匈奴列传》的"太史公曰"，开始就说："孔氏著《春秋》，隐桓之间则章，至定哀之际则微。为其切当世之文而罔褒，忌讳之辞也。"明言撰写当代之史，为避免触及现实政治的忌讳，不得不有所回避。即使孔子著《春秋》，也在所难免。这暗示司马迁个人，在撰写当代之史时，也遭遇同样的困境。同时也暗示他在处理匈奴问题时，就受到某种程度的限制。

武帝为复仇雪耻，而讨伐匈奴，[1] 所欲雪的是高祖遗留下的平城之耻。高祖在平城之围订定城下之盟 [2]，始得脱围而出。此后汉匈关系一直以屈辱的和亲政策维系。朝野上下视此为国耻，隐忍不言者百年。至武帝大举讨伐匈奴，终于转变了这种不平等的汉匈关系，但其间仍然存在着历史或现实的忌讳，使司马迁在处理匈奴问题时，对某些问题无法畅所欲言。

除了现实政治的限制外，另一方面，司马迁因为李陵游说而沮贰师，触怒了武帝而获罪，最后下蚕室，其身心和个人的尊严，都受到严重的摧残，使其个人也陷入匈奴问题的是非之中。后世学者多认为司马迁因受刑而幽愤，微文刺讥撰《史记》，甚至视其为谤书。

但个人的幽愤和客观的历史事实，不能混为一谈。如何避免将其幽愤情怀，倾泄于其所撰的当代史之中，是司马迁处理匈奴材料时，所遭遇的另一个困境。在现实政治与个人际遇双重限制下，如何突破这种困境，是司马迁颇费思量的问题 [3]。最后，司马迁终于发现解决这个问题的方法，[4] 即其《自序》所谓"夫诗书隐约者，欲遂其志之思也"。所谓隐略，《索隐》解释说："诗书隐微而约省者，迁深惟欲依其隐约而成其志意也。"因此司马迁深切体会到不仅其个人，任何时代的史学家，也同样遭遇到这个问题。于是，司马迁就应用这种方法，处理其所撰述的当代重大历史问题，特别突显在对于匈

---

[1] 编者注：此处标点原为句号。
[2] 编者注：此句原为"高祖在平城之围所订定城下之盟"。
[3] 参见本书《对匈奴问题处理的限制》。
[4] 编者注：此处标点原为句号。

奴问题的处理上 [1]。

由于司马迁处理匈奴问题的隐略，引起后世对这个问题的不同看法。尤其是关于《匈奴列传》在诸列传中的编次问题。[2] 事实上，从本文的讨论与分析，可以了解从《韩长孺列传》到《平津侯主父列传》，是司马迁讨论匈奴问题的一个单元。《史记》的列传不是为单独的个人写传，而是以人系事，一如编年以时系事，而且这些列传不是分离和孤立的。列传与列传之间，存在着一种逻辑的关联，从《韩长孺列传》到《平津侯主父列传》，旨在说明从马邑之战到朔方置郡，都取决于武帝个人的独断。其目的只有一个，为了释开自少年就积郁在他胸中的心结，即所谓"高皇帝遗朕平城之忧，高后时单于书绝悖逆"。

---

[1] 编者注：此句原为"特别突显在对于匈奴问题的处理"。

[2] 编者注：此处标点原为逗号。

对匈奴问题处理的限制

　　虽然《史记·今上本纪》已轶，但司马迁叙述汉武帝时代的历史发展的主要趋势，仍有迹可寻。《史记·太史公自序》云："汉兴五世，隆在建元，外攘夷狄，内修法度，封禅，改正朔，易服色。作《今上本纪》第十二。"这是司马迁撰《今上本纪》的意旨所在。

　　所谓"内修法度"，即统治体制的转变，由王国郡县的地方分权，转变为"德归京师"的中央集权，最后形成"天子之德，一人有庆，天下赖之"的君王绝对权威[1]。

　　所谓"外攘夷狄"，《建元以来侯者年表》序云："中国一统，明天子在上，兼文武，席卷四海，内辑亿万之众，岂以晏然不为边境征伐哉！"《建元以来侯者年表》所以作，《自序》云："北讨强胡，南诛劲越，征伐夷蛮，武功爰列，作《建元以来侯者年表》。"司马迁撰此表，汪越云："以伐四夷为主。"[2]"以伐四夷为主"，与司马迁撰《今上本纪》的"外攘夷狄"的本旨同。汪越又谓《建元以来侯者年表》所表"建元至太初以后侯者，盖主军功，而击匈奴则军功

---

[1]　编者注：此句原为"最后形成'天子之德，一人有庆，天下赖之'君王绝对权威的树立"。

[2]　汪越，《读建元已来王子侯者年表》，《史记汉书诸表订补十种》（北京：中华书局，一九八二）。编者按：此注释的篇名疑误。

大者，南越、东瓯、朝鲜军功又次之"。[1] 则是，武帝时的"外攘夷狄"，包括匈奴、南越、东瓯、朝鲜，但对匈奴的讨伐，却是汉武帝时代"外攘夷狄"的主要问题。

虽然，讨伐匈奴是汉武帝时代重要的问题，但司马迁在处理这个问题时，却受到某种程度的限制。即其《匈奴列传》"太史公曰"所谓"孔氏著《春秋》，隐桓之间则章，至定哀之际则微，为其切当世之文而罔褒，忌讳之辞也"。触及当代现实政治的忌讳，即使孔子也难避免，司马迁在处理匈奴问题时，也遭遇同样的困境。问题是武帝对匈奴的征讨，并非单纯的"边境征伐"，其中尚有雪耻复仇因素在内，即汉武帝太初四年诏书所谓"高皇帝遗朕平城之忧，高后时单于书绝悖逆。昔齐襄公复九世之仇，《春秋》大之"。高祖七年的平城之役，何以得出？世莫能言之。朝野上下视此役为国耻，隐忍百年不言，至武帝大伐匈奴，终于转变以往的屈辱关系。因此，司马迁在处理这个问题时，仍受到现实政治的限制，不得不有所回避，以免触及忌讳。

另一方面，司马迁曾随武帝出巡西北边疆，亲历汉匈冲突的征战地，并且直接或间接从当时参加战争的将帅，获得有关汉匈冲突的资料，这些材料部分已渗入个人主观的成分。尤其天汉二年，李陵降匈奴，司马迁为其游说，因而沮贰师，诬上，获罪受腐刑，其个人也被卷入匈奴问题的是非之中。因此，在处理这个问题时，往往也会受到个人心理的限制。所以，由平城之围遗留的汉匈的关系与冲突，是一个和现实政治相关的历史问题。司马迁在处理这个问题时，受到政治与其个人的双重限制。作为一个史学家，司马迁如

---

[1]　汪越，《读建元已来王子侯者年表》，《史记汉书诸表订补十种》（北京：中华书局，一九八二）。

何突破这双重限制，是一个值得探讨的问题。

一、"高皇帝遗朕平城之忧"

司马迁的《史记·匈奴列传》，叙述汉武帝时的汉匈关系，自"今帝即位，明和亲约束，厚遇，通关市，饶给之。匈奴自单于以下皆亲汉，往来长城下"始，迄于太初四年：

> 汉既诛大宛，威震外国。天子意欲遂困胡，乃下诏曰："高皇帝遗朕平城之忧，高后时单于书绝悖逆。昔齐襄公复九世之仇，《春秋》大之。"是岁太初四年也。

此诏之后，虽尚有天汉二年、征和三年，李陵、李广利先后降匈奴的两则记事，此为司马迁征和三年，因巫蛊之祸删削《史记》时所增补[1]。《匈奴列传》与相关的《建元以来侯者年表》《大宛列传》都以太初为终，太初是司马迁在其《自序》所述《史记》三个断限之一[2]。所以，汉武帝的这份诏书，则是司马迁撰写《匈奴列传》最后的总结。

虽然，《建元以来侯者年表》说[3]"中国一统，明天子在上，兼文武，席卷四海，内辑亿万之众，岂以晏然不为边境征伐哉！"是出师北伐匈奴的原因，但作《匈奴列传》总结的汉武帝太初四年的诏书，却道出汉武帝讨伐匈奴的真正原因。诏书所谓"齐襄公复九世

---

[1] 参见本书《"通古今之变"的"今"之开端》。
[2] 参见本书《"巫蛊之祸"与司马迁绝笔》。
[3] 编者注：此处原有冒号。

之仇,《春秋》大之",颜师古曰:"庄公四年春,齐襄公灭纪,复仇也。襄公九世祖昔为纪侯所谮,而烹杀于周,故襄公灭纪也。九世犹可以复仇乎?曰:虽百世可也。"诏书引此,可知汉武帝伐匈奴为了雪耻复仇,所复者即为高帝所遗的"平城之忧"。所以,《匈奴列传》以此作结,突显出汉武帝时期的劳师动众,讨伐匈奴真正的原因在此。

所谓"平城之忧",也就是高祖七年,韩王信叛降匈奴,高祖亲率军前往征讨而引发的平城之役。案《史记·高祖本纪》云:

> 七年,匈奴攻韩王信马邑,信因与谋反太原。白土曼丘臣、王黄立故赵将赵利为王以反,高祖自往击之。会天寒,士卒堕指者什二三,遂至平城。匈奴围我平城,七日而后罢去。

匈奴围高祖七日后而罢去。《史记·匈奴列传》对这次战役的缘由、经过有较详尽的记载:

> 是时汉初定中国,徙韩王信于代,都马邑。匈奴大攻围马邑,韩王信降匈奴。匈奴得信,因引兵南逾句注,攻太原,至晋阳下。高帝自将兵往击之。会冬大寒雨雪,卒之堕指者十二三,于是冒顿详败走,诱汉兵。汉兵逐击冒顿,冒顿匿其精兵,见其羸弱,于是汉悉兵,多步兵,三十二万,北逐之。高帝先至平城,步兵未尽到,冒顿纵精兵四十万骑围高帝于白登,七日,汉兵中外不得相救饷。匈奴骑,其西方尽白马,东方尽青駹马,北方尽乌骊马,南方尽骍马。高帝乃使使间厚遗阏氏,阏氏乃谓冒顿曰:"两主不相困。今得汉地,而单于终非

能居之也。且汉王亦有神，单于察之。"冒顿与韩王信之将王
黄、赵利期，而黄、利兵又不来，疑其与汉有谋，亦取阏氏之
言，乃解围之一角。于是高帝令士皆持满傅矢外乡，从解角直
出，竟与大军合。而冒顿遂引兵而去。汉亦引兵而罢。

平城之战是当时亚洲两个不同文化类型的帝国——[1]一个由汉高祖领
导，刚统一中原的汉帝国；一个由冒顿单于统率，新统一草原的匈
奴帝国——[2]以长城为基线，发生的第一次正式冲突[3]。双方皆举全
国的兵力，冲突的结果从上述材料可知，汉帝国不仅失败，而且败
得很惨。问题是汉高祖如何能突破匈奴精锐骑兵，脱险而归？因为
高祖这次脱险，对后来的汉匈关系影响至巨，但是司马迁对这个问
题，却没留下一个明确的答案，使其真相如谜。所以，到西汉末年，
扬雄讨论这个问题时仍说：

汉初兴，以高祖之威灵，三十万众困于平城，士或七日
不食。时奇谲之士石画之臣甚众，卒其所以脱者，世莫得而
言也。[4]

"世莫得而言"，师古曰："莫得而言，谓自免之计，其事丑恶，
故不传。"或云此计出于陈平，《汉书·高祖纪》云：

上从晋阳连战，乘胜逐北，至楼烦，会大寒，士卒堕指者

---

[1] 编者注：此处标点原为逗号。
[2] 编者注：此处标点原为分号。
[3] 拙作《勒马长城》，《魏晋史学及其他》（台北：东大图书，一九九八）。
[4] 《汉书·匈奴传》。

什二三。遂至平城，为匈奴所围，七日，用陈平秘计得出。

所谓"用陈平秘计得出"，《史记·陈丞相世家》云：

> 以护军中尉从攻反者韩王信于代。卒至平城，为匈奴所围，七日不得食。高帝用陈平奇计，使单于阏氏，围以得开。高帝既出，其计秘，世莫得闻。

传称"自陈平初从高祖，至平定天下，凡六出奇计，然奇计或颇秘，世莫得闻也"。高祖自平城脱围之计，当在陈平六个奇计之中，虽然"世莫得闻"，似仍有线索可寻，[1] 即《匈奴列传》所谓"高祖乃使使厚遗阏氏"。

"使使厚遗阏氏"，似乎是司马迁对高祖平城脱围的唯一解释。《史记·韩信卢绾列传》云：

> 上遂至平城。上出白登，匈奴骑围上，上乃使人厚遗阏氏。阏氏乃说冒顿曰："今得汉地，犹不能居；且两主不相厄。"居七日，胡骑稍引去。

所载与《匈奴列传》略同。又《史记·樊郦滕灌列传》云：

> 因从击韩（王）信军胡骑晋阳旁，大破之。追北至平城，为胡所围，七日不得通。高帝使使厚遗阏氏，冒顿开围一角。高帝出欲驰，（夏侯）婴固徐行，弩皆持满外向，卒得脱。

---

[1]　编者注：此处标点原为句号。

《韩信卢绾列传》亦如是云。[1] 而且在这次突围中，冒顿的阏氏似扮演了关键的角色。至于真实的内容，仍然是"世莫得闻"的。因而后来出现了许多传说。应劭曰：

> 陈平使画工图美女，间遣人遗阏氏，云汉有美女如此，今皇帝困厄，欲献之。阏氏畏其夺己宠，因谓单于曰："汉天子亦有神灵，得其土地，非能有也。"于是匈奴开其一角，得突出。

应劭画工图美女的说法与桓谭的《新论》略同：

> 或云：陈平为高帝解平城之围，则言其事秘，世莫得而闻也，此以工妙踔善，故藏隐不传焉。子能权知斯事否？吾应之曰：此策乃反薄陋拙恶，故隐而不泄。高帝见围七日，而陈平往说阏氏，阏氏言于单于而出之，以是知其所用说之事矣。彼陈平必言汉有好丽美女，为道其容貌天下无有，今因急，已驰使归迎取，欲进与单于，单于见此人必大好爱之，爱之则阏氏日以远疏，不如及其未到，令汉得脱去，去，亦不持女来矣。阏氏妇女，有妒媢之性，必憎恶而事去之。此说简而要，及得其用，则欲使神怪，故隐匿不泄也。

这种说法后世似不能尽信，《集解》就说："《汉书音义》应劭说此事，大旨与桓论略同，不知是应全取桓论，或别有所闻乎？今观桓论似本无说。"颜师古也说："应氏之说出于桓谭《新论》，盖谭以意测之，事当然耳，非纪传所说也。"案《史记·匈奴列传》云：

---

[1]　编者注：此处标点原为逗号。

　　　　冒顿乃作为鸣镝，习勒其骑射，令曰："鸣镝所射而不悉射
　　者，斩之。"……已而冒顿以鸣镝自射其善马，左右或不敢射者，
　　冒顿立斩不射善马者。居顷之，复以鸣镝自射其爱妻，左右或
　　颇恐，不敢射，冒顿又复斩之。

冒顿单于不仅以其爱妻作为训练骑射的靶的，而且又将其阏氏赠予
东胡。《史记·匈奴列传》云：

　　　　是时东胡强盛，闻冒顿杀父自立，乃使使谓冒顿，欲得头
　　曼时有千里马。……遂与之千里马。居顷之，东胡以为冒顿畏
　　之，乃使使谓冒顿，欲得单于一阏氏。冒顿复问左右，左右皆
　　怒曰："东胡无道，乃求阏氏！请击之。"冒顿曰："奈何与人邻
　　国爱一女子乎？"遂取所爱阏氏予东胡。

由以上两段材料可知，冒顿单于崛起草原，统一塞北，一代雄主，
视女子如敝履，岂能在汉高祖被围七日、[1] 平城旦夕可破之际，为一
小女子解围而去，放弃其欲游中国之愿？[2] 其中定有委曲。[3] 高祖罢
归，君臣认为奇耻大辱，朝野上下隐忍不言，以致"世莫得闻"，后
世才有美女画图与阏氏从中说合的传说出现。这种传说的形成流传，
与后来刘敬建议翁主下嫁单于为阏氏的和亲政策似有关系。《太平御
览·奉使部》引《三辅故事》云：

　　　　娄（刘）敬曰："臣愿为高车使者，持节至匈奴廷，与其分

---

[1]　编者注：此处标点原为逗号。
[2]　编者注：此处标点原为句号。
[3]　编者注：此处标点原为逗号。

土定界。"敬至曰："汝处北海之滨，秦乱，汝侵其界，居中国
地。今婚姻已定，当还本牧，还我中国地。"作丹书铁券曰："自
海之南，冠盖之士处焉；自海之北，控弦之士处焉，割土盟折，
然后求还。"

刘敬于平城之役前，曾出使匈奴探其虚实。《史记·刘敬叔孙通列
传》云：

> 使人使匈奴。匈奴匿其壮士肥牛马，但见老弱及羸畜。使
> 者十辈来，皆言匈奴可击。上使刘敬复往使匈奴，还报曰："两
> 国相击，此宜夸矜见所长。今臣往，徒见羸瘠老弱，此必欲见
> 短，伏奇兵以争利。愚以为匈奴不可击也。"是时汉兵已逾句注，
> 二十余万兵已业行。上怒，骂刘敬曰："齐虏！以口舌得官，今
> 乃妄言沮吾军。"械系敬广武。遂往，至平城，匈奴果出奇兵围
> 高帝白登，七日然后得解。高帝至广武，赦敬，曰："吾不用公
> 言，以困平城。吾皆已斩前使十辈言可击者矣。"

高帝悔不听信刘敬之言，一败至此。仓皇归来，赦敬，并问计于刘
敬，于是刘敬提出了和亲之议。《刘敬叔孙通列传》又云：

> 高帝罢平城归，韩王信亡入胡。当是时，冒顿为单于，兵
> 强，控弦三十万，数苦北边。上患之，问刘敬。刘敬曰："天下
> 初定，士卒罢于兵，未可以武服也。冒顿杀父代立，妻群母，
> 以力为威，未可以仁义说也。独可以计久远子孙为臣耳，然恐
> 陛下不能为。"上曰："诚可，何为不能！顾为奈何？"刘敬对

曰:"陛下诚能以适长公主妻之,厚奉遗之,彼知汉适女送厚,蛮夷必慕以为阏氏,生子必为太子,代单于。何者?贪汉重币。陛下以岁时汉所余彼所鲜数问遗,因使辩士风谕以礼节。冒顿在,固为子婿;死,则外孙为单于。岂尝闻外孙敢与大父抗礼者哉?兵可无战以渐臣也。"

这就是刘敬所提出和亲政策的内容和理想。由于吕后坚决反对其独生女鲁元公主下嫁,传称:"上竟不能遣长公主,而取家人子名为长公主,妻单于。使刘敬往结和亲约。"《匈奴列传》亦云:

　　高帝乃使刘敬奉宗室女公主为单于阏氏,岁奉匈奴絮缯酒米食物各有数,约为昆弟以和亲,冒顿乃少止。

所谓"约为昆弟以和亲"的汉匈关系,一直到武帝即位之初,仍"明和亲约束,厚遇,通关市,饶给之",断续维持,直到元光二年的马邑之战,才完全断绝。此后,"匈奴绝和亲,攻当路塞,往往入盗于汉边,不可胜数"。和亲之约的主要内容,即上述"奉宗室女公主为单于阏氏"[1]及"岁奉匈奴絮缯酒米食物各有数"。以维持汉匈边界的安宁,也就是刘敬持丹书铁券前往匈奴的"割土盟誓"。所谓"割土盟誓",即文帝后二年,使使遣匈奴书所言:

　　先帝制;长城以北,引弓之国,受命单于;长城以内,冠带之室,朕亦制之。使万民耕织射猎衣食,父子无离,臣主相安,俱无暴逆。

---

[1]　编者注:此处标点原为句号、后引号。

条约内容非常明显，问题是所谓"约为昆弟"，到底谁为兄谁为弟？案《史记·匈奴列传》云：

> 汉遗单于书，牍以尺一寸，辞曰"皇帝敬问匈奴大单于无恙"，所遗物及言语云云。中行说令单于遗汉书以尺二寸牍，及印封皆令广大长，倨傲其辞曰"天地所生日月所置匈奴大单于敬问汉皇帝无恙"，所以遗物言语亦云云。

从简牍长短、印封大小，以及内容的措辞，都明显看出当时汉匈的"约为昆弟"，不是对等的关系。这种不对等的关系，具体表现在高祖死后，冒顿单于遗吕后书中。《史记·匈奴列传》云：

> 高祖崩，孝惠、吕太后时，汉初定，故匈奴以骄。冒顿乃为书遗高后，妄言。高后欲击之，诸将曰："以高帝贤武，然尚困于平城。"于是高后乃止，复与匈奴和亲。

所谓"诸将曰：以高帝贤武，然尚困于平城"，此语出于季布。案《史记·季布栾布列传》云：

> 单于尝为书嫚吕后，不逊，吕后大怒，召诸将议之。上将军樊哙曰："臣愿得十万众，横行匈奴中。"诸将皆阿吕后意，曰："然。"季布曰："樊哙可斩也！夫高帝将兵四十余万众，困于平城，今哙奈何以十万众横行匈奴中，面欺！且秦以事于胡，陈胜等起。于今创痍未瘳，哙又面谀，欲摇动天下。"是时殿上皆恐，太后罢朝，遂不复议击匈奴事。

传称"冒顿乃为书遗高后",或曰"单于尝为书嫚吕后,不逊"。然冒顿致吕后书不见载于两传,则不知其如何妄言或不逊。《汉书·匈奴传》则全载冒顿致吕后书,并录吕后报冒顿单于书,传称:

> 孝惠、高后时,冒顿浸骄,乃为书,使使遗高后曰:"孤偾之君,生于沮泽之中,长于平野牛马之域,数至边境,愿游中国。陛下独立,孤偾独居。两主不乐,无以自虞,愿以所有,易其所无。"

吕后接书大怒,召丞相陈平及樊哙、季布廷议,欲发兵击之,樊欲以十万众横行匈奴中,季布斥哙欲摇动天下,是为面谩。于是,吕后命大谒者张泽报冒顿单于,书曰:

> 单于不忘弊邑,赐之以书,弊邑恐惧。退日自图,年老气衰,发齿堕落,行步失度,单于过听,不足以自污。弊邑无罪,宜在见赦。窃有御车二乘、马二驷,以奉常驾。

两书相较,冒顿书狂傲无礼,吕后报书则卑躬委曲。显见当时汉匈不仅不是对等关系,甚至于是一种臣属关系,[1] 这也是后来使贾谊欲流涕的屈辱关系。贾谊陈天下治乱事势,以其急缓轻重,分为可为痛哭者一,可为流涕者二,可太息者六。其中可为流涕者都是讨论汉匈关系。《汉书·贾谊传》云:

> 天下之势方倒县。凡天子者,天下之首,何也?上也。蛮

---

[1] 编者注:此处标点原为句号。

夷者，天下之足，何也？下也。今匈奴嫚侮侵掠，至不敬也，为天下患，至亡已也，而汉岁致金絮采缯以奉之。夷狄征令，是主上之操也；天子共贡，是臣下之礼也。足反居上，首顾居下，倒县如此，莫之能解……可为流涕者此也。

在这种情况下，《汉书·贾谊传》又云：

陛下何忍以帝皇之号，为戎人诸侯，势既卑辱，而祸不息，长此安穷……可为流涕者此也。

贾谊可为流涕者二，亦见其所著《新书》。《新书》卷三《不威信》云："天子共（供）贡，是臣下之礼，足反居上，首显下，是倒植之势。天子之势倒植矣，莫之能理，犹谓国有人乎！"又卷四《卑势》又云：

匈奴侵甚侮甚，遇天子至不敬也，为天下患至无已也。以汉岁致金絮缯彩，是入贡职于蛮夷也。顾为戎人诸侯也，势既卑而祸不息，长此何穷，陛下胡忍以皇帝之号居此！

"陛下胡忍以皇帝之号居此"，即所谓入贡职于蛮夷，"顾为戎人诸侯"，这种首足倒悬的汉匈关系，是贾谊一再流涕的原因。据贾谊之论，当时汉匈间不仅是一种不对等的关系，而且是一种隶属的关系。而且由贾谊之论，也透露了高祖平城之围，何以得出的消息。

贾谊所谓"天子共贡，是臣下之礼"，或"以皇帝之号为戎人诸侯"，由是可知，当时的汉对匈奴是一种臣服的关系。这种臣服的关

系，是高祖平城之围所遗留下来的 [1]。高祖平城被围七日，最后被迫
签订城下盟，甚至可能递了降表，仓促归后，再命刘敬前往匈奴处
理善后，签订下"通关市，给遗匈奴，遣公主"不平等的和亲之约。
此后，历经吕后、文、景及武帝初年，就在这种不平等条约的阴影
笼罩下，维系着屈辱的汉匈关系。因此对平城之围视为国耻，朝野
上下忍隐不言，才有平城之围高祖何以得出，"世莫能知"，以及陈
平用奇计厚遗阏氏，并献美女的传说出现。[2] 对于这段难言的创伤，
有意留下历史的空白，但这段历史的空白，不仅是汉帝国，也是中
国历史重大的转折，由一个内部自我凝聚形成的大帝国，终于遇到
外在势力的对立与抗衡。此后这两种不同力量，以长城为基线所作
的抗争，直至近代以前，一直相互激荡着 [3]。

当然，这种相互的激荡，对汉帝国而言，更有切肤铭心之痛。
如何突破这种汉匈屈辱的臣属关系，似乎是汉帝国统治者内心强烈
的意愿。文帝即位以后，一方面委曲求全维持汉匈间的"故约"，一
方面"赫然发愤"想突破这种匈奴"羽檄不行于中国"的关系。《汉
书·匈奴传》云：

> 文帝中年，赫然发愤，遂躬戎服，亲御鞍马，从六郡良家
> 材力之士，驰射上林，讲习战陈，聚天下精兵，军于广武，顾
> 问冯唐，与论将帅，喟然叹息，思古名臣。

所谓"喟然叹息，思古名臣"，案《史记·张释之冯唐列传》谓文帝

---

[1] 编者注：此句原为"是高祖平城之围所遗留下来"。
[2] 编者注：此处标点原为逗号。
[3] 拙作《勒马长城》，《魏晋史学及其他》（台北：东大图书，一九九八）。

239

与冯唐论将帅，谈到廉颇、李牧，传称："上既闻廉颇、李牧为人，良说，而搏髀曰：'嗟乎！吾独不得廉颇、李牧时为吾将，吾岂忧匈奴哉！'"钦慕之情溢于言表。《史记·孝文本纪》云：

> 十四年冬，匈奴谋入边为寇，攻朝那塞，杀北地都尉卬。上乃遣三将军军陇西、北地、上郡，中尉周舍为卫将军，郎中令张武为车骑将军，军渭北，车千乘，骑卒十万。帝亲自劳军，勒兵申教令，赐军吏卒。帝欲自将击匈奴，群臣谏，皆不听。皇太后固要帝，帝乃止。

文帝欲亲自将兵征伐匈奴，意在复仇雪耻，但由于群臣与太后的劝阻，壮志未酬。景帝之世，内有吴楚七国之乱，无暇外顾，所以，"景帝复与匈奴和亲，通关市……遗翁主，如故约"，维持着这种屈辱的关系。不过，武帝为太子之时，即有雪耻之志，即位后更积极准备讨伐匈奴。《史记·佞幸列传》云：

> 上即位，欲事伐匈奴，而嫣先习胡兵，以故益尊贵，官至上大夫，赏赐拟于邓通。

又《汉书·武帝纪》云：

> （元光二年）春，诏问公卿曰："朕饰子女以配单于，金币文绣赂之甚厚，单于待命加嫚，侵盗亡已，边境被害，朕甚闵之。今欲举兵攻之，何如？"

于是，进行廷议，然后展开马邑之战。在这次廷议之前，在建元五年，《韩长孺列传》云："匈奴来请和亲，上下其议。"举行过一次讨论和战的御前会议，王恢主战，群臣与韩安国主和，武帝因而允许和亲。武帝允和亲可能由于窦太后的关系，因为自建元初的政争以后，实际掌握政治权力的是窦太后。所以，在窦太后逝世后，武帝在其舅氏田蚡的协助下，恢复了窦太后所阻断的许多改革[1]。另一方面积极改变自平城之后的汉匈关系[2]，然后才有马邑之战。所以，武帝洗雪平城之耻的决心是非常急切与坚定的。或曰武帝亲自将兵参与马邑之役[3]，如果以复仇雪耻而言，是非常可能的，前述文帝就曾欲亲自将兵，讨伐匈奴。不过，这次战役虽兴师动众，但却徒劳无功。然武帝雪耻复仇之心非常坚决。武帝于元封元年即"择兵振旅，躬秉武节"，亲率十二郎将军，勒兵十八万骑，巡北边，准备与匈奴作一决战。

不过，马邑之战虽未竟功，但却转变了自平城之战后的倒悬关系。自此之后，"大兴师数十万，使卫青、霍去病操兵，前后十余年。于是浮西河，绝大幕，破置颜，袭王庭，穷极其地，追奔逐北，封狼居胥山，禅于姑衍，以临翰海，虏名王贵人以百数。自是之后，匈奴震怖"。至太初四年，李广利伐大宛得千里马归来，武帝作《天马之歌》。歌诗曰："天马来兮从西极，经万里兮归有德，承灵威兮降外国，涉流沙兮四夷服。"所谓"降外国"与"四夷服"，应包括匈奴在内。于是，武帝得意之余，终于吐露出平城之围后，朝野上下隐忍百年，所不欲言、不能言的言语："高皇帝遗朕平城之忧，高

---

[1] 参见本书《"通古今之变"的"今"之开端》。

[2] 编者注：此句原为"另一方面积极进行改变自平城之后的汉匈关系"。

[3] 邢义田，《汉武帝在马邑之役中的角色》，《史语所集刊》六十三本第一份（一九九二）。

后时单于书绝悖逆，昔齐襄公复九世之仇，《春秋》大之。"

二、"唯在择任将相哉"

至此，匈奴虽未称臣，但汉匈倒悬之势已解，平城之耻的阴霾似已一扫而去。但是，平城之辱所造成创伤，而形成的汉匈倒悬关系，却是高祖至武帝百年间，朝野上下视为国耻，隐忍避而不谈的问题。这个问题却是司马迁叙述《匈奴列传》的主轴，汉对匈奴的和亲或战争，都由这个问题引发。但司马迁在处理这个问题的材料时，就会因避免触及现实政治的忌讳，受到一定程度的限制。这种因现实政治忌讳，在处理匈奴问题材料时受到的限制 [1]，综合以上材料可以发现。司马迁对平城之役的起因，战争前的准备及战争过程，甚至于战争失败的原因，都作了详细的叙述，[2] 但是对于关键性的战争结果，却语焉不详。[3] 高祖何以得突围而出，仅以"使使厚遗阏氏"，或"陈平用奇计"，"其计秘，世莫能知"，加饰而一笔带过，以至后来传说纷纭。

另一方面，贾谊《治安策》两次流涕讨论首足倒悬的汉匈关系，是对平城之围结果最佳的注脚。而且贾谊的《治安策》不仅有匈奴问题，其中还有关于改制及诸侯王的问题 [4]，对武帝一朝的政治发生直接的影响，但司马迁对于这篇重要的历史文献阙而不录。而将贾谊附于屈原传之后，以此讨论楚辞与汉赋的承传关系 [5]，不知司马迁

---

[1] 编者注：此句原为"在处理匈奴问题材料受到的限制"。
[2] 编者注：此处标点原为句号。
[3] 编者注：此处标点原为逗号。
[4] 编者注：此句原为"而且贾谊的《治安策》不仅对匈奴问题，其中关于改制及诸侯王的问题"。
[5] 参见本书《〈太史公自序〉的"拾遗补艺"》。

是有心还是无意回避这个问题。同时最足以表现汉匈倒悬关系的，就是冒顿单于致吕后书，司马迁仅以冒顿遗高后书"妄言"或"不逊"，却不载原书。《汉书·匈奴传》则全载冒顿致吕后书，及吕后的复书，两书相较，一狂妄一卑躬，汉匈倒悬的关系就不言而喻了，更可以与武帝所谓"高后时冒顿书绝悖逆"前后相应。由此可知司马迁不录单于与吕后两书是有意回避了。在马邑之战中，武帝虽亲率大军，希望大举复仇，但未竟功，徒劳而返，不论怎么说也不是件体面的事，司马迁为君者讳，不言武帝亲征，也是非常可能的。作为一个史学家，又生活这个时代之中，撰写的又是当代最敏感的问题，受到现实政治的限制，无法完全叙述历史的真相，不仅司马迁，即孔子著《春秋》也难免。所以，《史记·匈奴列传》"太史公曰"就说：

> 孔氏著《春秋》，隐桓之闲则章，至定哀之际则微，为切当
> 世之文而罔褒，忌讳之辞也。

《索隐》曰："仲尼士于定哀，故其著《春秋》，不切论当世而微其词也。"并且说"忌讳之辞"，是"谓其无实而褒，忌讳当代故也"。司马迁似乎为自己处理匈奴问题材料，受到现实政治的限制，给后世留下一个可以讨论的空间。

不仅孔子、司马迁撰史，受到现实政治的限制，对当时若干历史事实有所忌讳，不能作完整的叙述，后世的史学家在叙当代之史时也遭遇同样的困境 [1]。这是客观的现实环境，也是司马迁处理匈奴

---

[1] 编者注：此句原为"后世的史学家在叙当代之史也遭遇同样的困境"。

问题时，所面临的限制。另一方面，作为一个史学家，处理当代的历史问题，由于其个人也生存在这个时代之中，而且有时个人更牵涉在这个问题之中，所以在处理这个问题时，难免由于个人主观的影响，而受到某种程度的限制。司马迁撰写武帝一朝的历史，尤其关于匈奴问题，由于个人工作的关系，直接或间接接触到这方面的人和事，并且更因李陵事件，其个人又卷入这个历史问题的旋涡。所以，在他遇到这个问题及相关的材料时，很难避免某种程度的个人主观意识的影响。因此，司马迁在处理匈奴的问题时，除了现实政治的忌讳，受到某程度的限制，另外还有其在搜集匈奴问题的材料时，因接触到曾直接或间接参加过征讨匈奴的人物，或通过实际考察汉匈战争的遗迹，以致在其处理汉匈关系时，反映在处理匈奴问题材料上 [1]，难免出现史学家个人意识，对其所叙述的历史问题产生了主观的限制，这也是司马迁处理匈奴问题时，遇到的另一个困境。

司马迁为郎中时，即扈从武帝巡幸天下，曾至汉匈接触频繁的西北边疆。案《史记·五帝本纪》太史公曰：

余尝西至空桐。

又《河渠书》"太史公曰"：

北自龙门至于朔方。

又《蒙恬列传》"太史公曰"：

---

[1] 编者注：此句原为"反映在处理匈奴问题材料"。

> 吾适北边，自直道归。行观蒙恬所为秦筑长城亭障，堑山堙谷，通直道。

或谓司马迁的北游，不知在何时。案《史记·封禅书》云："其来年冬，上议曰：'古者先振兵泽旅，然后封禅。'乃遂北巡朔方，勒兵十余万，还祭黄帝冢桥山，泽兵须如。"所谓"其年冬"，即元封元年冬十月。案《汉书·武帝纪》云：

> 元封元年冬十月，诏曰："南越、东瓯咸伏其辜，西蛮北夷颇未辑睦，朕将巡边垂，择兵振旅，躬秉武节，置十二部将军，亲帅师焉。"行自云阳，北历上郡、河西、五原，出长城，北登单于台，至朔方，临北河。勒兵十八万骑，旌旗径千余里，威震匈奴。遣使者告单于曰："南越王头已县于汉北阙矣。单于能战，天子自将待边；不能，亟来臣服。何但亡匿幕北寒苦之地为？"匈奴詟焉。还，祠黄帝于桥山，乃归甘泉。

《史记·匈奴列传》亦云：

> 是时天子巡边，至朔方，勒兵十八万骑以见武节。而使郭吉风告单于。郭吉既至匈奴，匈奴主客问所使，郭吉礼卑言好，曰："吾见单于而口言。"单于见吉，吉曰："南越王头已县于汉北阙。今单于能前即与汉战，天子自将兵待边；单于即不能，即南面而臣于汉。何徒远走，亡匿于幕北寒苦无水草之地，毋为也。"语卒而单于大怒，立斩主客见者，而留郭吉不归，迁之北海上。

当是时，司马迁奉使巴蜀滇中还，见父于河洛，司马谈病笃，临终遗言种切，即"发愤且卒"，司马迁旋即从驾北巡。后于元封三年，继其父职续为太史令。四年又扈从封禅，北过涿鹿。《五帝本纪》云："余北过涿鹿。"又案《汉书·武帝纪》云：

> （元封）四年冬十月，行幸雍，祠五畤。通回中道，遂北出萧关，历独鹿、鸣泽，自代而还。

后三年的太初元年，司马迁开始撰写《史记》。这次北游的经历与感受，直接反映在他的《史记》之中。《河渠书》"太史公曰"：

> 北自龙门至于朔方，曰：甚哉，水之为利害也！

又《蒙恬列传》"太史公曰"其适北边，云：

> 夫秦之初灭诸侯，天下之心未定，痍伤者未瘳，而恬为名将，不以此时强谏，振百姓之急，养老存孤，务修众庶之和，而阿意兴功，此其兄弟遇诛，不亦宜乎！

司马迁所谓"甚哉，水之为利害也！"以及批评蒙恬不能强谏，振百姓之急，反而"阿意兴功"，是对历史场景观察后的反应。《史记》"太史公曰"中对历史事件所发的议论，及其对历史人物所作的评论，后来形成中国传统历史写作论赞形式。史学与文学有客观与主观的差别，所以，史传论赞是最能表现史学家个人意识的写作形式[1]。上

---

[1] 编者注：此句原为"史传论赞最能表现史学家个人意识的写作形式"。

述的"太史公曰"中，已清晰地反映出，两次随驾北巡，对于汉匈冲突历史遗迹的观察，对其后来对匈奴问题的考察与处理，或发生某种程度的影响。

司马迁对历史遗迹的直接考察所产生的反应，在其处理匈奴问题时，可能产生某种程度的影响，同时他与参与汉匈战斗的人物直接的接触，或间接的采访，他们对战争的叙述或参加战争的感受，也可能反映在他所处理的匈奴问题之中。《史记·卫将军骠骑列传》"太史公曰"：

> 苏建语余曰："吾尝责大将军至尊重，而天下之贤大夫毋称焉，愿将军观古名将所招选择贤者，勉之哉。"大将军谢曰："自魏其、武安之厚宾客，天子常切齿。彼亲附士大夫，招贤绌不肖者，人主之柄也。人臣奉法遵职而已，何与招士！"

苏建乃苏武之父。《汉书》别有传。司马迁则将事略附于《卫将军骠骑列传》，云：

> 将军苏建，杜陵人。以校尉从卫将军青，有功，为平陵侯，以将军筑朔方。后四岁，为游击将军，从大将军出朔方。后一岁，以右将军再从大将军出定襄，亡翕侯，失军，当斩，赎为庶人，其后为代郡太守。

苏建从卫青数出伐匈奴有功，为平陵侯，并筑朔方城，是卫青的亲信。既与司马迁善，则其所言不仅大将军的轶闻而已，或有对匈奴的征伐之事在内。司马迁的知友田仁和任安同为卫青的舍人。田仁是田叔的少子。《史记·田叔列传》"太史公曰"："仁与余善，余故并论之"：

> 仁以壮健为卫将军舍人，数从击匈奴。卫将军进言仁，仁为郎中。数岁，为二千石丞相长史，失官。其后使刺举三河。

褚先生补曰："臣为郎时，闻之田仁故与任安善。"并谓任安"乃为卫将军舍人，与田仁会，俱为舍人，居门下，同心相爱"。其后武帝召见卫将军舍人，诏问能略推第。褚先生曰：

> 田仁对曰："提桴鼓立军门，使士大夫乐死战斗，仁不及任安。"任安对曰："夫决嫌疑，定是非，辩治官，使百姓无怨心，安不及仁也。"武帝大笑曰："善。"使任安护北军，使田仁护边田谷于河上。此二人立名天下。

田仁与任安后皆死于蛊惑之祸[1]。司马迁或因与田仁善，因而结识任安。传中虽未言任安从卫将军出征匈奴，但田仁与任安皆为卫青舍人，且田仁称任安"提桴鼓立军门，使士大夫乐死战斗"，则任安亦当从征。所以，某些有关匈奴征战的材料，或得自田仁与任安。

　　除了个人直接的接触，司马谈在汉匈关系转变的三十年间，也曾接触这方面的人和事。也就是司马迁后来，"悉论先人所次旧闻，弗敢阙"的一批材料，对司马迁处理匈奴问题，可能也发生影响。《匈奴列传》"太史公曰"最后曰：

> 欲兴圣统，唯在择任将相哉！唯在择任将相哉！

---

[1]　编者注：此处疑为"巫蛊之祸"之误。

案《张释之冯唐列传》"太史公曰":"冯公之论将率,有味哉!有味哉!"冯唐赵人,父徙代,颇知廉颇、李牧之事。因向文帝说廉颇、李牧为将。《张释之冯唐列传》称:

> 上既闻廉颇、李牧为人,良说,而搏髀曰:"嗟乎!吾独不得廉颇、李牧时为吾将,吾岂忧匈奴哉!"唐曰:"主臣!陛下虽得廉颇、李牧,弗能用也。"上怒,起入禁中。

所以不能用,冯唐续称:

> 夫士卒尽家人子,起田中从军,安知尺籍伍符。终日力战,斩首捕虏,上功莫府,一言不相应,文吏以法绳之,其赏不行而吏奉法必用。臣愚,以陛下法太明,赏太轻,罚太重。

司马迁《自序》谓其撰《张释之冯唐列传》,因冯唐"言古贤人,增主之明"。所谓"言古贤人",即所言廉颇、李牧之为将帅。其所论将帅,与司马迁《匈奴列传》所感叹"唯在择任将相"略合。又案《张释之冯唐列传》称:"武帝立,求贤良,举冯唐,唐时年九十余,不能复为官,乃以唐子冯遂为郎。遂字王孙,亦奇士,与余善。"当为司马谈,而非司马迁,所以有匈奴问题若干资料,司马迁得其父的"所次旧闻"。

三、"仆与李陵俱居门下"

冯唐所谓"文吏以法绳之,其赏不行而吏奉法必用",李广即因

此而自杀。案《史记·李将军列传》云:"广年六十余矣，终不能复
对刀笔之吏，遂引刀自刭。"李广生前，司马迁曾亲见这位奋战匈奴
的老英雄，并留下深刻的印象:"余睹李将军悛悛如鄙人，口不能道
辞。"而且与李广之孙李陵，"俱居门下"，后因李陵降匈奴，竟被卷
入匈奴事件之中。司马迁与李陵的关系，以及后来李陵降匈奴，他
为李陵游说，因而触怒武帝，系狱，最后下蚕室。在他的《报任安
书》中，叙之甚详。《汉书·司马迁传》载《报任安书》云:

> 夫仆与李陵俱居门下，素非相善也，趣舍异路，未尝衔杯
> 酒接殷勤之欢。然仆观其为人自奇士，事亲孝，与士信，临财
> 廉，取予义，分别有让，恭俭下人，常思奋不顾身以徇国家之
> 急。其素所畜积也，仆以为有国士之风。

司马迁与李陵虽非深交，但深仪其为人。其后，"李陵提步卒不
满五千，深践戎马之地"。其后"陵败书闻"，《报任安书》云:

> 主上为之食不甘味，听朝不怡。大臣忧惧，不知所出。仆
> 窃不自料其卑贱，见主上惨凄怛悼，诚欲效其款款之愚。以为
> 李陵素与士大夫绝甘分少，能得人之死力，虽古名将不过也。
> 身虽陷败，彼观其意，且欲得其当而报汉。事已无可奈何，其
> 所摧败，功亦足以暴于天下。仆怀欲陈之，而未有路。适会召
> 问，即以此指推言陵功，欲以广主上之意，塞睚眦之辞。未能
> 尽明，明主不深晓，以为仆沮贰师，而为李陵游说，遂下于理。
> 拳拳之忠，终不能自列，因为诬上，卒从吏议。……独与法吏
> 为伍，深幽囹圄之中，谁可告诉者。……李陵既生降，隤其家

声，而仆又茸以蚕室，重为天下观笑。

这是司马迁自叙其与李陵交往，为李陵游说，及其个人得罪之原委。此即《汉书·李陵传》所云：

> 后闻陵降，上怒甚，责问陈步乐，步乐自杀。群臣皆罪陵，上以问太史令司马迁，迁盛言："陵事亲孝，与士信，常奋不顾身以殉国家之急。其素所畜积也，有国士之风。今举事一不幸，全躯保妻子之臣随而媒蘖其短，诚可痛也！且陵提步卒不满五千，深輮戎马之地，抑数万之师，虏救死扶伤不暇，悉举引弓之民共攻围之。转斗千里，矢尽道穷，士张空拳，冒白刃，北首争死敌，得人之死力，虽古名将不过也。身虽陷败，然其所摧败亦足暴于天下。彼之不死，宜欲得当以报汉也。"初，上遣贰师大军出，财令陵为助兵，及陵与单于相值，而贰师功少，上以迁诬罔，欲沮贰师，为陵游说，下迁腐刑。

《汉书·李陵传》与《史记》同，亦附于李广之后，然《汉书》悉其原委，叙之较详。而其若干材料取自《报任安书》，上述司马迁对武帝所谓，则全录该书。反观《史记》，[1]司马迁亲历其事，且牵连在内而受腐刑，[2]然其所载远较班书简略，且不言其为李陵游说事。杨慎《史记题评》云："太史公以李陵被祸，至陵传匆匆如此，正亦得体。"所以司马迁在处理李陵材料时，似有所避讳[3]。

---

[1] 编者注：此处逗号为编者所加。
[2] 编者注：此处标点原为句号。
[3] 编者注：此句原为"似有所避讳的"。

《史记》关于李陵的叙述有三处，其一附于《李将军列传》之后：

> 天汉二年秋，贰师将军李广利三万骑[1]，击匈奴右贤王于祁连天山，而使陵将其射士步兵五千人，出居延北可千余里，欲以分匈奴兵，毋令专走贰师也。陵既至期还，而单于以兵八万围击陵军。陵军五千人，兵矢既尽，士死者过半，而所杀伤匈奴亦万余人，且引且战，连斗八日，还未到居延百余里，匈奴遮狭绝道，陵食乏而救兵不到，虏急击招降陵。陵曰："无面目报陛下。"遂降匈奴。其兵尽没，余亡散得归汉者四百余人。单于既得陵，素闻其家声，及战又壮，乃以其女妻陵而贵之。汉闻，族陵母妻子。

其二见于《匈奴列传》：

> 其明年，汉使贰师将军广利以三万骑出酒泉，击右贤王于天山，得胡首虏万余级而还。匈奴大围贰师将军，几不脱，汉兵物故什六七。……又使骑都尉李陵将步骑五千人，出居延千余里[2]，与单于会，合战，陵所杀伤万余人，兵及食尽，欲解归，匈奴围陵，陵降匈奴，其兵遂没，得还者四百人。单于乃贵陵，以其女妻之。

所谓"其明年"，即天汉二年。案《汉书·武帝纪》云："（天汉）二年

---

[1] 编者注：此句中华书局版为"贰师将军李广利将三万骑"。见［汉］司马迁：《史记·李将军列传》（中华经典普及文库），中华书局，2019，第633页。

[2] 编者注：此句中华书局版为"出居延北千余里"。见［汉］司马迁：《史记·匈奴列传》（中华经典普及文库），中华书局，2019，第645页。

夏五月,贰师将军三万骑出酒泉,与右贤王战于天山,斩首虏万余级。又遣因杅将军出西河,骑都尉李陵将步兵五千人出居延北,与单于战,斩首虏万余级,陵兵败,降匈奴。"与《史记·匈奴列传》略同。或谓司马迁撰《史记》断于太初,故梁玉绳《史记志疑》认为《李将军列传》所附李陵事为后"妄续"。梁氏谓"李陵既壮以下,皆后人妄续。无天汉间事,史所不载,而史公因陵事被祸,必不书之,其详别见于《报任安书》,有深意焉"。梁玉绳以同样理由,认为《匈奴列传》所载李陵事,亦为后人"所续"。他认为自"且鞮侯单于既立,尽归汉使不降者"以下,"乃后人所续,非史公本书。《史记》讫太初,不及天汉"。梁玉绳之论缘于张晏,《索隐》张晏曰:"自狐鹿姑单于已下,皆刘向、褚先生所录,班彪又撰而次之,所以《汉书·匈奴传》有上下两卷。"《汉书·匈奴传》上下两卷,即以太初、天汉为界。

梁玉绳所持论,《史记》以太初为断,天汉以后事,不应载入。然《太史公自序》叙《史记》断限有三,一为"卒述陶唐以来,至于麟止"。此为司马谈始撰《史记》之时,并以此为断。二为"述历黄帝以来,至太初而讫"。此为司马迁开始撰写《史记》之日,而以太初为断。三为"略推三代,录秦汉,上记轩辕,下至于兹"。所谓"下至于兹",即征和三年《史记》最后定稿之时。案赵翼《廿二史札记》"司马迁作史年月"条下,认为司马迁"为太史令,当太初元年改正朔,正值孔子《春秋》后五百年之期,于是论次其文"。并且说《史记》成书与其《报任安书》同时,"征和二年间事也",而"安死后迁尚未亡,必更有删订改削之功"。所谓"删定改削之功",即王国维《太史公系年考略》云:"今观《史记》中最后之记事,信得出自太史公手笔者,唯《匈奴传》李广利降匈奴事,余皆出后人续补者。"《史记·匈奴列传》载李广利降匈奴曰:

后二岁，复使贰师将军将六万骑，步兵十万，出朔方。强
弩都尉路博德将万余人，与贰师会。游击将军说将步骑三万人，
出五原。因杅将军敖将万骑步兵三万人，出雁门。匈奴闻，悉
远其累重于余吾水北，而单于以十万骑待水南，与贰师将军接
战。贰师乃解而引归，与单于连战十余日。贰师闻其家以巫蛊
族灭，因并众降匈奴，得来还千人一两人耳。

"后二年"即征和三年，司马迁以李广利降匈奴为绝笔，有深意在焉。
司马迁自太初元年开始撰写《史记》，历天汉，最后至征和二年成书，
其间经历了许多重大的变迁，及其个人切身之痛的遭遇。而征和二
年正是"巫蛊之祸"斗争最激烈的时刻。"巫蛊之祸"是汉武帝晚年，
发生的一次骨肉相残伦常巨变的政治斗争，涉及甚众。司马迁两个
最亲近的朋友田仁和任安，也被株连在内。这是司马迁自李陵之祸
后，所遭遇的又一次严峻的政治危机。为了使刚完稿的《史记》免
受波及，不得不作一次彻底的检点与删削，在删削过程中，仓促之
间，《武帝本纪》可能也被削除了。

至于以李广利降匈奴，作为其最终的记事，不是没有原因的。
虽然司马迁因为李陵游说被罪，实际上司马迁获罪，如上引《汉
书·李陵传》所言："陵与单于相值，而贰师功少。上以迁诬罔，欲
沮贰师，为陵游说，下迁腐刑。"所以，司马迁因诬上及"欲沮贰
师"而得罪，其得罪与李广利有直接的关系。司马迁自天汉二年被
刑，此后，如司马迁自谓："草创未就，适会此祸，惜其不成，是以
就极刑而无愠色。"至此，书已定稿，[1] 正在删削之际，忽闻李广利亦

---

[1] 编者注：此处逗号为编者所加。

降匈奴。自天汉二年李陵降匈奴，至九年之后的征和三年，李广利
又降匈奴，对司马迁个人而言，真是一个无法解释的"循环"。思前
想后，岂仅感慨而已，于是在《匈奴列传》之终，增补了李陵、李
广利分别降匈奴的记载，同时在《李将军列传》后，也添加了李陵
的记载，[1] 是非常可能的。

　　不过，在李陵的资料中，司马迁并没有将其个人的遭遇掺于其
中，[2] 仅最后在其《自序》略略叙及：

　　　　于是论次其文。七年而太史公遭李陵之祸，幽于缧绁。乃
　　喟然而叹曰："是余之罪也夫！是余之罪也夫！身毁不用矣。"

其后所论"昔西伯拘羑里，演《周易》，孔子厄陈蔡，作《春秋》"，
并谓"此人皆意有郁结，不得通其道也"云云，与《报任安书》略
同。《自序》与《报任安书》，在同一时间先后完成，所以，在某些
辞句相同。不过，关于李陵之祸，《自序》仅寥寥二三十字，喟然而
叹，未见幽愤。然而在《报任安书》中，全篇环绕李陵事件反复陈
诉，语多愤激，以致后世将司马迁撰《史记》，和李陵事件纠缠在一
起，而认为司马迁"以身陷刑之故，反微文刺讥，贬损当世"，以致
将《史记》视为谤书。

　　由于李陵事件，司马迁个人也陷于匈奴问题的是非之中，使他
在处理匈奴问题时，变得格外复杂了。不过，司马迁作为一个史学
家，不会因个人的遭遇，影响其对历史的叙述。所以，司马迁撰《史
记》是一回事，李陵事件是另一回事，二者不可混为一谈。不过，

---

[1]　编者注：此处逗号为编者所加。

[2]　编者注：此处标点原为句号。

事实上，司马迁在处理匈奴问题时，的确受到某些限制。这些限制一方面来自现实政治的压力，如在叙述被视为国耻的平城之围时，由于武帝正积极准备雪耻复仇，所以对若干问题因为迁就政治现实，无法作进一步讨论而有所隐略[1]。关于这个问题，他在《匈奴列传》的"太史公曰"中已经说明了，[2] 即所谓"孔氏著《春秋》，隐桓之间则章，至定哀之际则微，为其切当世之文而罔褒，忌讳之辞也"。避免触及现实的忌讳，是司马迁处理匈奴问题时所遭遇的第一种限制。另一方面，司马迁在搜集匈奴材料时，或亲自考察汉匈战争的场所，或采访参与汉匈战争的人物，因而对匈奴问题的探讨，掺入了某些个人主观意识[3]。尤其经李陵事件后，司马迁个人也卷入匈奴问题的是非之中。这是司马迁在处理匈奴问题时，因其个人的关系，形成的另一种限制。

现实政治与个人因素形成的双层限制，是司马迁处理匈奴问题时所遭遇的困境。如何突破这种困境，是司马迁要解决的问题。最后经过思量[4]，终于寻找到一个解决的方法，[5] 就是其《自序》所谓"《诗》《书》隐约者，欲遂其志之思也"。《索隐》曰："谓其意隐，微而言约也。"又《正义》的解释是"《诗》《书》隐微而约省者，迁深惟欲依其隐约而成志意也"。也惟有在"隐略"的前提下，才能避免现实政治的限制，委婉地"述故事，整齐世传"。尤其在天汉二年受腐刑之后，司马迁格外谨慎了，不仅在处理匈奴问题上，同时在处

---

[1] 编者注：此句原为"无法作进一步讨论有所隐略"。
[2] 编者注：此处标点原为句号。
[3] 编者注：此句原为"司马迁在搜集匈奴材料时，或亲自对汉匈战争场所的考察，或对参与汉匈战争人物的采访，因而对匈奴问题的探讨，掺入某些个人主观意识"。
[4] 编者注：此句原为"最后经过思量后"。
[5] 编者注：此处标点原为句号。

理其他当代的问题时 [1]，都用这种"隐约欲遂其志之思"的方法。这又是另一个值得探索的问题。

---

[1] 编者注：此句原为"不仅处理匈奴问题，同时在处理其他当代的问题"。

列传与本纪的关系

刘知幾将编年与纪传并称二体。所谓编年，始于《春秋》，其写作形式是"系日月而为次，列岁时以相续"。至于纪传，则肇于司马迁的《史记》，写作的形式则是"纪以包举大端，传以委曲细事，表以谱列年爵，志以总括遗漏"[1]。编年和纪传两种史学写作形式，在魏晋时期同等重要，这两种体裁"角力争先，欲废其一，固有难矣"[2]。阮孝绪《七录》首立《纪传录》，编年与纪传并列正史，刘知幾的《古今正史》也兼蓄编年、纪传二体。

但以阮孝绪《纪传录》为蓝图的《隋书·经籍志·史部》，却将编年与纪传一分为二，列纪传为正史，次编年为古史。自此以后，司马迁所创包括纪、传、表、志的纪传体，铸成中国传统正史写作的版型。

中国传统正史纪传体中的传，是续承《史记》的列传发展而形成的。《史记》列传所以作，司马迁在其《自序》中说："扶义俶傥，不令己失时，立功名于天下，作七十列传。"所谓"扶义俶傥"，司马迁《报任安书》说："古者富贵而名摩灭，不可胜记，唯俶傥非常

---

[1] 刘知幾，《史通·二体》。
[2] 同上。

之人称焉。”由"倜傥非常之人"引申，因而《索隐》云："列传者，谓叙列人臣之事迹，令可传于后世，故曰列传。"《正义》亦云："其人行迹可序列，故云列传。"而且《史记》列传篇目，多以人名、爵称或官职命篇。因此，后世认为司马迁所创立的列传，是以叙人为主的人物个人传记。《史记》列传有以个人为主的独立个传，如《淮阴侯列传》《李将军列传》，有二人的合传，如《鲁仲连邹阳列传》《屈原贾生列传》，以及以类相从的类传，如《刺客列传》《仲尼弟子列传》以及《酷吏》《儒林》等列传。如果单纯从列传叙人而论，即从若干合传考察，某些合传在分合之际，不仅年月相去甚远，事迹亦不相类。因此，司马贞甚至将某些合传作适当的调整，将韩非附于商鞅，鲁仲连附于田单，宋玉附于屈原，邹阳附于贾生[1]。司马贞欲调整的《史记》列传，包括《老子韩非列传》《鲁仲连邹阳列传》《屈原贾生列传》。这几篇合传，如果单从"叙列人臣之事迹"考察，的确很难得一个合理的解释。此外《扁鹊仓公列传》所录的医方，《龟策列传》所述的卜筮，《货殖列传》兼叙风土物产，都与列传叙人物的体例不合。

一、《史记》列传与"拾遗补艺"

所以，司马迁最初立列传，其意为何，的确是一个值得讨论的问题。关于这个问题，先从《史记》本身考察。《史记》列传第一的《伯夷列传》，叙伯夷、叔齐的事迹，以"传曰"开始。所谓"传曰"，说明其材取自他书。又《仲尼弟子列传》云：

---

[1] 罗以智，《恬养斋文钞》卷一《史记合传论》。引自《历代名家评史记》。

自子石已右三十五人，显有年名及受业闻见于书传。其四十有二人，无年及不见书传。

所谓"书传"，《仲尼弟子列传》"太史公曰"："弟子籍出孔氏古文。近是，余以弟子名姓文字，悉取《论语》弟子问，并次为篇。"则"书传"是指《论语》而言。至于其未见于"书传"者，则取自《孔子家语》。所以，司马迁所谓"传"，或"书传"，似仍有迹可寻。至于《礼书》云："传曰：威厉而不试，刑措而不用。"《乐书》云："传曰：治定功成，礼乐乃兴。"《封禅书》云："传曰：三年不为礼，礼必废；三年不为乐，乐必坏。"《三王世家》云："传曰：青采出于蓝，而质青于蓝。"《滑稽列传》云："传曰：天下无害灾，虽有圣人，无所施其才；上下和同，虽有贤者，无所立功。"《李将军列传》："传曰：其身正，不令而行；其身不正，虽令不从。"这些所谓的"传曰"，则不知所自。

不过，褚少孙补《史记》前后曾引用"传曰"十余处。《三王世家》云："褚先生曰：臣幸得以文学为侍郎，好览观太史公之列传。传中称《三王世家》文辞可观"云云。所谓太史公之列传，即《史记》中的列传。其后于其所补的《三代世表》云：

张夫子问褚先生曰："《诗》言契、后稷皆无父而生，今案诸传记咸言有父，得无与《诗》谬乎？"

所谓谬于《诗》的"诸传记"，案《滑稽列传》云："褚先生曰：臣幸得以经术为郎，而好读外家传语。"《索隐》云："东方朔亦多博观外家之语。"朔本传称其"以好古传书，爱经术，多所博观外家之语"。

"外家之语",《索隐》云:"外家非正经,即史传杂说之书也。""外家传语"与"外家之语"同,即非正经的史传杂说。《滑稽列传》又云:

> 传曰:"子产治郑,民不能欺,子贱治单父,民不忍欺,西门豹治邺,民不敢欺。三子之才能,谁最贤哉,辨治者当能别之。"

此即世传为政的"三不欺"。《索隐》曰:"此三不欺,自古传记先达共所称述,今褚先生因记西门豹而称之,以成说也。"又褚少孙补《三代世表》云:"《黄帝终始传》曰:'汉兴百有余年,有人不短不长。'"《索隐》云:"盖谓五行谶纬之说,若今之童谣言。"综合以上褚少孙所谓的"传",包括非正经外家语的史传杂说、先达所称述的传记,以及时下流传的童谣俗说,都以"传曰"的形式出现。所以,这些"传曰"往往又称为"故曰"。《魏世家》云:

> 惠王之所以身不死,国不分者,二家谋不和也。若从一家之谋,则魏必分矣。故曰:"君终无适子,其国可破也。"

"故曰",《索隐》云:"此盖古人之言及俗说,故云'故曰'。"所以,包括司马迁在内的汉代学者,对六艺以外的史传杂说、古人之言或时下流行的俗说谚语,统称之为传。因此,东方朔与褚少孙好观的"外家之语"或"外家传语",与《太史公自序》所谓的"六经异传"是相同的。《自序》谓其所撰的《史记》:

> 凡百三十篇,五十二万六千五百字,为《太史公书》。序略,

以拾遗补艺，成一家之言，厥协六经异传，整齐百家杂语。

案"六经异传"，《索隐》曰："迁言以所撰，取协于六经异传诸家之说耳，谦不敢比经艺也。异传者，如子夏《易传》、毛公《诗》及韩婴《外传》、伏生《尚书大传》之流者也。"《正义》言"异传"，亦略同《索隐》。《正义》云："太史公撰《史记》，言其协于六经异文，整齐诸子百家杂说之语，谦不敢比经艺也。异传，谓如丘明《春秋外传》《国语》、子夏《易传》、毛公《诗传》《韩诗外传》、伏生《尚书大传》之流也"。所以，就《索隐》与《正义》而言，司马迁所谓的"六经异传"，指先秦或汉代对六艺经籍解释的著作而言。

不过，"厥协六经异传，整齐百家杂语"，却有更深的意义。司马迁撰写《史记》的最终目的，是"成一家之言"。但在司马迁的著作之中，存在着两个"成一家之言"，一是其《报任安书》中的"欲以究天人之际，通古今之变，成一家之言"。一是作为《自序》总结，也是《史记》最后总结的"以拾遗补艺，成一家之言，厥协六经异传，整齐百家杂语"。"拾遗补艺"是对图书文献的整理，这种工作必须经过"厥协六经异传，整齐百家杂语"的过程，最后才能完成，这是对先秦以来的学术再作一次系统的整理[1]。

所谓"拾遗补艺"，是对图书校整工作，《史记》列传或即由此而出。镜考源流，部次流别是中国传统目录学的精神。自来讨论中国传统目录学，都集中于刘向、歆父子在这方面的成就[2]，完全忽略了司马氏父子拓创的贡献。事实上，武帝时进行的图书征集与整理工作，不仅规模较成帝时大得多，而且也是自孔子删《诗》《书》、

---

[1] 参见本书《太史公自序》的"拾遗补艺"》。
[2] 编者注：此句原为"都集中刘向、歆父子在这方面的成就"。

订礼乐，对中国文献第一次系统整理后的五百年，所进行的第二次图书文献的校整工作[1]。司马谈、迁父子由于工作职掌的关系，相继负责校书秘阁的工作。《自序》所谓"先人有言：'自周公卒五百岁而有孔子，孔子卒后至于今五百岁，有能绍明世，正《易传》，继《春秋》，本《诗》《书》《礼》《乐》之际？'意在斯乎！意在斯乎！小子何敢让焉"，其意在此。但司马氏父子在整理图书过程中，由于政治学术环境的变迁，司马谈以黄老思想为主导，提出他的《论六家要指》，规划出阴阳、儒、墨、名、法、道德诸家轮廓，形成中国传统目录学最早的序录。后来刘向、歆父子校书秘阁的《七略》，最后班固《汉书·艺文志·诸子略》即在这个基础上形成的。司马迁处于罢黜百家之后，在不违背当时现实政治情势，又不阿附俗儒分裂六艺之论，以孔子所成的六艺置于诸家之上，将学术承传与现实政治作清晰的分划，此即其《孔子世家》"太史公曰"所谓"天下君王至于贤人众矣，当时则荣，没则已焉。孔子布衣，传十余世，学者宗之。自天子王侯，中国言六艺者折中于夫子，可谓至圣矣"，后来《汉书·艺文志·六艺略》即由此而出[2]。

司马氏父子不仅校书秘阁，并可能将其校整成果辑成簿录，传于后世。案《汉书·艺文志》云：

> 汉兴，改秦之败，大收篇籍，广开献书之路。迄孝武世，书缺简脱，礼坏乐崩，圣上喟然而称曰："朕甚闵焉！"

"朕甚闵焉"，《汉书·武帝纪》云："（元朔五年）夏六月诏曰：'盖闻

---

[1] 参见本书《〈太史公自序〉的"拾遗补艺"》。

[2] 同上。

导民以礼，风之以乐，今礼坏乐崩，朕甚悯焉。'故详延天下方闻之士，咸荐诸朝。"《艺文志》所谓"圣上"即武帝，周寿昌《汉书注校补》云："圣上，称孝武也。玩语气似当时语。窃疑汉求遗书，始自汉武，当时必有记录，班采其书入文中耶。"周氏所疑甚是。《艺文志·诗赋略》屈赋之类条下有《上所自造赋》两篇。师古曰："汉武帝也。"刘氏父子与班固去武帝世已远，无由称武帝为"上"。章实斋云："臣恭称当代之君曰上，刘向为成帝时人，其去孝武之世已远矣，此必武帝时人标目，刘向从而标之。"所谓"武帝时人标目"，或即司马氏父子校整图书所编的簿录。《史记》对汉武帝习称"上"或"今上"，武帝本纪即称《今上本纪》，《自序》云："汉兴五世，隆在建元，外攘夷狄，内修法度，封禅，改正朔，易服色，作《今上本纪》。"《今上本纪》即《孝武本纪》。

　　《汉书·艺文志》每著录一书，班固于其下往往加一小注，简述作者之时代或其书之内容。如《诸子略·法家》条下，《李子》三十二篇，注曰："名悝，相魏文侯，富国强兵。"又《道家》条有《列子》八篇，注曰："名圄寇，先庄子，庄子称之。"《小说家》条有《诗旷》六篇，注曰："见《春秋》，其言浅薄，本与此同，似因托之。"其中有某些小注往往称著者"有列传"，计有：

　　　《晏子》八篇："名婴，谥平仲，相齐景公，孔子称善与人交，有列传。"
　　　《孟子》十一篇："名轲，邹人，子思弟子，有列传。"
　　　《孙卿子》三十三篇："名况，赵人，为齐稷下祭酒，有列传。"
　　　《鲁仲连子》十四篇："有列传。"

《筦子》八十六篇："名夷吾，相齐桓公，九合诸侯，不以兵车也，有列传。"

《商君》二十九篇："名鞅，姬姓，卫后也，相秦孝公，有列传。"

《苏子》三十一篇："名秦，有列传。"

《张子》十篇："名仪，有列传。"

《屈原赋》二十五篇："楚怀王大夫，有列传。"

《吴起》四十八篇："有列传。"

《魏公子》二十一篇："图十卷。名无忌，有列传。"

上述各书分别著录于《诸子略》的《儒家》《道家》《法家》《纵横家》以及《诗赋略》和《兵书略》。所谓"有列传"，师古曰："有列传者，谓《太史公书》。"但班固并未注明。可能如上述称"圣上"或"今上"，于钞录时未及删改。所以，刘氏父子校雠秘阁原有底本，渊源于武帝时所编辑簿录。这部簿录可能是司马氏父子校书秘阁时编辑而成，但没有成书，后为刘氏父子所依据，将这部未成书的簿录稿本，纳入其书中，然而有某些地方因循未及删改，因而有迹可寻。

司马氏父子所辑的簿录虽未成书，然上述"有列传"的各类著作，其著述的意旨与学术的流变，已分别散见于《史记》各列传之中。《自序》云："猎儒墨之遗文，明礼义之统纪，绝惠王利端，列往世兴衰，作《孟子荀卿列传》。"孟子列传则据《孟子》一书的材料撰成。《孟子荀卿列传》"太史公曰"："余读孟子书，至梁惠王问'何以利吾国'，未尝不废书而叹也。曰：嗟乎，利诚乱之始也！夫子罕言利者，常防其原也。"至于《孟子》一书的撰成，《孟子荀卿列传》云：

> 孟轲，驺人也。受业子思之门人。道既通，游事齐宣王，
> 宣王不能用。适梁，梁惠王不果所言，则见以为迂远而阔于事
> 情，当是之时……天下方务于合从连衡，以攻伐为贤。而孟轲
> 乃述唐、虞、三代之德，是以所如者不合，退而与万章之徒序
> 《诗》《书》，述仲尼之意，作《孟子》七篇。

本传云《孟子》七篇，《艺文志》作十一篇。传叙孟子之学所自，及
其作书之时代背景和著述的本旨。荀卿，《汉书·艺文志》作孙卿。
传叙荀卿著作的经过：

> 荀卿，赵人。年五十始来游学于齐。……齐襄王时，而荀
> 卿最为老师，齐尚修列大夫之缺，而荀卿三为祭酒焉。齐人或
> 谗荀卿，荀卿乃适楚，而春申君以为兰陵令。春申君死而荀卿
> 废，因家兰陵。李斯尝为弟子，已而相秦。荀卿嫉浊世之政，
> 亡国乱君相属，不遂大道而营于巫祝，信机祥，鄙儒小拘。如
> 庄周等又猾稽乱俗，于是推儒、墨、道德之行事兴坏，序列著
> 数万言而卒。

传不仅叙荀卿的经历，更述荀卿著述之缘由。传虽名为《孟子荀卿
列传》，然于孟子、荀卿之间，尚列叙邹衍与稷下诸先生之学。传称
"齐有三驺子，其前驺忌……先孟子。其次驺衍，后孟子"。《艺文志》
有《邹子》四十九篇。又有《邹子终始》五十六篇。传称："自驺衍，
与齐之稷下先生如淳于髡、慎到、环渊、接子、田骈、驺奭之徒，
各著书言治乱之事，以干世主，岂可胜道哉！"邹衍等皆后于孟子。
至于邹衍所著书，传称：

驺衍，后孟子。驺衍睹有国者益淫侈，不能尚德，若《大雅》整之于身，施及黎庶矣，乃深观阴阳消息而作怪迂之变，《终始》《大圣》之篇十余万言。

至于其著书要旨，则"必先验小物，推而大之"。传称其学，则云：

必先验小物，推而大之，至于无垠。先序今以上至黄帝，学者所共术，大并世盛衰，因载其禨祥度制，推而远之。至天地未生，窈冥不可考而原也。先列中国名山大川，通谷禽兽，水土所殖，物类所珍，因而推之，及海外人之所不能睹。称引天地剖判以来，五德转移，治各有宜，而符应若兹。以为儒者所谓中国者，于天下乃八十一分居其一分耳。……其术皆此类也，然要其归，必止乎仁义节俭。臣君上下六亲之施，始也滥耳。

邹衍之学乃阴阳家之所出。司马谈《论六家要指》称阴阳家之学，《自序》云："夫阴阳四时、八位、十二度、二十四节，各有教令。顺之者昌，逆之者不死则亡，未必然也。故曰'使人拘而多畏'。夫春生夏长，秋收冬藏，此天道之大经也。弗顺则无以为天下纲纪，故曰'四时之大顺，不可失也'。"《汉书·艺文志》论《阴阳家》所谓"敬顺昊天，历象日月星辰，敬授民时，此其所长也。及拘者为之，则牵于禁忌，泥于小数，舍人事而任鬼神"，即由此而出。稷下先生所著书，除邹衍的著作著录于《阴阳家》，尚有《邹奭子》十二篇，注曰："齐人，号曰雕龙奭。"《七略》云："邹衍之所言，五德终始，天地广大，尽言天事，故曰谈天。邹奭修衍之文，饰若雕镂龙文，故曰雕龙。"其后稷下之学又与道家合，其著述"皆学黄老道德之术"。传云：

> 慎到，赵人。田骈、接子，齐人。环渊，楚人。皆学黄老道德之术。因发明序其指意。故慎到著十二论，环渊著上下篇，而田骈、接子皆有所论焉。

《艺文志》有《慎子》四十二篇，在法家。注曰："名到，先申、韩，申、韩称之。"又《田子》二十五篇，在道家。注曰："名骈，齐人。游稷下，号天口骈。"《捷子》二篇，在道家，道家又有《蜎子》十三篇。注曰："名渊，楚人，老子弟子。"[1] 这些稷下先生的著作，《艺文志》分别著录于法家、名家、道家类中。除稷下诸先生著作外，其他诸家著作，传云：

> 赵亦有公孙龙为坚白异同之辩，剧子之言；魏有李悝，尽地力之教；楚有尸子，长卢；阿之吁子焉。

《艺文志》有《公孙龙子》十四篇，在名家。注曰："赵人。"《李子》三十二篇，在法家。又有《尸子》二十篇，在杂家。注曰："名佼，鲁人，秦相商君师之。鞅死，佼逃入蜀。"《处子》九篇，在法家。《芉子》十八篇，注曰："名婴，齐人，七十子之后。"在《孟子荀卿列传》之末，并附墨子："盖墨翟，宋之大夫，善守御，为节用。或

---

[1] 钱大昭《汉书辨疑》称接、捷古字通，捷子即接子；又《蜎子》，师古曰："姓也。"蜎为环之借字，案应劭《风俗通·姓氏篇》云："环氏出楚环列之尹，复以为氏"。张澍《风俗通辑注》称："环渊即蜎渊。"

曰并孔子时，或曰在其后。"《艺文志》有《墨子》七十一篇，注曰："名翟，为宋大夫，在孔子后。"从以上所述，可以了解《孟子荀卿列传》，虽以孟轲、荀卿为名，并非单纯为孟轲、荀卿立传，并兼叙孟轲至荀卿之间，稷下之学的著作，以及其他各家的著作，事实上所叙稷下诸家著作的材料非常丰富，超过孟荀的材料。所述各家的著作分别著录于《汉书·艺文志·诸子略》的儒家、道家、阴阳家、名家、墨家之中。

稷下先生的著述，后来"皆学黄老道德之术"，至汉初形成黄老之学，对当时的政治发生很大作用。《自序》云："李耳无为自化，清净自正；韩非揣事情，循势理，作《老子韩非列传》第三。"老子、韩非合传，后世多所非议。然而司马迁以目录学镜考学术源流的观点立传，却被忽略了。《老子韩非列传》叙老子著书云：

> 老子修道德，其学以自隐无名为务。居周久之，见周之衰，乃遂去。至关，关令尹喜曰："子将隐矣，强为我著书。"于是老子乃著书上下篇，言道德之意五千余言而去，莫知其所终。

传称老子之学"无为自化，清净自正"。《汉书·艺文志》有《老子邻氏经传》四篇，注曰："姓李，名耳，邻氏传其学。"又有《老子傅氏经说》三十七篇、《老子徐氏经说》六篇，同在道家。后来传老子学者不止一家。道家又有《庄子》五十二篇。《老子韩非列传》谓庄子之学，"其要本归于老子之言"。传称庄子著书云：

> 蒙人也，名周。周尝为蒙漆园吏，与梁惠王、齐宣王同时。其学无所不窥，然其要本归于老子之言。故其著书十余万言，

大抵率寓言也。作《渔父》《盗跖》《胠箧》，以诋讧孔子之徒，以明老子之术。《畏累虚》《亢桑子》之属，皆空语无事实。然善属书离辞，指事类情，用剽剥儒、墨，虽当世宿学不能自解免也。其言洸洋自恣以适己，故自王公大人不能器之。

至于韩非之学，"喜刑名法术之学，归本黄老"。传叙其著书与著作之意旨云：

> 韩非者，韩之诸公子也。喜刑名法术之学，而其归本于黄老。非为人口吃，不能道说，而善著书。与李斯俱事荀卿，斯自以为不如非。非见韩之削弱，数以书谏韩王，韩王不能用。于是韩非疾治国不务修明其法制，执势以御其臣下，富国强兵而以求人任贤，反举浮淫之蠹而加之于功实之上，以为儒者用文乱法，而侠者以武犯禁。宽则宠名誉之人，急则用介胄之士。今者所养非所用，所用非所养。悲廉直不容于邪枉之臣，观往者得失之变，故作《孤愤》《五蠹》《内外储》《说林》《说难》十余万言。……人或传其书至秦，秦王见《孤愤》《五蠹》之书，曰："嗟乎，寡人得见此人与之游，死不恨矣！"

传叙韩非之学之所自及其著书的缘由、著作的意旨及篇章与其书的流传。《艺文志》有《韩子》五十五篇，在法家。注曰："名非，韩诸公子，使秦，李斯害而杀之。"法家另有《申子》六篇。注曰："名不害，京人。相韩昭侯，终其身诸侯不敢侵韩。"申子与韩非同传。传称："申不害者，京人也，故郑之贱臣。学术以干韩昭侯，昭侯用为相。内修政教，外应诸侯，十五年。终申子之身，国治兵强，无侵韩者。[1] 申子之学本于黄老而主刑名。著书二篇，号曰《申子》。"
传又云："申子、韩子皆著书，传于后世，学者多有。"《老子韩非列
传》虽以老子、韩非为名，然而却兼叙庄子、申子著书。最后的"太
史公曰"，总论四家之学，并谓"皆源于道德之意"：

> 老子所贵道，虚无，因应变化于无为，故著书辞称微妙难
> 识。庄子散道德，放论，要亦归之自然。申子卑卑，施之于名
> 实。韩子引绳墨，切事情，明是非，其极惨礉少恩。皆原于道
> 德之意，而老子深远矣。

《老子韩非列传》与《孟子荀卿列传》所叙诸家著述，同时也见于
《汉书·艺文志》。然而两传并非单纯为老子与韩非，或孟子与荀卿
立传，而是叙述这个期间诸家的著述[2]，并镜考其源流，部次其流别。
这正是中国传统史部目录学的精神所在，即章学诚所谓"部次流别，
申明大道；叙九流百氏之学，使之绳贯珠联，无少缺遗，欲人即类
求书，因书究学"。从司马迁于传中叙列一家之书，正如章学诚所言
"凡有涉此一家之学者，无不穷源至尾，竟其流别"。中国传统目录
学的写作体制，归纳起来有三种，一是考证一书源流的篇目，[3] 二是
考证一人学术源流的叙录，三是考证一家源流的小序[4]。司马迁《老
子韩非列传》与《孟子荀卿列传》的写作形式，或即司马迁归纳其
父子校整图书而撰写的序录或小序而成。章学诚云：

---

[1] 编者注：前三句引文，"京人也"后原为句号，"贱臣"后原为逗号，"为相"
后原为逗号。修改参考［汉］司马迁：《史记·老子韩非列传》（中华经典普及文库），中
华书局，2019，第395页。

[2] 编者注：此句原为"而叙述这个期间诸家的著述"。

[3] 编者注：此处标点原为分号。

[4] 余嘉锡，《目录学发微》。

　　《艺文》虽始于班固，而司马迁之列传，实讨论之。观其叙述，战国秦汉之间，著书诸人之列传，未尝不于学术渊源，文词流别，反复而论次焉。刘向、刘歆盖知其意矣。故其校书诸叙论，既审定其编次，又推论其生平；以书而言，谓之叙录可也；以人而言，谓之列传可也。史家存其部目于艺文，载其行事于列传，所以为详略互见之例也。是以《诸子》《诗赋》《兵书》诸略，凡遇史有列传者，必注有列传于其下，所以使人参互而观也。[1]

章氏认为刘氏父子校书的叙录，既审定著作的编次，又推论作者的生平，是受司马迁列传的影响。因为司马迁叙战国至秦汉间著作诸人的列传，反复论述著作的源流，与文词的流别，就是传统目录学叙录的写作形式。

二、列传与魏晋别传

　　《太史公自序》云：元封三年，"天子始建汉家之封，而太史公留滞周南，不得与从事，故发愤且卒。"司马谈自建元元年任太史，至此将近三十年。这段期间司马谈除校整图书外，当然还负责天官的业务。而且由于武帝封禅与求神仙，这一方面的业务更繁重，然司马谈却始终恭谨从事。但临"天子接千万之统"的封禅泰山，竟被摒留滞周南，因而发愤且卒[2]。临终前，司马迁适西使归来，见父于河洛间。司马谈执迁手而泣曰："'余死，汝必为太史。为太史，无

---

[1]　章学诚，《章氏遗书》卷十三《校雠通义》：《汉书·艺文志》三四《诸子略》。

[2]　参见本书《武帝封禅与〈封禅书〉》。

忘吾所欲论著矣。'……迁俯首流涕曰：'小子不敏，请悉论先人所次旧闻，弗敢阙。'"但司马谈"所欲论著"的是什么？《自序》云：

> 孔子修旧起废，论《诗》《书》，作《春秋》，则学者至今则之。自获麟以来四百有余岁，而诸侯相兼，史记放绝。今汉兴，海内一统，明主贤君忠臣死义之士，余为太史而弗论载，废天下之史文，余甚惧焉。

司马谈所欲论著的，从以上材料了解，可分为两个部分，即论《诗》《书》与作《春秋》。前者是司马迁所谓"先人有言：自周公卒五百岁而有孔子。孔子卒后至于今五百岁，有能绍明世，正《易传》，继《春秋》，本《诗》《书》《礼》《乐》之际"。"正《易传》"，与"本《诗》《书》《礼》《乐》之际"则是对自孔子正《易传》，删《诗》《书》，订礼乐，对上古以来的图册文献，作第一次系统整理以后，司马氏父子对战国至秦汉以来的图书文献资料再作一次系统的整理。这个工作基本上从元朔五年六月前，已经开始，至此其继承荀子的《非十二子》与庄子《天下》，对先秦诸家著书区分流别的《论六家要指》已经完成，并以此作为校书秘阁图书分类的指标。这个工作至司马谈死时，或已接近完成。

司马谈卒后三年的元封三年，司马迁续为太史令，立即"紬史记石室金匮之书"，继续进行司马谈校整图书的未竟之业，并完成六艺承传著作的整理工作。司马氏父子校整图书的工作，至太初元年大致告一个段落，然后司马迁应用这批经过系统整理的文献资料，及"先人所次旧闻"，重新开始其父"所欲论著"的《史记》。其中有关战国至秦汉著书诸人的列传，或即应用司马谈既审定编次，又讨论其生平的叙录，连缀成篇。所以，这一部分著书诸人的列传，与校整图书的叙录，可为一体的两面。这一系列著书诸人的列传，仅就篇名而论，在《史记》中有《管晏》《司马穰苴》《孙子吴起》《仲尼弟子》《商君》《张仪》《苏秦》《孟子荀卿》《鲁仲连邹阳》《屈原贾生》《吕不韦》《扁鹊仓公》《儒林》《日者》《龟策》等。几占《史记》七十列传四分之一强。而且他们的著作都著录于《汉书·艺文志》中。所以，读《汉书·艺文志》，必须同时参阅《史记》某些列传：

> 读《六艺略》者，必参观于《儒林列传》；犹之读《诸子略》，必参观于《孟荀》《管晏》《老庄申韩列传》也。(《诗赋略》之《邹阳》《枚乘》《相如》《扬雄》等传，《兵书略》之《孙吴》《穰苴》等传，《数术略》之《龟策》《日者》等传，《方技略》之《扁鹊仓公》等传，无不皆然。) 孟子曰："颂其诗，读其书，不知其人，可乎？"

读其书，当知其人，在书为叙录，在人为列传，《史记》这一系列著书诸人的列传，不仅在材料方面，即使著作的形式也都取自校整图书的叙录。所以，校整图书的叙录是《史记》列传来源之一，或许是可以确定的。

这些著书诸人的列传，往往以合传或类传的形式出现。然而其中《鲁仲连邹阳列传》《屈原贾生列传》不仅年月相去甚远，行事亦不相类，最受后人议论。然而若从簿录之叙录方面考察，则司马迁将屈原贾生或鲁仲连邹阳合传的微意即现。《屈原贾生列传》"太史公曰"："余读《离骚》《天问》《招魂》《哀郢》，悲其志。适长沙，观屈原所自沉渊，未尝不垂涕，想见其为人。及见贾生吊之，又怪屈原以彼其材，游诸侯，何国不容，而自令若是。读《服鸟赋》，同生死，轻去就，又爽然自失矣。"司马迁对屈原的际遇非常同情，他读古人书及探考遗迹，很少"垂涕"的。后来学者讨论《屈原贾生列传》，多从屈原贾谊的际遇方面考量，[1] 很少说到"贾生以为汉兴至孝文二十余年，天下和洽，而固当改正朔，易服色，法制度，定官名，兴礼乐，乃悉草具其事仪法，色尚黄，数用五，为官名，悉更秦之法"。

虽然文帝不能用贾谊之策，但对后来汉武帝却发生了影响。班固注意到贾谊这方面的贡献，案《汉书·贾谊传》班固赞曰："刘向称'贾谊言三代与秦治乱之意，其论甚美，通达国体，虽古之伊、管未能远过也。'"所谓贾谊"言三代与秦治乱之意"，即《汉书》本传所载"凡所著述五十八篇"，《汉书·艺文志》有《贾谊》五十八篇，在《儒家》，与本传同。《隋书·经籍志》称《贾子》，《新唐书·艺文志》则称贾谊《新书》，其重要政论《过秦论》《治安策》皆在其中。贾谊《过秦论》，司马迁录其部分为《秦始皇本纪》的论赞，另一部分则由褚少孙载入《陈涉世家》。至于对汉武帝影响至巨的《治安策》，则不见载于《屈原贾生列传》，反而全篇录载贾谊的《服鸟赋》，的确值得玩味。

《屈原贾生列传》云："屈原既死之后，楚有宋玉、唐勒、景差之徒者，皆好辞而以赋见称；然皆祖屈原之从容辞令，终莫敢直谏。……自屈原沉汨罗后百有余年，汉有贾生，为长沙王太傅，过湘水，投书以吊屈原。贾生名谊……"以此衔接屈原与贾谊列传。

---

[1] 编者注：此处标点原为句号。

自楚屈原死后，楚有宋玉、唐勒、景差等，皆祖屈原之从容辞令，百余年后贾谊出，似在说明楚辞汉赋的承传关系。《汉书·艺文志·诗赋略》关于赋的部分，有"屈赋"之属，"陆贾赋"之属，"荀卿赋"之属及"杂赋"等四类。其中"屈赋"又是赋的主流，有屈原、唐勒、宋玉等外，汉代则有贾谊、枚乘、司马相如、淮南、兒宽、刘向等都属"屈赋"流派，《今上所自造赋》[1] 两篇也在其中。屈赋之属共二十家，三百六十一篇。《艺文志·诗赋略》小序云：

> 大儒孙卿及楚臣屈原离谗忧国，皆作赋以风，咸有恻隐古诗之义。其后宋玉、唐勒，汉兴枚乘、司马相如，下及扬子云，竞为侈丽闳衍之词，没其风谕之义。是以扬子悔之，曰："诗人之赋丽以则，辞人之赋丽以淫。如孔氏之门人用赋也。则贾谊登堂，相如入室矣，如其不用何！"

扬雄之论见《法言》。虽云贾谊之赋可登堂，相如可以入室，但终无所施用。却不能否认他们的作品是汉赋的代表。《隋书·经籍志·集部》首列"楚辞"一类，其小序说屈原死后，[2]"弟子宋玉，痛惜其师，伤而和之。其后，贾谊、东方朔、刘向、扬雄，嘉其文彩，拟之而作"。楚辞渊源于屈原，发展至汉代则为汉赋。汉赋之作，首推贾谊。司马迁的《屈原贾生列传》，则有镜考源流，部次流别的微意，叙述汉赋的渊源与流别。所以，读《汉书·艺文志·诗赋略》，必参考《屈原贾生列传》。所以，《自序》云："作辞以讽谏，连类以争义，《离骚》有之，作《屈原贾生列传》。"汉赋源楚辞而兴，屈原贾谊合

---

[1]　编者注：《汉书·艺文志》中原文为"上所自造赋二篇"。
[2]　编者注：此处逗号为编者所加。

传的微意即在此。

至于《鲁仲连邹阳列传》，《汉书·艺文志》有《鲁仲连子》十四篇在儒家。《隋志》作五卷录一卷。宋以后不再见于著录。清马国翰采《太平御览》《意林》等书，辑得一卷，并以《史记》所载《却秦兵》《说燕将》等篇，与《国策》相校，文字不同。则知司马迁直接取鲁仲连原书，而非转采自《国策》。辑本序说《鲁连子》"意旨在于势数，未能纯粹合圣贤之意。然高才远致，读其书想见其人"。司马迁也说鲁仲连书"能设诡说"。所以本传"太史公曰"："鲁连其指意虽不合大义，然余多其在布衣之位，荡然肆志，不诎于诸侯，谈说于当世，折卿相之权。"所以，《鲁仲连子》一书不应在儒家，似应著录于纵横家。

案《汉书·艺文志·纵横家》有《邹阳》七篇。司马迁以邹阳"辞虽不逊……亦可谓抗直不桡"，而以其附于《鲁仲连邹阳列传》。班固也说邹阳"游于危国，然卒免刑戮者，以其言正也"。《汉书·邹阳传》说："邹阳，齐人也。汉兴，诸侯王皆自治民聘贤。吴王濞招致四方游士，阳与吴严忌、枚乘等俱仕吴，皆以文辩著名。"邹阳因上书谏吴王，不能用，[1] 去吴归梁孝王。《梁孝王世家》说："自山以东，游说之士，莫不毕至。齐人羊胜、公孙诡、邹阳之属。公孙诡多奇邪计"。则邹阳是文景间著名的游士，行走于诸王廷之间。其著书《邹阳》七篇，虽不知其意指如何，但或与汉初另一著名游士蒯通所著书相近。蒯通说韩信叛汉不果，佯狂而去。《艺文志·纵横家》有《蒯子》五篇。《史记·田儋列传》"太史公曰"："蒯通者，善为长短说，论战国之权变，为八十一首。"《索隐》曰："欲令此事长，

---

[1]　编者注：此处标点原为句号。

则长说之，欲令此事短，则短说之。故《战国策》亦名《短长书》是也。"鲁仲连、邹阳虽同为齐人，并无承传关系，而二人所处的时代环境也不同。一在战国纷争之际，一在汉政权统一之时。战国时期，诸侯纷争，游说之士蜂起，行走于诸侯之间，鲁仲连以一介布衣，说义不帝秦，致书燕将解聊城之危，而坚持"所贵于天下之士者，为人排患释难解纷乱而无取也"，最后功成飘然而去，隐于海上。[1] 游说之士发展至此，可说已达巅峰。至于邹阳，在汉帝国统一之后，虽最初诸王国招士，但说长道短的空间已经不大。吴楚七国乱后，地方分权向中央集中，游说之士更无活动的余地。邹阳则象征战国形成的游士没落一代，司马迁"原始察终，见盛观衰"，透过他们的著作，叙说游士之兴废，也许是他写《鲁仲连邹阳列传》的微意所在。

《鲁仲连邹阳列传》虽未言其所著书，然传中所录的文字，则采自《鲁仲连子》与《邹阳》书中。司马迁撰列传，叙著书诸人，有"其书世多有之，是以不论，论其轶事"之例。《管晏列传》"太史公曰"：

> 吾读管氏《牧民》《山高》《乘马》《轻重》《九府》，及《晏子春秋》，详哉其言之也。既见其著书，欲观其行事，故次其传，至其书，世多有之，是以不论，论其轶事。

管氏《牧民》等篇，《汉书·艺文志》有《管子》八十六篇。入《道家类》，其注曰："名夷吾，相齐桓公，九合诸侯，不以兵车也。"《晏

---

[1] 编者注：此处标点原为逗号。

子春秋》[1]八篇，则著录于《儒家类》之首，其注曰："名婴，谥仲平，相齐景公，孔子称善与人交。"太史公撰《管晏列传》，《自序》云："晏子俭矣，夷吾则奢；齐桓以霸，景公以治"，则以行事为主。又《司马穰苴列传》云："世既多《司马兵法》，以故不论，著穰苴之列传焉。""著穰苴之列传"则论其行事。《自序》云："自古王者而有《司马法》，穰苴能申明之。"此传之所以作。《孙子吴起列传》云："世俗所称师旅，皆道《孙子》十三篇，吴起《兵法》，世多有，故弗论，论其行事所施设者。"《自序》谓其作《孙子吴起列传》云："非信廉仁勇不能传兵论剑，与道同符，内可以治身，外可以应变，君子比德焉。"至于《商君列传》云："余尝读商君《开塞》《耕战》书，与其人行事相类。"《开塞》《耕战》，见《商君书》，"其人行事"，则《自序》云："鞅去卫适秦，能明其术，强霸孝公，后世遵其法。"都是其书世多有，论其行事的例子。其中也有于行事中兼叙其所著书。《汉书·艺文志》有《虞氏春秋》十五篇，在儒家类，注曰："虞卿也。"虞卿附《平原君虞卿列传》云：

> 虞卿者，游说之士也。蹑蹻檐簦说赵孝成王。一见，赐黄金百镒，白璧一双；再见，为赵上卿，故号为虞卿。……虞卿既以魏齐之故，不重万户侯卿相之印，与魏齐闲行，卒去赵，困于梁。魏齐已死，不得意，乃著书，上采《春秋》，下观近世，曰《节义》《称号》《揣摩》《政谋》，凡八篇。以刺讥国家得失，世传之曰《虞氏春秋》。……太史公曰："……虞卿料事揣情，为赵画策，何其工也！及不忍魏齐，卒困于大梁，庸夫且知其不

---

[1] 编者注："《晏子春秋》"应为"《晏子》"之误。见［汉］班固：《汉书·艺文志》（中华经典普及文库），中华书局，2020，第331页。

可，况贤人乎？然虞卿非穷愁，亦不能著书以自见于后世云。"

此即为《虞氏春秋》的叙录，而叙录寓于行事之中。又《汉书·艺文志》有《吕氏春秋》二十六篇，在《杂家类》。注曰："秦相吕不韦辑智略士作。"《吕不韦列传》云：

> 是时诸侯多辩士，如荀卿之徒，著书布天下。吕不韦乃使其客人人著所闻，集论以为八览、六论、十二纪，二十余万言，以为备天地万物古今之事，号曰《吕氏春秋》。布咸阳市门，悬千金其上，延诸侯游士宾客有能增损一字者予千金。

传叙述吕不韦编撰《吕氏春秋》的过程与内容意旨，可以说是《吕氏春秋》的叙录。将著作的叙录寓于行事之中，也是《史记》列传的一种写作形式。事实上叙录已包括个人的行事在内，而且也是著述诸人主要的行事部分。所以，论其行事的事，是《史记》列传形成的主要基础。创于司马迁的纪传体，其列传并非专为叙人物，而是以人系事，如编年以时系事一样，而且所叙的事不是孤立的，和其生存时代的历史发展与演变息息相关，和个人独立的传记完全不同。《汉书·东方朔传》云：

> 朔初来，上书曰："臣朔少失父母，长养兄嫂。年十三学书，三冬文史足用，十五学击剑，十六学《诗》《书》，诵二十二万言，十九学孙吴兵法，战阵之具，钲鼓之教，亦诵二十二万言。凡臣朔固已诵四十四万言。又常服子路之言。臣朔年二十二，长九尺三寸，目若悬珠，齿若编贝，勇若孟贲，捷若庆忌，廉

若鲍叔，信若尾生。若此，可以为天子大臣矣。"

这是一篇东方朔个人的自传。这篇个人的自传，类似两汉地方察举的品状。所谓品状，是举主对被举者个人资料的记载，包括被举者个人德行、教育、处事，及身体状况的资料，是两汉以来地方察举重要的参考依据。这种品状到魏晋后形成大小中正评状，是当时流行的别传材料重要来源之一[1]。所谓别传，是一种个人的传记，其形成与发展的时间，自汉魏之际至两晋的两百年间，是一种新兴的史学写作形式[2]。魏晋别传与纪传体的列传不同，汤球《晋诸公别传辑本》序称别传乃云："别乎正史而名之。"然其性质近似魏晋文学领域里流行的别集。《隋书·经籍志·别集》小序云："别集之名，盖汉东京之所创也。自灵均已降，属文之士众矣。然其志尚不同，风流殊别，后之君子欲观其体势，而见其心灵，故别聚焉，名之为集。"

所谓别集，是文学作者个人的文集。每一个作者个人的文集都有其个人不同的风格，正如上述所云"意志不同，风流殊别"，可观其体势，见其心灵。别集所以称之为别，以示其与众不同。同样地，魏晋别传叙各个不同的个人，其性格与事迹也各有不同。所以，个人的别传称之别，也有别集为别的意味在内。所以，别传与别集的别，可作"分别"或"区别"解，以示各有自我的性格，与众不同[3]。所以，魏晋时期兴起的各个不同人物的别传，不仅是一种新兴的史学写作形式，而且数量众多。就其性质而论，别传代表了两种

---

[1] 拙作《魏晋杂传与中正品状的关系》，《中国学人》第二期（香港，一九七〇）。

[2] 拙作《魏晋别传的时代性格》，《魏晋史学的思想与社会基础》（台北：东大图书，二〇〇〇）。

[3] 拙作《魏晋别传的时代性格》，《魏晋史学的思想与社会基础》（台北：东大图书，二〇〇〇）。

不同的意义，一是别传与正史列传不同，也就是别于列传；二是别
传与别传彼此间不同，各自表现其不同的性格与风格。两种意义说
明了一个事实，即魏晋时期，[1] 两汉定于一尊的儒家思想衰退以后，
个人突破原有道德规范的约束，因而产生个人意识的醒觉。由于对
个人价值的肯定与尊重，形成表现个人性格的独立别传[2]。

三、列传与本纪

别传与列传虽同为叙事，但所表现的意义却不相同。别传突出
个人在其所生存时代的表现，故个性突出。列传则是说明个人对其
生存时代的贡献，个人已融于事中，很难见其鲜明的性格。当然，
这是列传以人系事的具体表现。《自序》云："汉既初定，文理未明，
苍为主计，整齐度量，序律历，作《张丞相列传》"，是在说明张苍
对汉初建国在度量、历法方面的贡献。但《张丞相列传》并非单为
张苍立传，[3] 传中并叙任敖、申屠嘉。张苍、申屠嘉、任敖等，于文
帝时期前后并为御史大夫。张苍、申屠嘉且前后由御史大夫转任丞
相。案《汉兴以来将相名臣年表》，文帝三年十二月，丞相灌婴卒，
四年正月，张苍以御史大夫为丞相。《张丞相列传》云："自汉兴至
孝文二十余年，会天下初定，将相公卿皆军吏。"张苍以御史大夫转
任丞相，始转变这种情况。张苍为丞相十五年，免。后元二年，申
屠嘉亦以御史大夫为丞相。申屠嘉为相五年，文帝崩，景帝初即位，
嘉仍任丞相。本传"太史公曰"："张苍文学律历，为汉名相。"至于

---

[1]　编者注：此处逗号为编者所加。
[2]　拙作《魏晋玄学与个人意识醒觉的关系》，《魏晋史学的思想与社会基础》（台
北：东大图书，二〇〇〇）。
[3]　编者注：此处标点原为句号。

申屠嘉，"可谓刚毅守节矣。然无术学，殆与萧、曹、陈平异矣"。司马迁对于张苍、申屠嘉的评价，也以其二人为丞相着眼。而且自申屠嘉卒后，传称：

> 景帝时开封侯陶青、桃侯刘舍为丞相。及今上时，柏至侯许昌、平棘侯薛泽、武强侯庄青翟、高陵侯赵周等为丞相。皆以列侯继嗣，娖娖廉谨，为丞相备员而已，无所能发明功名有著于当世者。

所叙竟为张苍、申屠嘉身后事。然彼等皆为丞相。案《汉兴以来将相名臣年表》称，元鼎三年丞相翟青自杀，太子少傅高陵侯赵周为丞相。元鼎五年八月，赵周坐酎金自杀，御史大夫石庆为丞相封牧丘侯。赵周、石庆为相，皆张苍、申屠嘉身后事，不应入其传，然彼等多由御史大夫转任丞相，其为相皆"娖娖廉谨，为丞相备员而已"。《万石张叔列传》谓石庆为相之时亦云：

> 中国多事……公家用少，桑弘羊等致利，王温舒之属峻法，兒宽等推文学至九卿，更进用事，事不关决于丞相，丞相醇谨而已。在位九岁，无能有所匡言。

"事不关决于丞相，丞相醇谨而已"，与《张丞相列传》所谓"娖娖廉谨，为丞相备员而已"，两相对应，则司马迁撰张苍列传的微意所在。所以，《张丞相列传》非仅为张苍立传，[1] 不过借苍系事而已，是非常明显的。

---

[1]　编者注：此处标点原为句号。

列传虽以人系事，但并不是孤立的。其所系之事，必须与本纪相应。否则便失去列传以人系事的意义。所谓纪，裴松之《史目》云：

> "天子称本纪，诸侯曰世家"。本者，系其本系，故曰本；纪者，理也。统理众事，系之年月，名之曰纪。[1]

《索隐》亦云："纪者，记也。本其事而记之，故曰本纪。"并且进一步解释云："又纪，理也，丝缕有纪，而帝王书称纪者，言为后代纲纪也。"则是，本纪为统领众事，系之以年月，为后世之纲纪。刘知幾以此解释本纪与列传的关系云：

> 夫纪传之兴，肇于《史》《汉》。盖纪者，编年也；传者，列事也。编年者，历帝王之岁月，犹《春秋》之经；列事者，录人臣之行状，犹《春秋》之传。《春秋》则传以解经，《史》《汉》则传以释纪。[2]

刘知幾以《春秋》的经传关系，解释本纪和列传之间的关系。认为《春秋》以传解经，纪传则以传释纪。其所谓以传解经的传，则是《左传》。《十二诸侯年表》叙《春秋》与《左传》之间的关系云：

> 孔子明王道，干七十余君，莫能用，故西观周室，论史记旧闻，兴于鲁而次《春秋》，上记隐，下至哀之获麟，约其辞文，去其烦重，以制义法，王道备，人事浃。七十子之徒口受其传

---

[1] 《史记·五帝本纪》，《正义》引。
[2] 《史通·列传》。

指，为有所刺讥褒讳挹损之文辞不可以书见也。鲁君子左丘明惧弟子人人异端，各安其意，失其真，故因孔子史记具论其语，成《左氏春秋》。

司马迁于《十二诸侯年表》叙《春秋》之传承甚详。左丘明因恐弟子"各安其意，失其真"，因而"因孔子史记具论其语"，而成《春秋左氏传》。《汉书·艺文志》以此引申谓左丘明"论本事作传，明夫子不空言说经"。所谓"论本事作传"，杜预《春秋左氏传集解序》云：

> 左丘明受经于仲尼，以为经者不刊之书也。……身为国史，躬览载籍，必广记而备言之。其文缓，其旨远，将令学者原始要终，寻其枝叶，究其所穷。

杜预认为左丘明传《春秋》，"必广记以备言"，为了使学者据此而原始察要，究其所蕴。至于其为《春秋经传集解》，其目的也是详为条理，证明经之条贯必出于传。而传之所述，不论先经以始事，后经以终义，或依经以辩理，或错经以合义，[1] 其目的都是为经而作传，以明孔子不空言说经。所以，刘勰也认为左氏传《春秋》，"实得微言，乃原始要终，创为传体"。至于传，刘勰解释说："传者，转授经旨，以授于后，诚圣文之羽翮，记载之冠冕也。"《左传》原始察要而成传体，其目的是转授经旨，以授后来。刘知幾据此引申，论左丘明依经作传云：

---

[1]　编者注："终义"后标点原为分号，"合义"后标点原为句号。

　　《左传》家者，其先出于左丘明，孔子既著《春秋》，而丘
明授经作传。盖传者，转也；转授经旨，以授后人。或曰传者，
传也，所以传示来世。案孔安国注《尚书》，亦谓之传，斯则传
者，亦训释之义乎。观《左传》之释经也，言见经文而事详传
内，或传无而经有，或经阙而传存，其言简而要，其事详而博，
信圣人之羽翮，而述者之冠冕也。[1]

刘知幾认为《左传》释经，不仅"事详传内"，而且"事详而博"。
除此之外，并例举孔安国以"训释"传《尚书》，《汉书·艺文志》
有《尚书古文经》四十六卷，在《六艺略·尚书》条下。师古曰：
"孔安国《书序》云：'凡五十九篇，为四十六卷。承诏作传，引序各
冠其篇首。'"所谓"承诏作传"，孔安国序云："承诏为五十九篇作
传，于是遂研精覃思，博考经籍，采摭群言，以立训传。约文申义，
敷畅厥旨，庶几有补于将来。"孔安国以"博考经籍，采摭群言"，
为《尚书》作训解之书，与《左传》解经以事为主的"事详而博"，
有所不同。汉儒称解经书为传。《六艺略·尚书》条下，有传四十篇，
此即《伏生大传》。郑玄《序》曰："自伏生也。伏生为秦博士，至
孝文时，年且百岁，张生、欧阳生从其学，而受之音声，犹有讹误，
先后亦有差舛，重以篆隶之殊，不能无失。生终后数子合论所闻，
以己意弥缝其阙。又特撰大义，因经属指名之曰传。"然后而有《欧
阳章句》《大小夏侯章句》《大小夏侯解诂》，其名虽殊，皆同为《尚
书》的传。

　　所以，汉代解经之书有两种形式，一种是训释解经的传，以孔

[1]《史通·六家》，"左传家"条下。

安国训释《尚书》的传为代表，汉儒解经多采用这种形式。一种是
"事详而博"的传，《左氏春秋》即采这形式。赵翼云："古人著书，
凡发明义理，或记载故事皆谓之传。"谓：

> 《孟子》曰："于传有之，谓古书也。"左、公、穀作《春秋》
> 传，所以传《春秋》之旨也。伏生弟子作《尚书大传》，孔安国
> 作《尚书传》，所以传《尚书》之义也。《大学》分经传，《韩非
> 子》亦分经传，皆所以传经之意也。故孔颖达云，大率秦汉之
> 际，解书者多名为传。又汉世称《论语》《孝经》，并谓之传……
> 是汉时所谓传，凡古书及说经皆名之。非专以叙一人之事也。
> 其专以叙事而人各一传，则自史迁始。[1]

汉代凡古书及解经之书皆称之为传，并非专为叙一人之事，而以人
叙事的传则从司马迁的《史记》列传开始。至于司马迁如何将解经
说经的传，转变为以人系事的列传，则是一个值得讨论的问题。《自
序》云"厥协六经异传，整齐百家杂语"，如前述是司马氏父子"拾
遗补艺"的图书文献校整工作。其所谓的"六经异传"，包括"训解
经义"与"事详而博"两种传的形式。尤其后者，汉代解经之书称
之为传，其他非正经外家杂说及先达所称，以及时下流行的童谣俗
说统称之为传。而且在司马迁创立列传之前，已有叙事之传存在。
《汉书·艺文志》有《高祖传》十三篇，注曰："高祖与大臣述古语及
诏策也。"又《孝文传》十一篇，注曰："文帝所称及诏策。"著录于
《诸子略·儒家类》。司马迁即采用了叙事之传，转而为以人系事的

---

[1] 赵翼，《陔余丛考》卷五《史记一》。

列传。章学诚《亳州志人物表例议》云：

> 史之有列传也，犹《春秋》之有《左氏》也，《左氏》依经而次年月，列传分人而著标题，其体稍异，而其为用，则皆取足以备经、纪之本末而已矣。

司马迁采《春秋》之《左氏》，稍予转变为列传。《自序》载其与上大夫壶遂论《春秋》，虽然，最后司马迁谦称："余所谓述故事，整齐其世传，非所谓作也。而君比之于《春秋》，谬矣。"然其对孔子著《春秋》衷心仰慕，确有上肇之意。《孔子世家》云：

> 孔子之时，周室微而礼乐废，《诗》《书》缺，追迹三代之礼，序《书传》，上纪唐虞之际，下至秦缪，编次其事。曰："夏礼吾能言之，杞不足征也。殷礼吾能言之，宋不足征也。足，则吾能征之矣。"观殷夏所损益，曰："后虽百世可知也，以一文一质。周监二代，郁郁乎文哉，吾从周。"故《书传》《礼记》自孔氏。

"《书传》《礼记》自孔氏"，由于当时礼乐崩废，《诗》《书》残缺。于是，孔子开始对自周公以来，散佚的文献资料作一次系统的整理，并赋予其文化意识而成六艺。在整理文献资料的过程中，"上纪唐虞之际，下至秦缪，编次其事"，然后始有《春秋》之作。同样地，司马氏父子则将孔子删《诗》《书》，订礼乐，其间又历秦火，五百年以来散乱的图书文献，再作一次系统的整理，然后"述往事，思来者，于是卒述陶唐以来，至于麟止，自黄帝始"，最后撰成《史记》。

《史记》之成，即建立在其校整图书的"编次其事"的基础上。因此，司马迁将《左传》释《春秋》的经传关系，稍加转变，将本纪与列传联系起来，形成以人系事的列传。

列传虽分人以著标题，但仍以叙事为主，其《货殖》《龟策》等列传就间有记事，记人的诸列传，也多记事，这是《春秋》比事属词的旧法。司马迁以此为基础稍作转变为依人述事的列传。其本质仍为叙事，所不同的是以人系事而已。至于本纪，虽然纪之名缘于《吕氏春秋》的十二纪，然而改称为本纪。本纪在写作的形式方面，上承《春秋》的编年之法。至其名为本纪，则原本《春秋》经，而其他的表、书、世家、列传则为经之纬。因此，本纪是统领众事的纲领，其目的是叙述一个时代的重大历史事件，及历史发展的主要趋向。所以本纪仅记其大端。至于列传，则委曲细事以释本纪，[1] 即所谓列传"以事命篇，以纬本纪"。所以，刘知幾谓本纪"历帝王之岁月，犹《春秋》之经"，列传则"录人臣之行状，犹《春秋》之传，《春秋》则传以解经，《史》《汉》则传以释纪"。司马氏父子因校书秘阁，选择了传以释经的经传关系，将其转变为本纪和列传的历史解释 [2]，并以此为基础探索古今之变的历史因果关系。因此，中国上古学术的发展，超越过去经传解释"古今之义"的探讨，转变为历史"古今之变"的寻求。至此，司马迁终于将其《自序》的"拾遗补艺"，与《史记》之外《报任安书》的"通古今之变"的两个"成一家之言"，凝而为一，成个完整的"一家之言"。这不仅是中国上古学术重要的转变关键，更是中国传统史学形成的重要原因。

---

[1]　编者注：此处标点原为句号。

[2]　编者注：此句原为"转变为本纪和列传的历史解释"。

史传论赞与"太史公曰"

史传论赞是中国传统史学一种特殊的写作形式，其内容包括史学家对历史事件的议论，和历史人物评价的个人意见。个人主观的论断与对客观历史事实的叙述 [1]，正是文学与史学写作最大的区别之处。但在中国传统史学写作之中，都将客观的叙述和主观的意见，并存于一卷之中，而不相混淆。这种写作方法，更突出了中国传统史学特殊的风格。

史传论赞原来就存在于中国古代史学写作之中，后来《左传》作者将其归纳成"君子曰"的形式，置于《左传》之中，已初具雏形，司马迁肇创纪传体时，更以"太史公曰"的形式发论，为后来史学家所遵循，形成中国传统史学写作固定的形式。

萧统编《文选》，将褒贬是非、记别异同的史学著作，摒弃于文学的范围之外，划清了自魏晋以来文史合流的界限，但却肯定了史传论赞的文学性格。[2] 但《文选·史论类》所选的史传论赞自班固的《汉书》始，竟没有收录司马迁的"太史公曰"，的确非常有趣 [3]，而

---

[1]　编者注：此句原为"个人主观的论断与客观历史事实的叙述"。

[2]　编者注：此句原为"但却肯定史传论赞的文学性格"，"性格"后原为逗号。

[3]　编者注：此句原为"的确是非常有趣"。

且也值得探讨。

一、史传论赞的性质与《左传》"君子曰"

司马迁以纪志表传结构成的纪传体，自《隋书·经籍志》以后，就被认为是中国传统正史典型的写作形式[1]。司马迁肇创纪传体并以"太史公曰"发论以来，就成为一种特殊的写作方法，那就是为史学家留下一个空间，允许他们在严肃而客观地叙述历史事实之后，有一个发抒己见的机会：包括对历史事件的议论，以及对历史人物的评价。它们或序于传前，或论于卷后，虽然所叙的是由历史事实引发，但却都是史学家个人的看法。这种将客观事实与个人主观意见，同时并存于一卷之中，而不混淆的写作方法，更突出了中国传统史学的特殊风格。这种写作形式，后世称为论赞[2]，不仅存在于纪传体，同时也出现在另一种传统史学写作的编年体之内。

虽然，史传论赞是一种史学写作形式，但其性质与史传写作却有主观和客观的不同。主观的议论和客观的叙述，正是文学和史学的区别之处。所以，萧统编《文选》之时，就将史传论赞归纳为一类，称之为"史论"。《文选》卷四十九"史论类"，分别选了班固的《汉书》、范晔的《后汉书》、干宝《晋纪》、沈约《宋书》论赞。《文选》的序文作了这样的说明：

> 子史若斯之流，又亦繁博，虽传之简牍，而事异篇章，今

---

[1] 《隋书·经籍志·史部》，以阮孝绪《七录》的《纪传录》为蓝图。《七录·纪传录》中的正史类，包括编年、纪传二体，刘知幾《史通·古今正史》也兼叙二体，《隋书·经籍志·史部》却以纪传体为正史，分编年体为古史。

[2] 李宗侗师，《中国史学史》。

之所集，亦所不取。至于记事之史，系年之书，所以褒贬是非，纪别异同，方之篇翰，亦已不同。若其赞论之综辑辞采，序述之错比文华，事出于沉思，义归乎翰藻，故与夫篇什，杂而集之。

萧统《文选》选辑的纯粹是文学作品。他认为以语言载于简册的诸子与史传，不属于文学的范畴。尤其是褒贬是非、[1] 记别异同的史学著作，和文学作品的性质是不同的。因此，他将记事之史、[2] 系年之书的史学著作，摒弃于《文选》之外。但萧统却认为"错比文华，事出沉思"的史传论赞，表现了作者个人的才思，是具有文学作品性质的。《文选》这种分类方法，不仅划清了文学与史学的界限，同时也反映了当时学术发展的实际状况。因为东汉末年以来，文学与史学分别挣脱经学的桎梏，迈向独立的历程。就史学而言，其发展与转变的过程，最初从经学的羽翼下脱颖而出，上升至与经学同等的地位，并称为"经史"。然后又与逐渐独立的文学合流，是为"文史"。经过文史合流的过渡期后，文学和史学在质和量两个方面，都各自具有了独立发展的条件。《文选》的编辑顺应了这个发展的趋向，明确地划分了文学和史学独立的范围 [3]。

不过，文学和史学结合的情况，同时也反映在刘勰的《文心雕龙》之中。《文心雕龙》卷十六有《史传》篇，一般认为《文心雕龙》的《史传》篇，是刘知幾的《史通》出现前，最具体的一篇叙述中国史学发展，并提出评论的文章，而且对刘知幾的《史通》发生直

[1] 编者注：此处标点原为逗号。
[2] 编者注：此处标点原为逗号。
[3] 拙作《〈隋书·经籍志·史部〉形成的历程》，《魏晋史学的思想与社会基础》（台北：东大图书，二〇〇〇）。

接的影响[1]。当然，刘勰的《文心雕龙》对刘知幾的《史通》，发生了启导的作用，这是无容置疑的事实。但文学和史学脱离经学而独立，却各自有其不同的发展路线。由于文学和经学的关系，不如史学那么亲密而且有千缕万絮的牵连，[2]因此，文学脱离经学而独立的步履，较史学来得迅速。系统化文学批评的《文心雕龙》，较系统化史学批评的《史通》，早出现近两个世纪的原因在此[3]。因为任何学科系统的批评出现，象征着这门学科已具有独立的条件。也就是只有这门学科具有完全独立的条件以后，系统的学术评论才会出现。刘勰的《文心雕龙》，刘知幾的《史通》，分别反映了这个事实[4]。

《文心雕龙》是一部文学评论的著作，同时也反映了文学在独立过程中，所经历的文史合流过渡期间的某些现象。刘勰没有萧统那么决绝，在他看来，史传、诸子和论说、诏册、表章、檄移等一样，同属于文学写作形式的一种。但对于史传的论赞，刘勰却将其与史传分别讨论。《文心雕龙·论说》在讨论论说的形式时，将其分为议者宜言、说者说语、传者转师、注者注解、赞者明义、评者评理、序者次事等。虽然区分不同，其为论说则一。刘勰认为史传的论赞，是论说的一种，就是刘知幾所谓"辨史，则赞评齐行"[5]。赞和评就是史传论赞对历史人物评价，与历史事件议论的写作形式。刘勰更进一步指出："迁史固说，托赞褒贬。"又说"纪传复评，亦同其名"。

[1] 拙作《刘知幾〈史通〉与魏晋史学》，《魏晋史学的思想与社会基础》（台北：东大图书，二〇〇〇）。

[2] 编者注：此处标点原为句号。

[3] 拙作《经史分途与史学评论的萌芽》，《魏晋史学的思想与社会基础》（台北：东大图书，二〇〇〇）。

[4] 拙作《刘知幾〈史通〉与魏晋史学》，出处同上。又《刘知幾的疑古与惑经》，《魏晋史学及其他》（台北：东大图书，一九九八）。

[5] 刘知幾，《史通·论赞》。

刘勰将史传与史传的论赞分别讨论。[1] 对于史传论赞的性质，刘勰与萧统的意见一致，认为这种写作形式事出沉思，可以观见其心灵，应该归于文学领域[2]。后来刘知幾以史学的观点，批评魏晋时期的史传论赞："私徇笔端，苟衒文彩，嘉辞美句，寄诸简册，岂知史书之大体，载削之指归者哉？"（《史通·论赞》）这种批评更突出了论赞的文学性格。

刘勰在《文心雕龙·颂赞》叙述史传论赞的由来说："相如属辞，始赞荆轲。"似乎意味史传论赞由此而出。案《汉书·艺文志·诸子略》"杂家"条下，有《荆轲论》五篇，班固自注说："荆轲为燕刺秦王，不成而死，司马相如等论之。"《荆轲论》，《文章缘起》作《荆轲赞》。章实斋认为从《荆轲论》的意旨看来，"大抵史赞之作"[3]。《汉书·艺文志》说五篇《荆轲论》的作者是司马相如等，也就是作者不止一人。由此，可以了解在司马迁之前，汉代已有历史人物评价的历史著作存在，而且是非常流行的[4]。不过，这种脱离历史事实，对历史人物所作的评论，和史学家在叙述一段历史事实之后，所作的议论与评价，并不相同。司马相如的《荆轲论》，和贾谊的《过秦论》一样，可能对后来脱离历史事实叙述的史论与咏史诗，发生启导作用，但却不是史传论赞。因为史传论赞的形成自有其渊源。

中国是一个重视历史经验的民族，往往将过去的经验转变成一种教训，作为后来的镜鉴，是历史主要的功能。所以，在先秦的著作中，其写作的形式常会在叙述一段历史事实，或讲罢一则寓言故事之后，作者以此为依托，发表个人的意见或论断。透过这些意见

---

[1] 编者注：此处标点原为逗号。
[2] 编者注：此句原为"应该归于文学领域的"。
[3] 章学诚，《校雠通义·内篇三》。
[4] 《北堂书钞》卷一五八引东方朔《嗟伯夷》，即是一例。

或论断，将过去的经验与现代的现实生活贯穿起来，成为一种道德规范或行为的准则。这种写作形式具体地表现在《左传》之中。《春秋左氏传》往往在叙事之间，插入一段"君子曰"形式的论断。所以，《左传》"文公二年"条下孔疏说："传有评论，皆托之君子。"《史通·论赞》也说："《春秋左氏传》每有发论，假君子以称之。"这种论断的形式，包括了对历史事件的议论，或对历史人物的评价，都假君子之口而道出。

《春秋》三传中，除了《左传》的"君子曰"，其他二传，也分别以公羊子或穀梁子的形式发论。虽然三传同为探索《春秋》的微言大义，但其所表现的意义不同。《公》《穀》二传是以义传经，以义传经的目的在解析经典的微言大义，借此以孔子代表历史发言。《左传》则是以史传经。以史传经不是虚托空言[1]，而是以历史事实为依据发表的论断[2]。

不过，在讨论《左传》"君子曰"的时候，首先却遇到一个问题，那就是今古文争议的问题，争议的焦点又集中在《左传》传经不传经的问题。由传经不传经而引发了《左传》真伪的问题。这个问题争议了两千年，余波荡漾至今。由于争议《左传》的真伪，影响波及到《左传》的"君子曰"[3]。问题的症结环绕着君子到底是谁而进行讨论，有的人认为"君子曰"是《左传》作者的论断，据《北史·魏澹传》，魏澹认为所谓"君子曰"，都是"左氏自为论断之词"。由"君子曰"是"左氏自为论断之词"而引申，认为"君子为孔

---

[1] 编者注：此句原为"以史传经是不虚托空言"。

[2] 徐复观先生，《中国经学史的基础》附录《有关〈春秋左氏传〉的补充材料》。

[3] 杨向奎，《论君子曰》，《文澜学报》第二期。金建德，《司马迁所见书考》论司马迁所见《左传》中有"君子曰"。又，杨明照，《春秋左氏传君子曰微辞》，《文学年报》第三期（一九三七）收入氏著《学不已斋杂著》。以上各家对此一问题，都有争议。

子"，司马贞采取这种看法。[1] 司马贞在对《史记》卷三十一《吴太伯世家》中所作《索隐》中，就认为"君子者，左丘明所为史评仲尼之词，指仲尼为君子也"，唐人经传注疏多取这种看法。不过到宋朝又出现了"君子曰"是刘歆之辞的说法。朱熹引用林黄中的看法，认为"君子曰是刘歆之辞"，并且批评《左传》"君子曰"最无意思，往往与上下文无关[2]。这种论点后来成为今文经学攻击古文经学的口实，认为《左传》是刘歆伪造的。所以，清儒张照提出另一种看法，他认为"其称君子曰者，是记当时君子有此言耳"，他并且说："或以为丘明自谓，或以君子为孔子，皆未达左氏之义。"[3] 也就是"君子曰"的君子，是指当时有德位者的嘉言谠论。

由于今古文的争议，导致对于《左传》"君子曰"有各种不同的看法。不过，"君子曰"不仅《左传》独有，《国语》《晏子春秋》，以及刘向《新序》也有"君子曰"。尤其《国语》中有多处"君子曰"的论断形式。如《晋语》的"君子曰：善处父子之间矣"，"君子曰：善深谋也"，"君子曰：善以微劝也"，"君子曰：善以劝德"，"君子曰：勇以知礼也"。《国语》往往在一段议论以后，出现"君子曰"的简短的论断，而且《国语》有许多记载同时也见于《左传》[4]。所以，《左传》与《国语》的"君子曰"，虽然有繁简的不同，但所表现的意义往往相类似。

---

[1] 编者注：此处标点原为逗号。

[2] （宋）黎靖德编，王星贤点校，《朱子语类》卷八十三（台北：华世出版社影印本，一九八七）。

[3] 《史记·吴太伯世家》，《史记会注考证》引。案：张氏之论，出于杜注。《左传》"襄公三年"条下称："君子谓子重于是役也，所获不如所亡。"杜预注曰："当时君子。"陈傅良，《左传章指》谓："君子曰者，盖博采善言。"又，林尧叟，《春秋左传释》云："《左传》称君子曰，多采当时君子之言，或断以己意。"

[4] 张以仁，《论〈国语〉与〈左传〉的关系》，《历史语言研究所集刊》第三十三本（一九六二）。

案《左传》文公二年"秋八月丁卯，大事于大庙，跻僖公，逆祀也。于是夏父弗忌为宗伯，尊僖公，且明见曰：'吾见新鬼大，故鬼小，先大后小，顺也。跻圣贤，明也。明、顺礼也'"条下，记载了一段"君子曰"的意见：

> 君子以为失礼：礼无不顺。祀，国之大事也。而逆之，可谓礼乎？子虽齐圣，不先父食久矣！故禹不先鲧，汤不先契，文武不先不窋，宋祖帝乙，郑祖厉王，犹上祖也。是以《鲁颂》曰："春秋匪解，享祀不忒。皇皇后帝，皇祖后稷。"君子曰："礼，谓其后稷，亲而先帝也。"《诗》曰："问我诸姑，遂及伯姊。"君子曰："礼，谓其姊亲而先姑也。"

在这段材料中，包括"君子以为"与两个"君子曰"。孔《疏》的解释认为同是一个君子的议论。并且说"僖公薨后，始作《鲁颂》，为传之时，乃设此辞，非当时君子有此言也"，据孔颖达的解释，传中的"君子曰"不是《左传》编撰时的议论，而是在《左传》成书时已存在的言论。《左传》此处的"君子"，即《国语》所谓的鲁宗伯有司。案《国语·鲁语》：

> 夏父弗忌为宗，蒸，将跻僖公。宗有司曰："非昭穆也。"曰："我为宗伯，明者为昭，其次为穆，何常之有？"有司曰："夫宗庙之有昭穆也，以次世之长幼，[1] 而等胄之亲疏也。……自玄王以及主癸，莫若汤，自稷以及王季，莫若文武。商、周之

---

[1] 编者注：此处标点原为顿号。

蒸也，未尝跻汤与文武，为不逾也。鲁未若商、周，而改其常，无乃不可乎？"

《左传》与《国语》的论断，其意义是相似的。只是《国语》作《宗伯有司》，《左传》变为"君子曰"。又《左传》襄公三年：

君子谓：祁奚于是能举善矣。称其雠，不为谄，立其子，不为比，举其偏，不为党。《商书》曰："无偏无党，王道荡荡。"其祁奚之谓矣。解狐得举，祁午得位，伯华得官，建一官而三物成，能举善也。夫唯善，故能举其类。《诗》云："惟其有之，是以似之。"

祁奚即《吕氏春秋》所称的祁黄羊。《吕氏春秋·去私》说：

晋平公问于祁黄羊曰："南阳无令，其谁可而为之？"祁黄羊对曰："解狐可。"平公曰："解狐，非子之雠邪？"对曰："君问可，非问臣之雠也。"平公曰："善。"遂用之，国人称善焉。居有间，平公又问祁黄羊曰："国无尉，其谁可而为之？"对曰："午可。"平公曰："午非子之子邪？"曰："君问可，非问臣之子。"平公曰："善。"又遂用之，国人称善焉。孔子闻之曰："善哉！祁黄羊之论也，外举不避雠，内举不避子，祁黄羊可谓公矣。"

《左传》"君子曰"的论断，或由孔子对祁奚的称赞言论形成[1]。同时

---

[1] 编者注：此句原为"或由孔子对祁奚的称赞言论形成的"。

《左传》称某人的议论，在他处又转为"君子曰"。《左传》庄公十一年：

> 秋，宋大水。公使吊焉。曰："天作淫雨，害于粢盛。若之何不吊？"对曰："孤实不敬，天降之灾，又以为君忧，拜命之辱。"臧文仲曰："宋其兴乎！禹汤罪己，其兴也悖焉，桀纣罪人，其亡也忽焉。且列国有凶，称孤。礼也。言惧而名礼，其庶乎！"

《说苑》也辑叙了这件事，不过将臧文仲的论断，作为"君子闻之曰"。案《说苑·君道》：

> 君子闻之曰："宋国其庶几乎！"问曰："何谓也？"曰："昔者夏桀、殷纣不任其过，其亡也忽焉。成汤、文、武知任其过，其兴也勃焉。夫过而改之，是犹不过。故曰'其庶几乎！'"

从以上引述的材料可以了解，所谓"君子曰"可能是古史写作的一种形式。这种形式汇集了时人对历史事件或历史人物评价而成，然后以"君子曰"的形式，保存在古代的史料中，后来应用这些材料撰写成书，同时也保留这种论断的形式。孙星衍《晏子春秋·序》说："疑其出于《齐春秋》。"《晏子春秋》中有许多条"君子曰"，这许多条"君子曰"，可能原来就存在《齐春秋》之中，在编撰《晏子春秋》时被保留了下来。同样的情形也可能反映在《左传》里。刘知幾《史通·采撰》说《左传》"广包诸国，盖当时有《周志》《晋乘》《郑书》《楚杌》等篇，遂乃聚而编之，混成一录。向使专

凭鲁策，独询孔氏，何以能殚见洽闻，若斯之博也"。但《左传》
"广包他国，每事皆详"，所引用材料的范围非常广泛，当然不止刘
知幾所指的几种。《左传》所引用的材料见于其书的，就有《周志》
《周制》《周官秩》《周书》《郑书》《商书》《夏书》《夏训》等[1]，除
此之外，还有当时许多文献。在众多的史料与文献中，可能原来
就存在着"君子曰"的形式，《左传》作者在撰写《左传》时，保
留了这种论断形式，构成《左传》对历史事件与历史人物评价的
格式。

　　《左传》共有一百三十四条关于历史事件与历史人物评价的论
断，其中八十四条以君子的形式道出，包括了"君子曰""君子
谓""君子以为"以及"君子是以"等的评论。除此之外，还有五
十条直接引用孔子、周任、仲虺、臧文仲、史佚等，当时君子的嘉
言谠论。这些当时君子的嘉言谠论，可能就是"君子曰"的原来形
式，经过《左传》作者选择或增删后，就成为"君子曰"的格式。
如上述庄公十一年引臧文仲的评论，在《说苑》就变成了"君子闻
之曰"。又如文公二年的"君子以为"，在《国语·鲁语》作"鲁宗
伯有司言"。至于襄公三年下的"君子曰"，对祁奚的称赞，则是
综合了孔子与襄公二十一年叔向的论断形成的。孔子的论断见上引
《国语·鲁语》。[2] 至于叔向的意见，《左传》襄公二十一年下："叔向
曰：祁大夫外举不弃仇，内举不失亲，其独遗我乎？"

　　《左传》作者综合当时君子的论断，形成"君子曰"的评论形
式，同时也见于《左传》文公六年"秦伯任好卒，以子车氏之三
子奄息、仲行、针虎为殉，皆秦之良也。国人哀之，为之赋《黄

---

[1]　徐中舒，《〈左传〉作者及其成书年代》，《历史教学》一九六二年十一期。
[2]　编者注：此处标点原为逗号。

鸟》"下：

> 君子曰："秦穆之不为盟主也。宜哉！死而弃民。先王违世，犹诒之法，而况夺之善人乎？《诗》曰：'人之云亡，邦国殄瘁。'无善人之谓。若之何夺之？古之王者知命之不长，是以并建圣哲，树之风声，分之采物，著之话言，为之律度，陈之艺极，引之表仪，予之法制，告之训典，教之防利，委之常秩，道之礼则，使毋失其土宜，众隶赖之，而后即命。圣王同之。今纵无法以遗后嗣，而又收其良以死，难以在上矣。"君子是以知秦之不复东征也。

上文所引，开始时有一个"君子曰"，结尾时又另有一个"君子是以知"。这两个君子显然不是同一个人，但却对同一个历史事件，发表了他们个人的意见。《左传》作者将他们的意见归纳在一处，作为对历史事件或人物评论的形式。后来司马迁《史记》的《秦本纪》，也引用了这段材料，不过却将两个君子的意见，合并成一个"君子曰"。

综合以上所述，可以了解《左传》中的"君子曰"，是古代史料中已存在的一种评论形式。这种论断由当时君子的言论或意见凝聚而成，它们原来代表了当时社会的舆论。[1]《左传》作者在编撰《左传》时，不仅将他们的言论或意见辑于书中，并且在经过删节或归纳的整理以后，形成"君子曰"。《左传》"君子曰"似乎有一定的格式。这种格式往往是假君子之口，提出论断，然后再引用几句格言，

---

[1]　编者注：此句标点原为句号、逗号

作为论证或结论。先秦诸子的著作，往往有一种共同的风尚，喜欢将自己的思想或意见，写成韵文作为格言表现出来 [1]。《左传》的作者则引《诗经》作为论证或结论。因为《诗经》不仅是有韵之文，而且和历史有密切的关联性。所以，《左传》的"君子曰"，总结了过去历史材料中，原来就存在的论断，并引用《诗经》作为论证的依据，形成一种历史评论的格式。这种历史评论的格式，经过司马迁《史记》"太史公曰"的援用，对后世史传论赞的形成，发生启导性的作用与影响。虽然对《史记》引用《左传》的材料有不少争议，但事实上司马迁在撰写先秦时代的本纪、世家及列传时，的确引用过不少《左传》的资料 [2]。司马迁在《史记》中不仅引用《左传》的材料，而且在引用《左传》材料的同时，将《左传》历史评论形式

---

[1]　刘节，《古史考存》。

[2]　《十二诸侯年表》的材料就多取自《左传》与《国语》。表序说："谱十二诸侯，自共和讫孔子，表见《春秋》《国语》，学者所讥盛衰大指著于篇，为成学治古文者要删焉。"所谓古文，《汉书·楚元王传》说他"善古文、《春秋左氏传》"。又说《左氏传》多古言古字"。所以，古文或即指《左传》而言，因此，《史记·五帝本纪》的"太史公曰"，所谓"不离古文者近是。予观《春秋》《国语》，其发明五帝德，帝系姓章矣"。其中古文与《春秋》，可能也是《左传》。

的"君子曰",也保留了下来[1]。

---

[1] 因为司马迁在引用《左传》材料时,同时也引用了《左传》的"君子曰",所以司马迁对所引用的"君子曰"的论断形式,仍保留下来。而且司马迁在他的著作中,也常常应用这种论断形式,透过"太史公曰",评价历史人物,以及对历史事件发表他个人的意见(见下表):

《史记》	《左传》
君子闻之曰:宋宣公可谓知人矣。立其弟以成义,然卒其子复享之。(宋微子世家)	君子曰:宋宣公可谓知人矣。立穆公,其子飨之,命以义夫。(隐公三年)
君子曰:季文子廉忠矣。(鲁周公世家)	君子是以知,季文子之忠于公室也。(襄公五年)
君子曰:是不终也。(鲁周公世家)	君子是以知,其不能终也。(襄公三十一年)
君子曰:《诗》所谓"白珪之玷,犹可磨也,斯言之玷,不可为也。"其荀息之谓乎!(晋世家)	君子曰:诗所谓"白圭之玷,尚可磨也,斯言之玷,不可为也。"荀息有焉。(僖公九年)
君子曰:能守节矣,君义嗣,谁敢干君!(吴太伯世家)	君子曰:能守节,君义嗣也,谁敢奸君。(襄公十四年)
君子闻之,皆为垂涕曰:嗟乎!秦缪公之与人周也,卒得孟明之庆。(秦本纪)	君子是以知秦穆公之为君也,举人之周也,与人之壹也。孟明之臣,其不解也,能惧思也。子桑之忠也,其知人也,能举善也。《诗》曰:于以采蘩,于沼于沚,于以用之,公侯之事,秦穆有焉。夙夜匪解,以事一人,孟明有焉。诒厥孙谋,以燕翼子。子桑有焉。(文公三年)
君子曰:秦缪公广地益国,东服强晋,西霸戎夷,然不为诸侯盟主,亦宜哉。死而弃民,收其良臣而从死。且先王崩,尚犹遗德垂法,况夺之善人良臣百姓所哀者乎?是以知秦不能复东征也。(秦本纪)	君子曰:秦穆之不为盟主也宜哉!死而弃民。先王违世,犹诒之法,而况夺之善人乎?《诗》曰:"人之云亡,邦国殄瘁。"无善人之谓,若之何夺之?古之王者,知命之不长,是以并建圣哲,树之风声,分之采物,著之话言,为之律度,陈之艺极,引之表仪,予之法制,告之训典,教之防利,委之常秩,道之以礼则,使毋失其土宜,众隶赖之,而后即命。圣王同之。今纵无法以遗后嗣,而又收其良以死,难以在上矣。君子是以知秦之不复东征也。(文公六年)

二、"太史公曰"与司马迁的自注

虽然司马迁肇创了纪传体的史学写作形式，并且塑制了后世史传论赞的版型，萧统又将这种具有文学性质的史学写作形式，辑入《文选》中。但《文选》史论类所选的史传论赞，却仅从班固的《汉书》始，竟然没有选辑《史记》的"太史公曰"，的确是一个非常有趣，而且也是一个值得探讨的问题。

史传论赞的内容，包括对历史事件的议论和历史人物的评价。但如果以这个标准衡量《史记》的"太史公曰"，将会发现"太史公曰"有更丰富的内容。鲁实先师归纳司马迁《史记》"太史公曰"的内容有四，即记经历、补轶事、言去取、述褒贬 [1]。其中除了述褒贬是对历史事件的议论，以及对历史人物的评价外，记经历、补轶事、言去取等三项，则属于材料处理的范畴。关于对材料的处理，包括说明所引用材料的来源与出处，对材料的鉴别与考证，以及对材料的选择与去取等。所以，司马迁的《史记》"太史公曰"，实际上包括两个部分，一是开后世史传论赞先河的对历史事件的议论，以及对历史人物的评价，另一部分则是关于材料的处理方法。

关于"太史公曰"对材料的处理，郑樵称之为"史外之事"，他说："凡《左氏》君子曰，皆经之新意，《史记》太史公曰，则史外之事。" [2] 郑樵认为司马迁在纪传之中，已详细记载善恶是非，似乎不必在传外另加褒贬。所以，司马迁的《史记》"太史公曰"，所载的都

---

[1] 阮芝生，《试论司马迁所说的"通古今之变"》引鲁实先师语。见《沈刚伯先生八秩荣庆论文集》(台北：联经，一九七六)。

[2] 郑樵，《通志·总序》。

是"史外之事"。对于这些所谓的"史外之事",章实斋后来进一步解释是司马迁的"自注"。章实斋说司马迁的《史记》"太史公曰":

> 太史叙例之作,其自注之权舆乎?明述作之本旨,见去取之从来,已似恐后人不知其所云,而特笔以标之。所谓不离古文,及考信六艺云云者,皆百三十篇之宗旨,或殿卷末,或冠篇端,未尝不反复自明也。[1]

章实斋认为《史记》"太史公曰",是司马迁"明述作之本旨,见去取之从来"的自注。"见去取之从来",也就是对材料的处理。所谓注,是中国经学传统解释的著作形式。这种著作形式在汉代经学形成后,透过经师对经书的阐释和讲授,逐渐形成。所以,贾逵说:"注者,注义于经下,若水之注物。"[2]孔安国与贾逵的说法相似,认为"注者,解书之名,不敢传述,直注己意而已"。郑玄则将"注"解为著,他说:"言为解说,使其意义著明也。"[3]这种解释经典的著作形式,刘知幾说"传之时义,以训诂为主"[4],也就是透过文字和训诂作为解释的工具,进一步剖析经书的微言大义。因此,钱大昕说:"有文字而后有训诂,有训诂而后有义理。训诂者,义之所由,非别有义理出于训诂之外也。"[5]

所谓"训诂者,义之所由",正说明训诂和义理的关系,同时也阐明经注的基本精神。由训诂而义理是对经书解释的程序,也是

[1] 章学诚,《文史通义》内篇《史注》。
[2] 《仪礼》卷一,郑注,贾逵疏。
[3] 《礼记》卷一《曲礼目》,孔疏。
[4] 《说文解字诂林》卷十二上,注条引《通训定声》、刘知幾《史通·补注》。
[5] 钱大昕,《经籍纂诂序》。

经注的著作形式。不过，这种经注和魏晋以后出现的史注，所表现的意义完全不同。钱大昭对于经注和史注作了明确的划分，他说："注史、注经不同，注经以明理为宗，理寓于训诂，训诂明而理自见。史注以达事为主，事不明，训诂虽精无益也。"[1]

"明理"和"达事"是经注和史注基本的区分。所谓"达事"，也就是应用了更多的材料，进一步解释历史事件的真相和意义[2]。虽然，魏晋时期出现的史注是由两汉的经注转化而来，但在发展过程中已有了新的意义。东汉中期以后，作为政治和学术最高指导原则的儒家思想已经僵化，代表儒家思想的经学，逐渐失去其原有的权威地位，原来统合在经学之下其他的思想与学术，纷纷挣脱原有的羁绊开始独立发展，史学也随着迈向独立的里程。到魏晋以后史学的地位上升，与经学并称为"经史"。史学也成为一种专家之学，作为教学和传授的对象。[3]为适应这种转变的需要，因而出现了史书单独的注释。[4]这正是《隋书·经籍志》所谓"迁书自裴骃为注、固书自应劭作解，其后之为注者阐其家学也"[5]。最初由于教学的实际需要而出现的史注，仍然继承经书传注的传统，以训诂为基础，对音义与字句进行解释[6]。不过，经注和史事除了明理和达事的不同外，最大的不同，就是注经不可驳经，即使经书有任何错误，也不可提出批评和讨论，必须要曲为解释加以回护。注史则不同，不论司马迁

---

[1]　钱大昭，《三国志辨疑·自序》。

[2]　拙作《裴松之与〈三国志注〉》，《魏晋史学的思想与社会基础》（台北：东大图书，二〇〇〇）。

[3]　编者注：此处标点原为逗号。

[4]　拙作《〈隋书·经籍志·史部〉形成的历程》，《魏晋史学的思想与社会基础》（台北：东大图书，二〇〇〇）。

[5]　《隋书·经籍志·史部序》。

[6]　编者注：此句原为"对音义与字句的解释"。

的《史记》或班固《汉书》，有些微的误漏，都可以提出驳纠或辨误，因此出现不同形式的史注。[1]《隋书·经籍志》所著录不同形式的史注，即有注、疏、音训、集解、正义、音义、训纂、读训、考、驳义、决议、辨惑、定疑十余种之多。

对于这些不同形式的史注，后来刘知幾的《史通·补注》，将魏晋以来形成的史注归纳为四类，即裴骃的《史记集解》、应劭的《汉书音义》、晋灼的《汉书集注》、章怀太子李贤的《后汉书注》，称为"儒宗训解"的一类，这一类的史注是继承经注的传统，以训诂为基础形成的。将挚虞的《三辅决录》、周处的《阳羡风土记》等注，称之为"列于章句，委曲叙事，存于细书"的史注，这类史注与以训诂为主的经注已不相同。裴松之的《三国志注》[2]、刘孝标的《世说新语注》，则是"掇众史之异辞，补前书之所阙"的一类。最后是杨衒之的《洛阳伽蓝记》、萧大圜的《淮海乱离志》，被认为是"手自刊补，列为子注"的一类。

所谓"手自刊补，列为子注"，也就是作者的自注。对于这类的自注，刘知幾《史通·补注》解释说："躬为史臣，手自刊补，虽志存该博，而才阙伦叙，除烦则意有所吝，毕载则言有所妨，遂乃定彼榛楛，列为子注。"并举了杨衒之《洛阳伽蓝记》的自注为例。《隋书·经籍志》有杨衒之《洛阳伽蓝记》五卷，两《唐志》同，但却没有说到杨衒之的自注，宋晁氏《郡斋读书志》、陈振孙的《直斋书录解题》也没有言及。所以，《四库总目提要》就说："据《史通》言则衒之此记，实有自注，世所行本皆无之，不知何时佚脱，然自宋

---

[1] 编者注：此处标点原为逗号。
[2] 编者注：此句原为"对裴松之的《三国志注》"。

以来，未闻有引其注者，则其刊落已久，今不可复观矣。"[1] 后来顾千里、周中孚认为《洛阳伽蓝记》的子注，混入正文，其后经吴若准、唐晏及孙次舟等相继将正文与子注加以区分，还其原貌[2]。不过，这类形式的注偏重材料的辑补，其目的为对本文作进一步辅助的解释。

这种对本文作辅助解释的自注，同样也见于司马迁的《史记》之中。在《史记》纪传行文之中，偶尔也夹杂司马迁简单解释性的自注。如《史记》卷七《项羽本纪》说："项王、项伯东向坐，亚父南向坐（亚父者，范增也），[3] 沛公北向坐，张良西向侍。"卷二十八《封禅书》："天下名山八，而三在蛮夷，五在中国（中国：华山、首山、太室、泰山、东莱），[4] 此五山黄帝之所常游，与神会。"卷五十八《梁孝王世家》："自山以东游说之士，莫不毕至（齐人羊胜、公孙诡、邹阳之属），[5] 公孙诡多奇邪计。"卷一一〇《匈奴列传》："于是，汉悉兵（多步兵，三十二万），[6] 北逐之。"

如上述"亚父者，范增也""中国：华山、首山、太室、泰山、东莱""齐人羊胜、公孙诡、邹阳之属"及"多步兵，三十二万"，等等，都是司马迁在行文中的自注，其目的是对所引用材料进行解释。这类形式的自注，也就是杨树达所谓"古书行文，中有自注，不善读者，疑其文气不贯，而实非也"[7]，这类形式的自注不仅见于

---

[1] 《四库全书总目提要》卷七十《史部·地理类三》。
[2] 顾千里，《适思斋》卷十四《跋》、周中孚，《郑堂读书记补遗》卷十七，认为子注混入正文。吴若准，《洛阳伽蓝记集证》、唐晏，《洛阳伽蓝记钩沉》相继将正文与子注分离，然缺乏实据，无甚标准。孙次舟《洛阳伽蓝记释例》将子注与本文作较清晰之区分。
[3] 编者注：此句原为"……亚父南向坐，（亚父者，范增也，）"。
[4] 编者注：此句原为"……五在中国。（中国：华山、首山、太室、泰山、东莱，）"。
[5] 编者注：此句原为"……莫不毕至，（齐人羊胜、公孙诡、邹阳之属。）"。
[6] 编者注：此句原为"……汉悉兵，（多步兵，三十二万，）"。
[7] 杨树达，《古书疑义举例续补》卷一。

《史记》，同时也见于班固的《汉书》之中。不过，这种行文中解释性的自注，与章实斋所谓"太史公曰"式自注性质是不同的。因为司马迁的"太史公曰"，其作用是"明述作之本旨，见去取之从来"。尤其司马迁"见去取之从来"的材料处理方法，非常明显地存在于《史记》的"太史公曰"之中，可以分作四类说明如下：

一、说明参考文献与材料的来源。[1]《史记》卷三《殷本纪》："余以'颂'次契之事，自成汤以来，采于《书》《诗》。"卷十三《三代世表》："以《五帝系谍》《尚书》集世纪黄帝以来讫共和为《世表》。"卷十五《六国年表》："余于是因秦记，踵《春秋》之后，起周元王，表六国时事。"卷十八《高祖功臣侯者年表》："余读高祖侯功臣……谨其终始，表其文，颇有所不尽本末；著其明，疑者阙之。"卷二十八《封禅书》："余从巡祭天地诸神名山川而封禅焉。入寿宫侍祠神语，究观方士祠官之言，于是退而论次。"卷六十七《仲尼弟子列传》："余以弟子名姓，文字悉取《论语》弟子问。"卷九十五《樊郦滕灌列传》："吾适丰沛，问其遗老，观故萧、曹、樊哙、滕公之家，及其素，异哉所闻……余与他广通，为言高祖功臣之兴时若此云。"

二、材料的鉴别与考证。[2]《史记》卷六十七《仲尼弟子列传》："学者多称七十子之徒，誉者或过其实，毁者或损其真，钧之未睹厥容貌，则论言弟子籍，出孔氏古文近是。"卷一二三《大宛列传》："言九州山川，《尚书》近之矣，至《禹本纪》《山海经》所有怪物，余不敢言之也。"卷四《周本纪》："学者皆称周伐纣，居洛邑，综其实不然，武王营之，成王使召公卜居，居九鼎焉。而周复都丰、镐，

---

[1] 编者注：此处标点原为冒号。
[2] 编者注：此处标点原为冒号。

至犬戎败幽王，周乃东徙于洛邑。"按《周本纪》本文称："成王在丰，使召公复营洛邑，如武王之意。……平王立，东迁于洛邑，辟戎寇。"卷八十六《刺客列传》："世言荆轲，其称太子丹之命，天雨粟，马生角也，太过。又言荆轲伤秦王，皆非也。始公孙季功、董生与夏无且游，具知其事，为余道之如是。"按传本文称："秦王方环柱走，卒惶急，不知所为，左右乃曰：'王负剑！'负剑，遂拔以击荆轲，断其左股，荆轲废，乃引其匕首以掷秦王，不中，中桐柱。"卷八十七《李斯列传》："人皆以斯极忠而被五刑死，察其本，乃与俗议之异。"按传本文称："二世二年七月，具斯五刑，论腰斩咸阳市。"卷九十七《郦生陆贾列传》："世之传郦生书，多曰汉王已拔三秦，东击项籍而引军于巩洛之间，郦生被儒衣往说汉王，乃非也。自沛公未入关，与项羽别而至高阳，得郦生兄弟。"按传本文称："沛公至高阳传舍，使人召郦生。郦生至，入谒，沛公方倨床使两女子洗足，而见郦生。"卷四十四《魏世家》："吾适故大梁之墟，墟中人曰：秦之破梁，引河沟而灌大梁，三月城坏，王请降，遂灭魏。"按《魏世家》本文称："三年，秦灌大梁，虏王假，遂灭魏以为郡县。"

三、材料的选择与去取。[1]《史记》卷六十二《管晏列传》："吾读管氏《牧民》《山高》《乘马》《轻重》《九府》及《晏子春秋》，详哉其言之也。既见其著书，欲观其行事，故次其传。至其书，世多有之，是以不论，论其轶事。"卷六十四《司马穰苴列传》："余读司马兵法，闳廓深远，虽三代征伐，未能竟其义，如其文也，亦少褒矣。……世既多司马兵法，以故不论，著穰苴之列传焉。"卷六十五《孙子吴起列传》："世俗所称师旅，皆道《孙子》十三篇，吴起兵法世多有，故

---

[1] 编者注：此处标点原为冒号。

弗论，论其行事所施设者。"卷六十九《苏秦列传》："世言苏秦多异，异时事有类之者皆附之苏秦。夫苏秦起闾阎，连六国从亲，此其智有过人者，吾故列其行事，次其时序，毋令独蒙恶声焉。"卷一一七《司马相如列传》："相如虽多虚辞滥说，然其要归引之节俭，此与《诗》之风谏何异？……余采其语可论者著于篇。"卷一〇四《田叔列传》本文称："少子仁……仁以壮健为卫将军舍人，数从击匈奴。""太史公曰"："仁与余善，余故并论之。"卷一二七《日者列传》："古者卜人所以不载者，多不见于篇。及至司马季主，余志而著之。"

四、轶闻逸事的附录。[1]《史记》卷七《项羽本纪》："吾闻之周生曰：舜目盖重瞳子，又闻项羽亦重瞳子，羽岂其苗裔邪？"卷二《夏本纪》："或言禹会诸侯江南，计功而崩，因葬焉，命曰会稽。会稽者，会计也。"卷四十三《赵世家》："吾闻冯王孙曰：赵王迁，其母倡也，嬖于悼襄王。悼襄王废适子嘉而立迁。"卷五十五《留侯世家》："余以为其人（张良）计魁梧奇伟，至见其图，状貌如妇人好女。"卷九十二《淮阴侯列传》："吾如淮阴，淮阴人为余言，韩信虽为布衣时，其志与众异，其母死，贫无以葬，然乃行营高敞地，令其旁可置万家。余视其母冢，良然。"卷七十七《魏公子列传》："吾过大梁之墟，求问其所谓夷门。夷门者，城之东门也。天下诸公子亦有喜士者矣，然信陵君之接岩穴者，不耻下交，有以也。"卷七十八《春申君列传》："吾适楚，观春申君故城，宫室盛矣哉！"卷七十五《孟尝君列传》："吾尝过薛，其俗闾里多暴桀子弟，与邹、鲁殊。问其故，曰：孟尝君招致天下任侠，奸人入薛中，盖六万余家矣。"卷八十八《蒙恬列传》："吾适北边，自直道归，行观蒙恬所为

---

[1]　编者注：此处标点原为冒号。

秦筑长城亭障，堑山堙谷，通直道，固轻百姓力矣。"卷一〇九《李将军列传》："余睹李将军，悛悛如鄙人，口不能道辞，及死之日，天下知与不知，皆为尽哀，彼其忠实心诚信于士大夫也。"卷一一一《卫将军骠骑列传》："苏建语余曰：吾尝责大将军至尊重，而天下之贤大夫毋称焉，愿将军观古名将所招选择贤者，勉之哉。大将军谢曰：自魏其、武安之厚宾客，天子常切齿，彼亲附士大夫，招贤绌不肖者，人主之柄也。人臣奉法遵职而已，何与招士！"卷一二四《游侠列传》："吾视郭解，状貌不及中人，言语不足采者。"卷一二八《龟策列传》："余至江南，观其行事，问其长老，云龟千岁乃游莲叶之上，蓍百茎共一根，又其所生，兽无狼虎，草无毒螫，江傍家人常畜龟饮食之，以为能导引致气，有益于助衰养老，岂不信哉！"

从以上所引材料，可以了解司马迁"太史公曰"对材料处理的方法，包括说明参考文献与材料的来源，对材料的鉴别与考证，对材料的选择与去取，以及轶事逸闻的附载，等等。这种对材料处理的方法，正是章实斋所谓的"见去取之从来"。司马迁这种自注，与现代学院派论文的注释的作用相似，其目的都是对本文所提出的问题，作更深一层的探讨和解释，并辅助读者对这个问题的认识和了解。其功能与作用可归纳为以下几点：（一）说明文中所引用的论证与文献的来源；（二）对阻碍本文进展的枝节，及使读者困惑，[1] 并减低其兴趣的技术性讨论、烦琐考证、饾饤解说皆置于注中；（三）对本文引用前人或同时代学者，对同一问题所作的讨论与结论，予以明确的提示；（四）对于有关的参考资料，作一个综合的分析 [2]。《史

---

[1]　编者注：此处标点原为顿号。

[2]　H. C. Hockett, *The Critical Method in Historical Research and Writing*（N. Y., McMillian Co., 1955）.

记》卷首《五帝本纪》的"太史公曰",具体地^[1]表现了这些功能:

> 学者多称五帝,尚矣。然《尚书》独载尧以来;而百家言黄帝,其文不雅驯,荐绅先生难言之。孔子所传宰予问五帝德及帝系姓,儒者或不传。余尝西至空桐,北过涿鹿,东渐于海,南浮江淮矣,至长老皆各往往称黄帝、尧、舜之处,风教固殊焉,总之不离古文者近是。予观《春秋》《国语》,其发明五帝德、帝系姓章矣,顾弟弗深考,其所表见皆不虚,书缺有间矣,其轶乃时时见于他说,非好学深思,心知其意,固难为浅见寡闻道也。余并论次,择其言尤雅者,故著为本纪书首。

在《五帝本纪》的"太史公曰"中,司马迁集中说明他处理有关黄帝材料的方法与态度。有关黄帝的史料,在司马迁当时是非常驳杂的。既不见于孔子的六艺,而且从战国流传的黄帝的传说,经过汉武帝四周方士的渲染之后,除了传说的夸浮之外,更增添了迂诞怪异的神话色彩,对这些材料处理起来是颇费周章的^[2]。司马迁的《五帝本纪》"太史公曰",旨在说明他如何从驳杂的材料中,"择其言尤雅者"的过程。也就是超越当时的众说纷纭,在"不离古文者近是"的原则下,搜集与鉴别材料,然后选择接近事实的史料,写成《五帝本纪》的黄帝部分。《五帝本纪》是百三十篇《史记》之首,司马迁借此说明他处理材料的态度与方法,也是以后各篇处理材料的准则。所以,《五帝本纪》的"太史公曰",一如列传之首《伯夷列传》的"太史公曰",前者是司马迁处理材料的凡例,后者是七十篇列传的总序,司

[1] 编者注:此处原为"具体的"。
[2] 参见本书《武帝封禅与〈封禅书〉》。

马迁在这篇列传总序中，提出了他对历史事件议论与历史人物评价的标准，二者相合，就是司马迁"太史公曰"的全部内容。

因此，《史记》的"太史公曰"，包括了对历史事件议论和历史人物评价，以及对历史材料处理两个部分，其中对材料的处理属于史学的范畴，其目的是讨论与考辨材料的真伪，和表现个人才情的文学写作完全不同。这是萧统的《文选》，没有选《史记》"太史公曰"的原因。"太史公曰"对历史事件的议论及历史人物的评价，后来为班固《汉书》所继承而形成史部的论赞，也就是刘知幾《史通·论赞篇》所谓"既而班固曰赞，荀悦曰论，《东观》曰序，谢承曰诠，陈寿曰评，王隐曰议，何法盛曰述，扬雄曰撰，刘昺曰奏，袁宏、裴子野自显姓名，皇甫谧、葛洪列其所号，史官所撰，通称史臣，其名万殊，其义一揆，必取便于时者，则总归论赞焉。"

三、"太史公曰""臣松之案"与《通鉴考异》

自来讨论司马迁"太史公曰"的时候，都把"太史公曰"对材料处理的部分忽略了，但其发展的线索仍有迹可寻。郑樵认为司马迁的"太史公曰"所记都是"史外之事"，所谓"史外之事"也就是对轶闻逸事的附载。这种于纪传之外别纪所闻的方法，仍残存在《汉书》的论赞之中，不过，对"史外之事"的叙述却不是班固所记，而出自班彪的手笔。《汉书》卷九《元帝纪》赞曰：

> 臣外祖兄弟为元帝侍中，语臣曰元帝多材艺，善史书，鼓琴瑟，吹洞箫，自度曲，被歌声，分刌节度，穷极幼眇。少而好儒，及即位，征用儒生，委之以政，贡、薛、韦、匡迭为宰

相，而上牵制文义，优游不断，孝宣之业衰焉。

《汉书》卷十《成帝纪》赞曰：

> 臣之姑充后宫为婕妤，父子昆弟侍帷幄，数为臣言成帝善修容仪，升车正立，不内顾，不疾言，不亲指，临朝渊嘿，尊严若神，可谓穆穆天子之容者矣。

《汉书》的《元帝纪》《成帝纪》是班彪所撰，应劭曰："元、成帝纪皆班固父彪所作，臣则彪自说也。"《史通·古今正史篇》说，班彪"采其旧事，旁贯异闻"，作《史记后传》六十五篇，是后来班固撰写《汉书》的蓝本。从班固没有删落的上述两纪的赞看来，班彪的"后传"的论赞，是承司马迁的遗绪，其中可能包括对材料的处理，惜现在已无迹可寻了[1]。不过，章实斋所谓自注式的"太史公曰"，却是裴松之《三国志注》的渊源所自，开创史注新的写作形式[2]。

刘知幾说："有好事之子、思广异闻，而才短力微，不能自达，庶凭骥尾，千里绝群，遂乃掇众史之异辞，补前书之所阙。"[3]他认为裴松之的《三国志注》，是这类史注最典型的代表。历来讨论《三国志》裴注的，都集中在裴松之注《三国》，补陈寿之阙的这个焦点之

[1] 郑樵，《通志·总序》谓班彪著书"不可得而见，所见者，元、成二帝赞耳，皆于本纪之外，别纪所闻，可谓深入太史公之甸奥矣"。

[2] 拙作《裴松之与〈三国志注〉》(《魏晋史学的思想与社会基础》，台北：东大图书，二〇〇〇) 在探讨裴注的渊源时，认为汉魏间经注的转变对裴注发生启导作用，特别是后来西晋杜预《左传集解》对裴注发生直接影响。笔者徘徊歧途二十多年，到现在才发现"太史公曰"与裴注的关系。除此之外，上文中的若干论点，似乎还是可以成立的。本文也引用了上文中的若干材料。

[3] 《史通·补注》。

上，而且《三国志》裴注引用大批魏晋的史书，不似李奇注《文选》切割分裂，皆首尾俱全，这些材料时至今日得以保存，是裴注之功。但补陈寿《三国志》的阙轶，只是裴松之注《三国志》体例之一。按裴松之注《三国志》的体例，在他《上三国志注表》所说有四种：

一、寿所不载，事宜存录者，则罔不毕取，以补其阙。

二、同说一事，而辞有乖杂；或出事本异，疑不能判，并皆抄内，以备异闻。

三、若乃纰缪显然，言不附理，则随违矫正，以惩其妄。

四、其时事当否，及寿之小失，颇以愚意有所论辩。

归纳这四种体例，即补阙、备异、惩妄、论辩。所谓补阙，也就是《四库全书总目提要》所说"传所有之事，详其委曲；传所无之事，补其阙佚；传所有之人，详其生平；传所无之人，附以同类"。这是补陈寿《三国志》的失之在略，《三国志注》多属于这类注释形式[1]。其次则是备异闻，即选择一种主要的材料置于前面，将数种同说一事的相类材料并列，这是受魏晋时代释氏译经说经的影响，而出现的一种新的注释形式[2]。

《三国志》裴注的补阙与备异部分，是由裴松之的助手协助所成，裴松之注《三国志》一如司马光撰《通鉴》，除发凡起例外，最后对材料的考辩则由其亲自执笔。[3] 这就是裴松之注《三国志》体例中的惩妄与论辩，也就是《四库全书总目提要》所谓"参诸书之说，以核讹异"及"引诸家之论，以辨是非"。这类形式的注，是裴松之"杂引诸书，亦时下己意"的自注。这类形式的裴松之自注，分别以

---

[1] 拙作《裴松之与〈三国志注〉》，《魏晋史学的思想与社会基础》（台北：东大图书，二〇〇〇）。

[2] 拙作《裴松之〈三国志注〉的自注》，出处同上。

[3] 拙作《裴松之〈三国志注〉的自注》，出处同上。

"臣松之案"与"臣松之以为"来表示。案《三国志·吴书》卷九《鲁肃传》：

> 刘表死，肃进说曰……权即遣肃行，到夏口，闻曹公已向荆州，晨夜兼道，比至南郡，而表子琮已降曹公，备惶遽奔走，欲南渡江。肃径迎之，到当阳长阪，与备会，宣腾权旨，及陈江东强固，劝备与权并力，备甚欢悦。时诸葛亮与备相随，肃谓亮曰："我子瑜友也"，即共定交。备遂到夏口，遣亮使权，肃亦反命。（臣松之案：刘备与权并力，共拒中国，皆肃之本谋。又语诸葛亮曰：我子瑜友也，则亮已亟闻肃言矣。而《蜀书·亮传》曰："亮以连横之略说权，权乃大喜。"如似此计始出于亮。若二国史官，各记所闻，竞欲称扬本国容美，各取其功。今此二书，同出一人，而舛互若此，非载述之体也。）

又《三国志·魏书》卷十《荀彧传》：

> 评曰：荀彧清秀通雅，有王佐之风，然机鉴先识，未能充其志也。（世之论者，多讥彧协规魏氏，以倾汉祚，君臣易位，实彧之由。虽晚节立异，无救运移；功既违义，识亦疚焉。陈氏此评，盖并同乎世识。臣松之以为斯言之作，诚未得其远大者也。彧岂不知魏武之志气，非衰汉之贞臣哉？良以于时王道既微，横流已极，雄豪虎视，人怀异心，不有拨乱之资，仗顺之略，则汉室之亡忽诸，黔首之类殄矣。夫欲翼赞时英，一匡屯运，非斯人之与而谁与哉？是故经纶急病，如救身首，用能用动于嶮中，至于大亨，苍生蒙舟航之接，刘宗延二纪之祚，

317

岂非荀生之本图，仁恕之远致乎？及至霸业既隆，翦汉迹著，然后亡身殉节，以申素情，全大正于当年，布诚心于百代，可谓任重道远，志行义立，谓之未充，其殆诬欤！）

以上所引，可见《三国志》裴松之自注的一斑。前者"臣松之案"，是对材料的处理的考证；后者"臣松之以为"，是裴松之对历史事件的议论，以及对历史人物的评价。在《三国志注》中裴松之的自注并不多，仅占全部注释十分之一左右，但却是《三国志注》的精旨深义所在，因为裴松之注《三国志》，不仅拾遗补阙而已，最终的目的也是在《上三国志注表》所说的："缀事以众色成文，蜜蜂以兼采为味，故能使绚素有章，甘逾本质。"所以，裴松之自注，都是他对其助手整理的材料，经过校勘考证后所提出的个人意见[1]。同时，这些意见不仅不局限于陈寿的《三国志》，对所引用的魏晋史学著作，也以"臣松之案"与"臣松之以为"的形式进行讨论[2]。这些讨论包括对材料的处理，以及对历史事件的议论和历史人物的评价，正是司马迁自注式的"太史公曰"的内容。所以，裴松之的《三国志注》的自注，渊源于司马迁，也就是继承司马迁"太史公曰"的基础发展而形成。

裴松之结合了"太史公曰"中对材料的处理，以及对历史事件的议论和历史人物的评价，创造了史注新的写作形式，后来刘孝标的《世说新语注》，及刘昭注《后汉志》[3]，都是受裴松之《三国志注》

----

[1] 拙作《裴松之与〈三国志注〉》，《魏晋史学的思想与社会基础》（台北：东大图书，二〇〇〇）。

[2] 拙作《裴松之与魏晋史学评论》，出处同上。

[3] 邵晋涵，《江南书录》"后汉书"条下谓："刘昭注尤谙悉于累朝掌故，荟萃群说为之折衷，盖能承六朝诸儒群经义疏之学，而通于史，以求其实用，亦可见其学之条贯矣。"

的影响。刘知幾说"孝标善于攻缪，博而且精，固以察及泉鱼，辨穷河豕"[1]，也就是说刘孝标的《世说新语注》，除了补注材料的阙轶外，对材料的考辨也是非常精湛的。所以，《四库全书总目提要》就说："孝标此注，特为典赡。……其纠正义庆之纰缪，尤为精核。"[2]刘孝标注《世说新语》，最初没有像裴松之那样明立凡例，但经分析归纳加以区分，可分为补证、订讹、释例、存异、辨疑等项，集中在材料考辨方面。

司马迁"太史公曰"的材料处理部分，经过裴松之、刘孝标的继承与发扬，后来到司马光修《资治通鉴》，同时并上、单独成书的《通鉴考异》三十卷也循此线索发展。司马光《资治通鉴进书表》说：

> 臣既无他事，得以研精极虑，穷竭所有，日力不足，继之以夜，遍阅旧史，旁采小说，简牍盈积，浩如烟海，抉摘幽隐，校计毫厘。上起战国，下终五代，凡一千三百六十二年，修成二百九十四卷，又略举事目，年经国纬，以备检寻，为《目录》三十卷。又参考群书，评其同异，俾归一涂，为《考异》三十卷，合三百五十四卷。

司马光撰写二百九十四卷的《通鉴》的同时，为了检寻方便，又编辑了三十卷的《目录》，与"参考群书，评其异同"的《考异》三十卷。《目录》是《通鉴》的索引，《考异》则是《通鉴》的注释。在中国传统史书中既有索引又有注释的，自司马光的《资治通鉴》始。《通鉴目录》或由司马光的助手编辑，《通鉴考异》则由司马光

---

[1] 《史通·补注》。
[2] 《四库全书总目提要》卷一四〇《子部·小说家类》"世说新语"条下。

亲自撰写。司马光撰写《通鉴》时，"遍阅旧史，旁采小说，简牍盈积，浩如烟海"，高似孙说司马光修《通鉴》援引的材料二百二十二家，尤其唐代部分，引用了许多杂史、小说、家传的材料，而且往往一事用三四出处。因此，对所引用的材料需要一番考辨的工夫，《通鉴考异》即为此而作。司马光对范祖禹说："若彼此年月事迹有相违戾不同者，则请选择一证据分明、情理近于事实者，修者注于其下。"[1]对材料的考辨工作，在编纂长编时已经开始，司马光并自定体例，说："先注所舍者云某书云云，今按某书证验云云。或无证验，则以事理推之云云，今从某书为定；若无以考其虚实是非者，则云今两从之。"[2]是为《通鉴考异》的所自。《四库全书总目提要》也说《通鉴》所引用的材料其间有"传闻异词，稗官既喜造虚言，正史亦不皆实录，光既择其可信者从之，复参考同异，别为此书"[3]。《提要》又说《通鉴考异》出自裴松之的《三国志注》：

> 辨证谬误，以祛将来之惑，昔陈寿作《三国志》，裴松之注之，详引诸书错互之文，折衷以归一是，其例最善。而修史之家，未有自撰一书，明所以去取之故者，有之实自光始。[4]

由是知《考异》独立成书，是仿裴松之注《三国志》"详引诸书错互之文，折衷以归一是"的自注体例。而裴松之的自注渊源于司马迁的"太史公曰"，司马光撰《通鉴考异》的目的，是"祛将来之惑，

---

[1] 《司马文公传家集》卷六十三《贻范梦得》。

[2] 同上。

[3] 《四库全书总目提要》卷四十七《史部·编年》"资治通鉴考异"条下。编者注：此处标点原为"……别为此书'。'；《提要》……"。

[4] 《四库全书总目提要》卷四十七《史部·编年》"资治通鉴考异"条下。

明所以去取之故",这正是司马迁"太史公曰"的遗意所在[1]。

综合以上所述,自注式的"太史公曰",其内容包括两部分,其一为对历史事件的议论与历史人物的评价,其一为对历史材料的处理。前者由班固的《汉书》继承,凝聚成后世的史传论赞,裴松之却掌握了司马迁"太史公曰"的旧法,具体表现在他的《三国志注》的自注中,后来刘孝标、刘昭承其余绪,司马光的《资治通鉴》将"太史公曰"一分为二,把对历史事件的议论与历史人物的评价,放置在《通鉴》的"臣光曰"中,[2]至于对材料的处理,则独立撰成为《通鉴考异》一书。

史传论赞是一种具有文学性格的史学写作形式,原来存在于中国古代史学写作之中,后来经过《左氏春秋》作者以"君子曰"的形式,归纳于《左传》之中,已具雏形。此后,司马迁的《史记》更以"太史公曰",铸定后世史传论赞的版型。不过,司马迁的"太史公曰",除了对历史事件的议论,和对历史人物的评价外[3],还包括对材料的处理,也就是章实斋所谓"见去取之从来"。"见去取之从来"是对材料的处理,这完全属于史学的范畴,也是萧统《文选》不选"太史公曰"的原因。但是,"太史公曰"对历史事件的议论,和对历史人物的评价部分,后来为班固的《汉书》继承,是史传论赞渊源之所自。至于"见去取之从来"的材料处理部分,班彪尚识其遗意,裴松之注《三国志》,其"臣松之案"与"臣松之以为"的

---

[1] 章实斋,《文史通义·史注篇》称"宋范冲修《神宗实录》,别为《考异》五卷,以发明其义,是知后无可代之人,而自为之解,当与《通鉴》《举要》《考异》之属,同为近代之良法也。"则是承《考异》而作。

[2] 编者注:此处标点原为句号。

[3] 编者注:此句原为"和历史人物的评价外"。

自注，就是在司马迁"太史公曰"的基础上形成的。最后司马光将其一分为二，《通鉴》的"臣光曰"，表现了"太史公曰"对历史事件的议论和历史人物的评价，至于对材料的处理则单独成书，即《通鉴考异》。所以，司马迁"太史公曰"对材料处理部分，虽然其流变与传承的过程曲折迂回，自来被史学工作者忽略，但自班彪而裴松之，最后出现司马光，其间脉络，仍是有迹可寻的。

"巫蛊之祸"与司马迁绝笔

　　朱东润《史记考索》说："《史记》一书，或曰终于麟止，或曰终于太初，或曰终于天汉，三者相去数十年，必《史记》之断限明而后诸篇之真膺。"[1]《史记》断限自来众说纷纭，梁玉绳《史记志疑》持终于太初，崔适《史记探源》主讫于麟止，刘咸炘条论甚详[2]。赵翼《廿二史札记》卷一《司马迁作史年岁》条下，认为司马迁"为太史令五年，当太初元年，改正朔，正值孔子《春秋》后五百年之期，于是论次其文"，并且说《史记》成书与其《报任安书》同时，"征和二年事也"，而"安死后，迁，尚未亡，必更有删定改削之功"。则是，司马迁论《史记》在太初元年，成书在征和二年，此后尚有删削。王国维《太史公行年考略》说："今观《史记》最后记事，信得出自太史公手笔者，唯《匈奴列传》之李广利降匈奴事，余者出后人续补者。"李广利降匈奴在征和三年，则是司马迁撰《史记》的最终记事。[3]

　　当然，《史记》的断限上起黄帝，下迄汉武是没有问题的。但司

---

[1]　朱东润，《史记考索·史记终于太初考》。

[2]　刘咸炘，《四史知意》之《太史公书知意辨真伪》条下。

[3]　王国维，《太史公系年考略》，原载上海圣明智大学《学术丛编》一九一六。后编入《观堂集林》卷十一，作《太史公行年考》。

马迁就生存在这个时代之中，其下限终于武帝何时，就值得讨论了。《太史公自序》说到《史记》断限有三处：

> 一、述往事，思来者，于是卒述陶唐以来，至于麟止，自黄帝始。
>
> 二、余述历黄帝以来至太初而讫。
>
> 三、略推三代，录秦汉，上记轩辕，下至于兹。

这三种不同时间的断限，前后相距数十年，而且都有其可能。

一、《史记》断限其最终记事

所谓"卒述陶唐以来，至于麟止，自黄帝始"，案麟止，张晏曰："武帝获麟，迁以为述事之端。上纪黄帝，下至麟止，犹《春秋》止于获麟也。"服虔云："武帝至雍获白麟，而铸金作麟足形，故云'麟止'。迁作《史记》止于此。犹《春秋》终于获麟然也。"张晏、服虔认为武帝获麟，是司马迁叙述往事之端，或《史记》止于此。武帝获麟，案《封禅书》云：

> 其明年，郊雍，获一角兽，若麃然。有司曰："陛下肃祗郊祀，上帝报享，锡一角兽，盖麟云。"

其明年即元狩元年（公元前一一二年）。《汉书·武帝纪》云："元狩元年冬十月，行幸雍，祠五畤。获白麟，作《白麟之歌》。"应劭曰："获白麟，因改元曰元狩也。"所以，"卒述陶唐以来，至于麟止，自黄帝始",即以元狩元年获麟为断限,但可能不是司马迁,而是司马谈撰写《史记》的断限。《太史公自序》云:"百年之间,天下遗文古事靡不毕集,太史公仍父子相继纂其职。"也就是说司马氏父子一方面整理图书文献,同时利用整理的文献资料撰史,前者是史官职掌的本职,后者是司马氏父子相承的私家著述。在司马谈临终之时,这部私家著述可能留下相当的遗稿,司马谈念兹在兹,希望司马迁继续完成他的未竟之作。所以《太史公自序》云:

> 太史公执迁手而泣曰:"……余死,汝必为太史;为太史,无忘吾所欲论著矣。……自获麟以来四百有余岁,而诸侯相兼,史记放绝。今汉兴,海内一统,明主贤君忠臣死义之士,余为太史而弗论载,废天下之史文,余甚惧焉,汝其念哉!"迁俯首流涕曰:"小子不敏,请悉论先人所次旧闻,弗敢阙。"

后来司马迁在太初元年,开始继其父遗稿撰写《史记》之时,《太史公自序》载其对壶遂所言:

> 余尝掌其官,废明圣盛德不载,灭功臣世家贤大夫之业不述,堕先人所言,罪莫大焉。

其所谓"先人所言",[1] 与"先人所次旧闻"前后呼应,其意义相同,也就是司马谈所纂就的遗稿。《史记》最精彩最有价值的部分,一是楚汉之际,一是汉帝时代。前者或为司马谈所次的"旧闻"。司马谈

---

[1]　编者注:此处逗号为编者所加。

生于汉文帝初年，当时战国的遗黎，汉初的宿旧犹存，司马谈得以口述记录[1]。后来司马迁以此为基础，缉补武帝时代的"行事"，结合而成《史记》。

司马谈所次的"旧闻"，由元狩元年起笔撰写，同时也以此为断。因为司马谈为太史之时，认为最大的历史事件莫过于"获麟"。春秋家所谓"西狩获麟"，孔子感而作《春秋》，同时也绝笔于斯。如今武帝幸雍，与"西狩"同，又获白麟与"获麟"同，自"获麟"以来四百余岁，观"获麟"，因而刺激了身为史官而职掌郊祀的司马谈。开始撰《史记》。司马迁对于"获麟"的态度与司马谈不同，具体表现在《封禅书》的撰写方面。司马迁撰写《封禅书》，为了"自古以来用事于鬼神者，具见其表里。后有君子，得以览焉"，而且以"然""焉""若"等怀疑的字眼，保存这一系列他个人亲身经历，却无法考证的材料。但封禅对司马谈而言，却有宗教的虔诚。[2]他不仅侍从帝巡行天下祠祀，并且与祠官宽舒议定建甘泉太一与汾阴后土两祠，最后"天子接千岁之统，封泰山"，他竟然不能从行而悲叹："是命也夫？命也夫！"最后"发愤且卒"。司马谈事迹仅见于此，且都和汉武帝封禅相关[3]。所以，司马谈对汉武帝的封禅，不仅充满宗教情操，而且认为是神圣的使命。因此，司马谈因获白麟的激动而开始撰《史记》，并以麟止为断，是非常可能的。获麟是《春秋》所终，帝尧《尚书》的开始，所以司马谈说"卒述陶唐以来，至于麟止"。

《太史公自序》最后，司马迁说："余述历黄帝以来至太初而讫"。

---

[1] 顾颉刚，《史林杂识》"司马谈作史"条下。

[2] 编者注：此处标点原为逗号。

[3] 参见本书《武帝封禅与〈封禅书〉》。

自元狩元年至太初元年（公元前一〇四年）其间相距十八年。《太史公自序》又说：

> （谈）卒三岁而迁为太史令，紬史记石室金匮之书。五年而
> 当太初元年，十一月甲子朔旦冬至，天历始改，建于明堂，诸
> 神受纪。

司马谈卒后八年，当太初元年。《集解》李奇曰："迁为太史后五年，适当于武帝太初元年，此时述《史记》。"案《汉书·武帝纪》云：

> 太初元年……夏五月，正历，以正月为岁首。色上黄，数
> 用五，定官名，协音律。

所谓"正历"，由司马迁主导所造的《太初历》，于此时完成并颁布施行，不仅是当时重要的历史事件，而且影响后世至巨。《汉书·律历志上》云：

> 至武帝元封七年，汉兴百二岁矣。大中大夫公孙卿、壶遂、
> 太史令司马迁等言"历纪坏废，宜改正朔"。是时御史大夫兒宽
> 明经术，上乃诏宽曰："与博士共议，今宜何以为正朔？服色何
> 上？"宽与博士赐等议，皆曰："帝王必改正朔，易服色，所以
> 明受命于天也。创业变改，制不相复，推传序文，则今夏时也。
> 臣等闻学褊陋，不能明。陛下躬圣发愤，昭配天地，臣愚以为
> 三统之制，后圣复前圣者，二代在前也。今二代之统绝而不序
> 矣，惟陛下发圣德，宣考天地四时之极。则顺阴阳以定大明之

制，为万世则。"于是乃诏御史曰："乃者有司言历未定，广延宣问，以考星度，未能雠也。……书缺乐弛，朕甚难之。依违以惟，未能修明。其以七年为元年。"遂诏卿、遂、迁与侍郎尊、大典星射姓等议造汉历。

司马迁议造汉历，亦见《汉书·儿宽传》，传称："后太史令司马迁等言：'历纪坏废，汉兴未改正朔，宜可正。'上乃诏宽与迁等共定汉《太初历》。"《太初历》是中国历律学史的一次革命。据《汉书·律历志》，参与其事的律历专家三四十人。除民间不可考之外，其他如公孙卿、壶遂、司马迁、邓平、司马可、博士赐、酒泉宜君、世下洛闳、淳于陵渠、射姓等，的确是当时学术界一项浩大工程。司马迁既倡议在前，改历进行之时，由于其职责相关 [1]，始终参与其事。王国维《太史公系年考》云："太初改历之议，发于公，而始终总其事者，亦公也。盖公为太史令星历乃其专职。公孙卿、壶遂虽参与其事，不过虚领而已。孔子言行夏之时，五百年后，卒行于公之手，此亦公之大事业也。"

司马迁既主持太初改历，而且始终参与其事，对后世学术的贡献，不下于其撰《史记》。但司马迁于《史记》之中，仅于《韩长孺列传》的"太史公曰"言及"余与壶遂定律历，观韩长孺之义"，以及《历书》说到"至今上即位，招致方士唐都，分其天部，而巴落下闳运算转历"而已，并没有特别强调其个人对这方面的贡献。不过，司马迁谈到改历，却是与改制相提并论，《封禅书》就说："夏，汉改历，以正月为岁首，而色上黄，官名更印章以五字，为太初

---

[1]　编者注：此句原为"由于其职责关"。

元年。"

汉兴,君臣皆起草莽,建国之初,并未留意制度的改张。所以叔孙通定朝仪,张苍定章程,仍因袭秦制。因此,后来自贾谊至司马迁都希望突破秦帝的框限,改制更新。于是改正朔、易服色、定制裁度并提。其改正朔又是更新之始。[1]《史记·屈原贾生列传》云:

> 贾生以为汉兴至孝文二十余年,天下和洽,而固当改正朔,易服色,法制度,定官名,兴礼乐,乃悉草具其事仪法,色尚黄,数用五,为官名,悉更秦之法。

当时"孝文帝初即位,谦让未遑也"。所谓"未遑",乃顾忌绛、灌诸勋旧的反对。后来鲁人公孙臣上书,认为汉当土德,"宜改正朔,色黄",但由于张苍的关系,事竟未成。武帝即位,改制之议复起,王藏、赵绾议之于前,司马相如讽于后,由此可知改制更新之议,流行于当时士人之间,最后终于由司马迁倡领的太初改历,完成了汉代的改制更新。所以,司马迁认为太初改历是一个新时代的开始,《太史公自序》载其对壶遂所言:

> 汉兴以来,至明天子,获符瑞,封禅,改正朔,易服色,受命于穆清,泽流罔极,海外殊俗,重译款塞,请来献见者,不可胜道。

这是一个伟大的时代,司马迁认为身为太史,面临这个新时代,"废

---

[1] 参见本书《武帝封禅与〈封禅书〉》。

明圣盛德不载，灭功臣世家贤大夫之业不述"，而且"堕先人所言"，是他莫大的罪过。于是继先人未竟之业，开始执笔撰写《史记》。首先撰写的可能就是《今上本纪》。因为他最初所写的《今上本纪》就集中在改正朔，易服色方面。《太史公自序》云：

> 汉兴五世，隆在建元，外攘夷狄，内修法度，封禅，改正朔，易服色。作《今上本纪》。

《自序》所谓"至于麟止"，是司马谈于元狩元年，开始撰写《史记》之时，并于此为断限。而"至太初而讫"，则是司马迁完成《太初历》之后，于太初元年继续其父未竟之业，开始"述故事，整齐其世传"之时，并准备以此时为断限。因为司马谈认为"麟止"，是孔子著《春秋》终于获麟的五百年之期。司马迁则认为"太初"是改制更化的新时代开始。虽然司马迁继续其父未竟之业，由于新的历史情况的出现，就不得不另选新的历史断限。

至于"略推三代，录秦汉，上记轩辕，下至于兹"，所谓"下至于兹"，就是直到现在或目前。目前或现在，即前引王国维所谓"今观《史记》最后记事，信得出自太史公手笔者，唯《匈奴列传》之李广利降匈奴事"。李广利降匈奴，案《汉书·武帝纪》，征和三年（公元前九〇年）二月，遣贰师将军李广利、御史大夫商丘成、重合侯马通等率步骑，分别出五原、[1]西河击匈奴，最后马通、商丘成"皆引兵还"，而"广利败，降匈奴"。李广利之败，《史记·匈奴列传》云：

---

[1] 编者注：此处标点原为逗号。

后二岁，复使贰师将军将六万骑，步兵十万，出朔方。……
匈奴闻，悉远其累重于余吾水北，而单于以十万骑待水南，与
贰师将军接战。贰师乃解而引归，与单于连战十余日。贰师闻
其家以巫蛊族灭，因并众降匈奴，得来还千人一两人耳。

"后二岁"，徐广曰："案《史记·将相年表》及《汉书》，征和二年，
巫蛊始起，三年，广利与商丘成出击胡军，败，降。"王国维认为这
是"《史记》最晚之记事"。但司马迁为何选择李广利降匈奴，作为
《史记》最后的记载，却是个值得讨论的问题。

司马迁说："复使贰师将军将六万骑，步兵十万，出朔方。"所
谓"复使"，即李广利又一次出征匈奴。《史记·匈奴列传》载李广
利前一次出征匈奴，在天汉二年（公元前九九年）。案《汉书·武帝
纪》云：

（天汉二年）夏五月，贰师将军三万骑出酒泉，与右贤王战
于天山，斩首虏万余级。又遣因杅将军出西河，骑都尉李陵将
步兵五千人出居延北，与单于战，斩首虏万余级。陵兵败，降
匈奴。

《史记·匈奴列传》载其事云：

其明年，汉使贰师将军广利以三万骑出酒泉，击右贤王于
天山，得胡首虏万余级而还。匈奴大围贰师将军，几不脱。汉
兵物故什六七。汉复使因杅将军敖出西河，与强弩都尉会涿涂
山，毋所得。又使骑都尉李陵将步骑五千人，出居延北千余里，

与单于会，合战，陵所杀伤万余人，兵及食尽，欲解归，匈奴围陵，陵降匈奴，其兵遂没，得还者四百人。单于乃贵陵，以其女妻之。

李广利此次出征，结果则是李陵降匈奴。而李陵参与这次战役的任务，是"欲以分匈奴兵，毋令专走贰师也"。《史记·李将军列传》载其事云：

数岁，天汉二年秋，贰师将军李广利将三万骑击匈奴右贤王于祁连天山，而使陵将其射士步兵五千人出居延北可千余里，欲以分匈奴兵，毋令专走贰师也。陵既至期还，而单于以兵八万围击陵军。陵军五千人，兵矢既尽，士死者过半，而所杀伤匈奴亦万余人。且引且战，连斗八日，还未到居延百余里，匈奴遮狭绝道，陵食乏而救兵不到，虏急击招降陵。陵曰："无面目报陛下。"遂降匈奴。其兵尽没，余亡散得归汉者四百余人。单于既得陵，素闻其家声，及战又壮，乃以其女妻陵而贵之。

荀悦则谓最初汉武帝欲李陵"贰师将军督辎重"。《前汉纪》卷十四云：

陵者，李广孙，敢兄当户之子。上使陵为贰师将军督辎重，陵稽首曰："愿得自当一队。"上曰："吾无骑与汝。"陵曰："不用骑，愿以少击众，步兵五千人，涉单于庭。"上壮而许之。

但最后李却兵败而降匈奴。李陵既降，《汉书·李陵传》云：

　　后闻陵降，上怒甚，责问陈步乐，步乐自杀。群臣皆罪陵，上以问太史令司马迁，迁盛言："陵事亲孝，与士信，常奋不顾身以殉国家之急。其素所畜积也，有国士之风。今举事一不幸，全躯保妻子之臣随而媒蘖其短，诚可痛也。且陵提步卒不满五千，深轺戎马之地，抑数万之师，虏救死扶伤不暇，悉举引弓之民共攻围之。转斗千里，矢尽道穷，士张空拳，冒白刃，北首争死敌，得人之死力，虽古名将不过也。身虽陷败，然其所摧败亦足暴于天下。彼之不死，宜欲得当以报汉也。"初，上遣贰师大军出，财令陵为助兵，及陵与单于相值，而贰师功少。上以迁诬罔，欲沮贰师，为陵游说，下迁腐刑。

上述《汉书》材料则源自司马迁的《报任安书》：

　　陵未没时，使有来报，汉公卿王侯奉觞上寿。后数日，陵败书闻，主上为之食不甘味，听朝不怡。大臣忧惧，不知所出。仆窃不自料其卑贱，见主上惨凄怛悼，诚欲效其款款之愚。以为李陵素与士大夫绝甘分少，能得人之死力，虽古名将不过也。身虽陷败，彼观其意，且欲得其当而报汉。事已无可奈何，其所摧败，功亦足以暴于天下。仆怀欲陈之，而未有路。适会召问，即以此指推言陵功，欲以广主上之意，塞睚眦之辞。未能尽明，明主不深晓，以为仆沮贰师，而为李陵游说，遂下于理。拳拳之忠，终不能自列，因为诬上，卒从吏议。

综合以上材料，最初武帝欲遣派李陵督贰师辎重，而后李陵自请为一队，率步兵五千出居延，其任务为李广利的"助兵"，即"欲以分匈奴兵，毋令专走贰师也"。后李陵败降，司马迁为其游说，因诬上而下狱。然其所以诬上，并非因李陵之降，而是"欲沮贰师"。所谓"欲沮贰师"，即前述"初，上遣贰师大军出……及陵与单于相值，而贰师功少。上以迁诬罔，欲沮贰师"。

因此，李陵败降匈奴而灭族，司马迁为李陵游说而下狱。但司马迁获罪并非全为李陵游说，推言李陵之功，而是"欲沮贰师"。所以，李陵灭族，与司马迁个人的悲剧，皆缘于天汉二年李广利出征匈奴。《史记·匈奴列传》终于太初四年，即：

> 汉既诛大宛，威震外国。天子意欲遂困胡，乃下诏曰："高皇帝遗朕平城之忧，高后时单于书绝悖逆。昔齐襄公复九世之仇，《春秋》大之。"是岁太初四年也。

汉武帝伐匈奴之意在此，"太初四年"，即司马迁所谓"余述历黄帝以来至太初而讫"的断限之内。天汉二年李陵降匈奴，及《李将军列传》附叙李陵降匈奴事：

> 单于既得陵，素闻其家声，及战又壮，乃以其女妻陵而贵之。汉闻，族陵母妻子。自是之后，李氏名败，而陇西之士居门下者皆用为耻焉。

皆为司马迁于天汉二年李降匈奴后所增补，故《汉书·司马迁传》又有《史记》终于天汉二年之议。自天汉二年至征和三年，前后相隔九年间，司马迁《报任安书》所谓："隐忍苟活，函粪土之中而不辞者，恨私心有所不尽。"复因李广利降匈奴与"巫蛊之祸"，对其已撰成之百三十篇，五十二万六千五百字的《史记》有所增删，于是出现其《自序》所谓"略推三代，录秦汉，上记轩辕，下至于兹"的第三个断限。

"上记轩辕，下至于兹"则见于司马迁《报任安书》：

> 仆窃不逊，近自托于无能之辞，网罗天下放失旧闻，考其行事，综其终始，稽其成败兴坏之纪，上计轩辕，下迄于兹，为十表，本纪十二，书八章，世家三十，列传七十，凡百三十篇，亦欲以究天人之际，通古今之变，成一家之言。[1]

司马迁绝笔的《报任安书》，又出现了《史记》第三个断限。所以，《自序》的三个断限及《史记》最终的记事，不仅和汉武帝时代的发展和演变相关，而且和司马迁个人的际遇有密切的关系。

二、"巫蛊之祸"与司马迁绝笔

汉武帝宠爱李广利，因李广利是霍去病、卫青亡故后，汉武帝唯一信赖的征讨匈奴的将领，而且是汉武帝为伐匈奴从外戚中选拔，经过训练直属中央的精锐部队，其待遇与出身陇西世家的李陵完全不同[2]。而且李广利又是李夫人之兄。《汉书·李广利传》云："李广利，女弟李夫人有宠于上，产昌邑哀王。"案《史记·外戚世家》云：

> 李夫人蚤卒，其兄李延年以音幸，号协律。协律者，故倡

---

[1] 《文选》卷四一《报任少卿书》。
[2] 参见本书《〈匈奴列传〉的次第问题》。

也。兄弟皆坐奸，族。是时其长兄广利为贰师将军，伐大宛，不及诛，还，而上既夷李氏，后怜其家，乃封为海西侯。

李广利征大宛在太初元年。案《汉书·武帝纪》云："（太初元年）秋八月，行幸安定，遣贰师将军李广利发天下谪民西征大宛。"又《史记·大宛列传》云：

> 汉使者往既多，其少从率多进熟于天子，言曰："宛有善马在贰师城，匿不肯与汉使。"天子既好宛马，闻之甘心，使壮士车令等持千金及金马以请宛王贰师城善马。宛国……不肯予汉使。……于是天子大怒……而欲侯宠姬李氏，拜李广利为贰师将军，发属国六千骑，及郡国恶少年数万人，以往伐宛。期至贰师城取善马，故号"贰师将军"。……是岁太初元年也。

李广利太初元年西征大宛，四年始旋归。《汉书·武帝纪》云："（太初）四年春，贰师将军广利斩大宛王首，获汗血马来。作《西极天马之歌》。"案《史记·乐书》云：

> 后伐大宛得千里马，马名蒲梢，次作以为歌。歌诗曰："天马来兮从西极，经万里兮归有德。承灵威兮降外国，涉流沙兮四夷服。"

欣愉之情，溢于言表。《史记·大宛列传》云：

> 贰师之伐宛也，而军正赵始成力战，功最多；及上官桀敢

深入，李哆为谋计，军入玉门者万余人，军马千余匹。贰师后
行，军非乏食，战死不能多，而将吏贪，多不爱士卒，侵牟之，
以此物故众。天子为万里而伐宛，不录过，封广利为海西侯。
又封身斩郁成王者骑士赵弟为新畤侯。军正赵始成为光禄大夫，
上官桀为少府，李哆为上党太守。军官吏为九卿者三人，诸侯
相、郡守、二千石者百余人，千石以下千余人。奋行者官过其
望，以适过行者皆绌其劳。士卒赐直四万金。伐宛再反，凡四
岁而得罢焉。

李广利之封海西侯，《汉书·李广利传》载其封侯诏书云："贰师将军
广利征讨厥罪，伐胜大宛，赖天之灵，从溯河山，涉流沙，通西海，
山雪不积，士大夫径度，获王首虏，珍怪之物毕陈于阙。其封广利
为海西侯，食邑八千户。"幸宠过望。诚如司马迁所谓"武帝欲侯宠
李氏故"。其后，司马迁为李陵游说被斥"欲沮贰师"而下狱议，或
即种因于此。

李广利伐大宛后十一年，即征和三年，复将七万骑出五原，击
匈奴，兵败，降匈奴。[1]其降匈奴，司马迁谓"贰师闻其家以巫蛊族
灭，因并众降匈奴"。《汉书·匈奴传》云：

> 会贰师妻子坐巫蛊收，闻之忧惧。其掾胡亚夫亦避罪从军，
> 说贰师曰："夫人室家皆在吏，若还不称意，适与狱会，郅居以
> 北可复见乎？"贰师由是狐疑，欲深入要功，遂北至郅居水上。

至于李广利涉及"巫蛊之祸"，《汉书·刘屈氂传》详载其缘由：

---

[1] 编者注：此处标点原为逗号。

337

其明年，贰师将军李广利将兵出击匈奴，丞相为祖道，送至渭桥，与广利辞决。广利曰："愿君侯早请昌邑王为太子。如立为帝，君侯长何忧乎？"屈牦许诺。昌邑王者，贰师将军女弟李夫人子也。贰师女为屈牦子妻，故共欲立焉。是时治巫蛊狱急，内者令郭穰告丞相夫人以丞相数有谴，使巫祠社，祝诅主上，有恶言，及与贰师共祷祠，欲令昌邑王为帝。有司奏请案验，罪至大逆不道。有诏载屈牦厨车以徇，要斩东市，妻子枭首华阳街。贰师将军妻子亦收。贰师闻之，降匈奴，宗族遂灭。

李广利败降匈奴，缘于"巫蛊之祸"。"巫蛊之祸"是武帝晚年所发生骨肉相残、人伦巨变的宫廷政治斗争，株连甚众。《汉书·公孙贺传》云："巫蛊之祸起自朱世安，成于江充，遂及公主、皇后、太子，皆败。"事变发生经过，《汉书·武帝纪》云：

征和元年……冬十一月，发三辅骑士大搜上林，闭长安城门索，十一日乃解。巫蛊起。

二年春正月，丞相（公孙）贺下狱死。

夏四月……闰月，诸邑公主、阳石公主皆坐巫蛊死。

夏（五月），行幸甘泉。

秋七月，按道侯韩说、使者江充等掘蛊太子宫。壬午，太子与皇后谋斩充，以节发兵与丞相刘屈牦大战长安，死者数万人。庚寅，太子亡，皇后自杀。初置城门屯兵。更节加黄旄。御史大夫暴胜之、司直田仁坐失纵（太子），胜之自杀，仁要斩。

八月辛亥，太子自杀于湖。

三年春正月，行幸雍……三月，遣贰师将军广利将七万人出五原……广利败，降匈奴。

夏……六月丞相屈牦下狱要斩，妻枭首。

"巫蛊之祸"祸延三年，《汉书·戾太子传》云："是时，上春秋高，意多所恶，以为左右皆为蛊道祝诅，穷治其事。"当是时，司马迁随侍武帝左右，亲历这场政治风暴。这场政治斗争杀戮惨重，司马迁的两位至友田仁与任安亦同遭池鱼之殃。

司马迁与田仁"相友善"。并传其事附于《田叔列传》之后，传称：

> 叔以官卒，鲁以百金祠，少子仁不受也，曰："不以百金伤先人名。"仁以壮健为卫将军舍人，数从击匈奴。卫将军进言仁，仁为郎中。数岁，为二千石丞相长史，失官。其后使刺举三河，上东巡，仁奏事有辞，上说，拜为京辅都尉。月余，上迁拜为司直。数岁，坐太子事。时左相自将兵，令司直田仁主闭守城门，坐纵太子，下吏诛死。仁发兵，长陵令车千秋上变仁，仁族死。

《田叔列传》次于《万石张叔列传》与《扁鹊仓公列传》之间，是《史记》中比较特殊的一篇列传。司马迁撰《万石张叔列传》，《自序》云："敦厚慈孝，纳于言，敏于行，务在鞠躬，君子长者。作《万石张叔列传》。"《万石张叔列传》所传非仅石庆、张叔，尚有卫绾、直不疑、周仁等。其中卫绾、石庆于武帝初以御史大夫迁任丞相，[1]直

---

[1] 编者注：此处标点原为句号。

不疑、张叔则为御史大夫，周仁为郎中令。他们都是文景两朝的旧臣，于武帝初任职中央要津者。[1] 此五人合传与其后的《魏其武安列传》合观，象征文景两朝与武帝即位之初，新旧权力结构的转变与过渡。[2] 至于田叔，官不过鲁相，事亦乏善可陈，竟一人独据一传次于其间，而且司马迁对于石庆等五人有不同的评价。传末"太史公曰"："仲尼有言曰'君子欲讷于言而敏于行'，其万石、建陵、张叔之谓邪？是以其教不肃而成，不严而治。塞侯微巧，而周文处谄，君子讥之，为其近于佞也。"至于司马迁撰《田叔列传》，《自序》云："守节切直，义足以言廉，行足以厉贤，任重权不可以非理挠，作《田叔列传》。"司马迁对田叔的评价，"太史公曰"："孔子称曰'居是国必闻其政'，田叔之谓乎！义不忘贤，明主之美以救过。"若非司马迁所谓"仁与余善"，田叔何得此佳传？则是，田仁与司马迁之交，就非泛泛了。

司马迁于《田叔列传》之终，"太史公曰"之后，突然增添一句"仁与余善，余故并论之"。虽然"太史公曰"有辅轶事之例，如此补叙，则显突兀，也是全书仅见。其所并论者，乃"幼子出不受也"后，其所叙田仁为官及其"坐太子事"两部分。田仁涉太子事被诛，是征和二年七月间的事，则司马迁所"并论"田仁事的增添则是在此之后，而且可以肯定这段记事出于司马迁的手笔，因此司马迁所"并论"者，不仅为其"下至于兹"作一个旁证，同时也可以补王国维所谓的司马迁最终的记事，而且由此可知司马迁因"巫蛊之祸"，对其已完稿的《史记》所增删不止一处。

"巫蛊之祸"是司马迁自天汉二年以来，所遭遇最严峻的困境，

---

[1] 编者注：此处标点原为逗号。
[2] 编者注：此处标点原为逗号。

挚友田仁因纵太子被诛，其悲痛可知。当是时，司马迁随侍武帝在甘泉，在绝对权威的武帝前，只有隐含恭谨从事，其后随驾返京，即将田仁之诛附记于《田叔列传》之后，但当时情势未明或因现实忌讳，所记语焉不详。对田仁之诛有"坐纵太子，下吏诛死"，与"长陵令车千秋上变仁，仁族死"两种不同记载[1]，其下更有的"陉城今在中山国"无关赘语，当时司马迁心情复杂与情势迫急，跃于纸上。关于田仁纵太子事，褚少孙于《田叔列传》后补叙云：

> 其后逢太子有兵事，丞相自将兵，使司直主城门，司直以为太子骨肉之亲，父子之间不甚欲近，去之诸陵过。是时武帝在甘泉，使御史大夫暴君下责丞相"何为纵太子"，丞相对言"使司直部守城而开太子"。上书以闻，请捕系司直，司直下吏，诛死。

车驾还京，"巫蛊之祸"未歇，当是时，田仁已诛，任安下狱待决，司马迁思前想后，感慨衷来，于是乃有《报任安书》之作。任安获罪，亦因太子事。褚少孙云：

> 是时任安为北军使者护军，太子立车北军南门外，召任安，与节令发兵。安拜受节，入，闭门不出。武帝闻之，以为任安为详邪，不傅事，何也？任安答辱北军钱官小吏，小吏上书言之，以为受太子节，言"幸与我其鲜好者"。书上闻，武帝曰："是老吏也，见兵事起，欲坐观成败，见胜者欲合从之，有两心。安有当死之罪甚众，吾常活之，今怀诈，有不忠之心。"下安吏，诛死。

---

[1] 《汉书·公孙贺传》载田仁、任安获罪叙之较详。

褚少孙云:"臣为郎时,闻之曰田仁故与任安相善。"司马迁则因与田仁相善,因而与任安相友善。任安,荥阳人。少孤困,为人将车之长安,求事小吏,未有因缘,其后家居武功。初为亭长,后除三老,出为三百石长,治民。坐上出游共张无功而罢斥,其后为军舍人,与田仁订交。褚少孙云:

> (安)乃为卫将军舍人,与田仁会,俱为舍人,居门下,同心相爱。此二人家贫,无钱用以事将军家监,家监使养恶啮马,两人同床卧,仁窃言曰:"不知人哉家监也!"任安曰:"将军尚不识人,何乃家监也!"

其后武帝有诏卫将军舍人为郎。卫将军悉取舍人中富给者,后少府赵禹复次问之,仅得田仁、任安二人,并曰独此二人,余无可用者。褚少孙又曰:

> 有诏召见卫将军舍人,此二人前见,诏问能略相推第也。田仁对曰:"提桴鼓立军门,使士大夫乐死战斗,仁不及任安。"任安对曰:"夫决嫌疑,定是非,辩治官,使百姓无怨心,安不及仁也。"武帝大笑曰:"善。"[1]

由此可见田仁、任安相交友善。其后任安为益州刺史,田仁为丞相长史。当任安为益州刺史时,曾致书司马迁。《汉书·司马迁传》云:"迁既被刑之后,为中书令,尊宠任职。故人益州刺史任安予迁书,

---

[1]　编者注:此处后引号原在句号之内。修改参考〔汉〕司马迁:《史记·田叔列传》(中华经典普及文库),中华书局,2019,第603页。

责以古贤臣之义。"司马迁接书未覆。至此时任安系狱决,司马迁恐为时不多,乃作书以报故人。即《报任安书》所云:

> 曩者辱赐书,教以慎于接物,推贤进士为务,意气勤勤恳恳,若望仆不相师用,而流俗人之言。仆非敢如是也。……书辞宜答,会东从上来,又迫贱事,相见日浅,卒卒无须臾之间得竭指意。今少卿抱不测之罪,涉旬月,迫季冬,仆又薄从上上雍,恐卒然不可讳。是仆终已不得舒愤懑以晓左右,则长逝者魂魄私恨无穷。请略陈固陋。阙然不报,幸勿过。

至于司马迁《报任安书》草于何时,赵翼《廿二史札记》卷一"司马迁作史年岁"条云:

> 《报任安书》内,谓安抱不测之罪,将迫季冬,恐卒然不讳,则仆之意终不得达,故略陈之。安所抱不测之罪,缘戾太子以巫蛊事斩江充,使安发兵助战,安受其节而不发兵,武帝闻之,以为怀二心,故诏弃市。此书正安坐罪将死之时,则征和二年间事也。

赵翼认为《报任安书》写于征和二年,王鸣盛亦有此论,《十七史商榷》卷二"字子长"条下云:

> (征和二年)田仁、任安二人皆坐戾太子事诛,而《史记·田叔传》及仁死事,且云:予与仁善,故述之。又《报安书》作于安下狱将论死之时,故巫蛊之狱,戾太子之败,迁固亲见之。

赵翼、王鸣盛皆认为《报任安书》作于征和二年，王国维《太史公行年考》则将《报任安书》系于太始四年：

> 案公报益州刺史任安书，在是岁十一月。《汉书·武帝纪》，是岁春三月行幸太山，夏四，幸不其，五月，还，幸建章宫。《书》所云会从上来者也。又冬十二月，行幸雍，祠五畤。《书》所云今少卿抱不测之罪，涉旬，返冬季，仆又薄从上上雍者也。《报任安书》作为 [1] 是冬十一月无疑。或以任安下狱坐受卫太子节，当在征和二年，然是年无冬巡事，又行幸雍在次年下月，《报书》不合，《田叔列传》后载褚先生所述武帝语曰：任安有当死之罪甚众，吾常活之。是任安于征和二年前曾坐他事，公《报任安书》自在太始末，审矣。

王国维因褚少孙述武帝语谓"任安有当死之罪甚众，吾常活之"，而将《报任安书》系于太始四年。或太始四年，任安于益州刺史任内修书与司马迁。司马迁公私两忙，接书未覆。[2] 直到征和二年任安因太子事系狱待决，适司马迁随武帝返京，但又将随侍武帝幸雍，恐其间任安临刑，"私恨无穷"，[3] 仓促间写下这封《报任安书》，时间可能在征和二年十一月至十二月间，即《报任安书》所谓"涉旬月，迫季冬"。过此，司马迁又将随驾离京，即《汉书·武帝纪》所云："（征和）三年春正月，行幸雍，至安定、北地。"

不过，不论司马迁的《报任安书》写于何时，都是一封欲寄无

---

[1] 编者注：此处疑为"作于"之误。
[2] 编者注：此处标点原为逗号。
[3] 编者注：此处标点原为句号。

从寄的信。因为《报任安书》全文二千余字，汉代简牍长短各有定制，往来书信用一尺之简，后世书信称尺牍即缘于此。据《居延汉简》一尺之简，每简三十字左右，除去系绳的天头地尾，每简只容二十余字，则《报任安书》全篇当在百简以上[1]。百余之简编之成篇，束之成卷，应有很大的体积，如何达任安手中是一个问题。司马迁本人曾因李陵事件系狱，对狱中的情况深切了解，即《报任安书》所云：

> 今交手足，受木索，暴肌肤，受榜棰，幽于圜墙之中，当此之时，见狱吏则头枪地，视徒隶则心惕息。何者？积威约之势也。

所以，这是一封无法递入牢狱的信。[2] 即使递出，若被留中，上达天听——[3] 当斯时，武帝因恐失去权力的掌握与控制，发动这次残酷的政治斗争，亲如骨肉亦遭杀戮，这封充满愤懑的《报任安书》若落在武帝手中，其后果可知，不仅司马迁和其族必遭不幸，他忍辱撰成的《史记》亦必遭毁散。在这种严峻的情势下，司马迁当然不可能冒此大不韪，递出这封信。

这不仅是一封欲寄不能寄的信，更是司马迁原本不欲示人的书信。[4] 如果司马迁为了回复任安在益州刺史任上，致司马迁"教以推贤进士"，司马迁以"如今朝虽乏人，奈何令刀锯之余荐天下豪俊

---

[1] 刘国钧，《中国书史简编》（北京：书目文献出版社，一九八一）。

[2] 编者注：此处标点原为逗号。

[3] 编者注：此处标点原为逗号。

[4] 编者注：此处标点原为逗号。

哉"，或"身直为闺阁之臣，宁得自引深臧于岩穴邪"覆之足矣，[1]更何须更"舒愤懑以晓左右"？所谓"愤懑"，即因为李陵游说"拳拳之忠，终不能自列，因为诬上，卒从吏议"，对司马迁身心遭受残害，反复诉说。司马迁与任安既为知交，司马迁谓"身非木石，独与法吏为伍，深幽囹圄之中，谁可告诉者！此正少卿所亲见"。既已"亲见"，[2]对其原委知之甚详，更何须喋喋？

当斯时，司马迁亲历这场空前的残酷的政治斗争，非仅田仁与任安，其故旧株连者众。而司马迁随侍武帝左右，[3]必须蔽饰其内心悲痛，稍有不慎，即可能被祸。经此巨变，武帝以往在司马迁心中伟大的形象完全幻灭。司马迁经历这场政治风暴，身心交瘁，身体大不如前，即书中所谓"是以肠一日而九回，居则忽忽若有所亡，出则不知所如往"。尤其想及自己所遭受的屈辱，"汗未尝不发背沾衣也"。因此，借《报任安书》将以往"抑郁无谁语"者，若骨鲠在喉，一吐为快。最后终释解内心积郁已久的心结。所以在《报任安书》最终，司马迁说："今虽欲自雕瑑，曼辞以自解，无益，于俗不信，只取辱耳。要死之日，然后是非乃定。"所以，《报任安书》不仅是一封欲寄无从寄的信简，而且是一篇司马迁最后的绝笔，可视为司马迁的遗书，借《报任安书》道出。[4]

既为遗书，无需示人，希望这份遗书与所撰的《史记》同传后世，即《报任安书》所言"仆诚已著此书，藏之名山，传之其人通邑大都，则仆偿前辱之责，虽万被戮，岂有悔哉"。同样地，司马迁

---

[1] 编者注：此处标点原为句号。

[2] 编者注：此处逗号为编者所加。

[3] 编者注：此处逗号为编者所加。

[4] 司马迁之《报任安书》似陈寅恪写给蒋天枢《赠蒋秉南序》皆可作遗书读。见拙作《陈寅恪的"不古不今"之学》，《胡适与当代史学家》（台北：东大图书，一九九八）。

也希望《报任安书》可以传世，使后世读《史记》同时读《报任安书》，可以从其最后绝笔，了解他撰写《史记》的心路历程。

三、"微文刺讥"与"诗书隐约"

《文选》卷四十一《书》上，将司马迁《报任少卿书》与杨恽《报孙会宗书》并列。杨恽是司马迁的外孙。《汉书·司马迁传》云："迁既死后，其书稍出。宣帝时，迁外孙平通侯杨恽祖述其书，遂宣布焉。"杨恽是杨敞之子。《汉书·杨敞传》云：恽，"字子幼，以忠（兄）任为郎，补常侍骑。恽母，司马迁女也。恽始读外祖《太史公记》，颇为《春秋》。以材能称。好交英俊诸儒，名显朝廷，擢为左曹"。则是，司马迁所谓他的《史记》"藏之名山，传之其人"，即传于杨恽，其中包括原不欲示人的《报任安书》。恽父杨敞，传称杨敞曾给事大将军幕府。后迁御史大夫，代王欣为丞相，传云：

> 明年，昭帝崩。昌邑王征即位，淫乱，大将军光与车骑将军张安世谋欲废王更立，议既定，使大司农田延年报敞。敞惊惧，不知所言，汗出洽背，徒唯唯而已。延年起至更衣，敞夫人遽从东箱谓敞曰："此国大事，今大将军议已定，使九卿来报君侯。君侯不疾应，与大将军同心，犹与无决，先事诛矣。"延年从更衣还，敞、夫人与延年参语许诺，请奉大将军教令，遂共废昌邑王，立宣帝。

杨敞柔懦畏事，不及其夫人决绝果断，其夫人即司马迁之女，杨恽之性格则不似其父母。传称恽"性刻害，好发人阴伏，同位有忤己者，必欲害之，以其能高人"。又云：

> 恽上观西阁上画人，指桀纣画谓乐昌侯王武曰："天子过此，一二问其过，可以得师矣。"画人有尧舜禹汤，不称而举桀纣。恽闻匈奴降者道单于见杀，恽曰："得不肖君，大臣为画善计不用，自令身无处所，若秦时但任小臣，诛杀忠良，竟以灭亡；令亲任大臣，即至今耳。古与今如一丘之貉。"恽妄引亡国以诽谤当世，无人臣礼。又语长乐曰："正月以来，天阴不雨，此《春秋》所记，夏侯君所言，行必不至河东矣。"以主上为戏语。尤悖逆绝理。

恽以"妄引亡国以诽谤当世"，事下廷尉，宣帝不忍加诛，免为庶人。传称"恽既失爵位，家居治产业，起室宅，以财自娱。岁余，其友人安定太守西河孙会宗，知略士也，与恽书谏戒之。为言大臣废退，当阖门惶惧，为可怜之意，不当治产业，通宾客，有称誉"云云，于是杨恽乃有《报孙会宗书》之作。《报孙会宗书》云：

> 恽材朽行秽，文质无所底，幸赖先人余业得备宿卫，遭遇时变以获爵位，终非其任，卒与祸会。足下哀其愚，蒙赐书，教督以所不及，殷勤甚厚。然窃恨足下不深惟其终始，而猥随俗之毁誉也。言鄙陋之愚心，则若逆指而文过，默而自守，恐违孔氏"各言尔志"之义，故敢略陈其愚，惟君子察焉！
>
> 恽家方隆盛时，乘朱轮者十人，位在列卿，爵为通侯，总领从官，与闻政事，曾不能以此时有所建明，以宣德化，又不能与群僚同心并力，陪辅朝廷之遗忘，已负窃位素餐之责久

矣。……行己亏矣，长为农夫以没世矣。是故身率妻子，戮力
耕桑，灌园治产，以给公上，不意当复用此为讥议也。

其下则谓"恽幸有余禄，方籴贱贩贵，逐什一之利，此贾竖之事，
污辱之处，恽亲行之。下流之人，众毁所归，不寒而栗"云云。其
后会有日食天变，驺马猥佐成上书告恽："骄奢不悔过，日食之咎，
此人所致。"下廷尉验案，得恽《报孙会宗书》，宣帝见而恶之，廷
尉以恽大逆无道，要斩，妻子徙酒泉郡。

从以上的材料可以了解，司马迁身后将他的《史记》遗留给杨
恽，同时可能也包括《报任安书》。这封司马迁最后绝笔的信简，显
然对杨恽发生直接的影响，观其《报孙会宗书》不论文字语气，字
里行间充塞愤懑，一似其外祖的《报任安书》。萧统编《文选》将
《报孙会宗书》附于《报任少卿书》之后，有其微意在焉。杨恽自幼
长于外祖家，亲受司马迁的教诲，对司马迁遭祸被刑，身心所遭受
的摧残与损害知之甚详，因此对造成悲剧的武帝深怀愤恨，而对君
主权威进行批判[1]，其要斩抄家，就其来有自了。由此又引申出另一
个问题。《汉书·司马迁传》说司马迁的《史记》阙十篇，有录无书，
其中包括《今上本纪》。关于《今上本纪》之阙,后世众说纷纭[2]。案
《汉书·司马迁传》云："宣帝时，迁外孙平通侯杨恽祖述其书，遂
宣布焉。"但在宣布之前，以杨恽性格，及长久以来因其外祖父司马
迁被刑，对武帝心怀怨恨，因此《史记》的《今上本纪》毁于其手，
也是非常可能的。

不过，司马迁的《史记》与《报任安书》经杨恽的宣布而流传

---

[1]　编者注：此处原为"司马迁遭祸被刑，对其身心造成摧残与损害知之甚详，因
此对造成悲剧的武帝深怀愤恨，而对君主权威的批判"。

[2]　卫宏，《汉旧仪注》云迁作本纪，极言景帝之过，及武帝之过，武帝怒而删之。
然若如是，司马迁岂得苟活，《史记》必遭毁灭。

千古。尤其《报任安书》是后世研究司马迁最接近的材料。但《报任安书》与作为《史记》总结的《太史公自序》有相同的地方，也有相异之处。这些相异之处，正是探索司马迁撰写《史记》最重要的材料。

由于"巫蛊之祸"现实政治环境的突变，司马迁对其已撰成的《史记》有所节删或增添。[1]虽然其删节的部分，已不可知，但戾太子的材料被删是很明显的。[2]武帝有五子，据、闳、旦、胥、髆。闳、旦、胥入《三王世家》，戾太子据，仅于《外戚世家》云"立卫皇后子据为太子"。据元狩七年立为太子，时年七岁，则见《汉书·武五子传》。至于增添的部分，一是田仁之死，一是李广利降匈奴，都和司马迁个人恩怨有关，事在"巫蛊之祸"之征和年间，于是在司马迁最后绝笔的《报任安书》中出现"上计轩辕，下迄于兹"的《史记》新的断限。这个新的断限同时也出现在已撰成的《太史公自序》中，显然是在撰写《报任安书》之后增添的。

司马迁《太史公自序》最后道出他撰写《史记》的终极目标：

> 罔罗天下放失旧闻，王迹所兴，原始察终，见盛观衰，论考之行事，略推三代，录秦汉，上记轩辕，下至于兹……凡百三十篇，五十二万六千五百字，为《太史公书》。序略，以拾遗补蓺（艺），成一家之言，厥协六经异传，整齐百家杂语。

《报任安书》同样说出他撰写《史记》的终极目标：

---

[1] 编者注：此处标点原为逗号。
[2] 编者注：此处标点原为逗号。

　　仆窃不逊，近自托于无能之辞，网罗天下放失旧闻，考其
行事，综其终始，稽其成败兴坏之纪为十表，本纪十二，书八
章，世家三十，列传七十，凡百三十篇，欲以究天人之际，通
古今之变，成一家之言。

所谓"拾遗补艺，成一家之言"与"欲以究天人之际，通古今之变，
成一家之言"都是司马迁撰《史记》追求的终极目标，但结果并不
一样，前者是对周秦以前散乱文献图籍的校整。文献图籍的保管是
史官原始的工作之一，"欲以究天人之际，通古今之变"，为了寻求
历史演变与发展的因果关系。而且武帝初设太史令，本不是为了撰
史。太史公的工作是"凡岁将终，奏新年历，凡国祭祀、丧、娶之
事，掌奏良日及时节禁忌"，也是史官的原始职掌。司马迁在《报任
安书》说到自己的工作，而云"文史星历近乎卜祝之间，固主上所
戏弄，倡优畜之"。所以余嘉锡云："太史既掌星历，则马商辈以别
职奉召修史，而与太史之官初无所涉。"修史非太史令的职掌，司马
迁撰《史记》是其本职外的家族事业，是私修而非官撰。[1]

　　私修国史，法有所禁。《后汉书·班固传》云："有人上书显宗，
告固私改作国史者，有诏下郡，收固系京兆狱，尽取其家书。"虽
然，司马迁撰《史记》"略推三代，录秦汉"，避免了"国史"的限
制，但若"欲以究天人之际，通古今之变"，就有"以古非今"之虞
了。所以《太史公自序》以"拾遗补艺，成一家之言"作结，"欲以
究天人之际，通古今之变"留在其作为遗书的《报任安书》中，以
传后世。

---

[1]　余嘉锡，《太史公书亡篇考》，《辅仁学志》十五卷一、二期合刊，一九四七，
收入《余嘉锡论学杂著》。

　　司马迁在《太史公自序》中，关于李陵事件云："遭李陵之祸，幽于缧绁。乃喟然而叹曰：'是余之罪也夫！是余之罪也夫！身毁不用矣'"，数语一笔带过，《报任安书》则血泪满纸。最后言及其所撰《史记》：

　　　　草创未就，适会此祸，惜其不成，是以就极刑而无愠色。仆诚已著此书，藏之名山，传之其人通邑大都，则仆偿前辱之责，虽万被戮，岂有悔哉！

　　所以，后世将司马迁的《史记》与李陵事件纠缠在一起，甚至将《史记》视为谤书。所谓谤书，案《三国志·魏书·董卓传》，注引谢承《后汉书》载，董卓被诛的时候蔡邕适在王允坐，闻之而有叹惜之音。因而受到王允的责斥，并交付廷尉。蔡邕谢罪，恳求王允，愿黥首为刑，以继汉史。公卿怜惜蔡邕的文才，共向王允劝谏。王允则云：

　　　　昔武帝不杀司马迁，使作谤书，流于后世。方今国祚中衰，戎马在郊，不可令佞臣执笔在幼主左右，后令吾徒并受谤议。
　　于是杀邕。对于这段记载，裴松之认为谢承"妄记"。他以为："史迁纪传，博有奇功于世，而云王允谓孝武应早杀迁，此非识者之言。但迁为不隐孝武之失，直书其事耳，何谤之有乎？"[1]
　　虽然裴松之认为司马迁"直书其事，何谤之有"，但司马迁的《史记》被视为谤书却非自王允始。班固《典引序》，记载他于永平

――――――――――
[1] 《三国志·魏志·董卓传》注引谢承《后汉书》条下，裴松之自注。

十七年与贾逵、傅毅、杜矩、展郤、郗萌等,受诏云龙门,小黄门赵宣持《秦始皇本纪》询问他们:"太史迁下赞语,宁有非也?"班固答对此赞出于贾谊《过秦》,并云:

> 贾谊《过秦》篇云,向使子婴有庸主之才,仅得中佐,秦之社稷未宜绝也。此言非是。即召臣入问。本闻此论非耶?将见问意开窍耶?臣具对素闻知状。诏因曰:司马迁著书,成一家之言,扬名后世。至以身陷刑之故,反微文刺讥,贬损当世,非谊士也。[1]

诏书所谓司马迁以"陷刑之故,反微文刺讥,贬损当世",似据班固对状形成的,[2] 但班固却没有说明他是如何作对的。

不过,案《汉书·司马迁传》赞,班固对司马迁总结的评论是这样的:"以迁之博物洽闻,而不能以知自全,既陷极刑,幽而发愤,书亦信矣。迹其所以自伤悼。"司马迁"既陷极刑,幽而发愤"著《史记》,也许是班固写《司马迁传》意旨所在。《汉书·叙传》就这样说:"乌呼史迁,薰胥以刑,幽而发愤,乃思乃精,错综群言,古今是经。"

班固对司马迁的评价,基本是根据班彪的《叙略》,[3] 但《叙略》并未论及此事。不过司马迁遭李陵之祸的郁结,反映在他著作之中,两汉以来一直流传着。刘歆、班氏父子撰《汉书》弃余的材料,后来由葛洪汇集成《西京杂记》,就说司马迁"后坐举李陵,陵降匈奴,下迁蚕室,有怨言"。这些怨言反映在《伯夷列传》的"为善而恨",

---

[1] 《文选》卷四十八班固《典引序》。
[2] 编者注:此处标点原为句号。
[3] 编者注:此处标点原为句号。

《项羽本纪》的"踞高位者,非关有德",以及《屈原贾生列传》的"辞旨捭扬,悲而不伤",等等[1]。王充的《论衡》是汉代讨论《史记》较多的著作,对这个问题有较深一层的讨论。那是他在《论衡·祸虚篇》中,不同意司马迁对蒙恬不死谏而受极刑的评价,因而提出《史记·伯夷列传》的盗跖、《仲尼弟子列传》的颜回加以讨论。

> 太史公为非恬之为名将,不能以强谏,故致此祸。夫当谏不谏,故致受死亡之戮。身任李陵,坐下蚕室,如太史公之言,所任非其人,故残身之戮,天命而至也。非蒙恬以不强谏,故致此祸;则己下蚕室,有非者矣。[2]

王充虽然没有直接指出司马迁微文刺讥,但却说出司马迁因下蚕室,对《史记》所发生的影响。这种传说一直流行着,荀悦的《汉纪》就继承了班固"幽而发愤"的说法:"司马子长既遭李陵之祸,喟然而叹,幽而发愤,遂著《史记》。"所以到曹魏时这种说法似已被肯定。《三国志·魏书·王肃传》云:

> 帝又问:"司马迁以受刑之故,内怀隐切,著《史记》非贬孝武,令人切齿。"

虽然王肃为司马迁辩白,认为"隐切在孝武,而不在于史迁也",但魏明帝对司马迁的批评,似代表当时一般人的看法。所以,魏晋以后,《史记》《汉书》和其他经书一样,同样被列为传授的对象,为了教学的需要各有注释,但《隋书·经籍志》所著录的《史》《汉》

---

[1] 葛洪,《西京杂记》卷五。
[2] 王充,《论衡》卷六《祸虚》。

注释,《汉书》的注释远超《史记》。传《史记》者少,或可能受《史记》是"谤书"的影响。[1]

司马迁因遭李陵之祸,内心郁结,反映在他的著作之中,而对现实政治有所"微文刺讥",因而《史记》被视为"谤书"。这种看法在汉魏之际与魏晋之间,逐渐形成,成为后世讨论与批评司马迁及其《史记》的主要的依据。代有其人,论者甚众。但作为中国史学奠基者的司马迁,若仅仅以泄愤作为其著史的目的[2],则《史记》就不能成为中国史学开山之作,而流传千古了。因此,司马迁著《史记》是一回事,二者不可混为一谈。当然,刑余之人的积抑,不自觉流露于字里行间,则是难免的。《报任安书》云:

> （陵）身虽陷败,彼观其意,且欲得其当而报汉。事已无可奈何,其所摧败,功亦足以暴于天下。仆怀欲陈之,而未有路。适会召问,即以此指推言陵功,欲以广主上之意,塞睚眦之辞。未能尽明,明主不深晓,以为仆沮贰师,而为李陵游说,遂下于理。拳拳之忠,终不能自列,因为诬上,卒从吏议。

其所以为李陵游说,因沮贰师而下狱,皆因为"拳拳之忠,终不能自列"。这种遭遇与韩非相似。《史记·老子韩非列传》云:"韩非知说之难,为《说难》书甚具,终死于秦,不能自脱。"其《说难》云:

> 凡说之难,非吾知之有以说之之难也,又非吾辩之能明吾意之难也,又非吾敢横失而能尽之难也。凡说之难,在知所说之心,可以吾说当之……

---

[1] 参见拙作《魏晋史学的思想与社会基础》（台北:东大图书,二○○○）。

[2] 编者注:此句原为"若以仅仅泄愤作为其著史的目的"。

《史记》韩非与老子合传，司马氏叙战国诸子列传，对其生平、著书、著作性质与要旨，学术由来，及其后的学术承传，各略作叙述，其形式与刘向、刘歆父子校书所著的叙录相似。所谓叙录相似，"既审定其篇次，又推论其生平，以书而言，谓之叙录可也"，这也是司马谈、迁"拾遗补艺"整理图书文献工作的体例。所以，叙述先秦诸子著书，仅举归指，甚少直接引用原文，至于全篇引录韩非《说难》，则绝无仅有。由此，可知司马迁借他酒杯浇自己块垒的微意了。

当然，无可否认司马迁在著书过程中[1]，将其个人遭遇的郁结，有意或无意融于《史记》中，至于"微文刺讥"，诽谤今上，即使他想这样做，在当时现实政治环境下也是不可能的[2]，况且他写的是历史，不是个人的遭遇。所以，王若虚说："《史》非一己之书，岂所以发其私愤者哉！"[3]

不过《史记》虽非专为司马迁个人郁结而发，但面对当时现实政治环境，而且写的又是当代之史，司马迁下笔就不得不慎重了。所以，在他和壶遂讨论"春秋之义"之时，最后谈到他撰写《史记》的问题。壶遂问道：

> 孔子之时，上无明君，下不得任用，故著《春秋》，垂空文以断礼义，当一王之法。今夫子上遇明天子，下得守职，万事既具，咸各序其宜，夫子所论，欲以何明？

司马迁则以"唯唯，否否，不然"相对。"唯唯，否否"似有未尽之

---

[1] 编者注：此句原为"无可否认司马迁举著书过程中"。
[2] 编者注：此句原为"在当时现实政治环境下也是不可能"。
[3] 王若虚，《滹南遗老集》卷十九《史记辨惑》。

意。并且说"《春秋》采善贬恶,推三代之德,褒周室,非独刺讥而已也"。当时由他主导与壶遂改纂的《太初历》已经完成或已颁布施行,他认为一个新的时代已经开始。面对着这个新时代的开始,而且自己身为史官,司马迁为"废明圣盛德不载,灭功臣世家贤大夫之业不述,堕先人所言,罪莫大焉"。于是,开始"述故事,整齐其世传",将当代的材料保存下来。

虽然,司马迁说《春秋》并非专为"刺讥",但从他的"唯唯,否否,不然"的话中,已可以了解他是有所保留的。因为他已经体验到现实政治,对于记录当代之史的限制。所以,他在《匈奴列传》说:

> 孔氏著《春秋》,隐桓之间则章,至定哀之际则微,为其切当世之文而罔褒,忌讳之辞也。

所谓"至定哀之际则微",《索隐》曰:"仲尼仕于定哀,故其著《春秋》,不切论当世而微其词也。"所以,司马迁深切了解政治现实,即使孔子著《春秋》也是难免的,因为有所忌讳,对于自己生存的那个时代,不得不罔予褒赞。对于现实政治的残酷,司马迁在遭李陵之祸后,有更深刻的切身体验。他在《太史公自序》说:

> 于是论次其文。七年而太史公遭李陵之祸,幽于缧绁。乃喟然而叹曰:"是余之罪也夫!是余之罪也夫!身毁不用矣。"退而深惟曰:"夫《诗》《书》隐约者,欲遂其志之思也。"

"《诗》《书》隐约者,欲遂其志之思也。"《索隐》曰:"谓其意隐微而言约也。"《正义》也说:"《诗》《书》隐微而约省者,迁深惟欲依其隐约而成其志意也。"所"隐约",与孔子著《春秋》,"至定哀之际则微"的隐略是相同的。这是司马迁经李陵之祸后,再三思维后选择的写作道路。惟有在"隐约"的前提下,才能避免现实政治的限制,而这些"唯唯,否否"的未竟之意,只有"俟后世圣人君子"探索了。不过,司马迁自己已在其最后绝笔的《报任安书》中留下了伏笔。

附录一：沈刚伯先生论"变"与司马迁的"通古今之变"

　　壬子（一九七二年）初，阴雨绵绵，湿冷难耐。一日雨霁，刚伯先生盱衡世局，感慨身世，写了一首七言，其中有："望八衰翁壮志阑，百年俯仰感多端；浮生富贵如朝露，列国兴亡尽跳丸。"刚伯先生生于李鸿章与帝俄订密约的一八九七年，他说："可说忧患俱来，以后经八国联军，二十一条种种不幸的事变，我已由小而壮，日在列强环伺之下过活，惴惴若大难将至。"其后民国十三年刚伯先生考取湖北官费，留学英国，在上海候船，准备放洋，恰遇留法的勤工俭学的留学生与清华留美学生，也在候船放洋，彼此冲突激烈，刚伯先生冷眼旁观，已预感到将来中国历史的坎坷了。其后在英伦，适逢宁汉分裂，[1] 官费断绝，困厄几至断炊，只得买棹归国。去国三年，世事大变，恍如隔世。后来更遭八年离乱，仓皇渡台……所以，刚伯先生终其一生，就被这种忧患与变乱的情绪萦绕着。

　　刚伯先生在他的《方孝孺的政治学说》中说："任何学说，尤其是政治学说，总免不了要从当时的环境中得着很多启示，受到很大

---

[1]　编者注：此处略有删节。

的影响。一个生在太平盛世的学者坐而论道，和一个生逢百罹的思想家备受荼毒，所抒发的政治理论绝不会一样。"刚伯先生作为一个史学家，同样也受到其生存时代思潮的感染。刚伯先生生于忧患，长于离乱。他处世之中，俯仰古今之后，更进一步思考变通之道。所以，刚伯先生论学立说，皆以"变"为基点进行讨论。与司马迁撰《史记》"欲以通古今之变"是近似的。

一

所谓"变"，刚伯先生认为对于历史与文化的探索，必须从古往今来的种种迹象中，寻觅出新旧因革的过程，这便是太史公所谓的"通古今之变"。人类的历史是各种变动的记录。《易·系辞》说："圣人有见天下之动而观其会通，以行其典礼。"也就是说各种制度规章及其施行，是人类最有价值的活动。因此，典章制度的变动也牵引历史的变动。这种自战国时代形成的思想，使后来的中国史学家将变和动联系起来，形成一个探索历史的概念。将"变"视为文化的来源，也就是文化由事物演变而生，更因事物的变而发挥其功能。因此，往往因物质与人心的变，引发许多新的问题。这些新的问题有些是原来文化可以解决的；有些问题却是已定型的文化无法应付的。因此，原有的文化不得不作局部的变，以谋求新问题的解决。此即所谓"穷则变，变则通"，"通"是变的过程与结果。历史在变通中循环发展，至于无穷。所以，文化不仅在变动中发展，而且在变动中滋荣起飞。

文王诗中周公说："侯服于周，天命靡常。"刚伯先生认为"天命靡常"，不仅是中国的特殊思想，也是"变"衍生的思想根源。所谓"常"，即不变之谓。《韩非子》释常："凡物之一存一亡，乍死乍亡，初生未衰者"，皆不可谓之常。惟有"与天地万物之剖俱生，至天地之消未衰者"，始得谓之常。"天命靡常"，也就是天命不是固定永恒，而是变动无常的，此即谓之"变"。老子说："道可道，非常道。"自来对这句话有许多不同的解释。但刚伯先生认为这句话的意思是凡是可说的道理，都不是固定的。老子又说："反者，道之动。"道和动彼此是相对的，有原动和被动的意思。所以，老子讲高下、长短、大小相对之理，就是为寻找一个变动的轨迹，也就是"变"的哲学。因此，老子特别注意事物相推之理，认为世间事物都有刚柔之别，以此推衍而有阴阳。以阴代表柔，以阳代表刚。更有所谓的和平，以平代表阳，以和代表刚。名词虽多，其表现变的原则是一致的，[1] 那就是以刚柔相推动而生变。老子认为形而上是道，形而下是器，化太极是为变，推而行之是为通。刚伯先生认为形而上的道是精神文明，形而下的道是物质文明。精神文明与物质文明融合而产生新的文明，是为变。将变推而行之则为通。这是老子所寻出的变动轨迹。将儒家"天命靡常"与道家"道可道，非常道"衔接，形成的变通思想，不仅是司马迁"通古今之变"的思想所自，也是刚伯先生"变"的理论基础。

刚伯先生以这个理论基础分析文化变的性质有二，一是依因果的规律循序渐进，呈直线式向前的变动。如孔子于春秋末期，私人讲学，开有教无类的风气，其结果自然演变成战国时期的百家争鸣。另一方面荀子主张"法后王"，其学生李斯在掌握权力后，运用政治力量，"收去天下诗书百家之语，以愚百姓，使天下无以古非今"，

---

[1]　编者注：此处标点原为句号。

二者同样是变,但结果却不同。因果式的自然演变不论速度快慢,或幅度大小、影响好坏,都可视为变的常轨。历史上因、革、损、益即由此形成。至于另一种变,却不是正常的。其发生在文化衰歇或停顿的时候,以革命精神和手段突破传统的僵局,另辟蹊径,拓旧谋新。文化经此一变,而进入更博大的新领域。韩昌黎文起八代之衰,马丁路德革公教之命,皆属此类非常之变。正常的变是普通因果律所发生的连锁作用,至于非常之变,则原因复杂,或显或隐,发展演变多端。

刚伯先生认为文化的功用,在于物质环境的利用,经济生活的安定,社会需要的满足,政治组织的维系,并支持已有的礼教,保障人民生活的安定。不过,一种文化形成之后并不是静止的,各种情况不停地变动。但所发生的变动往往非常小且慢,固有的文化也随着变动稍加调整。一旦旧的文化体系无法适应新的生活需要,就得突破这种文化体系另谋革新。因为行之已久的文化体系往往已经定型[1],成为传统的权威。生活在这种权威下的个人,对传统的权威只能作些微的诠释与修正,无法作大幅的改变。在传统权威笼罩的环境下,是无法谈到个人自由的。如果时势需要而谋求改变,就必须打破旧权威的约束,使个人从传统中解放出来。

个人从传统中解放出来,向旧的权威进行挑战,因而发生文化的革新与蜕变。刚伯先生认为文化的蜕变,往往先从文学开始。因为文学是思想具体的表现,发抒思想的文学自然会影响新思潮的培养。另一方面,个人既获得解放,思想也获得自由的发展,因而产生各种不同的论点,使原来定于一尊的思想也获得多元化的发展。

---

[1] 编者注:此句原为"因为行之已久文化体系往往已经定型"。

所谓文化的蜕变，是将当时的文化加以改变。不过，"变"不是辟空的创造，刚伯先生说新的理想往往根植几百年前，新的学说常是将某些潜在微言加以阐扬与引申。所以，从某些方面来说，文化的蜕变固然是推陈出新，但也可以说是温故知新。因此，文化的变与革新往往先从整理古籍入手，但却不对古代文化全盘接受，而是以当代的眼光与个人的理智，将古圣先贤的言论，重新加以诠释，并进一步将这些理论发扬光大，成为新文化。所以，文化的蜕变与革新，必须求之于古。

二

刚伯先生认为个人的智慧与知识，无法超越整个民族的经验累积。一切思想的创造皆上有所承，正像一株参天的古木，是由一粒小小的种子长成，[1]但那粒种子却是前代古木遗留下来的。刚伯先生认为在文化蜕变与革新过程中，不可避免受到外来文化的冲击与挑战，这是一个亟待解决的问题。因此，一方面要审时度势自固国本，一方面要虚心学习择善而从，使外来文化与固有文化融合贯通，使其在固有文化中起发酵作用，形成旧文化的新血轮。刚伯先生说在旧文化蜕变革新之初，个人突破礼繁文胜的旧传统，往往率性而行，回归自然，为寻求个人心灵之寄，而向艺术方面发抒个人真实的感情。但另一方面却趋向实际与现实，将一切知识都应用在实用方面，以期将精神与物质合而为一。文化的蜕变，由于社会的动荡与政治紊乱而起。文化革新之后，新的政治体系与制度，新的社会秩序与

---

[1]　编者注：此处标点原为句号。

价值渐渐出现与形成，因为文化、社会与政治的革新是互为因果的。

刚伯先生以变为基点，推衍出文化蜕变与革新的规律，并以此为基础讨论中国历史与文化的发展与变迁，认为中国历史曾发生三次巨大的蜕变与革新，第一次发生在公元两百年至六百年之间，也就是汉末至隋唐之初。第二次在公元一千至一千二百年之间，也就是宋太宗立崇文书院，编《太平御览》的时候起，至朱熹死的那年为止。第三次则出现在我们所经历的时代，直到现在仍在蜕变中。刚伯先生说"由尧舜至于汤，五百有余岁"，盖五百年而文化丕变，在我国历史殆成一个不爽之循环律。

刚伯先生认为文化蜕变与革新，发生在乱世，以中国历史上的第一次文化大革新的魏晋南北朝为例，刚伯先生说："这的确是一个令人惊异的怪时代，政府不能维持秩序，而国力仍强；人民鲜能安居，而农业的拓殖与工商发展并未稍停；五胡占了大部分的中国，而先后俱被同化，反成了中华民族的新血轮；到处均上无道揆，下无法守，而新的政治和土地制度却在此时出现；中外新旧的思想信仰冲突混乱，呈现出一片乱糟糟的景象，而有系统的哲学却逐渐形成；大多数的地方都是礼坏、乐崩，黉舍荒废，而学术著作与文艺作品之足垂不朽者反过于两汉盛世；在上者常尔诈我虞，在下者多鲜廉寡耻，而忠义节烈、特立独行之士却史不绝书；知识分子的生命几全无保障，而著述论辩之自由好像毫未受到恶势力的摧残；[1] 凡此种种，从表面上看起来，似乎全是些不可思议的矛盾现象。若以上述变的理论细加推详，便不难知道这原是文化大革新时所应有的经过。自虫之化为蝴蝶，须历九死而后生；老凤之变成雏凤，先要

---

[1]　编者注：此处标点现在多用句号。

举火自焚，方能从灰烬中振翅高飞。一切生命莫不孕育诞生于苦难之中，人类创作的文化也同样底[1]壮长于混乱之世。那种光被四表、震古烁今的唐代文化只不过是这些矛盾现象调和澄清后的成果耳。祸作福阶，理由乱来，此乃宇宙不易之理。治史者当在此等去处寻求治乱兴衰的消息，探索蜕变演进的过程，不可因其迹象混乱，遂认为天地真闭，而斯文将丧也。"

三

刚伯先生以文化的蜕变讨论中国历史的发展与演变。同样地，他认为中国史学的黄金时代也发生在世变方殷之时。刚伯先生认为世界上有了人，就有历史；但是有了历史，不见得就会发生史学。如以超自然为依据的埃及、巴比伦、希伯来、印度等文化以神道为主，将人世间一切的创作都附丽于宗教之下以超自然为依据，是不会产生史学的。因为这种文化承认人类自己用自由意志，经过理智的思考而后创造出来的。因此，只有以人道为本的文化，才能产生史学。一切结果都应由自己负责，其动机与影响才有提供人研究的价值。这种研究便是史学。以这个标准衡量古代文化，只有中国与希腊才有史学。而且史学的产生是在那种文化相当发展之后，突然发生重大变动时候。也就是政治结构濒临崩溃，社会组织摇动，经济生活与礼教活动发生重大转变之时，才是史学发生之日。

所以，世变愈急，则史学变得愈快，世变愈大，则史学变得愈新。因为人们抱着鉴往知来的目的去读历史，一逢乱世，便想从历

---

[1]　编者注：此处现在的通用表述为"同样地"。

史中探寻事变之由。于是每一个时代都有根据其时代精神所改的新史书，因而出现这个时代的史学观点。有了新的史学观点与新的历史重心，于是对旧的材料会有新的解释、新的组合与新的价值。中国史学产生在春秋时代孔子修《春秋》。当时正是大变动的时代。孔子在政治上提倡的改革运动失败后，乃退而重修鲁国的《春秋》，想借这部史书保存过去人类一些有价值的活动。秦汉统一中国，至汉武帝罢黜百家以配合政治实际的需要。这种政治、经济、社会、学术的变动，导致司马迁的《史记》的出现。司马迁承认历史是有继续性的，因而从古代一直写到当代，使史成为专门之学，中国史学自此得以成立。

此后，东汉覆亡，自三国直至隋，是一个大变动的时代，也是中国文化第一次蜕变与革新的时代。这是个动荡的时代，也是史学发达的时代，不仅史学著作丰富，新的史学写作体裁相继涌现，证明中国文化大变迁时代，也是史学向前迈进的时代。时代安定文化变动不大的唐代，史学反而沉寂。宋代是中国文化第二次蜕变与革新的时代，从文化复兴建立新的国家，为了发扬古代思想，就得研究与考释古籍，于是新的史学因而产生。[1] 司马光的《资治通鉴》，上接春秋，下迄五代，突破断代史的局限，重新肯定历史的继续性。宋代史学既发扬中国的民族性，又阐释固有的文教，在质量双方面都远过唐代。近百年来是中国历史文化变动最大的时代，欧风东渐，在两种文化激荡之后，渐渐采用西方的治史方法，在清末民初，出现了许多与史学有关的论文与专著，既发扬以往数百千年的文化传统，又融会贯通西方的史学方法，开辟现代中国新史学的途径。所

---

[1]　编者注：此处标点原为逗号。

以，中国文化大变动的时代，也是中国史学发展的黄金时代。

世间的因果关系极难推测，更无法寻得一个定律，虽然有因必有果。但刚伯先生认为相同的因，却不一定产生相同的果。因为一切事除了因之外 [1]，还有各种不同的缘。而且所谓的缘非常复杂，既有自然的，也有人为的，还有外在或内在的。因和缘结合可能得到某些结果，但由因缘到结果是变动的过程，也是司马迁所寻求的"通古今之变"。刚伯先生说：人类的历史是连续性的，古变为今，新变为旧，形似而质易，或改而性存；这些演变是有迹可寻，有理相通的。治史者应考其因缘，核其究竟，而观其会通。这便是"承百代之流，而会当今之变"。"承百代之流，而会当今之变"，正是司马迁修史的目的。司马迁的"通古今之变"，认为历史有连续性、有进化性而且是整体性的，所以他极尽其所知、所能，将时间和空间联成一片，更进一步探究古今之变的因果关系。

四

司马迁撰《史记》为了"成一家之言"。但在司马迁的著作之中，却存在着两个"成一家之言"。其一是《史记》全书总结的《太史公自序》卷终所言：

> 罔罗天下放失旧闻，王迹所兴，原始察终，见盛观衰，论考之行事，略推三代，录秦汉，上记轩辕，下至于兹……百三十篇，为《太史公书》。序略，以拾遗补艺，成一家之言。

---

[1] 编者注：此句原为"同为一切事除了因之外"。

一是《汉书·司马迁传》所引司马迁《报任安书》所云：

> 网罗天下放失旧闻，考之行事，稽其成败兴坏之理，凡
> 百三十篇，亦欲以究天人之际，通古今之变，成一家之言。

虽然二者内容相似，但最终追求的目标却不同。前者是"以拾
遗补艺，成一家之言"。"拾遗补艺"是对图书文献的整理。这种工
作必须透过"厥协六经异传，整齐百家杂语"的过程，才可以完成。
这种工作是继承孔子删《诗》《书》，定礼乐，[1] 对上古以来的文献资
料作第一次系统整理以后，对五百年来历经战乱与秦火的图书与文
献资料，再作第二次系统的整理。图书与文献的整理是中国传统簿
录之学范畴的工作。中国传统目录学的目的是镜考学术源流，并予
以归类。关于图书文献的整理是史官分内的工作，司马氏父子相继
校书秘阁，司马谈完成诸子六家的分类，司马迁则继续叙孔子六艺
之成，以及后来的六艺之传。他们父子对于图书文献的整理工作[2]，
已分别著录于《史记》中。这种对孔子以来的学术发展与演变系统
的叙述，就是《自序》所谓"拾遗补艺，成一家之言"。

但"拾遗补艺"是对周秦学术文化发展与演变的总结，不是对
历史的撰述[3]。司马迁《报任安书》所谓"欲以究天人之际，通古今
之变"，不仅是司马迁撰《史记》另一个"一家之言"，也是司马迁
追求的终极目标，更是中国史学的成立的基础。司马迁先提出"古
今"，肯定历史发展的时间继续性，然后由"古今"衍生出"古今之

---

[1]　编者注：此处标点原为句号。
[2]　编者注：此句原为"他们父子对于图书文献整理工作"。
[3]　编者注：此句原为"但却不是对历史的撰述"。

变"。虽然，司马迁之前已有"古今之义"存在，但"古今之义"与"古今之变"不同。"古今之义"是经典的解释意有古今之别，"古今之变"则是在肯定历史发展时间的继续性，然后再进一步"考其行事，稽其成败兴坏之理"，也就是探讨历史发展与演变的因果关系。经此一"变"之后，中国史学才从先秦将历史视为教训与知识的层面，提升到史学思想的层次，然后中国史学始得建立。

所以，司马迁的"成一家之言"，包含两种不同的意义，一是"拾遗补艺"，对孔子以后散乱的图书与文献，再作一次系统的整理，也就是对上古学术作一个总结。然后再将经过整理的系统材料，纳入时间的框限中，探讨历史发展与演变的因果关系，此即司马迁所谓的"通古今之变"。前者是学术的，后者是史学的，二者结合起来即为司马迁的"成一家之言"，也是司马迁撰《史记》对中国学术与史学继往开来的贡献。不过，问题是和司马迁著《史记》有直接关系的"通古今之变"，竟然在于《史记》之外的《报任安书》中，的确是一个值得探讨的问题。而且透过这个问题，也可能对司马迁的"通古今之变"，获得进一步的了解。

关于这个问题，可以从"通古今之变"的"古今"开始。首先是"今"，司马迁在《自序》论及《史记》的断限有三处，下限都在汉武帝时代。其中之一是"略推三代，录秦汉，上记轩辕，下至于兹"。所谓"于兹"，也就是目前或现在。《史记》最后记事是《匈奴列传》中，征和三年李广利降匈奴。司马迁的《史记》完成后，因为"巫蛊之祸"发生，而有所删削，《报任安书》可能也在此时写成，是司马迁最后的绝笔。所以，司马迁所谓"古今之变"的"今"，如称武帝本纪为《今上本纪》的"今"，包括了整个汉武帝时代。

五

汉武帝自建元元年至后元二年，在位共五十四年。在这五十四年中，司马谈任太史自建元至元封元年，前后恰三十年。司马谈卒后三年，司马迁继任太史，至征和二年《报任安书》说："得侍罪辇毂之下二十余年矣"。武帝崩于后元二年，司马迁或也在此时前后不久弃世。

所以，司马氏父子相继为太史，侍从武帝左右，或从巡幸天下，或侍议中廷，前后经历了整个汉武帝时代。汉武帝时代是一个空前变动的时代，司马氏父子因为职务的关系，久处于政治权力结构中心之内，他们虽然不是决策者，却亲历每一个重大的历史的事件。对这些重大历史变动，感受更深。而且记录与著述也是太史工作之一，因此他们感到有责任将这些亲历的历史变动记录下来。所以，司马谈临终对这个愿望仍念念不忘，遗言司马迁说："今汉兴，海内一统，明主贤君死义之士，余为太史而弗论载，废天下之史文，余甚惧焉。"司马谈所欲论载的，即其个人所经历的汉武帝时代。其后司马迁继承其遗志，"悉论先人所次旧闻"，开始撰写《史记》，其与上大夫壶遂讨论其所欲撰写者，也集中在他所生存的汉武帝时代：

> 汉兴以来，至明天子，获符瑞，封禅，改正朔，易服色，受命于穆清，泽流罔极，海外殊俗，重译款塞，请来献见者，不可胜道。臣下百官力诵圣德，犹不能宣尽其意，且士贤能而不用，有国者之耻；主上明圣而德不布闻，有司之过也。且余尝掌其官，废明圣德不载，灭功臣世家贤大夫之业不述，堕先

人所言，罪莫大焉。

司马迁父子所欲撰述的，都是他们所生存与经历的汉武帝时代，《史记·今上本纪》是记载汉武帝时代转变的主要资料，不过《今上本纪》自司马迁以后已经轶散。但司马迁撰写《今上本纪》的意旨，仍然有迹可寻。案《自序》云："汉兴五世，隆在建元，外攘夷狄，内修法度；封禅，改正朔，易服色。作《今上本纪》。"因此，《今上本纪》的主要内容有二，即"外攘夷狄"与"内修法度"。所谓"外攘夷狄"，即《自序》所谓"北讨强胡，南诛劲越，武功爰列，作《建元以来侯者年表》"。"外攘夷狄"集中对匈奴的征讨，这是自高祖"平城之围"，所遗留的严重历史屈辱问题。汉武帝为复仇讨伐匈奴，不仅是这个时代的重要问题，而且其影响扩及这个时代的政治，社会与经济各个层面。

至于"内修法度"，《自序》云："诸侯既强，七国为从，子弟众多，无爵封邑，推恩行义，其势销弱，德归京师。作《王子侯者年表》。"汉初王国郡县并存，地方分权或中央集权，一直是长久以来无法解决的历史问题，贾谊曾为此而痛哭流涕。至汉武帝号以"推恩行义"的方式，彻底解决这个问题，然后"德归京师"。所谓"德归京师"，即《建元已来王子侯者年表》"太史公曰"："盛哉，天子之德，一人有庆，天下赖之。"也就是由地方分权转变为中央集权，然后树立了君主绝对的权威。君主绝对权威的树立与中央集权，是汉武帝时代政治体制的转变，更突出了这个时代的历史性格。司马迁《今上本纪》所谓"内修法度"，就建立在这个基础上。

因为，政治体制与制度的转变，象征着政治权力结构的重组，与新的政治权力中心的建立。汉初承秦制发展至汉武帝时代需要作一次调整与重组。于是，汉武帝把握这个机会，对政治权力作一次新的重塑。司马氏父子由于职务的关系，处于这个转变与重塑的权力结构中心之内，对于这次统治体制与权力结构的转型，有深刻与切身体验。所以，《今上本纪》集中在这方面的叙述，从"德归京师"的权力集中于中央，到"一人有庆，天下赖之"的君主绝对权威的树立，不仅是司马迁撰写《今上本纪》的主旨所在，也是汉武帝时代历史转变与发展的主流。司马迁以《今上本纪》为基础，分别以"内修法度"的《王子侯者年表》与"外攘夷狄"的《建元以来侯者年表》作时间的贯穿，辅以自魏其武安侯至汲黯一组列传，以及其后的《儒林》《酷吏》等诸类传和"略协古今之变"的八书形成一个完整的单元，构成汉武帝时代完整的历史图像，但却有许多"古今之变"的变端蕴于其间，正是司马迁撰写《史记》所欲探究的。

六

　　司马迁在撰写《史记》过程中，因遭遇"李陵之祸"，内心郁结，反映在他的著作之中，而对现实政治多所"微文刺讥"，因而《史记》被视为"谤书"。这种看法在汉魏之间与魏晋之际逐渐形成，成为后世讨论与批评司马迁及其《史记》的依据。当然，无可否认司马迁在写作过程中，将其个人际遇的郁结，有意或无意融于《史记》之中，也是非常可能的。至于"微文刺讥"，诽谤今上，即使他想这样做，在当时现实的政治环境下，也是不可能的。况且他写的是历史，不是个人的遭遇。所以，王若虚就说："史非一己之书，岂所以发其私愤哉！"不过，《史记》虽非专为司马迁个人郁结而发，但面对当时残酷的现实环境，而且所写的又是当代之史，司马迁既久处政治权力中心之内，而且其个人又受现实政治的摧残，下笔就不得不谨慎了，这也是不将"欲以究天人之际，通古今之变"载于《史记》中的原因。所以在司马迁和壶遂讨论"春秋之义"时，最后问司马迁撰写《史记》的问题，壶遂问道：

> 孔子之时，上无明君，下不得任用，故作《春秋》，垂空文以断礼义，当一王之法。今夫子上遇明天子，下得守职，万事既具，咸各序其宜，夫子所论，欲以何明？

司马迁以"唯唯，否否，不然……"以对，并且说"《春秋》采善贬恶，推三代之德，褒周室，非独刺讥而已也"。虽然司马迁说孔子的《春秋》，并非专为"刺讥"，但从他"唯唯，否否，不然"，似有未竟之意，可以了解他是有所保留的。因为他已体验在现实政治环境下，即使孔子记录当代之史，也遭遇到某种程度的限制。所以，司马迁在《匈奴列传》"太史公曰"：

> 孔氏著《春秋》，隐桓之间则章，至定哀之际则微，为其切当世之文而罔褒，忌讳之辞也。

所谓"定哀之际则微"，《索隐》曰："仲尼仕于定哀，故其著《春秋》，不切论当世，微其辞也。"所以，司马迁深切了解政治现实的残酷，即使孔子著《春秋》也难避免的。因为孔子对自己生存的时代，不得不罔予褒赞。司马迁处于君主的绝对的权威之下，对此，已有所认识和了解，尤其遭李陵之祸后，更有深刻的切身体验。所以，他在《自序》说：

于是论次其文。七年而太史公遭李陵之祸，幽于缧绁。乃喟然而叹曰："是余之罪也夫！是余之罪也夫！身毁不用矣。"退而深惟曰："夫《诗》《书》隐约者，欲遂其志之思也。"

"隐约"，《索隐》曰："谓其意隐微而言约也。"《正义》也说："《诗》《书》隐微而约省者，迁深惟欲依其隐约而成其志意也。"这是说孔子著《春秋》受到现实政治的限制。司马迁撰《史记》时，绝对的君主权威已经形成，遭受到较孔子更严重的现实政治的压抑，并且切身受其摧残。如何超越现实政治的桎梏，在触犯时讳的情况下，保留当代历史的记录，的确是司马迁颇费思量的问题。因此，司马迁欲上肇《春秋》，效法孔子以"隐略"的方法撰写当代之史。不过，司马迁的隐略与孔子不同，孔子的隐略是"定哀之际则微"，但司马迁的"隐略"则是武帝时代则彰，也就是较其他时代更为详尽。所以，司马迁采取另一种"隐略"的方法，就是从写作的形式方面突破与超越。首先司马迁采用对经书解释的经传关系，转变为本纪与列传，以十二本纪与七十列传形成《史记》的主体。刘知幾就说："盖纪者，编年也；传者，列事也。编年者，历帝王之岁月，犹《春秋》之经；列事者，录人臣之行状，犹《春秋》之传。《春秋》则传以解经，《史》《汉》则传以释纪。"然后，辅以书、表与世家，[1]形成《史记》的完整结构。

《自序》云："著十二本纪，既科条之矣。"所以，本纪的写作形式上承《春秋》编年之法。至于其为本纪，则原本于《春秋》经，而其他的表、书、世家、列传则为经之纬。因此，本纪是统领众事

---

[1]　编者注：此处逗号为编者所加。

的纲领，其目的是叙述一个时代的重大历史事件，以及历史发展的主要趋势。所以本纪仅记其大端，至于列传及其他，则委曲细事以释本纪。不过，每一个本纪以一个时代断限互不相连，因而司马迁另创"并时异世，年差不明"的十表。以十表贯穿十二本纪，然后历史的发展不以朝代断限，始有历史继续性可言，于是出现了"古今"之别。司马迁撰《史记》的"隐略"就隐于"古今"之中。很明显地，《史记》中存在着两个黄帝，一是《五帝本纪》由传说提炼的历史黄帝，一是《封禅书》中的神仙黄帝。前者是古，后者是今。《史记》既立"自孔子卒，京师莫崇庠序，唯建元元狩之间，文辞粲如也"六艺之传的《儒林列传》，又撰"孔子布衣，传十余世，学者宗之，自天子王侯，中国言六艺者，折中于夫子"的《孔子世家》，《儒林列传》是今，《孔子世家》则是古。自《儒林列传》始，学统与政治一分为二，此即为司马迁在《史记》中的"古今"。

《史记》的结构分为本纪、表、书、世家、列传五类，似各自分立，然彼此间互有关联，形成一个不可分割的整体，即《自序》所谓"二十八宿环北辰，三十辐共一毂，运行无穷"。本纪为历史发展演变的中心若北辰，年表以时间纵向贯穿，八书以时间横向相连形成一个轴心，世家、列传辐辏，形成一个向前运行的历史巨轮[1]。促使向前发展与演变者，即为隐藏于轴心中的"变"。所谓变，即《平准书》所谓"物盛则衰，时极而转，一质一文，终始之变也"。此即司马迁所谓"原始察终，见盛观衰"，"考之行事，稽其成败兴坏之理"，至此，历史不仅是一种知识或教训，而从演变与发展的因果关系中提升到史学的层次，中国史学得以建立。所以刚伯先生认为司

---

[1] 编者注：此句原为"形成一个向前运行历史巨轮"。

马迁的《史记》有历史的连续性、进化性，而且是一个整体，将时间、空间联成出一部人类的全史。

附录二：汉晋间史学思想变迁的痕迹

——以列传与别传为范围所作的讨论

　　肇创于司马迁《史记》的列传，和流行于魏晋间的别传，是中国传统史学两种不同的写作形式。虽然列传和别传表面上都以人物为主体，但表现的意义却不同，列传以人系事，和以时系事编年体的本纪相结合，形成中国传统正史纪传体的版型。虽然纪传体的写作还有表、志，但列传却是纪传体的主体结构，并且依附本纪而存在。列传人物的功能，环绕本纪而存在[1]，表现这些人物在其生存的历史时期中，对他们生活的社会群体所作的贡献。这个社会群体以儒家的价值结构而成，个人局限在结构之中，除了这个群体之外，并无独立施展的余地。所以，列传基本上是以人系事，借人叙事是没有个人独立的个性可言的。

　　至于别传，是一种以个人为单位的传记。流行于东汉末年至东晋末年的两百年间，独立于正史之外的一种史学写作形式，其性质和列传以人系事不同。别传是以传叙人，比较注重个人在群体社会

---

[1]　编者注：此句原为"环绕在本纪而存在"。

377

中的表现，表现和贡献不同，表现象征着个人已突破过去儒家的价值体系的框限，对个人价值的肯定，使个人在群体社会中，有更大的挥洒空间，而且不仅限于政治一隅。所谓贡献，个人已融于社会群体之中，只要政治或社会需要[1]，个人除作无私无我的奉献和牺牲，别无其他选择。由于东汉末年儒家思想权威的地位衰退，促使个人意识的醒觉，渐渐形成许多非儒家性格的新类型，为别传的形成提供了有利的发展条件。另一方面，这个时期也是中国史学脱离经学的桎梏，迈向独立发展的转变的关键时期。因此，透过对列传与别传的讨论，或许可以探索出汉晋间史学思想转变的痕迹。

一、列传与"拾遗补艺"

司马迁撰写《史记》列传以人物为篇名，因此对《史记》列传往往产生错觉，认为列传以叙人为主。不过，单纯以"叙人臣之事迹，令可传于后世"考察列传，在某些方面很难得到一个合理而周延的解释。因为《扁鹊仓公》叙医方，《龟策》述卜筮，《货殖》兼论物产，与列传叙人的体例不合。

因此，司马迁最初立列传之意如何，仍然是一个值得讨论的问题。关于这个问题，先从《史记》本身开始。[2] 褚少孙补《太史公书》去司马迁不远，所补辑多处引用到传。其所引用传的意义，归纳起来，所谓传包括正经以外的"外家杂语"、先贤称述的解释性传记，以及时下流行的童谣俗说等。其中所谓的"外家杂语"，[3] 与司马

---

[1] 编者注：此句原为"只要政治或社会的需要"。
[2] 编者注：此处标点原为逗号。
[3] 编者注：此处标点原为顿号。

迁《太史公自序》的"六经异传"与"百家杂语"是相同的。《太史公自序》最后结语说："以拾遗补艺，成一家之言，厥协六经异传，整齐百家杂语"。

"成一家之言"是司马迁撰《史记》，追求的终极目标。不过，在司马迁的著作中，却存在着两个"成一家之言"。另一个"一家之言"，却在《史记》之外的《报任安书》中，即"欲以究天人之际，通古今之变，成一家之言"。[1]虽然同为"成一家之言"，但所表现的意义却不相同。"拾遗补艺"是对图书文献的整理，必须经过"厥协六经异传，整齐百家杂语"的过程，最后才能完成。至于"通古今之变"，则是将经过系统整理的图书文献资料，以时间贯穿起来，然后"考之行事，稽其兴废成败之理"。二者综合起来，司马迁的"成一家之言"，则是对先秦的学术思想与文献，作一次系统的整理后，以此为基础探索过去，尤其司马迁个人生存时代的变迁由来，及其因果关系，中国史学因而得以建立。所以，《史记》内外的两个"成一家之言"，是司马迁寻求的两个不同的层次，也是司马迁撰写《史记》上综群经，下启诸史继往开来的贡献。

不过，自来讨论司马迁的"成一家之言"，只注意"通古今之变"，却忽略了"拾遗补艺"。"拾遗补艺"不仅是对先秦图书文献作系统的整理，同时司马迁的列传也由此而出。自来对于部次流别，镜考源流的簿录发展，往往都集中于刘向、歆父子在这方面的贡献。完全忽略了司马氏父子在这方面的拓创。事实上，武帝时对图书文献的征集与整理，规模较成帝时为大，而且是自孔子删《诗》《书》、定礼乐，对上古图书文献第一次整理后的五百年，再对上古先秦文

---

[1]　编者注：此处标点原为逗号。

献所作的第二次整理。司马谈、司马迁父子由于职掌的关系，相继校书秘阁。而且司马谈认为这是件神圣的工作，临终前仍对司马迁一再叮咛，《自序》说："先人有言，自周公卒五百年而有孔子，孔子卒后至于今又有五百年，有继明世，正《易传》、继《春秋》、本《诗》《书》《礼》《乐》之际。意在斯乎！意在斯乎！小子何让也"。从司马谈的遗言看来，这时他对诸子的文献似已整理完成，希望司马迁继承他的未竟遗志，继续完成六艺的整理工作。关于诸子文献整理工作，司马谈以黄老思想为主导，提出他的《论六家要指》，并据此规划出阴阳、儒、墨、名、法、道德等六家。后来，班固据刘氏撰写的《汉书·艺文志·诸子略》，就是在这个基础上形成的。

司马迁"紬史记石室金匮之书"，继续图书文献的校整工作。但由于政治环境的转变，而且处于罢黜百家独尊儒术之际，在不抵触现实的政治情势，又不阿附俗儒论经之说的情况下，而将孔子的成六艺，置于诸家之上，且独立在儒家之外，将学术传统与现实政治作一个明确的划分。《汉书·艺文志》的《六艺略》，即自此而出。司马氏父子校书秘阁，将图书文献经过系统整理，或编辑簿录，虽流传不广，刘歆校雠、班固撰《艺文志》却以此为蓝本。只是某些被刘歆引用未及删改，班固仍因循其旧。所以，《汉书·艺文志》还残留若干司马氏簿录的痕迹。如著录于《诸子略》的《晏子》《荀子》《鲁仲连》《管子》《商君》《苏子》《张子》等，及《诗赋略》的《屈原赋》，《兵书略》的《吴子》，条下都有班固的自注："有列传。"颜师古说：所谓"有列传"，指的是《太史公书》。

的确，这些著作的作者，《史记》都有列传，而且列传所述不专一家之作。如《老子韩非列传》《孟子荀卿列传》，并兼述同时期其他作者的著作，叙著作的意旨及其学术的流变。中国传统目录学著作体制归纳起来有三种：一、考证一书篇目的源流，二、考证学术渊源的叙录，三、考证一家之学源流的小序。这些著书人的列传，或是司马氏父子校书的小序或叙录联缀而成。章学诚《校雠通义》"汉书艺文志诸子略"条下，就说：

> 《艺文》始于班固，而司马迁之列传，实讨论之。观其所述战国秦汉间列传，未尝不于学术渊源，文词流别，反复而论次焉。刘向、刘歆盖知其意矣，故校书诸叙论，既审定其编次，又推论其生平，以书而言，谓之叙录可也，以人而言，谓之列传可也。史家存其目录于艺文，载其行事于列传，所以详略互见之例也。

所以，列传与叙录是一体的两面，互为里表。章学诚认为读《汉书》的《艺文志》，必须同时读《史记》的列传，所谓读其书必须知其人。在书为叙录，在人为列传。所以，《史记》列传由司马迁"拾遗补艺""整齐百家杂语"的簿录转变而来。在整理文献图籍的过程中，列传的写作形式已渐渐酝酿而出了。

列传以人系事，但所系的事却不是孤立的，和以时系事的本纪前后相应。虽然，中国传统正史的写作，包括纪、传、表、志诸体，但纪和传却是纪传主要的结构。纪，记事件的大端；传，委曲叙事以释纪。因此，刘知幾以《春秋》和《左传》的关系，解释纪传体的纪和传。他说："夫纪传之兴，肇于《史》《汉》。盖纪者，编年也；传者，列事也。编年者，历帝王之岁月，犹《春秋》之经；列事者，录人臣之行状，犹《春秋》之传。《春秋》则传以解经，《史》《汉》则传以释纪"。《史》《汉》以传释纪，则司马迁最初创立列传的目的，为了解释本纪中记载的历史大事。这是司马迁校书秘阁，从"拾遗补艺"中所获的启示，尤其《左传》以不虚托空言，探索夫子的微言大义，其以事释经对司马迁发生直接的影响。班固说《左传》"论本事作传，明夫子不空言说经"，杜预进一步说《左传》以事释经，为了"令学者原始察终，寻其枝叶，究其所穷"。刘勰《文心雕龙》也说《左传》"原始察终，创为传体"，刘知幾以此进一步推论："传者，传也。所以传示来世"，[1] 并且说："《左传》之释经也，言见于经文，事详传内，或传无而经存，或经阙而传存。其言简而要，其事详而博，诚圣人之羽翮，而述者之冠冕也"。

汉代解经之书，有两种不同的形式：一是以训诂解释经典的传，以孔安国的解释《尚书》的传为代表，一是事详而博的传，以左丘明的《春秋左氏传》为代表。[2] 二者虽然同为解释经典，但表现的意义却不同，前者为了发明义理，后者为了记载故事。所以，赵翼说："古人著书，凡发义理，或解释故事皆为之传"，并且说："汉时所谓传，凡古书及说经皆名之，非专为以叙一人之事，其传专以叙事，人名一传，则自史迁始"。也就是汉代的传为了说经，以人叙事的传，即从司马迁《史记》的列传开始。章学诚分析《史记》列传的由来说：《史》之有列传也，犹《春秋》之有《左氏》也。《左氏》依经而次年月，列传分人而著标题"，司马迁将《左传》以时系事的方式，稍作改变，将事归纳在人名之下而叙之，形成《史记》的列传。由对经书义理的探究，转变为对事的叙述[3]，是史学形成的重要关键，《左传》正是由经学通向史学过渡的桥梁。司马迁在系统整理秦汉学术的"拾遗补艺"之际，应用经传解释的关系，创立以人系

---

[1]　编者注：此处标点原为分号。

[2]　编者注：此处标点原为分号。

[3]　编者注：此句原为"转变为事的叙述"。

事的列传。所以列传的形成不仅和司马迁"拾遗补艺"有密切的关系，也是司马迁撰写《史记》上综群经、下启诸史的标杆。

二、《伯夷列传》与《汉书·古今人表》

虽然列传以人系事而释本纪，但《史记》七十列传之首的《伯夷列传》，却议论多于叙事。所谓议论，即表现司马迁个人意见的"太史公曰"。《史记》"太史公曰"承继《左传》"君子曰"的形式，又开后世史传论赞的先河。史传论赞的内容包括史学家个人对历史事件的议论，与对历史人物的评价。个人主观的意见与历史客观的叙述，同存于一卷之中，而不相混淆的写作形式，表现了中国传统史学的特殊性格。而且个人主观的意见与客观的历史叙述，正是史学与文学区别之处。所以，萧统编《文选》将记事之史、系年之书摒于《文选》之外，划清了自东晋以来文史合流的现象。但却将史传论赞归纳为《史论》一类，收入《文选》之中。认为史传论赞表现了史学家个人的才思，具有文学作品的性质。所以，史传论赞是一种具有文学性质的史学著作。

不过，《文选·史论类》所选的史传论赞，却不包括司马迁的"太史公曰"，而自班固的《汉书》始。其原因为"太史公曰"是司马迁《史记》的自注，除了对历史事件的议论与历史人物的评价外，还包括对"见去取之从来"的材料处理[1]。材料的处理纯粹是史学的问题，完全和文学无涉，可能是《文选》不选司马迁"太史公曰"的原因。《史记》没有凡例，《五帝本纪》是《史记》百三十篇之首，

---

[1] 编者注：此句原为"除了历史事件的议论与历史人物的评价外，还包括'见去取之从来'的材料处理"。

《五帝本纪》的"太史公曰",可能就是司马迁处理材料的凡例。《五帝本纪》的"太史公曰",集中对于黄帝材料的处理及其态度。《史记》中存在着两个黄帝,一是武帝时所形成的神仙黄帝,对于这部分浮夸荒诞,但却无法考证的材料,司马迁将其沉淀于《封禅书》中,留待后人来梳理。然后再从战国以来众说纷纭的材料中,"择其言尤雅者",而且"不离古文者近是"的材料,塑制另一个历史的黄帝。司马迁处理这一部分材料颇费周折,前后经过对材料的辑访、鉴别与考辨,然后才完成。因此,置于篇首,作为以后处理材料的凡例。

如果《五帝本纪》是司马迁处理材料的凡例,那么,议论超过叙事的《伯夷列传》则是七十列传序录。这是一篇复杂又迂回的文章,因为其中虽然以罢黜百家、独尊儒术后的儒家思想为标杆,即于篇首开宗明义说:"夫学者载籍极博,犹考信于六艺"。不过,却有更多其家学的黄老之言,并且掺杂着司马迁个人际遇的慨叹。如何将儒家思想与黄老之言衔接而不显痕迹,如何抒发个人的慨叹又不触犯忌讳,也许是司马迁撰写《伯夷列传》之初,要仔细思量的问题。

至于司马迁在古圣贤人中,为何选择伯夷、叔齐,作为其对历史人物评价的标准? 司马迁说:"伯夷、叔齐虽贤,得夫子而名益彰。"并且说:"孔子序列古之仁圣贤人,如吴太伯、伯夷之伦,详矣。"《论语》多处叙及伯夷、叔齐,《季氏篇》云:"齐景公有马千驷,民无德而称焉。伯夷、叔齐饿于首阳之下,民到今称之",并且称伯夷、叔齐为"古之贤人""逸民"。孟子称伯夷、叔齐为"圣之清者",除了孔孟,先秦诸子也对伯夷、叔齐有很高的道德评价,荀子将伯夷、叔齐与务光、箕子等并列,韩非认为许由、务光、卞随、伯夷、叔齐等十二人，都是"上见利不喜，下临难不恐，或与天下不取，有萃利之名，则不乐食谷之利"的贤者，尤其《庄子》书中称美伯夷、叔齐之处更多。所以司马迁选择孔孟及先秦诸子共同称美的历史人物，作为其评论的标准。

虽然，司马迁于《伯夷列传》的卷首，言道其选择材料与评论人物，完全以孔子的六艺为据，但对伯夷、叔齐事迹的"传曰"以下二百一十五字，则不取《论语》与《孟子》，而以《庄子·让王》与《吕氏春秋·诚廉》的材料综合而成。《庄子》与《吕氏春秋》是黄老家言，材料既取自黄老家言，自然影响到其对人物的评价。不过，司马迁《伯夷列传》对历史人物的评价，仍然是依据夫子之言的。记载孔子之言的《论语》对历史人物评价，有进与退两个不同的标准，即孟子对伯夷的评价，所谓"非其君不事，非其民不使，治则进，乱则退"。治和乱是个人所处的时代，和个人在这个时代所作的选择。孔子说"隐居以求其志，行义以达其道"，即是进退两种不同的选择。所谓"行义以达其道"，是个人对"仁"实践的表现。《论语》对抽象的"仁"，有各种不同的解释。但具体的表现则是"志士仁人，无求生以害仁，有杀生以成仁"。杀生求仁是儒家价值中，个人对生活的群体社会，所作的绝对无私无我的牺牲奉献，而且往往是知其不可为而为之的。这种无私无我的牺牲奉献是儒家价值体系所追求的终极目标，"求仁得仁"也是儒家道德规范实践的最高评价，对于"仁"的执着或追求。至于"隐居以全其志"，则是孔子所谓"邦有道，则仕，邦无道，则可卷而怀之"。[1]"卷而怀之"是退藏于密的意思，退藏于密即为隐。不过儒家所谓的隐，并不是完全隐

---

[1] 　编者注：此处标点原为分号。

逸消逝，个人仍处群体之中，和政治保持一种疏离的关系。

不论"行义以达其道"，或"隐居以求其志"，孔子都予以高度的评价，前者是"兼善天下"，可称为积极的儒家，后者是"独善其身"，可称为消极的儒家。至于孔子也曾有"道不行，乘桴浮于海"归隐的喟叹。因此，《论语》中孔子有许多关于"隐居以求其志"的言论，在《宪问》中孔子就说："贤者辟世，其次辟地，其次辟色，其次辟言"。辟世、辟地即为隐。《宪问》并且记载了微生亩、晨门、荷蒉者，以及《微子》的楚狂接舆、长沮、桀溺等，都是隐士。孔子虽然与这些隐士的理念不同，但却对他们予以很高的评价。隐士和逸民的理念和行径，是儒家消极思想的表现，和道家思想肯定个人在群体中的价值和尊严是相近的。司马迁终于在道不同不相为谋的儒家和道家思想之间，寻得一个衔接点。于是，以当时显学的儒家思想形式，并且以其家学黄老之言的思想内涵，评论"趣舍有时"包括伯夷、叔齐在内的"岩穴之士"，然后并以这种评价选择历史人物叙事[1]。《伯夷列传》为七十列传的序录，但其所叙事或立论却有后世隐逸传的倾向，或者后来史传的隐逸传即由此而出。

问题是司马迁为何作这样的选择？[2] 可能和其个人的际遇有关。司马迁《报任安书》说他"赖先人绪业，得待罪辇毂之下，二十余年矣"。但二十多年宦途生涯，却是非常波折与不幸的。最初得继承其父的绪业为太史，得以"厕身下大夫之列，陪外廷末议"，前程似锦，其后因为李陵游说，诬上而下蚕室。但仍处于权力结构之内，在绝对权威的君主汉武帝之旁，虽欲摆脱而不得，只有怯弱苟活，"亦颇识去就之分"，对于轻去就而能和政治保持疏离的清士，

---

[1] 编者注：此句原为"然后并以这种评价作为选择历史人物叙事"。

[2] 编者注：此处标点原为逗号。

有更多的向往。不过，司马迁内心仍存在着如其《悲士不遇赋》所谓"时悠悠而荡荡，将遂屈而不伸，使公于公者，彼我同兮，私于私者，自相悲兮，天道微哉，吁嗟阔兮，人理显然，相倾夺兮"的不平，因此而有"天道无亲常与善人"的疑问。而将伯夷与盗跖作一个类比，尤其对"近世操行不轨，专犯讳而终身逸乐厚富，累世不绝"感到不解，这正是司马迁撰写《伯夷列传》真正意旨所在。因恐触及政治忌讳，而采用孔子"《诗》《书》隐约者，欲遂其志之思也"的方法，保存在《游侠列传序》之中：

> 伯夷丑周，饿死首阳山，而文武不以其故贬王，跖、蹻暴戾，其徒诵义无穷。由此观之，窃钩者诛，窃国者侯，侯之门，仁义存，非虚言也。

也许这就是司马迁撰写《伯夷列传》的意旨所在，并以此评价历史人物与选择历史人物入传而叙事。司马迁对《儒林》《酷吏》依附政治，协助武帝树立君主绝对权威的批判，对《游侠》《货殖》游走于政治法律边缘的称赞，和司马迁内心深处，向往和政治保持疏离的关系有关。

因为班固无法了解司马迁撰写《伯夷列传》复杂曲折的历程，以及因个人际遇引发的感慨，[1] 因此，对司马迁的《史记》提出批评："论大道先黄老而六经，序游侠则退处士而进奸雄，述货殖则崇势利而羞贱贫"。这正是司马迁据《伯夷列传》对历史人物评论后，选择历史人物叙事的方法。当然，班固对司马迁的批评，也是无可厚非

---

[1] 编者注：此处标点原为句号。

的，因为班固生长于儒家定于一尊的时代，而且又出身于经学世家，除了完全依据儒家的价值体系提出评论，此外别无选择。

不过，班固也有他对历史人物评价的标准。由儒家价值体系演化而来的《汉书·古今人表》，就是班固历史人物评价的准则。《古今人表》将历史人物自圣人、仁人、智人到愚人，分成上上、上中……至下下九等。这种分类的方法，完全依据《论语》"生而知之，上也；学而知之，次也；困而学之，又其次之；困而不学，民斯为下矣"的标准，分成"可与为善，不可与为恶"的上智，"可与为善，可与为恶"的中人，以及"可与为恶，不可与为善"的下愚。善恶的标准完全视其对儒家道德规范实践的程度而定。[1] 不过班固的《人表》虽称"古今"，所录的却都是西汉以前的历史人物，西汉以后的人物一个也没有"博采"。因此，后来的学者认为这是一篇尚未完成的著作。但在被称为开中国断代史先河的《汉书》，竟存在一篇完全与汉代无关的著作，的确是耐人寻味的。

班固说《汉书》立《古今人表》的目的，是"显善昭恶"。因此，"篇章博举，通于上下，略差名号，九品之叙"。"通于上下"正是《汉书》的意旨所在。班固《汉书·叙传》说："旁贯五经，上下洽通"。颜师古注《汉书》，认为是班固著《汉书》诸表与志的"经典之意"所在。《古今人表》与诸志都超越《汉书》断代为史的范围。班固说他撰《古今人表》为了"通人理"，所谓"通人理"，就是以儒家的经典贯穿，突破古今上下时间的界限，将古往今来的历史人物纳入九等的框限之内，作一个综合的评论。然后，以这种评论为基础，作为《汉书》选择当代历史人物叙事的标准。所以，《汉

---

[1] 编者注：此处标点原为逗号。

书·古今人表》是《汉书》诸传的凡例，与《伯夷列传》是《史记》
七十列传的序录是相同的。所不同的是司马迁选择了消极的儒家，
班固选择了积极的儒家作为历史人物评价的标准。积极的儒家将个
人融于群体之中，所作的无私无我的奉献，正是历代统治者的期盼。
因此，班固《汉书》对历史人物评价的论赞，形成以后正史论赞的
版型，这也是《文选·史论类》选班固的论赞为首的原因。

不过，将不同性格与类型的历史人物，置于九等框架之内，而
且完全以儒家的思想本位对历史人物所作的评论，既没有弹性又不
客观。所以，范晔批评班固的《汉书》的历史人物评论"既任情无
例，不可作甲乙辨，后赞于理近无得"。至于其所撰《后汉书》的论
赞，却"皆有深意深旨"，尤其诸杂传后，"笔势纵横，实天下之奇
作"，"诸杂传"指《后汉书》的类传而言。关于类传，实启于《史
记》，《史记》有《刺客》《儒林》《酷吏》《游侠》等类传，《汉书》
多因循其旧;《后汉书》则削去《汉书》的《游侠》《货殖》，另增
《党锢》《文苑》《独行》《方术》《逸民》《列女》等类传。这些新类
传出现在《后汉书》中，并非范晔个人卓越的创见。事实上，从东
汉末年开始，历史人物传记的类型，已有扩大的现象。鱼豢《魏略》
是记载东汉末年较详尽的一部书。虽然早已佚散，但从各家转引的
残篇里，可以发现《魏略》有《儒宗》《纯固》《清介》《勇侠》《苛
吏》《游说》《妄幸》《止足》等类传。东晋王隐《晋书》又有《处士》
《才士》《寒隽》《鬼神》等类传。这些不同类传的出现，象征魏晋史
学家已渐渐突破《汉书·古今人表》[1]单纯以儒家道德规范评论历史
人物的界限，更自由地从各方面评价历史人物。这是东汉末年至魏

---

[1] 编者注：此处原有逗号。

晋以来，儒家思想衰退，个人突破儒家道德规范的约束，作层次的分化，最后使个人的个性可以多方面发展，另建新人生价值体系的结果[1]。流行在两晋时代的别传出现，就建立在这个转变基础上。

三、别传与《世说新语》

单纯以个别历史人物为单位的别传，是魏晋史学转变过程中，出现的新的历史写作形式。这种新的写作形式，刘知幾称为"别录"或"私传"。别传既称为别录或私传，自然是由私家撰写，而不是国家的记录。所以汤球认为别传"别乎正史而名之"，和以人系事的正史的列传或传是不同的。事实上，魏晋别传的"别"含意不仅限于此，而是和魏晋时期文学领域里出现的"别集"相似[2]。别集是个人个别的文集，每一个个人的文集各自有其不同的风格。《隋书·经籍志》别集小序说文学作者"其志尚不同，风流殊别，后之君子，欲观其体势，而见其心灵，故别聚焉"，[3] 所以别集的个别表现各自与众不同。同样地，个人的别传称之为别，也有这种意味在内。所以，别传的别，可作分别或区别解。因此，魏晋别传代表了两种不同的意义，一是表现别传与正史列传不同，一是表现别传与别传间彼此不同。这两种意义说明一个事实，就是由于魏晋个人自我意识的醒觉，对个人性格的尊重和肯定，而且不再重视对儒家道德实践的表扬，而偏重个人性格的发挥，像《平原祢衡传》所表现的孤傲、《嵇康别传》所表现的狂放，都是最好的说明。

---

[1] 编者注：此句原为"另建新人生价值体系外结果"。
[2] 编者注：此句原为"和魏晋时期文学领域里出现的'别集'相似"。
[3] 编者注：此处标点原为句号。

虽然，这一类的人物别传在《隋书·经籍志·杂传类》著录不多，但《三国志》裴注、《世说新语》刘注，以及唐宋类书《北堂书钞》《初学记》《太平御览》等，却引用众多别传约二百一十种 [1]。所以，别传不仅是魏晋史学发展中重要的支流，而且在当时是非常流行的。魏晋别传产生与流行的上限和下限，自东汉末年至东晋末年的两百年间。这两百年间正是个人突破《古今人表》儒家理想性格后，个人个性新类型重组的时代。经过重组后的个性新类型，不仅为这个时期史学写作新形式的别传，拓宽了选择材料的范围，同时也为这个时代的史学家提供了对历史人物评价新的标准。

东汉开始，光武帝特别重视名节，对王莽时代"裂冠毁冕相携而去"之士的搜求，却有某种政治的意味。企图将个人的道德的人格，归纳在班固《古今人表》的儒家理想人格框限之内，与政治合而为一。但这种个人道德与政治凝而为一的情况，由于君主绝对权威衰微，以及作为政治指导的儒家思想僵化，渐渐形成个人道德与政治分离，原来统一在儒家思想下的理想人格，开始作层次的分化。以李固为代表的"上以残暴失君道，下以笃固尽臣节，节尽则死亡"，还坚持儒家道德与政治结合的最后理想；以李膺为代表的"激素行以耻权威，立廉尚以振贵执"，则表现了个人道德与政治渐渐分离；最后形成"蝉蜕尘埃之中，有致于寰区之外"的逸民，[2] 象征着个人道德和国家政治权力的分离，又回归到司马迁《史记》的《伯夷列传》所向往的境界。而且国家权力下降，个人意识上升与醒觉是东汉末年至魏晋之间，意识形态领域里的重要转变。

汉末至魏晋个人意识的上升和醒觉，具体表现在《世说新语》

---

[1]　编者注：此句原为"却引用众多别传约二百一十余种"。

[2]　编者注：此处标点原为句号。

之中，记录魏晋时代社会人物的逸闻轶事的《世说新语》，就是这个时代人物评论的结晶。一千一百多条的《世说新语》，叙述了这个时代六百四十五人不同风貌，其中三百九十五人见于正史，其他的则分别见诸家史、郡书[1]或谱系，尤其是这个时代流行的别传。在现存的别传中，刘孝标注竟用了一百三十九种之多。而且《世说新语》所叙述的人物，从二世纪晚期的东汉末年，至四世纪末的晋宋之际为止，与这个时代发展与流行的别传的上限和下限相吻合。别传是魏晋个人意识醒觉的产物，《世说新语》表现个人脱离儒家道德规范后，个性独立发展的过程。因此透过对《世说新语》的探讨，不仅可以对别传的形成与发展，得到进一步的认识和了解，同时也可以寻出魏晋史学思想变迁的痕迹。

现行《世说新语》的目录分上中下三卷，共三十六篇，这三十六篇是对这个时期出现的新性格类型，所作的归纳和总结。上中下三卷各篇前后排列的顺序[2]，代表这些个性新类型的发展与形成的阶段。首四卷是《德行》《言语》《政事》《文学》等篇，这种分类方法虽然承孔子对其弟子因材施教之旧，但却有了新的内容。首先是"德行"，在东汉国家集体权力下降，个人独立意识上升，使得士人所追求的儒家理想人格分化之际，士人的社会地位反而提高。因为在外戚和宦官的权力斗争中，他们所表现的道德勇气，受到社会普遍的尊敬。《德行》篇最初所出现的人物是陈蕃、李膺、郭林宗、陈寔，他们都是当时清流知识分子的表率。他们的言行模式，往往成为其他士人争相仿效的对象。不过他们所追求的理想人格，虽然仍然在儒家理想的人格架构之下，但在内容和实质上，已和过去大不相同。

---

[1]　编者注：此处原有顿号。

[2]　编者注：此句原为"上中下三卷各篇前后排列的秩序"。

因为他们所表现的行为已将对国家效忠的目标下移，转变为区域性的乡土服务，以及家族间的孝悌、朋友间的信义，借此突出个人的独立特行，以提高社会的声誉，及对社会的影响力。所以《世说新语》选择汉魏之际作为一个起点，叙述儒家理想人格的分化与转变，是非常具有历史意义的。

这个时期的转变[1]，像儒家理想人格转变一样，同时也发生在学术思想领域。儒家思想在两汉时期，不论在学术、社会、政治、文学、艺术各方面，都居于唯我独尊的支配权威地位。尤其在学术方面，除了经学之外，便无其他学术可言。但任何思想依附政治一跃而居于权威地位，就失去原有的弹性而僵化。因此经学发展至东汉晚期已渐渐衰微，六经刊石，经文从此固定，郑玄、马融注经，虽博采今古，但经学的宗派也因此形成。所以两汉的经学发展到这时，不论在形式和内容方面都开始凝固。因此，到东汉末年儒家经学所垄断的学术思想，也发生不同层次的转变，原来笼罩在经学下的其他学术，包括了文学、艺术和史学，都有摆脱经学而独立的倾向。《后汉书·文苑传》特别强调，文学著作由于不同的作者，出现不同的文学风格，而且由散篇的赋、颂、箴、诔、论以及杂文若干篇，计算个人的作品，至两晋而有代表个人著作的别集出现。同时文学评论的雏形已经形成，象征着文学已逐渐脱离经学而迈向独立。

文学脱离经学独自发展，从东汉末年开始。因此，《世说新语·文学》选择从马融与郑玄的关系开始[2]，说明东汉末年师弟关系的转变。这种转变后来表现为郑玄遍注群经[3]，不别今古、不守家法，是东汉

---

[1] 编者注：此句原为"在这个转变的时期中"。

[2] 编者注：此句原为"《世说新语·文学》选择马融与郑玄的关系开始"。

[3] 编者注：此句原为"这种转变后来成为郑玄遍注群经"。

经学解释转变的重要关键。所以,《文学》篇所叙不仅是文学,也说明汉晋间由经学而玄学的学术流变。就《文学》通篇而言,虽言文学,事实上却和《言语》较为接近,[1] 所载的都是当时名人的言谈,巧言慧语。这些巧言慧语就是魏晋清谈的形式,也就是所谓的谈辩。谈辩之风兴于东汉末年,与两汉察举制度的乡间评议有密切的关系。因为两汉察举制度的乡间评议,到东汉末年转变为名士对人物的品评与清议,对魏晋谈辩之风发生推波助澜的作用。不过由于谈辩之风的兴起,而使守家法、讲章句的经学式微,《文学》篇首叙马融、郑玄,就是为了表明这个转变的开始。

至于"政事",依儒家的解释,就是"布政治事,各得其所"的意思。不过,东汉末年的政治已有法家倾向,下至三国时代,形成曹魏的名法之治。《政事》篇首叙陈寔为太丘令,有吏诈称其母病求假,事觉收狱,陈寔治以欺君不忠,母病不孝,不忠不孝,其罪莫大,下令杀之。颍川陈氏自来有法家倾向,此条所表现的是陈寔对法家精神的贯彻 [2],说明当时所谓的政事也在转变中。所以,《世说新语》第一卷的四篇,虽然在形式上保持孔子四种施教的名目,但事实上却是新的内容,这也说明《世说新语》所叙,包括政治、学术及价值观念,都处在一个转变的时代 [3],使个人的个性开始超脱儒家道德规范的约束,有新的转变方向。

《世说新语》中卷九篇,自《方正》《雅量》《识鉴》《赏誉》《品藻》《规箴》《捷悟》《夙慧》《豪爽》等,是汉魏之际儒家理想人格分化转变期中,所出现的人物个性新类型。很明显地,这些个性的

---

[1] 编者注:此处标点原为句号。

[2] 编者注:此句原为"此条所表现陈寔对法家精神的贯彻"。

[3] 编者注:此句原为"包括了政治、学术及价值观念都处在一个转变的时代"。

新类型，是在东汉末年人物品评识鉴之风影响下形成的[1]。不过,《世说新语》所出现的人物个性新型，是从儒家理想人格类型转化而来。因此，在某种程度上还以儒家道德规范为依据。后来经过曹操有计划的摧残，以及魏晋之际政治的变动，使士人的理想人格彻底和儒家道德规范完全分离，然后形成《世说新语》下卷的自十四篇《容止》至三十六篇《仇隙》等更多的新个性类型。

不过，使儒家理想人格彻底破产的却是曹操。曹操自建安十五年春至二十二年秋，连续颁布了三道命令，此即为"魏武三令"，一再强调他选用人才唯才是举，即使不仁不孝而有治国之才者也可任用[2]，这个政策宣布在儒家思想衰退、[3]个人意识上升之际，不仅加速儒家理想人格的分化，同时更引发当时政治与学术领域的巨大变动。不过，这个政策的宣布是有现实的意义的，其目的在打击大族与抑制名士的交游和清议，成为曹氏政权祖孙三代一贯执行的政策。这个政策实际上针对东汉名士月旦人物，标榜交游而发。两汉地方选举主要的依据是乡间评议，乡间评议又建立在对人物的鉴识和乡议的基础上。不过，东汉末年对人物的品评，实际却掌握在一批名士之手，一经他们品题即身入清流。结果不仅干涉政府的用人权力，而且形成朋党交游，浮华相尚的风气。这种现象已引起当时著名的政论学者崔实、仲长统、徐干、王符的痛心疾首的批评。他们的立论都在崇名核实的基础上。由于针对这个问题的批评，因而出现了对人物观察分析的学问，如钟会的才性异同之论、刘劭的《人物志》，都在这时出现。

---

[1] 编者注：此句原为"是东汉末年人物品评识鉴之风影响下形成的"。
[2] 编者注：此句原为"即使不仁不孝而有治国之才者即可任用"。
[3] 编者注：此处标点原为逗号。

曹魏行名法之治，名法之治以崇名核实为骨干。刘劭是当时的名法之臣，《人物志》在形式上继承了东汉末年儒家的传统，并且总结了东汉末年人物品评鉴识的风气，但实际却以当时流行的崇名核实为基础，以配合当时政府用人需要为前提 [1]。因此，刘劭的《人物志》对人物的分类，已突破班固《古今人表》的框限，并掌握了东汉末年人物评价的潮流。以当时流行崇名核实的思想为基础，并配合现实政治实际的需要，另外铸出新的理想人格标准，恰与东汉末年儒家思想衰退，士人所追求儒家理想人格层次分化的情况汇合，而形成《世说新语》中卷所出现的九种不同性格的类型。这个时期正处于新的个性类型转变的过渡时期。

不过，自高平陵之变后，曹爽及其支党都被夷三族，过去环绕在曹爽四周的名士都遭株连，于是曹魏的政权转移到司马氏家族手中，但司马氏的政权却是建立在被曹氏抑制的大家世族的基础上。这些世家大族和河内司马氏家族一样，都是所谓"本诸生家，传礼来久"的儒学世家，他们的结合象征被曹氏抑制的世家大族对名法之治的反抗。于是，他们又极力提倡儒家的礼教。[2] 不过，此时所提倡的儒家的礼教，不仅没有内容，而且只是空洞的形式。而且司马氏家族的阴谋篡夺，与大家世族败德伤俗的行为，和原来的儒家道德标准背道而驰，因而引起一部分士人的蔑视与激烈的反对，阮籍、嵇康就是代表性的人物。他们非薄尧、舜、周公、孔子等儒家的圣人，并彻底破坏礼法，使正在形成的新人格类型彻底和儒家分离，形成个人个性的完全解放。于是出现了前面所说的《世说新语》下卷，和儒家理想人格完全不同的二十三种新人物性格的类型。

---

[1]　编者注：此句原为"配合了当时政府用人需要为前提"。
[2]　编者注：此处标点原为逗号。

　　所以，《世说新语》所表现的是个人脱离儒家理想人格后，新的人格类型发展与转变的过程。这种新人格类型的转变与形成，和汉魏之际、魏晋之间的学术思想与政治发生交互的影响。因此，分析《世说新语》三十六种人格类型，可以为别传的形成发展提出一个背景的说明。从司马迁列传的形成，及其成为正史纪传体的主体结构，到魏晋别传形成并成为正史之外的一支，其间的过程非常曲折与复杂[1]。不过，一个时代的史学产生在一个时代之中，和其存在的时代发生交互的影响，因此，从以人系事的列传，到纯粹以人物为主的别传，似乎无甚关联，但如果从这些著作出现的时代讨论和分析，彼此的关系仍然是有迹可寻的。

---

[1]　编者注：此句原为"其间的过程是非常曲折与复杂"。

附录三：前不见古人

——谈中国历史人物的塑型

　　英国伦敦大学汉学教授杜希德（D. C. Twitchett）在他的一篇《中国传记作品》（"Chinese Biographical Writing," *Historians of China and Japan*, London, 1961）中，认为中国虽然是一个"传记丰富的国家，但中国传记的写作，在顽强而牢不可破的传统束缚下，经过两千年的发展，时至今日仍停留在学步阶段"。因此他说："中国列传典型的例子，像编年史一样，枯燥而无人的气息，近代读者欲寻传主人的端倪，将发现极难形成不同的写照。"

　　作为一个中国人，乍读这段文字，似乎会有一种被轻蔑的愤怒。因为我们一直以悠久的历史，和绵延不绝的历史记载而自豪，[1] 而且中国是世界传记写作创始的国家，司马迁就是传记写作的鼻祖。我们的一部二十五史，即是以传记体裁组合而成的。不过在我们读过我们祖先所留下的珍贵遗产，然后再放下民族的优越感，冷静地分析以后，也会承认杜希德并非无的放矢。是的，我们是一个传记写

---

[1]　编者注：此处标点原为分号。

作丰富的国家，可是从司马迁到现在两千年以来，却始终没有产生一部像西方描绘出个人在历史中所发生的影响，以及个人对历史的感受那样单独的个人传记，这也是我们无法否认的事实。

杜希德虽指出中国传记写作的缺点，却没有进一步分析这个问题产生的原因：[1] 由于中国与西方传记写作，产生在两种迥然不同的文化环境之中，所以表现的方法当然不同，更无法相提并论。关于这个问题不仅杜希德不能了解，即使我们自己往往也会发生误解。因为司马迁的《史记》由一百六七十个主要人物编织而成[2]，那里有帝王将相之辈，也有鸡鸣狗盗之徒，有"风萧萧兮"慷慨悲歌的义士，也有"力拔山兮"穷途末路的英雄。他所创造的传记体，成为后世历史写作遵循的形式。因而，便产生一种错觉，认为中国纪传体是以人为主的。事实上，中国的纪传体和编年体一样，同样叙述历史事件发展的过程，及演变的因果关系，所不同的，编年体是以年系事，纪传体则以人系事而已。

所谓"传"，刘知幾说："列事也。"赵翼更进一步解释说："古书凡记事立论，及解经者，皆谓之传，非专记一人之事迹也。"所以中国最早的"传"，并非记载一个人的事迹，而是解释经典的著作。所以《尚书》有大小夏侯、欧阳的传，《诗经》有齐、鲁、韩三家传，《春秋》有公羊、穀梁、左氏、邹夹氏几家的传。这些传，也就是章实斋所谓的"依经起义""附经而行"的书。中国自古经史不分，章实斋又说："古人未尝离事而言理。"所谓"六经"，"皆先王之政典也"，也就是说"六经"是过去经国的记录。这些过去政治的记录，

---

[1] 编者注：此处标点原为逗号。

[2] 编者注：此句原为"因为司马迁的《史记》是由一百六七十个主要人物编织而成"。

经过儒家加以整理与理想化后，归纳成一些原理原则。这些原理原则，转过来变成后世政治最高的指导准则[1]，社会所遵循的行为模式及道德规范。而"传"就是列举事实来说明与解释经典"微言大义"的作品。

同样地，司马迁以孔子的《春秋》为蓝图，创造中国史学的新形式。他的纪传体将史料归纳成三类，分别以"本纪""世家""列传"的形式表现。然后再将这些史料类比排列，分类解释。从表面上看各传独立，互不相关，但事实上各篇间却有着无形的逻辑关联性。"本纪"是许多史料归纳的总结，然后再演绎成"世家""列传"。所以本纪只记事的大端，仅叙某事发生在某时，至于事件演变的本末与影响，却更详尽地记载在世家或列传里。他写本纪，是为了追寻"王迹所兴，原始察终，见盛观衰"。他写世家，是为了说明"辅拂股肱之臣配焉，忠信行道，以奉主上"。他写列传，是为了叙述那些"扶义俶傥，不令己失时，立功名于天下"的人们。由此可以了解本纪所叙述的是历史的主流，世家与列传是解释主流的发展与演变，所以世家与列传对于本纪，正像《左传》与《春秋》的关系一样，将经典所含的意义，作更清晰的阐释。除了本纪、世家、列传之外，《史记》还有"书""表"，在此不作详论。司马迁融合中国古史写作的形式，铸造成中国史学新的版型，这个新的版型，一直支配了中国两千年史学写作的形式。

对于这种写作形式，有人认为过于烦琐，目前在美国执教的邓嗣禹先生就认为中国的传记体，把历史分割成不清的碎片，因此读中国正史，如吃西餐，本纪如牛排、列传如素菜，读者需自加选择，

---

[1] 编者注：此句原为"转过来变成后世政治最高指导的准则"。

自己调味。不过如果认清中国的传记体以叙事为主，这样的问题就不会发生了。

关于这个问题，可以从《史记》的类传与合传加以分析。所谓类传，即是将事迹相类的人物组合成一传，像《儒林》《循吏》《酷吏》《刺客》《游侠》《滑稽》《日者》《货殖》等都是类传。至于合传，两人或两人以上，虽然所处的时代不同，但事迹、学术、境遇相似而合成一传，如《老子韩非》《屈原贾生》《孙子吴起》等传属于这一类。司马迁写这一类的传记，是为了说明某个历史事件演变与发展的过程。像鲁仲连与邹阳合传，鲁仲连是战国齐人，一介匹夫，游说诸侯义不帝秦；而邹阳是西汉时代人，曾游说梁孝王不成而下狱，后来在狱中上书梁孝王得释。[1] 这两个人不仅所处的时代不同，而且事迹也不相类，不过他们都是游说之士，一个处于游说横行的时代，一个处在游说没落的时代，司马迁"观始察终"，[2] 便选择这两个人物，叙述游说之士兴废始末。

赵翼认为《史记》"次第皆无意义，随得随编也"。像《史记》卷四十九《李将军列传》、五十《匈奴列传》、五十一《卫将军骠骑列传》、五十二《平津侯主父列传》，对于这样的编排方法，他批评"朝臣与外夷相次"，显得非常不伦不类。不过这一连串的传记，目的在说明西汉对匈奴关系的转变。因为西汉自白登之围后，一直和匈奴维持着羁縻的和亲关系，这种使贾谊痛哭的屈耻关系，直到汉武帝时代才重新调整。虽然李广进攻匈奴没有获得成功，但他却是汉朝对匈奴的关系，由和亲转变为进攻的关键人物，这是《李将军列传》列在《匈奴列传》之前的原因。至于排在《匈奴列传》之后

---

[1]　编者注：此处标点原为逗号。

[2]　编者注：此处逗号为编者所加。

的《卫将军骠骑列传》，因为他们是征匈奴的英雄人物，公孙弘与主
父偃对于朔方郡设置与否的辩论，使他们进入匈奴问题的范畴。再
说司马相如与卓文君的"凤求凰"，在中国文学史上留下风流韵事，
但他所以能进入历史，却由于他出使西南夷，这是《司马相如列传》
编在《西南夷列传》之后的原因。[1] 所以不仅在史料的解释方面，即
在目录的编排方面，司马迁也同样注意事与事之间的关联性。

　　至于中国传记记事的标准，则根据儒家的经典，司马迁写《史
记》"欲上肇《春秋》"，因此不论在材料的选择与材料的鉴别和考订，
完全依据这个标准。在材料的选择方面，必须"不离古文者近是"，
所谓"古文"就是儒家的经典。至于材料的鉴别与考订，由于当时
"载籍极博"而众说纷纭，所以"犹考信于六艺"，也就是辨别材料
的真伪，而以儒家的六艺为准则。另一方面，对于材料的解释，同
样也以儒家思想为基础。《史记》的本纪以《五帝本纪》、世家以《吴
太伯世家》、列传以《伯夷列传》为首，主要的目的在阐明儒家最高
的道德标准"礼让"，至于列传的首三篇《伯夷》《管晏》《老子韩非》
等三传，分别表扬儒家立德、立功、立言三不朽的精神。因此司马
迁利用历史事实，解释儒家的经典，他所创造的纪传体，更接近刘
知幾所谓的"传，列事也"。

　　虽然，司马迁根据儒家的经典，解释历史的事实，而且他本人
又曾从董仲舒习过《公羊》，但他所处的时代，正是汉武帝罢黜百家，
独尊儒术的时代，儒家思想虽然凭借政治力量，超越其他思想脱颖
而出，却是还没有获得绝对的领导地位，其他各家思想，在当时仍
然保持原有的潜在影响。在他《自序》里论"六家要指"，虽然是阐

---

[1]　编者注：此处标点原为逗号。

述他父亲司马谈的思想，同时也感染许多时代思潮的痕迹。

所以后来班固批评他："论大道则先黄老而后六经，序游侠而退处士，述货殖则崇势力羞贱贫。"在《汉书》的作者班固眼中看来，虽然司马迁尊重儒家思想，将孔子列入世家，而且尊为"至圣"，但他的儒家思想仍然不够纯正。这完全是由于他们所处的时代不同[1]。班固生长东汉儒家思想鼎盛的时代，而且又是经学世家，所以他的《汉书》不仅在写作的形式上，同时在思想上，充分地表现这是一部儒家思想典型的作品。班固在《叙传》中说："唐虞三代，诗书所及，世有典籍，故虽尧舜之盛，必有典谟之篇，然后扬名于后世，冠德于百王，故曰'巍巍乎其有成功，焕乎其有文章也'。汉绍尧运，以建帝业……史臣乃追述功德，私作本纪，编于百王之末，厕于秦项之列。太初以后，阙而不录，故探纂前记，缀辑所闻，以述《汉书》。"他在思想方面，由上古三代延续而来，也就是儒家思想一脉相传的。《汉书》所以为"书"，是想仿效"典谟之篇"的《尚书》。在写作的方法上，他在《叙传》里又说："综其行事，旁贯五经，上下洽通，为春秋考纪、表、志、传，凡百篇。"他将"本纪"直接称为"春秋考纪"，已经说明了他写本纪和司马迁一样是仿孔子的《春秋》。因此，不论在思想与写作的态度上，都充满儒家思想色彩。《汉书》虽然是写自"高祖终于孝平王莽之诛，十有二世，二百三十年"西汉一代的历史，而后世称《汉书》是中国断代史的创始者。可是他的《古今人表》与"志"却超越了汉代的范围，后来受到刘知幾激烈的批评。[2]他说："表志所录，乃尽牺年，举一反三，岂以若是，胶柱调瑟，不亦谬欤！"刘知幾的这种批评，多少有些武断，因为

---

[1]　编者注：此句原为"这完全由于他们所处的时代不同"。

[2]　编者注：此处标点原为分号。

《汉书》虽然写西汉一代之史，但却不能忽略班固的"旁贯五经，上下洽通"的目的。[1]《汉书》是表扬西汉一代，在政治与社会各方面实践儒家思想的著作。它的"表""志"虽然超越前代，可是却肯定儒家思想的价值，班固就利用这些价值判断，作为衡量西汉政治与社会的标准。因此《汉书》比《史记》更能表现儒家的思想。这也是在魏晋南北朝儒家思想中衰的时代中，一些卫道的知识分子，欣赏《汉书》远超《史记》的原因。

中国的传记体，在司马迁创造出固定的形式后不久，班固更注入儒家思想，于是以后的传记体，就成为政治与社会实践儒家政治理想、道德规范的记录。这些记录分别由两类人物表现出来：一类是合于儒家道德标准的明君、贤臣、孝子、义士、节妇；另一类是儒家行为规范的叛逆者，他们是昏君、乱臣贼子。不论这两类人物的哪一类[2]出现在中国的史书上，都充满教育的意味。读中国史书，就成为读夫子之教、圣人之道的另一个形式，了无诗意与美感，更无趣味可言。中国的史学家也在这种负荷下，载笔沉重，创造不出有血有肉、有感情有欲望的历史人物来。这种现象正是杜希德所批评的。不过这种现象并不是两千年来发展的结果，而是中国传记写作的形式在开始的时候，就不是为了塑造与描绘历史人物，后来这种形式更在儒家的思想约束下而僵化了。

既然中国的史学家无法创造一个具体的历史人物，中国史书又成为政治的镜鉴，与个人道德修养的典范，于是中国历史只是属于少数政权的掌握者，与社会高级知识分子的专利品。至于社会上广大的人群，却无法从那里吸取历史的知识及经验。但寻求对过去的

---

[1]　编者注：此处标点原为逗号。
[2]　编者注：此处原为"那一类"。

了解与认识，是人类所具有的本能，既然历史著作无法使他们满足，只有从另一方面取得补偿。于是文学家和戏曲家便代替了史学家，担负起中国历史教育的任务，他们的作品经过流传与广布以后，在社会上发生一定的作用。他们所描绘的历史人物，比历史家所叙述的人物要生动可爱，而且更像"人"，更使人易于接受，经过长久的时间以后，塑造成一定的形象，浮现在人们的心目中，至于这些人物本来的面目反而烟消云散了。

关于这个问题，可以从曹操的塑型加以分析。记载曹操事迹的书，主要的是《三国志》，但读《三国志》的人毕竟不多。[1] 不过北宋以后有了平话，开始说三国故事，后来罗贯中又利用这些材料编成《三国演义》，清朝末期三国戏又盛行起来。[2] 只要读过小说，看过戏，听过平话，谁都会认识那个大奸白脸，于是曹操成了家喻户晓的人物 [3]。

曹操的这个脸谱，是由许劭对他的两句批评而引起的。《三国志·魏书》卷一裴注引孙盛《异同杂语》说：

> （操）尝问许子将："我何如人？"子将不答。固问之，子将曰："子治世之能臣，乱世之奸雄。"

许劭对于曹操的批评是很恰当的，这两句话的意义，治和乱、能和奸是相对的。但治世和乱世是指曹操所处的时代，能臣和奸雄都是指的曹操一个人，也就是说曹操个性和常人一样，包括善恶两面。

---

[1] 编者注：此处标点原为逗号。

[2] 编者注：此处标点原为逗号。

[3] 编者注：此句原为"于是曹操成了家喻户晓的人物了"。

但后世批评曹操，只重后面一句，即曹操属于奸雄的一面。[1] 不过
奸雄脸谱的形成不是偶然的，是在中国历史著作中，特有的"正统"
观念支配下，经过长久时间而塑成的。

关于曹操是能臣或奸雄的问题，在隋唐以前似乎没有什么争
论。[2] 陈寿写《三国志》以魏为正统。[3] 虽然在东晋时，干宝的《晋
纪总论》，习凿齿的《汉晋阳秋》，一度曾提出蜀为正统的论调，但
大部分的著作仍然以魏为正统[4]，因为在历史上政权的递嬗，隋唐是
继承晋的，而司马氏家族的政权又得自魏，魏为正统当然不会发生
问题[5]。这种情况到宋，尤其南宋以后就变了。因为在北宋时代北方
有辽，南宋又和金对立，如果承认魏为正统，北宋继承唐，而辽的
政权得自北宋，金又从辽获得政权，那么辽金就成为正统，南宋反
而不是正统了。特别当时南宋的处境，和三国鼎立时代的蜀汉相似。
朱熹的《通鉴纲目》，便帝蜀而寇魏以刘备为正统，除了争正统之外，
还有内华夏外夷狄的意味在内。

后来元朝统治中国，这种争论就变得更激烈了，因为元的政权
得自金，又翻过来帝魏而寇蜀，以魏为正统。但在一般不甘受异族
统治人的心目中，反而以蜀为正统，又经过小说家与戏曲家的渲染，
极力推崇刘备，而大骂曹操。于是曹操的奸白脸谱，在人心目中有
了一定的形象，许劭对曹操"乱世奸雄"的批评，也发生了作用。
所以曹操挟天子、废皇后、带剑上朝，都成为乱臣贼子的典型。渐
渐的大家忽略他"能"的一面：[6] 他曾利用汉献帝这块招牌，统一北

---

[1]　编者注：此处标点原为逗号。
[2]　编者注：此处标点原为逗号。
[3]　编者注：此处标点原为逗号。
[4]　编者注：此句原为"但大部的著作仍然以魏为正统"。
[5]　编者注：此句原为"魏为正统当然不会发生问题的"。
[6]　编者注：此处标点原为逗号。

方分割的局面；他曾在中原地区实施屯田，恢复董卓之乱后北方残破的景象；同时由于他父子的风流文采，促成建安文学在中国历史上的辉煌成就。他被视为奸雄，完全由他与汉献帝的关系，也就是因为他的挟天子令诸侯，不过，在当时的情势下，即使他不挟，其他的群雄同样也会挟，正像他自己所说，如果他不利用汉朝的这块老招牌，"正不知有几人称王，有几人称帝"，使中原地区的分裂又延续下去，而他这样做，却使汉朝又延续二十几年。这正是他"能"的一面，却被他那副白色的脸谱掩盖了。[1] 现在我们认识的曹操，是平剧"逍遥津""捉放曹""打鼓骂曹"里的曹操，不论他换上什么戏装，他那副脸谱却永远不会改变[2]。

由此可以了解，我们过去的历史学家，在传记写作形式，与牢不可破的传统思想的双重约束下，既没有留下一部伟大的传记著作，更没有留下一个可供塑造的历史人物。而文学与戏剧所塑造的历史人物，却又远离历史事实的藩篱，更加深了萦绕在历史四周的浓雾。[3] 我们观察过去的历史人物，像雾里看花，除了一团朦胧外，很难看清他们本来的面目。所以，虽然我们自称是一个伟大的传记国家，可是我们今天却陷在"前不见古人"的悲凉境界之中。

当然，我们无法把这些错误，完全归咎于我们的祖先，我们今天的历史工作者也是要负责的[4]，因为在中国近代化的过程中，我们的史学也曾接受西方挑战的刺激，摆脱某些传统的约束，向一个新的境界迈进。可是经过几十年的发展，却仍然像一个练武功的人，无法打通任督二脉，更上一层楼。因此，我们的史学始终停留在考

[1] 编者注：此处标点原为逗号。
[2] 编者注：此句原为"他那副脸谱却永远不会改变的"。
[3] 编者注：此处标点原为逗号。
[4] 编者注：此句原为"我们今天的历史工作者也要负责的"。

订的阶段，无法跨进历史解释的领域。所以，我们今天的历史学家，都像珍珠的采集与鉴别者一样，只努力于采集与鉴别珍珠，完全忽略了这些经过他们鉴定的珍珠，还可以再经过加工，镶串成美丽的项链，以致使那些晶莹的珍珠散弃满地，而失去原有的光彩，的确令人非常惋惜。

编辑校勘说明

　　《抑郁与超越——司马迁与汉武帝时代》为著名史学家逯耀东先生（1933—2006）的代表作。逯先生著此书，自有其文字风格和语言习惯，常文言与白话夹杂、书面语与口语共用，又兼论述中多引用史传文言。我们在编辑本书时，保留了原作一些独具风格而不影响读者理解的表达，如"独立特行""足垂不朽""有迹可寻""大逆无（不）道""无容（毋庸）置疑""惟（唯）""轶（逸）闻""覆（复）信""阙（缺）""发生（产生）……影响""接纳（采纳）……建议""形成（造成）……分离"等（括号内为通用表述）。作者引用的古籍，若引文不失原意，则未做更改；若发现有不通不解处，则在脚注中标注。

　　在尊重原作的基础上，对一些不符合目前出版规范之处进行了修改，并在正文页下以"编者注"的形式做了标注。另有一些统一修改的内容如下：

　　"西元"改为"公元"，"颠峰"改为"巅峰"，"真象"改为"真相"，"发韧"改为"发轫"，"部份"改为"部分"，"知识份子"改为"知识分子"，"充份"改为"充分"，"份内"改为"分内"，"思惟"改为"思维"，"纪录"改为"记录"，"决择"改为"抉择"，"直接了当"改为"直截了当","亲眼目睹"改为"亲眼所见","澈底"改为"彻底","原由"改为"缘由","标竿"改为"标杆","参杂"改为"掺杂","因才施教"改为"因材施教","人材"改为"人才","羁縻"改为"羁縻","虚无飘渺"改为"虚无缥缈","深痛恶绝"改为"深恶痛绝","漩涡"改为"旋涡","精采"改为"精彩","刻划"改为"刻画","支节"改为"枝节","调合"改为"调和","为人处事"改为"为人处世","雕零"改为"凋零","秘约"改为"密约","仓惶"改为"仓皇","繁琐"改为"烦琐","骨梗在喉"改为"骨鲠在喉","记传体"改为"纪传体","目的（作用）是为了……""目的为了……"改为"目的（作用）是……"。

标点方面，冒号不与"即"共用，局部引文末尾的标点置于引号之外，表示引文出处的注释符号标注在后引号之外，引文与有关联的后文之间不用句号断开，"虽然（尽管）……但是……"句式的"但是"之前不用句号，在"等等"前加标点，在"说""曰"等提示性词语之后视需要补冒号，在提出另一件事的"至于（关于）……"短语后加逗号，删去书名号、引号之间的顿号，删去省略号前后非必需的点号。

因水平有限，难免会有疏漏，敬请读者指正。